十 年 探 索

李白杰 李从林 主编

北京出版集团
北京教育出版社

图书在版编目（CIP）数据

十年探索/李白杰，李从林主编.--北京：北京

教育出版社，2024.7.-- ISBN 978-7-5704-6895-9

I.G639.281

中国国家版本馆CIP数据核字第2024LT8159号

十年探索
SHINIAN TANSUO

李白杰　李从林　主编

*

北 京 出 版 集 团

北京教育出版社　出版

（北京北三环中路6号）

邮政编码：100120

网址：www.bph.com.cn

京版北教文化传媒股份有限公司总发行

全国各地书店经销

三河市国英印务有限公司印刷

*

787 mm×1092 mm　16开本　27.5印张　585千字

2024 年 7 月第 1 版　2024 年 7 月第 1 次印刷

ISBN 978-7-5704-6895-9

定价：69.00元

编 委 会

序

为庆祝建校十周年，北京一〇一中怀柔校区结集出版《十年探索》一书，特委托我作序。我和怀柔校区之间有着深厚的渊源，与学校干部、教师也结下了良好的友谊。

十载春秋，书写芳华。

自 2014 年 8 月至今，北京一〇一中怀柔校区这所年轻学校走过了不平凡的发展历程。"天道酬勤，力耕不欺"，从当年建校伊始的困难重重，到如今学子向往的优质学校，怀柔校区一路根植大地、攻坚克难，全面展现了怀柔校区人"勇于担当，守正出新"的意志品质，更生动诠释了一〇一人"担当卓越，砥砺前行"的拼搏精神。

十年不辍，勇毅笃行。

北京一〇一中怀柔校区锚定"为党育人，为国育才"根本目标，坚持立德树人根本任务，走高质量发展之路，打造了一支干事创业的干部职工团队，打通了推动教师专业成长的全路径，建设了促进学生全面发展的多元课程体系。在不断追逐向上、改革实践的过程中，一〇一中怀柔校区全面推进基于核心素养的生态智慧课堂，全体教职员工积极参与，教育、教学、科研各领域欣欣向荣、硕果累累。

百尺竿头，更进一步。

新时代，加快建设教育强国的征途已然开启。2023 年 5 月 29 日，习近平总书记在中共中央政治局第五次集体学习时强调："建设教育强国，是全面建成社会主义现代化强国的战略先导，是实现高水平科技自立自强的重要支撑，是促进全体人民共同富裕的有效途径，是以中国式现代化全面推进中华民族伟大复兴的基础工程。""建设教育强国，基点在基础教育。基础教育搞得越扎实，教育强国步伐就越稳、后劲就越足。"面对国家加快建设教育强国的新期待、新要求，北京一〇一中怀柔校区必将继续深刻演绎"百尺竿头，更进一步"的校训，立足怀柔人民，奋力开拓新局面，加快推进学校教育持续发力，以教育之力厚植人民幸福，以教研之强培育优秀人才，为全面推进中华民族伟大复兴提供有力支撑。

现在，呈现于您手中的这本《十年探索》正是一〇一中怀柔校区人集体智慧的结晶，是十年筚路蓝缕艰辛探索的成果，集中体现了学校教育、教学和科研的新面貌、新成果和新思想。本书选取的文章，涵盖初、高中全学科。各学科教师从不同的视角出发，描绘课堂教学的多彩，讲述教育艺术的魅力，为教育教学工作提供了一份可资反思的资料和进一步创新的真实素材。当然，限于篇幅和理论水平，也定然会存在诸多不足之处，期望读者指正。

陆云泉

2024.7

目　录

第二篇　文以载道

第三篇　格物致知

第一篇

十年探索

在建构主义理论指导下的化学"学案导学"
教学设计原则研究

崔 峰

建构主义学习理论强调以学生为中心，认为学生是认知的主体，是知识意义的主动建构者；教师只对学生的知识意义建构起帮助和促进作用，并不要求教师直接向学生传授和灌输知识。可见，在建构主义学习环境下，教师和学生的地位、作用和传统教育理论下的教学相比已发生很大的变化。在这种情况下，如果仍然沿用传统的教学设计理论与方法来指导教学，显然是不适宜的。为此，在化学教学中，我们需要从建构主义理论环境下的教学设计原则出发，建立一套能与"学案导学"教学模式所创设的学习环境相适应的全新的教学设计理论与方法体系。下面以笔者在北京市所上的一节市级研究课《基于"认识模型"复习有机物和有机反应的思路方法》为例，以建构主义学习理论为指导，对"学案导学"教学模式设计原则进行探究。

一、"教师主导、学生主体"的原则

教师、学生在教育活动中的作用问题是古今中外教育家一直热切关注的问题。建构主义理论一方面强调学习是学生主动建构知识的过程，教学中应充分发挥学生的主动性和创造性，但另一方面还强调了教师在教学中起到的指导、帮助和促进作用。可见，建构主义理论指导下的教学，与传统教育理论下的教学相比，更强调学生在学习中发挥主动性和积极性；与现代教育理论下的教学相比，更能保证教师发挥主导作用。教师在贯彻这一原则时要特别做好两项工作：第一，激发学生的学习动机，提高学生的学习兴趣；第二，加强对学生学习方法的指导，在教学中注意启发和引导学生。在本节课开始时，笔者通过 PPT 展示诺贝尔金质奖章的图片，并指出 100 多年来，有机化学相关研究获诺贝尔奖有 40 余次，其中大多属于有机物的结构、反应、合成三个方面，让学生明确认识有机物和有机反应的重要性，从而引导学生明确本节课的主要学习目标，即如何认识有机物和如何认识有机反应，以达到激发学生的学习动机，提高学生的学习兴趣的目的。同时，在设计学案时，关注"过程与方法"课程目标，运用比较、分类、归纳、概括等方法对信息进行加工，通过指导学生建立恰当的"认识模型"，促进学生的认识发展，提高学生的认识素养。本节课所建构的有机物、有机反应的认识模型如下：

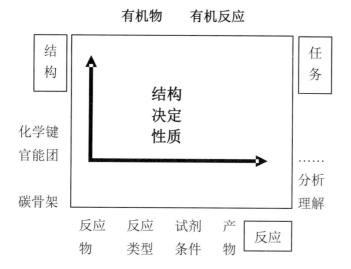

本节课在实施"学案导学"的教学过程中,在认识模型建立阶段和应用阶段都给学生充足的认识表达空间,让学生的认识过程和认识结果充分外显,在认识碰撞和再建构的过程中发展认识,从而使学生的认识由无序到有序,形成比较稳定的认识方式,促进了学生的认识发展。

二、探索性原则

建构主义所阐述的学习就是基于真实问题情境下的探索和学习的过程,就是解决实际问题的过程。问题构成了建构主义学习的核心。在"学案导学"教学模式中,"学案"本身就是一份探索性的学习提纲。热情地鼓励学生勇于探索创新,科学地设计问题引起学生探索,适时引线搭桥帮助学生探索,是"学案导学"教学模式的重要手段,是学案设计的关键所在。

本节课笔者从学生学过的十类有机物中,选取了"醇"为例,在学案上设计了三个问题,引导学生学会认识有机物、有机反应及其转化的方法。

问题 1:怎样看有机物?

观察下列有机物,你能看到什么?想到什么?请在学案上记下要点关键词。

$$CH_3-CH-CH_2OH$$
$$|$$
$$CH_3$$

通过问题 1,有的学生观察到碳的骨架上有一个支链,还有一个羟基,且在端点(官能团的种类、数目和位置),有的同学说该有机物能与金属钠反应、能发生酯化反应、能发生消去反应、能催化氧化成醛等(有机反应的角度)。教师通过师生交流能够探查到学生原有的认识有机物的角度，并基于学生的"最近发展区"引导学生将提出的关键词，按结构、反应等角度进行分类，提高学生观察、分析、归纳的能力，学生初步建立起了有机物的认识模型。

问题2：怎样看有机反应？

分析表中有机物的结构，如官能团、化学键等，并填写下列表格。

	断键部位	反应类型	试剂、条件	产物（结构简式）

问题3：怎样看有机物的转化？

"谁"能生成醇？把你想到的有机物的结构简式，填在下图中，并在箭头一侧注明反应类型，在箭头另一侧注明试剂和条件。

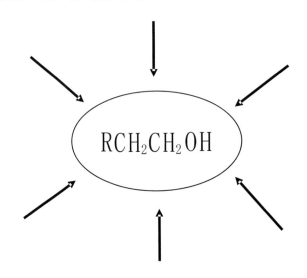

通过问题2和问题3，学生在学案上以醇为例从官能团、化学键等角度分析醇的结构，建立从断键部位、反应类型等主要角度认识有机反应和转化的思路，初步体验认识模型在认识有机反应时的应用。

三、合作性原则

建构主义认为，学习者与周围环境的交互作用，对于学习内容的理解起着关键的作用。学习的进程是以个人经验为基础的，因而不同的学习者对知识的理解是不完全相同的，有时会有很大的差异。由于真实问题情境通常十分复杂，仅仅凭学生个人的力量是不能完全解决的，只有通过"社会协商"才能达成共识。因此，"学案导学"教学模式要重视协作学习环境设计，要为学生创设有利于人际沟通与合作的教育环境，使学生通过"社会协商"，不仅在认知上达成一致，还可以获得元认知和默会知识。

本节课引导学生以醇为例完成认识模型构建和应用，教师在学案上制订成功标准，让学生以小组合作的形式应用模型，实现学过的其他有机物的转化，展示与分享小组活动成果。具体活动如下：

【活动】应用模型实现转化（小组合作完成）

研究对象：在①烯烃与炔烃、②苯及其同系物、③卤代烃、④酚、⑤醛、⑥羧酸和酯中选择1组物质。

表达方式：1. 以所选物质类别为核心在白纸上建立物质的转化关系图，在箭头一侧注明试剂和条件，另一侧注明反应类型。

2. 关系图中有机物的表达要体现结构的变化。

交流方式：结合有机物的结构分析下列问题。

1. "它"能发生什么类型的反应？为什么？

2. "它"能与"谁"反应？变成"谁"？

3. "谁"能变成"它"？

本活动通过教师制订成功标准（能构建各类有机物的相互转化关系图，并能从有机物结构分析其反应及转化），指导学生交流、分享和评价学习成果，培养学生知识的迁移运用能力，培养学生的交流和表达能力，提高学生的认识素养。

四、方法化原则

学法指导是培养学生学习能力的核心因素，学习方法是学生知识体系中的重要组成部分，也是能力结构的重要组成部分。重视学法指导是"教会学生学习"的前提和保证，正如达尔文所说："最有价值的知识是关于方法的知识。"因此在学案编写过程中，学法线贯穿始终，学案中的学法目标、问题提示、解题思路指导、学案小结等内容和要素，构成了一条明晰的学法指导线，随着知识网络的形成，学法指导也构成了科学完整的体系，使学生获得打开求知之门的金钥匙，为学生发挥自己的聪明才智提供和创造必要的条件。通过"学案导学"，教学将"授人以鱼"变为"授人以渔"，同时注意学法指导的基础性和发展性。在引导学生形成基础性学习方法的同时，重视学生的发展性学习，让学生能够用已学过的方法去解决新情境中的新问题。

本节课以培养和发展学生的认识素养为目标，结合认识模型的建立和应用，以"怎样看有机物？""怎样看有机反应？""怎样看有机物的转化？"三个核心问题为主线，指导学生学会科学方法，提高学生的认识素养。同时本节课还采用了任务驱动、归纳演绎、小组合作学习、学案导学、教师制订成功标准并进行有效评价等教学策略，在引导学生形成基础性学习方法的同时，重视学生的发展性学习，让学生能够用已学过的方法去解决新情境中的新问题。

五、密切联系实际原则

建构主义认为："学习总是与一定的社会文化背景即'情境'相联系的，在实际情境下学习，可以使学习者通过自己原有认知结构中的有关经验去'同化'与'顺应'，从而达到对新知识意义的建构。"传统的课堂教学中由于不能提供实际情境所具有的生动性、丰富性，学习者难以对知识的意义进行建构。因此，"学案导学"教学模式设计既要考虑分析教学目标，又要根据学生的实际生活经验，创造有利于学生学习的情境。教师要立足于"主导"地位，充分考虑每个学生的个性不同、认知水平的层次不同，在编写学案时应依据教学内容，适时地、适当地采用多种多样的方式和方法，将难易不一、杂乱无章的内容处理成有序的、阶梯性的、符合各认识水平阶层学生的认知规律的学习方案，通过科学性、启发性、趣味性等问题设计和学案的情境设计，创造浓厚的情境氛围，使学生进入角色，激起兴趣，从而调动学生的积极性、主动性，达到提高全体学生素质、全面提高课堂教学质量的目的。

本节课的认识发展价值：对有机物性质的认识从物质类别和反应类型维度上升到转化、合成维度，关注反应前后有机物之间的关系，学会正推、逆推的思维方式。本节课的社会价值：充分体现化学对人类生活和社会发展的重大贡献，印证"现代有机合成之父"伍德沃德那句掷地有声的名言"有机化学极大地改善了人类的生活，使人类在旧的自然界旁边建立起一个新的自然界"。

（注：本文 2015 年 6 月发表在《高中数理化》杂志）

教师简介：

崔峰，正高级教师，全国优秀教师，北京市化学特级教师，享受国务院政府特殊津贴，荣获"首都劳动奖章""北京市优秀共产党员"等荣誉，现为北京市怀柔区人大常委、北京一〇一中怀柔校区暨中国科学院大学附属中学执行校长。

"思维导图"应用于高中化学教学的探索

崔 峰

中学化学教学的一个重要任务就是培养学生的科学思维习惯，提高思维能力。而思维能力的训练应从思维品质的培养着手，全面且循序渐进地进行，让学生自己建构知识体系。思维导图就是一种将放射性思考具体化的方法。自从思维导图工具和基于思维可视化原理的理念引入到教育领域以来，已经在教育教学过程中产生了积极的影响。它已成为发展和培养学生的思维品质、激发和引导学生的创造性思维的重要工具。

一、化学教学中使用思维导图的必要性

1. 从中学化学教学实践来认识

在化学教学过程中，经常会碰到这样的情况：学生好似能听懂老师上课讲的所有内容，对着例题练习也都会做。但到考查综合性知识或应用化学知识解决实际问题时却觉得无从着手。出现这一现象的根本原因是：高中生在化学学习时不能较好地辨别和建构概念与命题框架，只是死记硬背大量的事实与公式。这样，知识的存储就处于零星状态，没有形成知识网络。并且在学习过程中只重视模仿性地做题，而对化学中的概念、规律缺乏深入的理解，对化学问题的分析缺乏正确的方法，所以在知识提取和将这些知识应用到新情境中时表现出较大的难度。因此，学生会缺乏兴趣。

心理学研究表明：兴趣是一个人积极探究某种活动的倾向，积极的思维活动正是建立在浓厚的学习兴趣和丰富的情感基础上的。要解决这一矛盾，思维导图教学就成为行之有效的方法，它以其鲜明的图像、生动的形象和灵活多变的特点容易引起学生们的注意，使枯燥的学习变得轻松愉快，从而充分激发学生的学习兴趣和求知欲望。

2. 从学生的认知规律来看

学生新知识的习得是新知识（或新信息）进入学习者原有知识结构的适当部位，用学习者认知结构中已有的适当图式同化新知识，使原有图式不断重新建构的过程。而知识的巩固、转化与应用则更是要求学生将习得的知识从离散状态变为结构化、网络化的体系。

也就是说学生的认知是从已知到未知、从低级到高级循序渐进的认知过程和从知识点到知识体系的形成过程。这个过程应理解为学生从自己的主观意识出发，利用自己已有的知识和经验，对学习内容作出主动的、有选择性的信息加工。思维导图就是这种广义知识教学过程模型的首选工具。

3. 从高中化学知识内容和结构来看

高中化学知识包括化学基本概念、化学基本原理以及元素化合物知识。这三大块知识的学习过程既有不同之处，又有相同之处，可以概括为五个阶段：感知阶段、加工阶段、形成阶段、联系整合阶段、运用阶段。其中联系整合阶段是化学知识学习过程中非常重要的阶段，学生需要将初步形成的知识以各种形式跟已有知识建立联系，明确所学知识跟其他知识的异同，主动地将其纳入自己的知识体系和符号体系中，使之内化到自己的认知结构中，以便将来适时再现去应用。这一阶段的学习，实际上可以上升为建构化学知识体系的过程，当然建构化学知识体系要在联系整合知识的基础上，对原有知识和内容建构出新的理解、新的意义。

4. 从思维导图的作用和意义来认识

思维导图的图表结构包括节点、连线和连接词等。节点就是置于圆圈或方框中的概念，连线表示概念之间的意义和联系，连接词是表达节点之关联的文字标注。用思维导图表达知识是一种演绎性的激发大脑潜能的教学方法，它运用了左脑的词语、逻辑、数字、符号等，同时也使用右脑的色彩、图像、韵律、空间意识等，最终以不同的图解为知识结构提供了不同视觉表征。思维导图使左右脑相结合，需要学习的东西就会有效地以形象化的方式组织起来，便于储存于长期记忆中。

思维导图是一种可以体现概念间内在属性关系的图形化技术，它能使新旧知识或概念之间建立联系，促进思维的迁移，这恰好符合化学学科的学习特点。

二、思维导图在化学教学中的应用

1. 在新授课中使用思维导图

在新授课中建构知识结构，应用思维导图教学策略，将教师单纯的"教"转变成为"教"与"学"并举，教师可以用它来对学生进行启发、辅导，而学生也真正有了自主学习的机会，这能够培养学生自我建构知识的能力。

方法一：在新授课上老师可以准备数张卡片，每张卡片上分别写上本节课涉及的名词或概念，边讲课边请学生配合老师摆弄卡片，以完成教学要求。在摆弄卡片的过程中，学生都十分想弄清楚名词或概念之间究竟有什么具体的意义联系，强烈的求知欲油然而生，课堂气氛也因此异常活跃。课下学生就可以根据课上的"卡片游戏"规整思维导图笔记。

方法二：教师要求学生在听课时，用思维导图做笔记来帮助理解和记忆。具体步骤如下。

①课前准备好一张白纸和几支彩笔。

②上课时，在教师导入新课后，学生把这节课的主题用较大的字体写在纸的中央，并根据教师对这节课主要内容的介绍，从中央向外用不同颜色的彩笔作出分支，分别在

端点处写上相应的关键词。

③当教师逐渐讲解时，学生跟随讲解在各分支后根据需要添加新的分支并记下关键词。

④在进行课堂小结时,学生可以独立或在教师的指导下找出这些知识点之间的关系,用连线标出，并用不同颜色注明本节课知识的重点和难点。由于所有的知识点都已经写在一张纸上，学生很容易找到这些知识点之间的关系，这不仅有利于他们建立良好的知识结构，而且有利于培养科学的思维。这样做笔记的方法不仅在本节课上能够帮助学生理解和掌握新知识，而且对于学生进行后续学习以及考前复习都非常有帮助，要是借助计算机多媒体绘制思维导图，效果就会更加明显。

在学习新课时，通常应该建议学生以小组（2～4人的）形式构建思维导图，以保证学生在一开始就能统一在一个主题上。在这种学习方式中，一些反应相对迟缓的学生对小组学习作出的贡献常常令人惊讶。小组竞争是健康的、有益的，比较哪个小组制作的思维导图最好可以激发学生的学习兴趣。进而实现：课前准备—独立思考、细致认真；课前讨论—取长补短、互相激发；课上研究—起疑导思、兼收并蓄；课下延伸—消化吸收、巩固提高。

2. 在复习课中使用思维导图

复习不仅要回忆再现所学知识，还要将所学知识进行梳理、拓展，更重要的是促进知识迁移，能力发展及情感态度与价值观的培养。复习的最高境界是用最少的时间，呈现最大的信息量，培养最强的应用能力和科学探究能力，而且学生还要将前后所学知识进行联系并重新建构，最终达到迁移和应用的目的。

在多年高考复习中，常发现许多学生在第一轮基础知识的复习中游刃有余，但在进入第二轮能力提高复习时就败下阵来,特别是解答许多换了情境的问题时更是一脸茫然,究其原因，教师采取了"教""灌"的教学模式，学生采取了大量习题反复训练的学习方式。其结果：学生所学到的知识多数是未经思维加工而被迫机械记忆的零散、单一的概念、实验现象；所获得的能力是回忆和再认；在知识应用时不能辨认和建构概念及相关知识的命题框架，不能应用知识到新情境中进行问题解决，更不能灵活地进行知识迁移。

将思维导图这一认识工具应用到复习中,让学生根据知识的脉络自己绘制思维导图，这样他们就主动参与了知识的回顾与提炼过程，整合新旧知识，建构知识网络，浓缩知识结构，达到灵活迁移知识的目的。

3. 师生间评价思维导图也是有意义的学习

在教学过程中，我采取了学生独自完成，接着小组讨论，再进行班级汇报的方式。在此学习过程中学生自行体验，评价不同学习时期所画的思维导图，从而看出自己认知上的改变，使他们的思维能力和反思能力得到提高，同时发现自己之前没有注意到的各个知识间的关系，使知识结构更加完整，并产生一些创新的理解，达到创新性学习的目的。在小组讨论中，由于小组成员对概念有不同的理解，常引发激烈的争论与友好的协商，辅助学生进行头脑风暴的活动，培养学生批判性思维的机能和合作交流的精神。

所以思维导图教学策略应用于复习课中，可使原来迷惑的概念清晰化，零散的知识系统化，机械的记忆灵活化，最终使学生感到所学的知识在由多变少，所学的课本在由厚变薄，但是知识的迁移能力在提高，复习效果在提高。

如果想要学生评价他们在学习中绘制的思维导图，我们必须针对意义学习进行测试，而不是对信息的机械回忆进行测试。这就意味着要让学生将知识应用到新情境中去，如给出一系列学过的相关概念，并让他们就这些概念来制作思维导图。这样就可以揭示出哪些学生理解了概念的意义，哪些还没有理解。我们要对学生创建的思维导图的优点和不足给出建设性的反馈。

三、指导学生制作化学思维导图的方法

1. 教师示范

教师根据学生熟悉的知识，在授课时先展示给学生一个生动的思维导图，给学生耳目一新的感觉。再在教学过程中有意识地适时使用思维导图，为学生在化学课堂上创设一个使用思维导图的情境。

如人教版《普通高中课程标准实验教科书化学1必修》，第一章《第二节化学计量在实验中的应用》，涉及有关物质的量的概念十几个，对于仅有一年化学学习经验而毫无知识演绎归纳能力的高一新生来说，大多数学生是学过之后回忆起那众多的概念、公式都感觉乱哄哄的，遇到实际问题时甚至不知道应该用什么公式、什么原理来解答。我仔细分析了这章短短的一节内容，有如下发现。

①概念 10 个：微粒个数、阿伏加德罗常数、物质的量、物质的质量、摩尔质量、气体体积、气体摩尔体积、标准状况、物质的量浓度、溶液的体积。还有从一些习题中衍生出的平均摩尔质量、相对密度等概念。

②公式及演变公式 8 个：

$n=N/N_A$

$n=m/M$

$n=V/V_m$

$n=cV$

$c=1000\rho\omega/M$

$D=\rho_1/\rho_2$

$M_1=DM_2$

$N_A=6.02\times10^{23}$

③原理2个：阿伏加德罗定律（三同定一同理论）、阿伏加德罗定律的推论。

如果按照教材的顺序来记忆这些知识的确很混乱，但是如果使用思维导图来安排这些内容会怎样呢？在这一节的教学中我首先引导学生理解教材中每一个概念的内涵和外延，然后采用思维导图（见下图）的方式带领学生进行总结，并对中学所学的其他一些概念进行拓展，也为以后教学作了铺垫，对于学生明确概念之间的联系，掌握并运用概念解决问题起到了很好的作用。

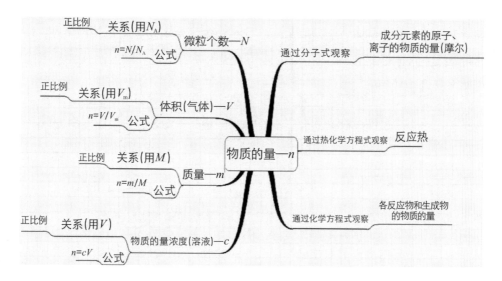

通过这个思维导图的总结，很显然，众多的概念理论更加条理化和清晰化。在实际教学过程中教师也可以发动学生积极参与教师制作思维导图的过程，为自己制作思维导图打下基础。

2. 学生练习，教师及时指导

教师可以及时安排学生练习制作思维导图，遵循认知规律，按照由易到难的顺序进行。教师可以让学生通过练习，绘制以下三种不同类型的思维导图。

（1）排列型思维导图

教师先给出一定数目且随机排列的概念、命题，要求学生必须使用这些概念或命题构建思维导图。例如，学习《物质的量》这一课，让学生用物质的量、物质的质量、相对分子质量、相对原子质量、微粒个数、阿伏加德罗常数、摩尔质量等概念来构建思维导图。

（2）选择型思维导图

在一个阶段知识学完之后，教师可以给出一定数目的概念术语或符号命题，要求学生从中选择一部分来构图。例如，要求学生构建一个关于有机化学"烃的衍生物"方面的思维导图，教师给出了如下相关概念：烃的衍生物、卤代烃、醇、苯酚、醛、羧酸、酯、硝基苯、水解反应、加成反应、取代反应、还原反应、氧化反应、酯化反应、消去反应。要求学生有选择地应用其中的概念，并用思维导图完善它们的关系。绘制的思维导图如下：

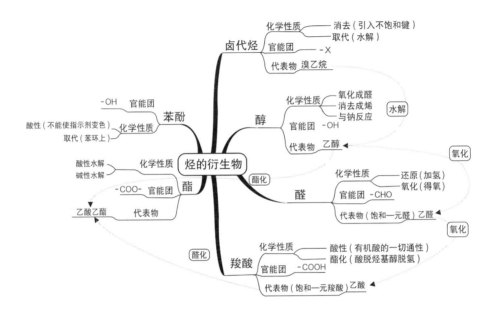

这是学生经过讨论绘制出的比较完善的思维导图，由于教师所给的信息多于学生应选的信息，这就要求学生对所需概念的选择要准确，对主概念及其之间的关系要有系统性的认识。

（3）创造型思维导图

教师参照化学知识的特定范围，给出一个核心概念，要求学生围绕这一概念，联想有关的知识、概念、命题及其关系，创造性地构图。例如学习《铁》这一课，教师给出"铁"这一个核心概念，让学生自己围绕这个核心概念创造性地构图。

实际上学生建构知识体系创作思维导图也可能存在一个质量问题，如果学生单纯追求形式，勉强凑合，而没有对知识进行新的提升，所得效果就可能适得其反。为此，教师应强调让学生特别注意网络"结点"的确定。

根据学生学习心理特点，网络"结点"的确定可侧重于以下两个方面考虑：

①记忆的联想点。记忆的联想点是指由于某概念或某一知识点而引发学生回忆起其他相关的概念或知识点。它是学生建构思维导图的关键，对于相对容易的知识体系，可让学生自己找联想点，而对于复杂的知识体系需要教师帮助学生找到恰当的记忆联想点。

②知识的辐射点。知识的辐射点是指如果以某一知识点为中心向各个方向发散出去，那么该知识点就称为知识的辐射点。同样，知识的辐射点也是建构思维导图的关键所在，也是培养学生发散思维的关键。因为只有通过辐射点，学生才能展开丰富的想象；只有充分的发散，才能激发出学生创造的火花。

四、教学中运用思维导图的实践体会

1. 思维导图的教学优势

在教学的过程中应用思维导图相对于线性笔记所带来的效益，可以总结如下：

（1）在教学过程中，教师和学生只需要记录课程中相关的关键词，这样可以节省时间。学生在进行学习和复习时，因为只读相关的词也可以节省时间。

（2）在查阅笔记的过程中，因为不必在不需要的词汇里面寻找关键词，所以可以节省时间。笔记中重要的关键词更为显眼，可以保持学生在学习过程中集中精力于真正的学习主题上。

（3）课程中重要的关键词并列在时空之中，处在同一个笔记平面内，能够改善创造力和记忆力。在关键词之间容易产生清晰合适的联想，从而促进学生的记忆力，增强其理解力。

（4）因为学习笔记使用更易于接受和记忆有视觉刺激、多重色彩、多维度的思维导图，而不是单调烦人的线性笔记，所以更加符合大脑的运作模式。大脑不断地利用其所有的皮层技巧，使学生的思维越来越清醒，越来越愿意接受新事物。

（5）在做思维导图的过程中，学生会不断有新发现，能够提高学生探究新事物的动手能力和学习能力，这会刺激和调动学生学习的主观能动性，变被动学习为主动学习，从而把学习变成一种乐趣。

2. 思维导图的局限性

虽然利用思维导图开展化学教学有上述众多优势，但是正如多媒体与中学化学教学整合一样，不可一概而论。如果因为它有优势就广泛地应用于所有的课型，那么很多的课堂教学就成了实实在在的"做秀"，"思维导图"只是作为化学教学的一种辅助手段，并不是适合于所有课型。今后，我们将紧紧围绕这一课题，注重化学知识的系统化、结构化，提高学生的化学知识掌握水平，培养学生的创新精神和实践能力，并将其作为教学与研究的核心。在理论上要敢于探索，大力吸收新的教育、教学理论，积极借鉴兄弟学校的研究成果；在实践中要敢于创新，大胆实践，以求得更佳的效果。

参考文献

[1] 欧晓佳. 如何在多媒体教学中发挥教师的主导作用[J]. 化学教育，2002（6）：21-22.

[2] 刘知新. 化学学习论[M]. 广西：广西教育出版社，1996.

[3] 于浩. 中学化学创新教法[M]. 北京：学苑出版社，1999.

[4] 施良方. 课程理论：课程的基础、原理与问题[M]. 北京：教育科学出版社，1996.

[5] 希建华，赵国庆，约瑟夫·D·诺瓦克. "概念图"解读：背景、理论、实践及发展（访教育心理学国际著名专家约瑟夫·D·诺瓦克教授）[J]. 开放教育研究，2006（1）：4-8.

（注：2010 年 3 月本文获北京市 2009—2010 学年度基础教育科学研究优秀论文二等奖）

教师简介：

崔峰，正高级教师，全国优秀教师，北京市化学特级教师，享受国务院政府特殊津贴，荣获"首都劳动奖章""北京市优秀共产党员"等荣誉，现为北京市怀柔区人大常委、北京一〇一中怀柔校区暨中国科学院大学附属中学执行校长。

《背影》里的父亲形象

朱思克

摘　要：朱自清先生的散文《背影》是歌颂父亲的。在中国最常见的一段父子情感，一件普通的送别小事，却被作者用文学的笔法写得荡气回肠，成为中国现代文学史上写父亲的经典作品。事实上，在中国歌颂母爱的作品太多了，但歌颂父爱的作品并不多。中国传统社会里男人主外，因此，许多孩子对父亲的脸的印象是模糊的、陌生的，再加上"严"的气息首先在脸上表露出来，许多孩子对父亲的脸是畏惧的，孩子往往很少或者不敢注视父亲的脸。所以，父亲留下的往往只是一个或近或远的背影。但当自己也做了父亲，父亲的那个背影也许比父亲的那张脸更值得回味。

关键词：《背影》　父亲　审丑　赞美

孙绍振先生在《批判试验修订本语文课本》中评价朱自清先生的《背影》："朱自清用自己的眼睛看，就在别人看来是不美的，甚至有点儿'丑'的穿戴、不优雅的动作，看出了天性和人伦的美。"

在《背影》中，作者通过写父亲的"丑"，热情地表达了对父爱的赞美。文中写父亲之"丑"的地方很多："我心里暗笑他的迂"——"迂"字，是朱自清总写父亲的"丑"；"他再三嘱咐茶房，甚是仔细。但他终于不放心，怕茶房不妥帖；颇踌躇了一会"——父亲小气，吝啬，办事拖泥带水，拿不起放不下；"总觉他说话不大漂亮，非自己插嘴不可"——父亲为钱与脚夫争论得很激烈。然而，对父亲集中审"丑"的部分，便是有名的"父亲车站买橘子"一节——父亲的笨拙与"迂"全面地"暴露"出来。

我看见他戴着黑布小帽，穿着黑布大马褂，深青布棉袍，蹒跚地走到铁道边，慢慢探身下去，尚不大难。可是他穿过铁道，要爬上那边月台，就不容易了。他用两手攀着上面，两脚再向上缩；他肥胖的身子向左微倾，显出努力的样子。

这是很简洁的文字，也是很有味道的文字。父亲一身的黑："戴着黑布小帽，穿着黑布大马褂，深青布棉袍。"这是因为"祖母死了"，父亲在穿孝；由"父亲的差使也交卸了，正是祸不单行的日子"可见，也有生活拮据、家境惨淡的原因。

这是一个生活在"祸不单行的日子"里的父亲。这身黑衣服当然也谈不上什么体面、华美，当然是"丑"的。"我"穿的却是"他（父亲）给我做的紫毛大衣"，"毛大衣"——显然很"气派"，很"漂亮"——这是多么鲜明的对比。

父亲"走到""穿过""跳下""爬上"的一连串动作，加上"是一个胖子"，"要费事些""就不容易了"的描述，特别是"他用两手攀着上面，两脚再向上缩；他肥胖的身子向左微倾，显出努力的样子"。父亲"蹒跚"的扭曲，"向上缩"的滑稽，"向左微倾"的夸张，这些肯定不能算一个个优雅的动作，当然就更不好看了。这比他讲价钱更显得"不大漂亮"，更掉价，更"迂"——这就是写父亲的"丑"。

怕他看见，也怕别人看见。

"怕他看见"，"他"当然是那个翻过月台去买橘子的父亲。"别人"是"我"和父亲之外的人，当然包括近旁的"脚夫"。然而是"我怕"，"我"是一个什么形象？这时的"我"流泪了，这流泪是感动的吧！这是一个28岁社会青年的泪，这是一个已经做了28年的儿子的"我"对一位老父亲的爱——是不是显得自己太过于"幼稚"了，太过于脆弱了呢？这里的幼稚，不是作者心里的幼稚，其核心就在下面的话："北京已来往过两三次，是没有什么要紧的了。"我已经"成熟"了（反而父亲是"迂"）。和成熟的对比是作者或者是"我"此刻极为矛盾的心理，这便是"怕"的一个原因。作品是通过从对父亲的"嘲"到"怕"来说明：父亲去买橘子这件事情对自己的震动。当然，第二个"也怕别人看见"，也就可以很自然的好理解了：一是怕别人看到自己流泪（这大概是好理解的），一是怕别人看到一个已经"成熟"（28岁）的儿子，却让一个这样的父亲去为他奔波，这是不是有些"不孝"？当然，这个"怕"还是作者自己的心理。这说明他的内心此刻在剧烈地震荡，在这里就是一个儿子对一个父亲情感理解的过程，一个理解的蜕变过程。当然，这里有没有"审丑"在里面？因为父亲翻越月台，那形象确实不雅，父亲的"丑"引来别人的视线，怕别人看见了笑话"我"。为什么怕别人会笑话自己呢？也只能有一个解释："我那年已二十岁，北京已来往过两三次，是没有什么要紧的了。"别人的父亲都没有来送；就是别人的父亲来送，也没有爬过月台去买橘子的；就算去买橘子，也绝不会像自己的父亲这等艰难。茫茫人海中，大概只有这样一位"丑陋"的父亲。其实，这些此刻都已经不重要了，重要的是作者的内心"怕"，也就是对父亲情感的心灵历程上，这是一段对原有感情的颠覆，一股激荡，一次"蜕变"——当然还没有达到高潮，在写法上还在"蓄势"。

"我"的狼狈可想而知，"我"所谓的"漂亮"大概也已抛到九霄云外去了！我是多么的不应该！——"这时我看见他的背影，我的泪很快地流下来了……我再向外看时，他已抱了朱红的橘子往回走了"。这里的两个"看"是把丑变成美的过程。

"我"已经忽视父亲丑陋的背影，那个"戴着黑布小帽，穿着黑布大马褂，深青布棉袍"的意象消失了，"我"的视角已经全部集中在父亲所抱的"橘子"上，整个画面由黑色变成了朱红色。朱自清完成了由审丑向审美的最后转变。

过铁道时，他先将橘子散放在地上，自己慢慢爬下，再抱起橘子走。

这些分解了的动作，都随着"橘子"发出光彩。这时朱自清的视线应该是"模糊的"，思维也完全停止了，只有审美还在继续，这不是空白，而是一种极致，构成了父爱的标识，构成了父爱的精神载体。

"我赶紧去搀他"，这是作者由"审视"到行动的转变。这种转变是痛苦的，因此，有泪水；这种体验是幸福的，因此，有大爱。激烈的审美高潮过后，父亲的形象趋于平淡了——"等他的背影混入来来往往的人里，再找不着了"，然而，平淡不是消失，而是一种固化——变成了一种生活。

"我的眼泪又来了"——这里的"眼泪"就是再审美的自然流露，审美的快感是可以贮藏的，以后"我"每次想起这件事，想起父亲，都会"流泪"。这便是"我读到此处，在晶莹的泪光中，又看见那肥胖的、青布棉袍黑布马褂的背影"的原因。

美学家认为最深刻的事件是出现在有泪珠闪烁的时间与地点。那一时刻，那一地点，朱自清记录下了父亲的爱。这"爱"是刻骨铭心的，是牢记一生的。

事实上，歌颂母爱的作品太多了，但歌颂父爱的作品并不多。为什么呢？就是因为父爱难抒。中国自古便有"严父慈母"的传统，大概"慈"是一种优美，这是我们很容易观察、欣赏和接受的，也是很容易表达的。"严"是一种什么形象呢？横眉冷对、声色俱厉、不苟言笑，好多作家笔下的父亲都成了"暴君"形象。中国传统社会里男人主外，因此，许多孩子对父亲的脸的印象是模糊的、陌生的，再加上"严"的气息首先在脸上表露出来，许多孩子对父亲的脸是畏惧的，孩子往往很少或者不敢注视父亲的脸。所以，父亲留下的往往只是一个或近或远的背影。

但这不表示在《背影》中，我们看不到父亲的"脸"。"祖母死了"，难道父亲会不哭吗？这是一张孝敬的脸；当我"不禁簌簌地流下眼泪"时，父亲劝慰我"不必难过"，这是一张关爱的脸；"父亲赋闲"，这是一张焦急的脸；"家中光景很是惨淡"，这是一张愁苦的脸；父亲在攀爬月台时，"两脚再向上缩"，这是一张抽搐的脸；"显出努力的样子"，这是一张挂满汗水的脸；"将橘子一股脑儿放在我的皮大衣上。于是扑扑衣上的泥土，心里很轻松似的"，这是一张欣慰的脸；"情郁于中，自然要发之于外；家庭琐屑便往往触他之怒"，这是一张震怒的脸；"膀子疼痛厉害，举箸提笔，诸多不便"，这是一张忍耐的脸；"大约大去之期不远矣"，这是一张无奈的脸；离开时"走了几步，回过头看见我"，这是一张不舍的脸……我们要好好地想象"父亲的那张脸"，深刻地理解《背影》的文学艺术。写慈父是一个难题，朱自清先生选取父亲的背影，是"个性化"的，被孙绍振先生认为是"震撼人心的"。

鲁迅先生在《南腔北调集》中《我怎么做起小说来》一文中说："要极省俭的画出一个人的特点，最好是画他的眼睛。我以为这话是极对的。"因此，他在《答客诮》中写道："无情未必真豪杰，怜子如何不丈夫？知否兴风狂啸者，回眸时看小於菟。"诗中用"回眸时看"写了一个"怜子"的父亲形象。朱自清先生也是抓住了父亲的"怜子"形象，只是改变了一个角度——他写了父亲的背影。这个"背影"视角，是最能代表大多数平民演绎出"父子情深"的一幕——一段通俗化了的"父爱"。这样的父亲，是极普通的，是一位上有老、下有小，又有责任的老人。这种"非英雄式"的选择，是散文《背影》"普及"的主要原因。也正是朱自清先生选择了"背影"的表现角度，淡化了人物面部的描写，才使这位父亲的形象既有了丰富的想象空间，也有了丰富的想象时间。也正是由于这种"模糊"的形象（外貌），让每位读者自然而然地与自己的父亲联系起来，与自己的生活联系起来，引发联想与想象，从而产生心灵的碰撞，找到同感，产生共鸣。

这些特点都扩大了《背影》的文化影响，仅仅这些还不能成为典型，《背影》的成功之处还在于，这位"老人"，上有"老"，"老"（祖母）已经逝去。这正是"我"当时对"父亲"应该有的理解与体会，然而却没有，一点儿都没有。下有"小"，"小"（作者）已经成人，而父亲已经衰老，却把全身心（父亲把对祖母不能尽孝的感情）都倾注到"我"的身上。"我"都全然不知，一点儿都没有感悟。父亲与"我"之间，在那个时间里、那个地点上——什么是感动，大概不需要什么语言了吧！

近几年来，父亲和我都是东奔西走，家中光景是一日不如一日。他少年出外谋生，独立支持，做了许多大事。哪知老境却如此颓唐！他触目伤怀，自然情不能自己。情郁于中，自然要发之于外；家庭琐屑便往往触他之怒。他待我渐渐不同往日。但最近两年的不见，他终于忘却我的不好，只是惦记着我，惦记着我的儿子。我北来后，他写了一信给我，信中说道："我身体平安，唯膀子疼痛厉害，举箸提笔，诸多不便，大约大去之期不远矣。"我读到此处，在晶莹的泪光中，又看见那肥胖的、青布棉袍黑布马褂的背影。唉！我不知何时再能与他相见！

唉，一个祸不单行的日子中的父亲，一个"丑陋"的父亲，一个心有大爱的父亲，永远留在朱自清的名篇里。这是一段记忆，这是一个经典，这是一个永恒！

教师简介：

朱思克，正高级教师，语文特级教师，市级有突出贡献的中青年专家，北京市骨干教师、北京市语文学科带头人。

课堂教学：我们该追求什么？

李从林

摘　要：课堂是教育改革发生的核心地带，但是传统课堂面临无法破解学生不能全面发展的问题，也无法破解教师不能提高专业素质和满足职业幸福感的问题，传统课堂在学生的素质和应试水平共同提高方面也显得乏力。学生是学习真正的发生者，课堂是适宜生命成长、让生命得以自由生长与和谐发展的良性生态系统。学生要在课堂中体验，在体验中成长，成长永远是学生的事，教师不能代替。

关键词：课堂教学　课程改革　生态智慧课堂

作为教育部"中小学教师国家级培训计划"名师领航班的一名学员，2019 年 4 月我在广东丰顺县实验中学开展了一周的支教活动。与我所在的北京一〇一中怀柔校区相似，丰顺县实验中学是一所新建的寄宿制学校，一周的时间里，我与那里的老师们一起上课、听课，一起参加教研活动。从北京一〇一中怀柔校区的课堂来到丰顺县实验中学的课堂，不一样的经历，不一样的课堂体验，让我对这所年轻而富有朝气的学校有了更深入的了解，也对自己的课堂教学有了更多的反思：在新课程改革的背景下，课堂教学如何变革？在生态智慧课堂理念的指引下，如何让学习真正地发生？

一、课堂：课程改革的核心区

早在 2017 年 9 月，时任教育部党组书记、部长的陈宝生就在《人民日报》撰文，吹响了"课堂革命"的号角，确定课堂教学改革是教育改革的核心。课堂是教育的主战场，一端连接着学生，另一端连接着民族的未来，教育改革只有进入到课堂的层面，才真正进入了深水区，课堂不变，教育就不变，教育不变，学生就不变，课堂是教育改革发生的核心地带。

在支教期间，丰顺县实验中学的一位老师执教了《酚》一课，这节课属于典型的有机化合物教学。这位老师遵循物质的结构决定性质这一化学核心观念，先是介绍了苯酚的分子结构，然后是苯酚的物理性质，接下来对苯酚化学性质的学习则是结合实验视频和老师的讲解、分析，最后是苯酚性质的应用，通过课堂练习加以强化。本节课的教学，老师充分继承传统课堂教学的优点，备课充分，教学设计按照文本顺序，条理清晰，关注知识本体，老师的讲授全面细致，知识到边到角，没有遗漏重要知识点，在课堂上学生"接受"到了实实在在的知识。如果再深入观察本节课的课堂，我们发现，老师没有对学生进行过单独提问，集体提问也多是判断性问题，学生只需要回答"是""不是"或者"对""不对"，那么，学生的思考真正发生了吗？学生还会有不同的想法吗？这种集体提问和集体回答，看似课堂气氛热烈，实际上学生真实参与度并不高。关于苯酚的物理性质和化学性质，教材中都安排了演示实验，课堂中以实验视频代替演示实验，那么学生会产生疑问：苯酚的特殊气味到底是什么味道？视频中所看到的实验在课堂中真的能发生吗？视频中变化莫测的化学反应是多么令人期待，能目睹实验现象岂不是更有说服力！

传统的课堂教学优点和价值不容否定，随着教育改革的不断发展，传统的课堂教学越来越不能满足人才培养的需要。一是传统课堂无法破解学生不能全面发展的问题。面对有个性差异的学生，教师拿着一个自己事先预备好的备课本去讲同样一个内容，这样的课堂没有办法满足全体学生的发展，也根本找不到新课程标准提出的学科核心素养的实现途径。二是传统课堂无法破解教师不能提高专业素质和满足职业幸福感的问题。提高教师的专业素质，拥有教育的职业幸福感，是教师进步的两个标志。传统课堂教师在唱"独角戏"，布置大量的课后作业，使学生没有时间去思考、提问，根本无法培养学生的创新能力与实践能力。课堂上没有精彩的知识生成，看不到学生精彩的表现，时间长了教师就会产生职业倦怠，失去职业幸福感。三是传统课堂无法破解学生的素质和应试水平不能共同提高的问题。很多老师课堂教学以知识灌输为主，教师教学的疏漏用练习来弥补，练习不足用考试来弥补，这将难以落实国家多年以来提倡的素质教育要求。

课堂改革是教育发展的必然需要，课堂模式基本决定人才培养模式，适应学生终身发展需要的必备品格和关键能力的培养主要来自课堂。因此，这一轮的新课程改革，必然是在新课标指引下，真正发生在课堂教学上的改革。

在《酚》一课的教学设计中，可以把以教师讲授为主的课堂，改为在任务驱动下以学生学习为主的课堂，设置情境：工业废水中含有苯酚，会带来严重的环境污染。任务驱动：（1）苯酚是一种什么样的物质？（物理性质）（2）如何检测废水中的苯酚？（结构、定性检验）苯酚有哪些性质？（从官能团结构分析性质）（3）如何除去废水中的苯酚？（实验方案设计）（4）如何测定苯酚的含量？（定量测定）这样设计苯酚的性质教学，以情境为切入点，以问题为引导，以问题的解决为驱动，抓住官能团的性质和官能团之间的相互影响去理解苯酚的性质，而不是"记住"苯酚的性质。一节课，采用不同的设计思想，学生就会有不一样的课堂体验，不一样的成长。

二、学生：学习真正的发生者

课堂教学主要由教师的"教"、学生的"学"和教学素材三个要素构成，深入思考这三个要素的关系，不难发现，教师的"教"和教学素材都是为了服务于学生的"学"。陶行知先生早就说过以学生为中心的教学思想："先生的责任不在教，而在教学，而在教学生学""教的法子必须根据学的法子"。现在，我们倡导的"以学定教"正是关注学生的学情，从学生的实际出发，课堂教学关注每一位学生的发展，让每一位学生都受到老师的重视，唤起学生内心对学科的兴趣和对学习的热爱。

在《酚》的教学中，学生对酚类物质比较陌生，更不了解生活中有哪些物质含有酚，这就是学情，如何拉近学生和酚类物质的"距离"？最简单的方法就是从生活中寻找学生熟悉的素材或者场景。可以展示苯酚软膏（一种治疗脚上"鸡眼"的药），从说明书上寻找成分，或者让学生回忆医院的特殊气味（主要成分为甲基苯酚，俗称来苏水）感知酚类物质的存在，还可以展示芝麻中含有芝麻酚，丁香花中有丁香酚，茶水中有茶多酚的资料，拉近学生对酚类物质的直观感知。

在比较苯酚和碳酸的酸性时，如果将碳酸的二级电离常数和苯酚的电离常数比较，学生理解起来是有困难的，那就引导学生设计三个实验：苯酚和氢氧化钠溶液、苯酚和碳酸钠溶液、苯酚和碳酸氢钠溶液的反应。先从观察现象入手，再引导学生从苯酚释放氢离子，氢氧根离子、碳酸根离子、碳酸氢根离子获得氢离子的角度分析，得出三种物质给出氢离子的能力是碳酸＞苯酚＞碳酸氢根离子，进而指导学生自己写出苯酚与氢氧化钠、苯酚与碳酸钠以及向苯酚钠溶液中通入二氧化碳反应的方程式。由此可见，有了以学生为中心的思想指导，教师在设计教学时就会时刻想着学生已有的基础水平、学生的理解和接受能力，按照这样的思路去组织教学，老师想的、做的都是围绕学生，学生的学习也就从"接受"变成"获得"和"生成"了，从"学会"到"会学"，学生不仅仅是学到了知识，更主要的是掌握了学习的方法，学习自然而然地真实发生了。正如生态智慧课堂强调的，课堂其实也是一个生活场，学生在课堂中体验，在体验中成长，成长永远是学生的事，老师不能代替，老师所做的就是给他们提供成长的空气、阳光、土壤……

三、追求：生态智慧课堂理念下的理想课堂

与新课程改革携手前行的课堂改革到底是什么样，什么样的课堂才是理想的课堂？

理想的课堂要充分发挥情境素材的作用。情境可以建立教学内容和学生认知之间的联系，情境也可以阐释学科的生活价值，甚至可以用情境来设置一个大任务，让整节课围绕一个任务的解决来进行。这种基于情境的学习方式带来的最大好处就是学习的过程就是问题解决和学以致用的过程。在这样的学习过程中，学生学到了知识，发展了能力，提升了学科核心素养。

理想的课堂是学生有较高参与度的课堂。如果一节课只是教师的"一言堂"，那么学生就会觉得上课的内容与我无关，我是否学会老师也无从得知，这种情况会导致学生的学习兴趣下降，同时学生也失去了在课堂上自我表达、自我展现的机会。既然课堂教学是以学生的学习为中心，那就让学生尽可能多地参与到课堂学习的每一个环节中吧。

理想的课堂是老师充满幸福感的课堂。虽然教学的中心在学生，教学是效果，也是衡量学生所得多少的指标，但是我们不能忽视教师在课堂中的主导地位，我们也必须承认教师是在教学实践中得到锻炼的。课堂教学的过程，是师生彼此成就、彼此成长、和谐共生的过程，老师的幸福来自学生的精彩，学生的精彩成就理想的课堂。

理想的课堂是生态的、智慧的。课堂的生态属性，是要求教师尊重、唤醒、激励和发展生命，让课堂成为一个有利于生命投入的学习生态环境。课堂的智慧属性，要求教师能唤醒学生的生命智慧，提升思维品质，丰富情感体验，培养健全人格。生态智慧课堂的目标追求，要求教师把课堂建构成为学生生命成长和智慧生成的生活场、思维场、情感场和生命场。生态智慧课堂更加关注学生内心世界的成长和发展，更加关注基础教育对学生的终身发展所产生的影响，相信每一个生命都有发展的可能。

这一次的支教活动，让我有时间审视自己，回望过去，聚焦课堂。课堂教学，我们该追求什么？正如陆云泉校长所说：教育是人生命活动的过程，课堂是适宜生命成长、让生命得以自由生长与和谐发展的良性生态系统。生态智慧课堂的目标是构建生态成长和智慧生成的场域，在这个场域里，有参天大树，也有盛开的鲜花，还有绿油油的小草。每个生命的成长、每个生命的发展都能得到尊重，每个学生都应该获得成功。

教师简介：

李从林，正高级教师，全国优秀教师、教育部"中小学教师国家级培训计划"名师领航班成员，北京市化学学科带头人，华南师范大学教师教育学部兼职教授，荣获北京市怀柔区教育系统优秀共产党员"名优教师"荣誉。

构建单元任务群 探究情境写作法

杜文娟

摘 要： 构建写作任务群驱动活动探究单元教学实践，是一种以写作任务为主导，以探究为主题的教学方法，它以学生为中心，通过情境化的写作任务群，引导学生积极参与写作探究活动，提高学生的写作能力和素养。在教学实践中，需要明确教学目标，设计合适的写作任务群，制订科学合理的教学计划，并采用多种教学方法和策略，以提高学生的写作能力和水平。该教学方法具有重要的价值和意义，有助于学生的全面发展。

关键词： 写作任务群 活动探究 单元教学 写作实践

一、单元目标及写作任务群目标设计

笔者以八年级上册第一单元为例，进行任务群目标设计。本单元为新闻单元，学习本单元旨在让学生了解消息、新闻特写、通讯等不同体裁的新闻作品，并且在特定情境下完成写作任务。学生在写作过程中收集新闻素材、拟写采访提纲、将素材和提纲加工成文并修改，从而提高写作能力。

（一）个人写作任务

个人写作任务是本单元的基本任务之一，旨在让学生独立完成一篇文章，通过写作实践，提高学生的写作能力和水平。个人写作任务的主题可以根据学生的兴趣和实际情况进行设计，例如：自我介绍、心得体会、观影笔记、新闻评论等。学生需要按照一定的要求和标准完成文章，包括文章结构、语言表达、段落分析等方面的要求。

（二）小组写作任务

小组写作任务是本单元的另一个重要任务，旨在让学生在小组合作中完成一篇文章，通过协作合作，提高学生的团队合作能力和写作能力。小组写作任务的主题可以根据教师设计的话题和问题进行选择，例如：社会热点问题、科学技术发展、文化艺术探究等。学生需要在小组内分工合作，共同完成文章，在这一过程中学习如何与他人合作，如何运用各种写作策略和技巧。

（三）探究型写作任务

探究型写作任务是本单元的另一个重要任务，旨在让学生通过探究、研究等方式，深入了解某个话题或问题，并以写作的方式呈现出来。探究型写作任务的主题可以根据学生的兴趣和实际情况进行选择，例如：人文历史、社会科学、自然科学等。学生需要通过阅读文献、实地调查、采访等方式，收集相关的信息和素材，进行深入探究和研究，并最终呈现出一篇完整的文章。

（四）创意写作任务

创意写作任务是本单元的另一个重要任务,旨在让学生发挥自己的想象力和创造力,完成一篇富有创意的文章。创意写作任务的主题可以根据学生的兴趣和实际情况进行选择,例如:科幻小说、童话故事、诗歌创作等。学生需要发挥自己的创造力,通过想象和创作,完成一篇充满想象力的作品。

示例:新闻写作任务群设计

阅读任务可以选取中国新闻奖获奖作品,要求学生通过阅读新闻报道,掌握相关的事实信息和背景知识,了解社会现象和问题,发现问题和矛盾,引导学生进行思考和探究。如指导学生阅读 2023 年中国新闻奖一等奖的消息《大山里的百灵鸟——冬奥开幕式上,唱着奥运会歌的山里孩子》、通讯《从"第一"到"第一"7 本火车驾驶证见证"中国速度"》、新闻访谈《张扬对话王亚平:重返太空的 183 天》等不同体裁的新闻,让学生更加熟练地把握新闻的特点,为写作打下基础。学生习作练习可以包括新闻报道、新闻评论、新闻特写等。教师布置不同体裁的写作任务,让学生了解不同的写作要求和技巧,培养学生的写作能力和思维灵活性。阅读和写作目标可以是理解新闻文本的结构和特点,了解新闻报道的写作技巧和规范,掌握写作中的常用词汇和语言表达方式,等等。写作任务可以就某一新闻事件或现象进行报道,撰写新闻评论或新闻特写,引导学生进行写作实践,锻炼学生的写作能力和写作素养。可以对相关人物进行采访,了解他们的观点和态度,引导学生进行社会调查和实地采访,了解社会现实和问题,增强学生的社会责任感。

表 1　示例:单元目标及写作任务群目标设计

阅读任务	新闻体裁	阅读和写作目标	写作任务	采访任务
《消息二则》	消息	学习消息的基本结构:标题、电头、导语和主体	必写:《一〇一中怀柔分校师生欢度教师节》	选做:采访教师感受
《首届诺贝尔奖颁发》	消息	学习消息的"倒金字塔结构"	必写:《班级成长之星评比》	选做:采访成长之星
《"飞天"凌空——跳水姑娘吕伟夺魁记》	新闻特写	学习新闻特写的"人物肖像及动作特写"	必写:《运动会人物特写》	必做:采访获奖运动员
《一着惊海天——目击我国航母舰载战斗机首架次成功着舰》	新闻通讯	把握新闻通讯的新闻性、文学性、评论性的特点	选写:《"嫦娥五号"发射成功》	—
《国行公祭,为佑世界和平》	新闻评论	思考新闻评论的选题、意义	选写:《纪念抗美援朝七十周年》	—

二、设计写作任务群教学任务和计划

（一）选择适当的教学任务

在设计教学任务时，教师需要选择与学生有关的话题或实际问题，以激发学生的写作兴趣和动力。例如，选择与学生所学科目相关的话题，或者选择一些社会热点问题，让学生通过调查、研究、采访等方式获取相关信息，并进行写作实践。这样的教学任务不仅能够激发学生的学习热情，还能够培养学生的实践能力和创新精神。

表 2　示例：写作任务及要求

写作任务	写作要求
《一〇一中怀柔分校师生欢度教师节》	1. 消息的结构完整（标题、导语、主体、背景、结语） 2. 消息主体部分写表彰流程（注意详略）
《班级成长之星评比》	1. 消息的结构完整（标题、导语、主体、背景、结语） 2. 学习新闻的"倒金字塔结构"（最重要、次要、再次要、最次要） 3. 写作内容顺序（导语；颁奖的时间、地点；主要获奖同学及成果；奖项的来历）
《运动会人物特写》	1. 通过人物外貌、动作特写表现运动员的精神风貌 2. 侧面烘托表现运动员的成绩和精神

（二）制订教学计划

在制订教学计划时，教师需要根据教学目标和教学任务，制定相应的教学过程，搜集相关的教学资源，等等。教学计划应当明确教学内容、教学方法、教学过程、教学评估和教学资源等方面的内容。

以本单元为例，首先制定单元目标：

1. 能够清晰辨识写实作品与虚构作品的差异，深入理解消息、新闻特写、通讯等新闻作品的独特之处和各自特点。

2. 通过阅读新闻类文章，提升对文章主旨的把握能力，精准捕捉关键信息，形成对新闻内容的全面理解，提高学生对新闻的敏感度。

3. 强化新闻写作实践，从素材搜集、立意构思、提纲草拟到修改完善，全面提升新闻作品的写作能力和新闻写作质量。

4. 培养敏锐的新闻洞察力，捕捉热点话题，提高新闻策划、团队协作和交流能力，确保新闻报道的时效性和准确性。

5. 激发对时事的兴趣，形成定期阅读新闻的良好习惯，培养求真务实、冷静客观的思维方式，确保新闻报道的公正性和客观性。

接着布置单元任务：

任务一：新闻阅读

广泛阅读不同体裁的新闻作品，深入理解新闻内容，掌握阅读新闻的有效方法；通过持续阅读，增强对新闻事件的关注度和理解力，培养新闻素养。

任务二：新闻采访

熟悉并掌握新闻采访的基本方法和步骤。自主选定报道主题，精心设计采访方案，细致草拟采访提纲；分小组进行采访实践，确保收集到的新闻素材真实、准确、全面。

任务三：新闻写作

必做任务：每位同学需撰写一则消息，确保内容真实、结构清晰、语言简练，能够准确传达新闻信息。

自选任务：同学们可根据个人兴趣和专长，选择撰写新闻特写或通讯等作品。通过深入挖掘新闻事件背后的故事，展现新闻事件的深度和广度，提升新闻作品的吸引力和影响力。

最后进行实践活动：

1. 活动命名：《记者小当家》

2. 活动流程：

（1）成员分组

在此环节中，我们将参与者进行分组，以便更好地开展后续的采访与记录工作。

（2）明确各组报道主题

各组需明确自己的采访任务，确定报道的主题和方向，为后续采访工作做好充分准备。

（3）分组执行采访，详细记录

各组按照既定的采访任务进行分组采访，并详细记录采访内容，确保信息的完整性和准确性。

（4）组内分享，撰写稿件

采访结束后，各组成员在组内进行分享交流，随后根据采访记录撰写稿件，将采访内容转化为文字形式。

（5）稿件交流，发现问题并予以改进

各组完成稿件后，进行稿件交流，相互指出存在的问题和不足，共同讨论并提出修改意见，以便稿件更加完善。

（6）稿件定稿，全班共同分享

经过修改完善，各组稿件最终定稿，各组同学在全班范围内进行分享交流，让更多的人了解和感受采访活动的成果。

（7）选出各组佳作，排版成报纸展出

从各组稿件中选出优秀作品，排版成报纸，让更多的人感受到采访工作的魅力和意义。

（三）教学内容及方法

教学内容应当与教学任务相对应。教师需要根据教学任务，设计相应的教学内容。例如：针对某个话题或问题，设计相关的写作练习、文献阅读、写作技巧讲解等内容，以帮助学生更好地完成写作任务。教学方法应当多样化，灵活运用不同的教学方法和策略，以满足学生不同的学习需求和学习方式。如可以采用探究型学习、小组讨论、情景模拟等方式，激发学生的写作兴趣和动力。

以消息写作为例，首先借助《消息二则》，让学生了解消息的要素和特点。消息一般有事件（何事）、当事人（何人）、时间（何时）、地点（何地）、原因（何故）和如何发生（如何）六个要素，简称"六要素"或"六何"。把这六要素串起来概括成一句话，就是一句通俗易懂的句子：某人某时在某地做了某事出现了某种结果。

接着明确消息的基本结构，新闻中最常用的文体是消息，即狭义的新闻。在结构上，消息一般包括标题、导语、主体、背景和结语五个部分。其中，主体是主要部分。学生先圈画这五个部分的定义，了解它们的特点以及它们在消息中的位置，接下来以《消息二则》的第一则《我三十万大军胜利南渡长江》为例，学生需要找出它的导语、主体和结语：

（导语）英勇的人民解放军二十一日已有大约三十万人渡过长江。（主体）渡江战斗于二十日午夜开始，地点在芜湖、安庆之间。国民党反动派经营了三个半月的长江防线，遇着人民解放军好似摧枯拉朽，军无斗志，纷纷溃退。长江风平浪静，我军万船齐放，直取对岸，不到二十四小时，三十万人民解放军即已突破敌阵，占领南岸广大地区，现正向繁昌、铜陵、青阳、荻港、鲁港诸城进击中。（结语）人民解放军正以自己的英雄式的战斗，坚决地执行毛主席朱总司令的命令。

然后出示例子。让学生了解什么是新闻的"倒金字塔结构"，以新闻"倒金字塔结构"写作举例。

新闻写作中，"倒金字塔结构"是一种常见的报道方式，它强调将最重要的信息首先呈现给读者，然后逐渐展开细节。这种结构有助于读者快速了解新闻的核心内容，同时也方便编辑根据需要对稿件进行删减。下面，我将以一则关于《杜芸芸将十万元遗产献国家》的新闻为例，展示"倒金字塔结构"的写作方法。

标题: 杜芸芸将十万元遗产献国家

正文: 近日，市民杜芸芸将自己所得的十万元遗产毫无保留地献给了国家，展现了她高尚的爱国情怀和无私奉献的精神。

据了解，杜芸芸是一位普通的退休职工，她在得知自己继承了这笔遗产后，并没有选择将其用于个人消费或投资，而是决定将其捐赠给国家，用于支持国家的建设和发展。

这一消息在社会上引起了广泛关注。许多人对杜芸芸的无私行为表示敬佩和赞赏，认为她的举动体现了对国家的深厚感情和强烈的社会责任感。同时，这一事件也引发了关于如何合理使用和管理遗产的讨论，让人们深刻反思了个人与社会的关系。

杜芸芸在接受采访时表示，这笔遗产并非个人所得，而是社会财富的一部分。她希望通过自己的行动，能够激发更多人的爱国情怀和奉献精神，共同为国家的繁荣富强贡献力量。

此外，相关部门也对杜芸芸的善举表示了高度赞扬和感谢。他们表示，这笔遗产将用于支持教育、文化、科技等领域的发展，为国家的长远发展注入新的活力。

杜芸芸将十万元遗产献给国家的行为不仅体现了她个人的高尚品质，也彰显了中华民族的优良传统。我们期待着更多的人能够像她一样，为国家的繁荣和发展贡献自己的力量。

在这篇新闻报道中，我们遵循了"倒金字塔结构"的原则，将最重要的信息放在了最前面，然后逐步展开相关细节。这样既能满足读者的阅读需求，又能确保新闻稿件的完整性和准确性。但是需要注意这样的结构适合用于单一新闻事件的新闻写作中，适合刚刚接触新闻写作的中学生。

最后就是写作练习。让学生根据学校最近发生的事件，进行消息写作，例如校运动会、班级之星评选、学习雷锋好榜样活动等。

三、组织写作任务群教学活动

（一）小组讨论

小组讨论是一种基于合作学习理念的教学活动形式，能够促进学生的思维交流和知识共建，提高学生的思维能力、口头表达能力和社会交往能力。在写作任务中，小组讨论可以通过学生共同探讨问题，互相启发，从而发现自己的不足和可提升的空间，进而提高整个小组的写作能力。小组讨论的开展需要明确的话题和讨论目标，教师可以根据教学目标和学生的需求，设计相应的讨论话题。在讨论过程中，教师可以引导学生根据自己的经验和观点，提出问题和想法，让其与小组中的其他成员进行交流和探讨，分享自己的思考和理解。通过小组讨论，学生可以发掘和挖掘问题的深层次含义，同时也能够借鉴其他同学的观点和经验，拓宽自己的思路并提高认识。小组讨论可以采取小组内部自由讨论、小组之间交流对话等方式，我们可以根据讨论的话题和目标，选择适当的组织方式。在小组讨论的过程中，教师应扮演好引导者和促进者的角色，为学生提供必要的指导和支持，引导学生从自己的角度去思考问题，并促进学生之间的交流和互动。

（二）写作实践

写作实践可以让学生更加深入地理解写作的规范和要求。在写作实践中，学生需要根据特定的要求和规范，完成具体的写作任务。例如在我们之前进行的新闻写作练习中，通过实践的过程，学生能够更加深入地了解写作的规范和要求，并逐步掌握写作的技巧和策略。通过写作实践，学生可以发现自己在写作中存在的问题，如文章结构不够清晰、语言表达不够准确等，并通过不断改进，逐渐提高自己的写作能力。写作实践可以激发学生的写作兴趣，让学生能够亲身体验到写作的乐趣和成就感。在教学中，教师可以根据学生的兴趣和需求，设置具有挑战性和创新性的写作任务，让学生更好地投入写作实践中，从而提高写作水平和能力。

（三）学生互评

学生互评是一种基于互动式学习理念的教学方式，能够促进学生的交流和合作，提高学生的写作能力和水平。在写作任务中，教师可以要求学生交换文章，进行同桌互评，让学生通过相互评价，提高自己的写作能力和水平。在同桌互评的过程中，学生需要审读对方的文章，并提出改进建议和意见。通过对他人的文章进行审读，学生可以发现自己的不足之处，同时也能够借鉴他人的优点和经验，拓宽自己的思路，提高认识。同时，同桌互评还能够激发学生的写作兴趣和热情，促进学生之间的交流和互动。在同桌互评的过程中，教师需要为学生提供一定的指导和支持，引导学生关注文章的结构、语言表达、内容完整性等方面，鼓励学生在评价时注重事实，理性准确地提出改进建议和意见。同时，教师还应该对学生的评价进行必要的引导和补充，帮助学生进一步理解写作规范和要求，提高学生的写作能力和水平。

例如学生在进行消息写作时，我们学习了消息的特点要达到：真、短、快，即内容真实，所报道的新闻内容从背景到人物细节等都需要是真实的，不能虚构；篇幅短小，由于报纸版面等要求限制，消息的文字量不宜过大，要在有限的篇幅内让读者了解到新闻的内容；迅速及时，讲求时效也是消息的一大特点。为此我制作了以下表格，从新闻结构、内容、语言、创新几方面评价学生作品，以 100 分为满分，每项 20 分，学生小组之间互相进行评价。

表 3 示例：写作任务评价表

序号	评价项目	评价标准	得分
1	新闻结构完整	具备标题、导语、主体、背景、结语	
2	事实准确性	报道内容真实可靠，无虚构、夸大成分	
3	主体内容	内容翔实，结构清晰，逻辑严谨，语句通顺	
4	语言	准确、简洁、生动，符合新闻写作规范	
5	报道角度	角度新颖，有独到见解	

（四）反思总结

反思总结可以帮助学生进一步理解和掌握写作规范和要求。在上述互评打分结束后，学生可以将自己的意见进行反馈，让大家了解自己在新闻写作方面的不足。在反思总结中，学生可以对自己的写作成果进行分析和总结，从而进一步认识到写作的规范和要求，并逐步掌握写作技巧和策略。通过反思总结，学生可以深入思考和分析自己的写作成果和不足之处，从而逐渐提高自己的写作能力和水平。反思总结可以帮助学生发现和解决写作中的问题。在反思总结中，学生可以回顾自己的写作过程和经验，找到写作中的问题和困难，并通过总结和归纳，逐步解决问题，提高自己的写作能力和水平。反思总结也可以促进学生的自我管理和自我监控。在反思总结中，学生需要审视自己的学习过程和成果，找到自己的优势和不足之处，并制订相应的改进计划。通过反思总结，学生可以逐渐发展自我管理和自我监控的能力，提高自己的学习效果和水平。

四、价值意义

通过写作任务群驱动活动探究单元教学实践，可以让学生在实际写作中不断提高写作技能和水平，培养学生的写作能力和素养。通过探究不同的写作体裁和任务，学生了解了不同的写作规范和要求，提高了写作技巧。构建与学生生活和学习相关的写作任务，激发了学生的写作兴趣和动力，让学生在写作中感受到快乐和成就感，并愿意尝试和探索各种写作技巧和形式，从而提高写作的积极性和主动性。写作任务群驱动活动探究单元教学实践可以促进学生的思维发展和综合素养的提高。通过不同形式的探究活动，学生学会了用辩证思维、创新思维和批判思维等多种思维方式去解决问题和探索知识，提高了综合素养。在写作任务群驱动活动探究单元教学实践中，学生需要在小组讨论、同桌互评等活动中进行交流和合作，共同完成写作任务。这些活动可以促进学生之间的交流与合作，培养学生的合作意识和团队精神，从而提高学生的社交能力。

参考文献

[1] 张安群. "语言积累，梳理与探究"学习任务群活动设计原则及方式初探[J]. 语文教学通讯，2021（1）：21-24.

[2] 周耿. 浅谈任务驱动型写作教学策略：以统编教材八年级上册第三单元《学习描写景物》为例[J]. 读与写：上，下旬，2021（36）：253-254.

[3] 韩小芳. 基于"任务群"的单元教学设计思路：以八年级下册"活动·探究"单元为例[J]. 世纪之星：初中版，2022（11）：0022-0024.

[4] 潘慧群. "用写作来学习"构建单元任务的实践反思：以"家乡文化生活"为例[J]. 语文教学研究，2021（4）：6-12，52.

[5] 吴子兴. 基于学习任务群的写作教学研究：以"任务驱动"为视角[J]. 中学语文，2022（8）：29-31.

教师简介：

杜文娟，怀柔区骨干教师，初中语文备课组长，有十五年的语文教学经验。曾多次获得各类优秀教师和优秀论文、课例奖项的荣誉，指导学生获得各类征文、朗诵比赛等奖项。

浅谈新课标下做好初中语文"大单元教学"的策略

——以部编版教材七年级下册第五单元为例

田建霞

摘　要："指向学生核心素养发展的大单元教学"现已成为在具体的语文教学实践中落实语文素养的重要途径。但是有一部分教师课程教学的理念陈旧，不想进行大单元教学；也有一部分教师缺乏对大单元教学的了解，对大单元教学望而却步。他们的教学仍然多以单篇教学为主，传授的知识缺乏系统性，没有落实新课标中所要求的语文素养的提升、语文能力的形成。基于此，本文对初中语文大单元教学策略进行研究，以供参考。

关键词：初中语文　大单元教学　真实情境　任务驱动

引言：

大单元教学是以发展学生学科核心素养为追求，运用整体性和系统性思维，设计情境任务，整合学习资源、学习内容、学习方法等，让学生在完成学习任务的过程中习得知识和技能，并运用发展概念性理解，借助概念的迁移和协同思考，发展解决现实问题能力的一种课程组织形式和实施方式。大单元教学是深化教学改革的一种教学实践选择，也是义务教育语文课程实施的努力方向和实践追求。因此，教师应根据语文课程标准要求，积极开展语文大单元教学，在教学实践中整合学习内容，以学习主题为引领，以学习任务为载体，构建语文学习任务群。

一、开展大单元教学的意义

（一）做好大单元教学，是全面提高学生素养的要求

《义务教育语文课程标准（2022年版）》提出要"全面提升核心素养"。伴随着新课改的不断推进和深入，指向语文素养的大单元教学已成为现在和未来落实语文素养的重要途径。大单元教学，以素养为纲，构建以问题解决为目标，以大主题、大任务、大单元为形式的教学内容结构单元，以学生学习行为的设计为主线，以问题或任务为导向，以学习项目为载体统筹考虑，强调真实情境、真实任务，强调在问题解决过程中渗透学科思维模式和探究模式，凸显学习过程的综合性和实践性。学生在单元学习之后，能形成结构化整体性的核心素养。做好大单元教学，能满足"全面提升核心素养"这个要求。

（二）做好大单元教学，是教师积极探索的体现

部编版教材按照语文要素和人文主题双线组织单元结构。这种双线组织单元结构的方式力图从教材学习的各方面来全面推动学生语文素养的提升。进行大单元教学是教师不断更新教学理念，具有统观整部教材和整合的能力，在教学实践上做出积极探索的体现。教师把握单元主题和课文中语文要素之间的纵横关系，将课程内容进行重新排列组合，创设相似的学习任务情境，将大单元中相近的教学内容归类，设定有意义的、开放的学习活动任务，从而帮助学生进行语文知识的学习和自我建构，在积极探索中让学生提高语文素养。

二、开展大单元教学的现状

当下的大单元教学的确给教师带来了从思想到行动的教学变革，但在一线教师的具体实践中，他们对开展大单元教学仍存在诸多困惑。

1. 在备课的过程中，教师对单元每一篇文章之间的区别与联系认识不清楚，不能准确把握单元中每篇文章的内在联系。这就给教师在单元教学"核心问题"的设定上造成了困难。在教学中，教师不能把握单元与单元间的关系，便无法基于教材进行几个相关联的大单元教学设计。

2. 大单元教学与单篇教学的关系如何处理？在进行大单元设计时，为了完成核心问题中的基本任务，是单纯地选取单篇文章中相关联的内容进行讲解，还是每篇文章都要先全面讲解之后再围绕"核心问题"来进行大单元的教学，教师对以上问题颇为纠结。

3. 大单元教学设计要求教师具有较强的把握教材、整合教材、提炼问题进行设计的能力，但是在现实教学中，达到这种能力要求的教师不多，经常是整个备课组利用很长时间、耗费精力来进行集体设计。在一个学期中，一些教师基本能完成一个单元的大单元教学设计，其他单元依然采用单篇讲解形式进行教学，能进行大单元教学设计并在实践中运用的还只是小部分。

三、做好大单元教学的策略

（一）找准关联点，多元整合，确定"核心问题"

"整合学习内容、情境、方法和资源等要素，设计语文学习任务群。学习任务群的安排注重整体规划，根据学段特征，突出不同学段学生核心素养发展的需求，体现连贯性和适应性。"这是《义务教育语文课程标准（2022 年版）》中的相关要求。其中提到的"设计语文学习任务群"就可以理解为整合单元教学内容，进行大单元教学的设计。

重视单元导语的作用，通过对单元导语的阅读明确单元目标、内容和重点。以部编版教材七年级下册第五单元为例。通过阅读单元导语，我们知道本单元的人文主题是

"人生哲理"，语文要素是借景抒情和托物言志。依据单元提示中"学习托物言志的手法：体会如何运用生动形象的语言写景状物，寄寓自己的情思，抒发对社会人生的感悟"的任务，我们找到每篇文章的关联点是"托物言志"，确定了本单元的单元主题是"托物言志、物我合一"，确定本单元的核心问题是"作者选取某种物或景来寄托情思的原因"。依据单元导语中"建议运用比较的方法阅读，分析作品之间的相同或不同之处，以拓展视野，加深理解"，确定在单元教学中运用比较阅读的方法，开展对"托物言志"这种手法的学习。

统观教材，整合教材中运用托物言志手法的课文，按照不同文章在"托物言志"上不同的侧重点，按照内在逻辑由浅入深，进行关联整合，重构单元。在部编版教材七年级下册第五单元的教学设计中，我们将第四单元的文章《爱莲说》、第五单元的文章《一棵小桃树》《紫藤萝瀑布》进行关联，设计出以"托物言志"为学习内容的大单元，让学生循序渐进地完成对"托物言志"这种手法的学习。

（二）了解学情，借助活动，巧设"教学情境"

《义务教育语文课程标准（2022年版）》要求"增强课程实施的情境性和实践性，促进学习方式变革"，让学生在真实的教学情境下，让语文学习真实地发生。

要想创设好情境，教师需要提前了解学生的情况，以学情来定教。在七年级下册第五单元的单元教学设计之前，我通过问卷调查的形式进行单元学情的调研。单元调研问题一：你发现这个单元的文章共同运用了哪种表现手法？这几篇文章有什么共同点吗？问题二：这几篇文章运用统一的表现手法又有怎样的不同呢？问题三：学习这类文章，你觉得最难的地方是什么？你希望老师讲清楚哪些问题？结合学情调研，我了解到学生人生阅历有限，对于自然、社会、人生的思考还比较浅显和片面，所以学生对"托物言志"类文章理解得不够透彻；我还了解到深入理解作者的情感以及作者所运用的将情感和景物建立关联的方法是学生学习的难点。

在了解学情的基础上，我明确了单元教学的目标。结合七年级学生喜欢参与活动、展示自己的年龄特点这些方面，我借助活动，巧设"教学情境"。当时学校正在开展新一期校园学科教室布置活动，我借助这一活动来设置情境，激发了学生的学习兴趣，让学生在真实的情境下学习语文。对于学习情境我进行了如下设计："一花一草皆生命，一枝一叶总关情"，语文组开展"草木情怀、生命之歌"诗朗诵活动。同学们选取能表达自己情志的、描写植物的诗歌进行朗诵，并讲解喜欢某种植物的理由。在写单元习作时，同学们能以自己所选植物为对象，运用托物言志的手法，在文章中告诉我们它曾触动我们心灵的原因，它寄托了我们怎样的情志。

作为教师，我们要抓住重要节日、校园活动等契机，设计"学习情境"，不同的教学内容可以设置不同的教学情境。不管设置怎样的情境，都是以充分了解学生的年龄特点、心理特点、知识掌握水平和学生情感兴趣为前提的，让学生在情境中实现语言素养提升这一目标。

（三）理清关系，任务驱动，呈现"层级关系"

阅读教学是多个层面的对话，其中包括教材的编写者、教材的使用者、教材的学习者以及教材文本之间互相对话的过程。所以任务驱动教学法在语文阅读教学过程中是非常重要和必要的，这种教学法符合《义务教育语文课程标准（2022年版）》的要求。

运用任务驱动进行大单元教学，核心任务和子任务的提出是至关重要的，直接影响到任务的有效性以及学生完成任务的积极性。因此，教师要综合考虑各种因素，尤其要理清每篇文章之间的异同点，围绕核心任务设计子任务，通过子任务的设置来搭建学习的台阶，为最终完成核心任务提供支撑。

在以"托物言志"为重点的教学设计中，确定本单元的核心问题是"作者选取某种物或景来寄托情思的原因"，要求学生围绕"学习写景状物中寄托情思的方法"这一核心任务进行学习。教师分别设置了三个子任务：阅读《爱莲说》，了解托物言志的第一种方法——借助形象来言志；阅读《一棵小桃树》，了解托物言志的第二种方法——借助境遇来言志；阅读《紫藤萝瀑布》，学习托物言志的第三种方法——同时借助形象和境遇来言志。三个子任务的设置遵循学生认知规律，从易到难、由浅入深，让学生在任务驱动下循序渐进地、有梯度地进行学习，理解物我关联、托物言志的方法。

围绕核心任务设计子任务，教师要保证任务与任务之间关系的紧密、逻辑的严密。这样不仅能降低学生的学习难度，缓解学习压力，让学生愿意积极主动地参与语文知识学习，还能让学生系统学习托物言志这种手法，实现知识的系统化。

（四）设计作业，听说读写结合，呈现"学以致用"

教师重视语文教学的大单元设计，往往会忽略了作业设计这一部分内容。其实，在"双减"背景下，在大单元教学的模式下，作业设计是尤为重要的。

作业设计是"小"事情，但有"大"学问，教师要围绕单元教学目标和单元核心任务，明确单元作业总体目标和分层目标。教师需要从单元作业的整合、分层、评价等角度，设计好每一次作业，建立课上、课下相结合的作业模式，满足学生的个性化需求，培养学生听说读写等能力，让学生做到"学以致用"。

以《一棵小桃树》为例，我在课前让学生进行阅读预习。学生结合预习提示，绘制小桃树每个生长阶段的状态图，并用一两个词语概括每一阶段所展现的小桃树的形象特点。这个作业的设计激发了学生兴趣，学生仔细阅读文章，结合文章中具体语句，用自己喜欢的形式绘制出小桃树生长状态图，并用词语来概括小桃树的形象特点。我在课后又布置了以下两项学习活动，要求任选其一完成。

学习任务一：别样解读《一棵小桃树》。课上，我们通过物人比较，抓住"境遇（经历）"这一关键点，分析了"小桃树"背后寄寓的作者情志。但是，文本的解读可以是多样的，同学们是否关注到，文章中反复出现的人物——奶奶？你能梳理奶奶、小桃树与"我"三者之间的关系，品读"一棵小桃树"还寄寓了"我"怎样的情感吗？请你完成一段200字左右的"别样解读"。

学习任务二：美文创作。在你的生命中，是否也曾出现过像小桃树这样与你有着相同境遇的植物，当你处于困境时给你带来希望，让你获得力量？请你仿照本文"托物言志"的手法，写一篇文章。

第一项作业的设计目的是让学生能够迁移运用，弥补课上未涉及"对奶奶情感"解读的遗憾，也让学生更深入理解小桃树所寄寓的深刻情感；第二项作业的设计为迁移运用，这个练笔作业的布置为完成核心任务奠定了基础。

大单元教学中关注作业设计，能让学生在完成作业、进行学习实践过程中，或迁移所学知识，或补充课上所学。在大单元教学下的每次作业设计都要呈现这一课时在整个大单元教学中的重点，每次作业虽然各不相同，但又都在为核心任务的完成奠定基础，做好铺垫。

结束语：

大单元教学作为新时代背景下的一种有效教学策略，不仅能引领学生在课堂上高效学习，也符合当前的教学理念。但是，在大单元教学实施的过程中教师会存在一定的困惑。相信在教师的积极探索下，他们在教学中能够结合实际情况来制定合理有效的策略，运用大单元教学培养学生的自主探究能力和语文综合能力，发展学生的思维能力，提升学生的语文学科核心素养。相信教师也会在不断探索中实现他们自身教学艺术的不断提升。

参考文献

[1] 陆志平. 语文大单元教学的追求[J]. 语文建设，2019（11）：4-7.

[2] 杨洪雪. 任务驱动式教学方法的特点及过程设计[J]. 教学与管理：理论版，2006（10）：129-130.

[3] 王丽梅. 初中语文个性化作业的探索[J]. 科技资讯，2020（9）：130-131.

教师简介：

田建霞，高级教师，北京市语文骨干教师。参加工作29年，参与多项国家级、市区级课题，撰写的论文、教学设计获得国家、市区级奖项。多次参加区级模拟考试命题工作和教学经验分享。担任班主任24年，被评为北京市骨干班主任，曾获北京市"紫禁杯"优秀班主任一等奖。

高中地理教学中学生地理核心素养的培养

——以风沙地貌为例

徐海霞

摘　要： 本文以《普通高中地理课程标准（2017版）》教学建议为背景，探讨在高中地理教学中学生地理核心素养的培养，以人教版（2019）地理必修第一册第四章第一节中的"风沙地貌"为例进行实践探究，落实新课程标准，探索人地协调观、综合思维、区域认知和地理实践力等地理学科核心素养的培养。

关键词： 新课程标准　地理核心素养

普通高中地理课程标准中提出，地理课程旨在使学生具备人地协调观、综合思维、区域认知、地理实践力等地理核心素养，学会从地理视角认识和欣赏自然与人文环境，懂得人与自然和谐共生的道理，提高生活品位和精神境界，为培养德智体美劳全面发展的社会主义建设者和接班人奠定基础。学科素养是学科育人价值的集中体现，是学生通过学科学习而逐步形成的正确价值观、必备品格和关键能力，所以在地理教学中应积极培养学生必备的核心素养。下面以人教版（2019）必修第一册第四章《地貌》第一节《常见地貌类型》之"风沙地貌"为例，探究日常教学中对学生地理核心素养的培养。

本节课标要求——通过野外观察或运用视频、图像，识别3~4种地貌，描述其景观的主要特点。根据课标要求，本单元重点落实"地貌类型"和"地貌景观特点"两个相互联系的内容，方法是"通过野外观察或运用视频、图像"。本章重点通过第一节《常见地貌类型》解决"看什么"的问题，重点在具体的自然环境中识别地貌类型并描述地貌景观特点，来加强对学生地理实践力的培养。我们描述地貌、描述地貌特征，根本目的还是认识自然，尊重自然，因地制宜地利用自然，在此过程中培养学生的区域认知和综合思维。

教材根据成因列出"喀斯特地貌""河流地貌""风沙地貌""海岸地貌"四种地貌类型，这四种地貌是陆地上分布最为广泛、在我国分布和发育又较为典型、学生最为常见的地貌。本节课对风沙地貌的讲解，主要通过学生展示图片来识别和描述风积地貌和风蚀地貌的特征、了解风沙地貌的分布、认识和理解地貌与人类活动的关系。

通过课前调查发现，学生对野外地貌了解得不多，但是如果全体学生参与野外地貌的实地观察又有一定的难度，这就会对课堂的要求提高。与野外观察教学相比，室内教学更难调动学生的积极性，所以在教学时主要通过已进行过实地考察的同学展示图片、教师提供视频、同学参与实验和讨论探究等多种教学方法来调动学生的积极性，在让学生掌握课标要求的同时提高学生的地理实践力、区域认知、人地协调观和综合思维。高一年级的学生在观察地貌景观图片时，很难准确、全面地描述出全部地貌特征，教师要引导学生观察，带领学生掌握识别、描述地貌的方法。

根据课标制定本节课的学习目标，确定重难点。学习目标：1. 通过视频、图片等资料，识别主要的风沙地貌，并描述其主要特征。2. 学会观察地理现象的一般思路和方法。3. 结合实例，说明风沙地貌和人类活动的关系，树立正确的人地协调观。学习重点：识别风沙地貌、描述风沙地貌景观的特征。学习难点：结合视频及图片，描述风沙地貌的景观特征。

以下是教学过程：

教学过程			
教学阶段	教师活动	学生活动	设计意图
导入 风沙地貌的**概念**和**分类**	先由课前调查——学生对地貌的了解导入，然后引出地貌的概念，再由课前作业转承风沙地貌的概念和分类。	课前作业：把自己去过或者最想去的地方用 PPT 的形式展示出来，并描述景观特征。	让学生从实际生活引入主题。
环节一：**风积地貌**	先请两位同学给大家展示他们的作业，其他同学通过他们展示的图片写出这个区域的地貌类型及地貌名称，然后根据案例总结描述地貌景观特征的一般方法。 展示沙丘中最典型的新月形沙丘图片，让学生仔细看课前学生自己做的实验后在图中画出风向，最后让学生根据图片并结合地貌景观特征的一般描述方法，描述新月形沙丘的形态特点。	两位同学用PPT给大家展示，其他同学思考： 1. 根据同学分享的内容，写出图片展示的地貌类型及地貌名称。 2. 总结描述地貌景观特征的一般方法。 课前分组实验：用吹风机吹沙丘，演示沙丘的迎风坡和背风坡。 根据给出的图片并结合实验： 3. 推断新月形沙丘的主导风向并在图中画出。 4. 描述新月形沙丘的景观特征。	1. PPT 展示的图片是学生自己拍摄的照片，所以学生兴致很高，提高了学生学习兴趣。 2. 让学生通过案例总结出描述地貌特征的一般方法，培养学生的观察和总结能力。 3. 通过做实验，培养学生的地理实践力，激发学生学习地理的兴趣。 4. 加强知识的迁移应用。

续表

教学过程			
教学阶段	教师活动	学生活动	设计意图
环节二： **风蚀地貌**	这些年沙子都是从何而来的？转承到风蚀地貌。 由同学分享作业（风蚀雅丹），根据同学分享内容完成学案第二部分第1题，结合提供的视频等资料完成学案第2、3题。 提供常见的其他风蚀地貌图片：风蚀蘑菇和风蚀柱。	观看同学分享的PPT、提供的视频和资料，回答问题。 1. 说出同学分享内容中见到的地貌类型及名称。 2. 根据图片和视频资料描述雅丹地貌的景观特征。 3. 思考：雅丹地貌的走向与风向的关系。 学生看图描述另外两种常见风蚀地貌的景观特征，并了解风蚀蘑菇的形成原因。	1. 使学生通过描述，加强对风蚀地貌的区域认知。 2. 加强学生对地貌特征描述的巩固，提升学生的综合思维能力。 3. 锻炼学生的语言表达能力。
环节三： 风沙地貌的 **分布**	根据两组学生展示的PPT总结风沙地貌的分布。最后结合课后巩固练习，让学生思考：风沙地貌是不是全部分布在干旱、半干旱地区，还有什么样的地区可能会有风沙地貌？	读图、思考。（课后巩固练习下节课展示）	通过讲解和迁移应用，加强学生的区域认知和综合思维。
环节四： 风沙地貌的 **危害及治理**	观看视频，了解治沙的原因，根据图片总结治沙的措施。让学生展示自己拍摄的、治理以后的干旱地区的图片。	观看视频、聆听同学的总结。 展示学生拍摄的治理后的干旱地区的图片。	增加感性认识，提升人地协调观。
总结提升	以前，沙漠边缘风沙活动频繁，会造成严重的风沙灾害。科考人员在掌握了风沙地貌的形态特征、分布规律以及成因后，经过不懈的努力，今天的西北地区已经不是"生命的禁区"。而西北地区通过发展旅游业、光伏产业等，经济和生态都获得了快速发展，充分体现了绿水青山就是金山银山！		

板书设计

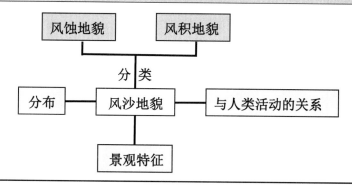

　　这节课的整个教学过程都是围绕提升学生地理核心素养来进行的,有不足之处,一是因为时间有限,学生评价做得不够充分,二是室内风沙模拟实验很难模拟真实复杂环境中沙丘的形成。值得庆幸的是,整个过程不管是学生分享、分组评价还是学生实验,都让学生学习兴致高涨,学生很享受这样的学习方式,所以整个教学效果特别好,这样便把地理核心素养的培养完全融入平时的教学中去,不仅没有影响学生学习反而是激起了学生学习地理的兴趣,让学生参与到课堂中来,学习生活中的地理,希望能把这样的教学方式推广到所有的地理教学中去,真正地培养学生的核心素养。

教师简介:

　　徐海霞,中学高级教师,曾获"全国优秀工作者""市教学能手",现任区兼职教研员、高考备考专家;多次被评为"教学质量标兵";多次获市区级基本功大赛一、二等奖;多次承担市区级公开课,在报刊发表多篇论文;作为指导教师获得多个奖项,通过辅导学生竞赛多次获得"全国创新型优秀教师"、全国"优秀科技辅导员"、市"优秀辅导教师"的荣誉称号。

品故都"秋"味　体民族"秋"怀

——单元学习任务在课时教学中具体落实的路径探索

英玉梅

摘　要： 新课程视域下大单元中的课时教学是单元教学的有机组成部分。单元学习任务如何通过单元内课时教学来落实？本文以部编版高中语文必修上第七单元《故都的秋》教学为例，从学习目标确定、学习过程设计、作业设计等几个方面对具体落实的路径作了有效的探索。

关键词： 单元学习任务　课时教学　作业设计

新课程视域下大单元中的课时教学，无论是单篇还是群文，都是单元主题学习的载体，指向单元任务的具体化和落实。如果把单元教学比作拼图作品，那么，每一个课时的教学都是其中不可缺少的一块，有机组合后才能最终拼成一幅完整的图画。这幅图画的内核是单元的学科大概念，呈现的是学生学科核心素养的达成状态。

一、课时学习目标具体化，落实单元学习目标

部编版高中语文必修上第七单元的人文主题为"自然的情怀"，单元导语部分明确本单元学习的主要任务为关注自然景物描写，分析情景交融、情理结合的手法，体会民族审美心理，提升文学欣赏品位。教材中单元学习任务一、二指向单篇精读、群文联读的方向，明确各自在单元内的教学价值；单元学习任务三是对单元写作的要求。

单元共五篇写景散文，分别为《故都的秋》、《荷塘月色》、《我与地坛》（节选）、《赤壁赋》、《登泰山记》。五篇散文纵跨古今，其作者都在对景物的描写中抒发了生命感受与人生哲思，但又各有其写作特色、抒情路径。

学生通过初中阶段的学习有了初步的散文鉴赏基础，通过高中前几个单元"文学阅读与写作"任务群的学习也奠定了该任务群的基本能力，但在对作品中景情关系的分析、对作者审美心理的理解上仍感到困难。

基于以上对课标、教材与学情的分析，明确单元学习目标：

1. 能在活动中品读单元文本，理清其中的情景关系，运用于自己的写作。

2. 能具体品赏文中写景细节，领会作者写作意图，感受作者的审美趣味，探究其中的民族审美心理。

3. 能选择小切口写短评，编写自选散文集，涵养真切感受自然的情怀。

为达成以上目标，我设计了以下单元学习任务框：

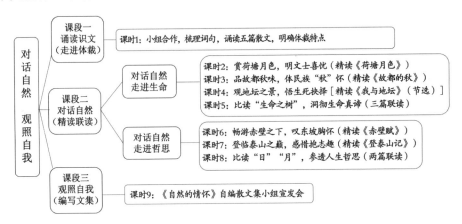

图1　高中语文必修上第七单元学习任务框架图

单元五篇散文都是经典名篇，在联读之前都应通过单篇精读引导学生细读文本，走进文本内核，只有这样，联读才会有效。基于这样的考虑，我将《故都的秋》的单篇精读放在单元的第3课时，目标确定为：

1. 能多角度品赏"悲凉"的故都秋味，理解"以情驭景"的写法。

2. 能合作探究"悲凉"秋味中寄予的作者以及民族的审美倾向。

可以看出，目标1是对单元学习任务一的具体化和落实，目标2是对单元学习任务二的具体化和落实。

二、课时学习过程有效落实单元学习任务

（一）联读有关"秋"的诗文，初步感知民族审美倾向

学习任务一：诵读"秋"文。

活动1：接力诵读课前搜集的有关"秋"的诗文名句。

这一活动旨在调动学生的阅读经验，在联读中初步感受民族"秋"怀，为最后的难点突破作准备，引导学生结构化旧知新识。

（二）诵读故都五幅"秋"景图，聚焦品析"悲凉"的秋味

学生在课前预习时已经梳理了文章的结构，并概括了五幅秋景图。本节课引导学生抓住全文的关键句"可是啊，北国的秋，却特别地来得清，来得静，来得悲凉"赏析五幅秋景图。清、静的特点易寻易品易理解，放在课后作为迁移任务，本节课课堂上将聚焦"悲凉"作重点品赏。

学习任务二：品赏"秋"味。

活动2：五幅图中哪些描写体现出"悲凉"这一特点？分组交流后，小组派代表诵读相关文句并赏析。

教学片段：

秋晨图小组汇报：第一，牵牛花的颜色能体现秋意。因为蓝色、白色为冷色调，淡红色为暖色调，作者认为蓝色、白色为佳，体现他对冷淡悲凉秋意的喜欢。第二，疏疏落落的尖细且长的秋草充满衰败萧条感，体现悲凉的秋意。第三，"朝东细数着一丝一丝漏下来的日光"，体现了秋日的凄凉。

师："朝东细数着一丝一丝漏下来的日光"不应该体现的是作者的"清闲"吗？如何理解这句体现出的悲凉之意？

生补充：联系当时的时代背景，风雨飘摇，国事危急，郁达夫作为一个报国志士，此时却报国无门，只能清闲地去细数一丝一丝漏下来的日光。在清闲的背后，我读到的是无奈与心酸。

秋槐图小组汇报：这幅图主要描写了槐树落蕊和扫街印记两个景象。原文写道，"早晨起来，会铺得满地"，可知槐树落蕊多只出现在深夜，那时夜深人静，无人会去欣赏窗外槐树的落蕊，也就无人会留意秋天的到来，所以这秋天就来得非常冷清；早晨起来，落蕊又铺得满地，就连踏上去都无声无息，晨起的扫街人来后更是只留下一条条扫帚的丝纹，这种四季如一的景象又给秋天平添了一分落寞的感觉。整个槐树落蕊的过程是悄无声息的，扫街之后，落蕊景象就无人知晓，整个秋槐图显得无比悲凉。

师：品赏非常细腻。还有同学补充吗？

生补充：一般颜色越浓的花，它的香气是越淡的。槐花一般是洁白或者淡黄色，它们在盛开的时候是芳香四溢的，而作者此时写的槐花却是"气味也没有"，所以不难想象，原本应该盛放的槐花，此时都化成了落蕊，花苞萎缩、枯黄，颜色变得十分暗淡，这就给人一种莫名的悲凉感。

师：是的，生命衰败之悲。

秋蝉图小组汇报：蝉的衰弱的残声与嘶叫体现了悲凉。首先，北国的蝉衰弱的残声与嘶叫都描写了生命逐渐衰败的景象，渲染了一种悲凉寂寥的氛围。其次，作者通过南北方蝉鸣的对比，强调南方只有在郊外或山上才能听到的蝉鸣，在北平却随处可见，表达了郁达夫对于北平秋天的追忆、怀念与无法久居的悲伤，流出的悲伤让蝉鸣也染上了浓浓的悲凉。

师：赏析的层次很清晰。小组其他同学还有没有补充呢？

生补充：从创作背景来看，郁达夫原来一直居住在南方的杭州；在"察东事件"之后感受到了北方国事的危急，特地来到了北方却又无事可做。蝉鸣可以理解为国事危急的象征，南方难以听到的蝉鸣，在北方却处处可以听到，体现出作者对国事的担忧，以及当时自己内心无力报国的心酸和悲凉。

师：知人论世，感受到了作者浓浓的爱国情意，是本组赏析的一个亮点。

秋雨图小组汇报："灰沉沉的天底下"和"青布单衣或夹袄"这两处用的都是比较灰暗、阴沉的颜色，而"都市闲人，咬着烟管，在雨后的斜桥影里，上桥头树底去一立"中"斜桥影里"和"桥头树底"也是隐性灰暗色调的短语，呼应刚才的"灰沉沉""青布"，共同营造一种悲凉的氛围，这样的一个整体画面，在清闲当中，让人感受到了一点儿落寞、凄凉之意。

师：抓住了显性与隐性的描写颜色的词语进行赏析，很好，那么，两位都市闲人的对话有没有悲凉之意呢？请小组再分角色读一读这部分。

学生分角色读对话部分，接着思考。

师：同学们记得学过的辛弃疾的《丑奴儿•书博山道中壁》吗？

师生齐背：少年不识愁滋味，爱上层楼。爱上层楼，为赋新词强说愁。 而今识尽愁滋味，欲说还休。欲说还休，却道"天凉好个秋"！

生：我觉得这里和辛弃疾词中之意相近。这里写的不仅仅是天气凉，可能还指的是当时北平的现实处境，日军侵华，国家的状况越来越糟，人们看不到希望，所以，还有对国事之秋的慨叹；而且这两个都是闲人，看上去年纪也不轻了，这也是他们对人生之秋的慨叹。

师：很好，大家在都市闲人的问答里还读到了对人生与国事之秋的悲凉慨叹。

秋果图小组汇报：这一段从枣树的位置、颜色和环境等方面写了秋天的景象。我们小组认为悲凉体现在三点。第一点，枣子树长在屋角、墙头、茅房边上、灶房门口，这些都是我们生活中随处可见的地方，如果以枣树指代秋，那么就写出了秋的无处不在，悲凉也无处不在。第二点，写枣树淡绿微黄的颜色，作者认为这是秋的全盛时期，如果从人的角度来看，淡绿微黄的枣树，写出了孟秋人们的无获和等待，也是一种悲凉；如果从果实自身的角度来看，这淡绿微黄，不同于季秋的瓜熟蒂落，它是一种破败的进行时啊。第三点，西北风就要起来了，北方便是尘沙灰土的世界，西北风是寒冷的、迅疾的、刺骨的，尘沙灰土是单调的、乏味的、有破坏性的，这都写出了秋的悲凉。

师：太棒了！角度清晰，赏析到位！还有要补充的吗？

生补充：这段的悲凉还体现在枣子树上，我觉得它象征着当时的百姓。枣子树是很平常的一种树，百姓也就是平常人；枣子树生长在屋角、墙头、茅房边上、灶房门口，这些都是很不起眼的地方，百姓在当时的北平也是在这些不起眼的地方顽强地存活着，生长着。他们很悲凉，因为他们面临着家国的破亡。

师：很好，你看到了作者关注到这样一个平常角落里的生命，生命的顽强，以及生命在国事之秋中无法掌控命运的悲凉感。

教师总结并归纳赏析角度：抓住传神的动词、形容词、数量词；抓住事物的颜色、人的各种感觉；抓住修辞手法；抓住细节描写。

追问："可是啊，北国的秋，却特别地来得清，来得静，来得悲凉"句中"特别地"和三个"来得"，删去读和还原读有什么区别？可不可以删去？

学生回答，教师归纳：

"特别"是在比较中作出的判断，除了与南国之秋比较，作者每逢秋天就会想起陶然亭的芦花、西山的虫唱等，为什么想起的不是香山的红叶？好不容易千里迢迢赶到北平，又为什么不去赏那些常想起的名胜，反而去租一椽破屋呢？这是因为另外一种选择更显"悲凉"。

三个"来得"有强调的意味，强调的是生命的过程。作者选取牵牛花来写，特别用括号注解这种花还有个名字叫朝荣，牵牛花朝荣暮死，花期极其短暂，是生命从盛放到枯萎的过程。秋天槐树的花从开满枝头到洒落满地，是生命从绽放到衰败的过程。秋蝉由响亮鸣叫到衰弱嘶叫，是生命从强盛到逝去的过程。都市闲人微叹互答，道出的是"而今识尽愁滋味，却道'天凉好个秋'"的从青春到暮年的生命历程。秋日果实成熟到八九分是全盛时候，接下来是生命由盛转衰的过程。这一个个生命由盛转衰过程无不诉说着"悲凉"。作者以情驭景的写法值得同学们在写作中借鉴。

这个学习任务是本课时的重点，重在文本的细读与方法的指导，不追求面面俱到，只聚焦"悲凉"这一特点来赏析，让学生在活动中归纳出赏析的四个角度，在教师的追问、引导下理解"以情驭景"的情景关系。

（三）结合作者生平与创作背景，探究审美心理

学习任务三：体悟"秋"怀。

接着上个任务追问：作者对这样悲凉秋味的态度是什么？引导学生在原文中找出表达作者态度的语句。

活动3： 探究郁达夫为何钟情于故都"悲凉"的秋味。小组合作交流、自由回答。

教学片段：

生1：结合创作背景，作者所看到的"悲凉"不仅仅是秋的特点，应该也是当时中国现状的写照。但即使中国眼前是如此惨淡悲凉的模样，郁达夫依旧愿意将自己生命的三分之二折去，用自己三分之一的生命去爱自己的祖国。

师：所以这份"悲凉"背后是浓浓的爱国之情啊！很好，还有谁要补充？

生2：作者在一开始的时候就点出了北国秋的特点：清、静、悲凉。郁达夫本人性格比较内向、内敛，所以他觉得这个故国的秋和自己很合得来，很对自己的胃口。

师：就是说故都的秋契合了他的这种性格，是吧？还有其他同学补充吗？

师：看完郁达夫的人生经历，我们会发现他的经历与故都的秋的特点也有很高的契合度。归纳一下同学们的看法：故都悲凉的秋意契合作者颠沛流离的人生经历，是作者忧郁性格、苦闷心理的投射，也是时局动荡、民族危亡的时代反射。回顾课前搜集的有关"秋"的诗文,这些与郁达夫钟情悲凉秋味之间有没有关联呢?

生:"自古逢秋悲寂寥",我们的传统文化中有悲秋的审美心理。郁达夫深受传统文化影响,所以也有悲秋的审美心理。

师:很好,所以我们还可以加上民族悲秋审美心理的影响这一条。但是,有很多同学还是觉得很难理解:如此悲凉的、寒冷的、落木萧萧的秋天,是生命从有到无、从盛到衰的过程,郁达夫怎么会钟情于这样的秋味呢?

补充:郁达夫与北平的关系

1919年9月,郁达夫接到长兄的来信,决定回国参加政府组织的在北平举行的外交官和高等文官选拔考试,他把考试视为报效祖国的难得机会,但是两次考试都落榜。之后他辗转南北多所大学任教,他的儿子于1926年6月在北京病逝,当时他正在南方,匆匆北上却没见到儿子最后一面。

《故都的秋》写于1934年8月17日。郁达夫于1934年8月15日到北平,之后他拜访旧友,"问故人生前身后事,为之凄然"。

师:在北平,郁达夫报国无门,考试落榜,儿子夭折。北平送给郁达夫的是一份又一份"悲凉"。进一步追问:这样的悲凉令人痛彻心扉,有什么可钟情的呢?

学生发言,教师点拨:

牵牛花、秋蝉、落蕊、秋果、都市闲人,面对生命的凋零或衰败仍展现出最美的姿态,体现了只要有所经历就是美的态度。这"由盛转衰的生命经历",不管是悲是喜,都会为生命留下痕迹。这痕迹越深刻,越"特别",就越能感受到生命"来得"强大的力量。

结合学生课前搜集的有关"秋"的诗文进一步总结:

刘禹锡、毛泽东一反悲秋之情,抒发生命昂扬向上的姿态,自不必说;就是杜甫、欧阳修等这些悲秋的中国古代文人,他们笔下的秋又何尝不彰显着这样的生命之美、经历之美呢?

这个学习任务是本节课的难点,教师的立场与引导尤其重要。新课程视域下教师在课堂上的引导常被诟病,这其实是误区,只是更强调引导要适时。那什么时候该引导呢?就是在学生难以往前再走一步的时候。

三、课时作业设计落实单元评价

本课时设计了如下两项课时作业。

选做其一:

1. 以"清、静"的特点为切入口赏析文段,写短评,300字左右。

2. 朱自清笔下的"杨柳"、郁达夫笔下的"槐树"、史铁生笔下的"柏树"都融入了作者各自不同的生命哲思与审美情趣,请选择角度写出你赏读后的思考,300字左右。

必做：

以"校园的秋"为题写一段以情驭景的文字，300字左右。

注意： 以上将依据自评、组评、终评结果入选小组散文集。

设计选做作业与必做作业要兼顾学生学习能力的差异性，体现评价的适切性与多样性。课堂聚焦"悲凉"的特点，选做作业1旨在让学生运用课堂所学解决课堂未解决的问题，这是课时学习的延展任务，也是对课时教学的评价；选做作业2提供了单元内三篇散文整合阅读的一个角度，以此引导学生从小切入口联读与写作；选做作业设计融读写为一体，具体落实单元写作文学短评的学习任务。必做作业是本课时学习的另外一项延展任务，同时也是对课时教学的重要评价手段，本课时教学重点引导学生在文本的赏读中理解"以情驭景"的写作手法，此项课时作业就是以写作的方式检查学生是否理解与掌握，能否在新的情境任务中实现迁移。同时，选做、必做作业都指向单元大任务"编写小组散文集"的完成，是单元评价的重要一环，与单元内其他课时的作业共同生成单元概念，达成单元目标。

教师简介：

英玉梅，高级教师，学科带头人，省级命题专家，中学语文全国展示课授课教师。曾获省优质课比赛一等奖、"一师一优课"部优、"迦陵杯·诗教中国"诗词讲解大赛中学教师组一等奖、全国高中语文教师教学基本功大赛一等奖等。多篇论文发表在国家级期刊，主持多项省、市级课题研究。

翻转课堂在"1+3"贯通培养中的应用

魏洪波

摘　要： 翻转课堂是一种新兴教学模式，将其应用于"1+3"贯通培养中，有利于创造良好的学习氛围，构建和谐的师生关系，提升学生自主学习能力，帮助学生内化和吸收知识，突破学科知识重难点，实现因材施教的目标，具有省时、高效的双赢功效。

关键词： 翻转课堂　"1+3"贯通培养　实践

"翻转课堂" 译自"Flipped Classroom"或"Inverted Classroom"，也可译为"颠倒课堂"，是指重新调整课堂内外的时间，将学习的决定权从教师转移给学生。在这种教学模式下，学生能够利用课堂内的宝贵时间专注于项目的学习，共同面对本地化或全球化的挑战以及解决其他现实世界面临的问题，从而获得更深层次的理解。

"1+3"贯通培养： 学生在初中二年级结束后可进入试验学校，在试验学校连续完成初三及高中共 4 年的学习。参与试验的学校在"1"中重点突出夯实基础和初高中衔接，对主要学科知识体系作校本化调整和多样化选择，并开展丰富的实践活动体验，让学生从中考复习中解放出来，更好地适应未来的高中学习。"3"是指高中 3 年全面对接即将到来的新高考，让学生全面和个性发展。

翻转课堂类似我们旅行时的旅游攻略，出发前做到心中有数。攻略越翔实越具体，细节越突出越明确，收获就越斐然越丰盈。翻转课堂应用于"1+3"贯通培养中，它使受教育者拥有更多的自主空间，可以调整自己的学习节奏。教师将传统知识的传授过程放在课外，知识内化的过程放在课内，学生在课堂上通过相互之间的讨论探究，可以深入高效地解决问题。

我将从以下五方面，谈翻转课堂应用于"1+3"贯通培养中的体会。

一、预学中奉行课标指导策略，循规蹈矩

1. 目标导学： 新课程标准是教学活动的"指挥棒""遥控器"和"方向标"。教学目标是完成课堂教学任务的"第一要素"。在"1+3"贯通培养学案制作中，教师要明确每节课的"教、学、评"目标，并依据新课程标准，详尽梳理知识的重难点。

2. 学案助学： 因"1+3"贯通培养中没有中考，所以教师可适当将高中知识横向融合和纵向贯通，合理融入教学中。教师应当预先研究新课程标准、教学参考、教材、北京市历年中考试题，制订每节课学案和测试题，自制或下载网络微课微视频、教辅配套实验视频、课件，做好资料包，完成学习资源的准备。

二、双基中挖掘、构筑自学能力，聚焦主流

1. 教材自学： 教材就是对学科现有知识和成果进行综合归纳和系统阐述的资料，具有全面、规范和准确的特征。在新授课前一天的晚自习，教师将预学任务发给学生，并要求学生认真阅读教材。学生在阅读教材时，应当用有色笔做好标注，重点内容记录到教材的空白处。标注能起到一定的替代课堂笔记的作用。学生通过精读教材，不仅能够培养良好的阅读习惯，还能提升阅读能力。

2. 同步测学： 学生通过观看资料包中的视频材料，完成学案上的相关内容。教师要求学生速答同步测试，在规定时间内完成任务，以小组为单位上交。教师要全程批改学案和小测习题，及时发现问题、记录问题、集中问题、处理问题，及时反馈，即时点评。学生应该将自学不懂的知识点做好整理，填写在反思小结里，随时询问老师解决问题。

三、拓展中落实主干，突出重点，夯实新知

1. 生本促学： 课堂上抛出课前集中的问题，小组共同研究，组员代表总结陈词，汇报自己组内的观点，突出学生为主体，激励学生积极参与。有时，课上可以安排学生讲题，甚至是让学生讲新课，前提是教师能够及时地提供必要的帮助。这体现生本理念"讲在关键处"的特点，强调"生为主体，师为主导，前者优先"的原则。"1+3"贯通培养的学生基础相对较好，学生各抒己见，课堂氛围轻松愉悦，每个人都是课堂的主人。

2. 开放研学： 化学问题千头万绪，有时难以找到线性的思维关系，学生梳理不清章节间的脉络，辨不明知识方向，找不到认知突破口。在翻转课堂的教学模式下，多数问题学生可以通过自学教材解决。微课能够帮助学生加深对知识的理解，实验能够帮助学生明确知识的脉络。另外，有些化学知识的章节间内容相对独立，特别是一些似是而非的问题，虽然经过重点强调、训练，但仍然容易混淆。所以师生要共同研讨，将知识简约化，在"1+3"贯通培养中，构筑起初高中知识体的"衍生点"。在课时分配上，要给重点知识以足够的时间，使师生集中解决学生错误率较高、理解迷茫的部分，让学生做到举一反三，让教学目标更加集中，做到有的放矢。

四、统计中求同存异分层教学，因材施教

1. 素养督学： 在高中化学学科核心素养中，"宏观辨识与微观探析"是学科本质，"变化观念与平衡思想"是学科特征，"证据推理与模型认知"是思维核心，"科学探究与创新意识"是实践基础，"科学态度与社会责任"是价值立场。翻转课堂在"1+3"贯通培养中应用，遵循学科核心素养并吸取"因材施教"的思想。由于学生的基本素质参差不齐，基于"学生为主体，教师为主导"的教育理念，教师要做到动之以情、晓之以理、教之以法，使他们都能发挥自己的特长和创造能力。

2. 势导讲学：每一个学生的认知能力不同。学生不是盛纳知识的容器，而是一个个有着鲜明个性特征的、有待发展的人。教师要采取"对症下药、量体裁衣"的方式开展教学。教师劳动本身就充满创造性，针对千差万别的学生，要做到精雕细刻、因材施教。翻转课堂应用于"1+3"贯通培养中，教师应以学生为中心，做学生的知心朋友，根据学生的兴趣，运用多种方法，在比较愉悦和宽松的环境下让学生充分享受学习的快乐。在教学活动中，要做到有针对性，让每个孩子都能得到个性发展和全面发展。在教学设计中，要做到有梯度性，构建学生学习可能性与教学要求之间的适应度。在教学过程中，要做到有前瞻性，教师要做到心中有数、一丝不苟、因势利导和持之以恒。"1+3"小组成员分配均衡，便于"传帮带"。

五、巩固中查缺补漏有效监督，归纳反思

1. 评价激学：在翻转课堂这种教学模式下，"1+3"学生有自己的成长档案并且由专人管理，不但注重对学习阶段性结果的评价，更注重对学习整体性过程的评价，真正做到定量评价和定性评价、个人评价和小组评价、自我评价和他人评价。评价内容也较为丰富，涉及问题的选择、独立学习过程中的创新、在小组学习中的引领作用和学习计划安排等方面，让评价真正起到了反馈矫正和激励的作用。

2. 札记长学：一节课结束，"1+3"师生要记录不足与收获：微课内容是否充实和突出重点；微课时间控制是否恰到好处；学案制作是否知识点"偏、怪、难"，有无"短、缺、漏"的"隐患"；教学侧重点是否需适度调整；高中知识切入融合梯度设计是否合理；课堂上学生深度挖掘是否到位；题眼点拨是否精准；课上是否学生全员参与；习题设计是否极具针对性；作业布置是否直指要害；课后辅导问题是否集中；评价信息是否及时中肯；预期效果是否满意；教学全程是否关注细枝末节。

翻转课堂应用于"1+3"贯通培养，使教学在共性的基础上，具备相当大的个性化特点。在遵循基本的教育教学原则的同时，教师根据学生性格特点、兴趣特点、知识储备和动手能力，引导学生发展其长处、完善其不足，逐渐让学生把上课作为一个展示自我、实现自我价值的舞台。翻转课堂应用在"1+3"贯通培养中，以期推动教学的高效化、智能化、特色化。

教师简介：

魏洪波，中共党员，正高级教师，化学教研组组长，从教24年。曾获北京市骨干教师，辽宁省省、市、区骨干教师，区首席教师、名教师，北京市怀柔区高中化学学科带头人和优秀班主任。

高中历史跨学科主题探究教学思考

李春华

摘　要：教育的终极目标是培养全面发展的人，各个学科的教学可谓殊途同归，即教人求真，育人向善，成人之美。从这个意义上，《从食物采集到食物生产》一课，恰好为我们从全景看历史学术型课堂视域下的高中历史跨学科主题探究教学中重新思考"我们是谁？我们从哪里来？我们往哪里去？"提供了一个契机。该课时空跨度尤大，给了我们一个长时段探究历史的入口，为我们提供了一种追源溯流、在长时段中前瞻的视线。这势必需要跨出学科的界限，回到"问题"的本身，在包括"人文、社会与自然科学的成分"在内的整合的视域中，对人类社会进行整体的观察与研究，抉发历史的意涵。

关键词：全景　学术　跨学科　教学

历史选择性必修2《经济与社会生活》第一单元为我们展现了古今中外的食物生产与社会生活，极大拓宽了传统史学的领域和范畴，展现了新史学的立意和眼光，"它们所依据的时间标尺不再是过去的王朝变动与政治变动，而是缓慢却又深刻地镶嵌于历史中的生活样式的变化"。第1课《从食物采集到食物生产》时空跨度尤大，给了我们一个长时段探究历史的入口。

按照2017年版2020年修订的《普通高中历史课程标准》要求以及2023年7月教材的修订要求，第1课对学生的内容要求为"知道人类由食物采集者向食物生产者演进的过程及意义；知道古代不同地区的食物生产及其对社会生活的影响"。人是大自然的产物。从"大历史"的视角来看，在人类史展开之前，"从猿到人"是人类史的第一个课题。耐人寻味的是，人类的出现既是一个奇迹，亦是长久的进化之史，牵涉人类的起源和迁徙之谜。简而括之，世界不同地区的人类是独立起源，抑或6万年前出走非洲的结果？关于起源说，至今在人类学家和遗传学家之间争议不断。然而，稍稍转化考察的视角，放宽历史的视界（黄仁宇语），会发现其实是劳动创造了"人"。

1万年前的"农业革命"使人类掌握了务农畜牧，从采集食物发展到学会生产食物，这恰是本课的主题和探究的重点。而能够综合人类史的视野，全景地看待人类跨入农业文明时代的进程和意义，正是本课的旨意所在。

一、基于教学主题，长时段考察历史的变迁

风靡世界的年鉴学派史学"最引人注目的地方之一就是考虑到自然和社会史的关系"，"把历史分为长时段、中时段和短时段"，"长时段是结构，中时段是局势，短时段是事件"。《从食物采集到食物生产》聚焦在史前时代，恰好为我们提供了一种追源溯流、在长时段中前瞻的视线。人类早期的生产与生活是怎样的？这是一段太遥远而不知所终的远古洪荒岁月。我们首先需要探究的是"人类"从何而来。

李辉与金雯俐的《人类起源和迁徙之谜》中谈道："根据遗传谱系，人科可以分为猩猩亚科和人亚科。人亚科又分为金刚族和人族，大猩猩属于金刚族，而黑猩猩和人类属于人族。所以，我们人类来自猩猩。"

成千上百万年以后，古猿发展到晚期智人时，越来越接近现代人。根据复原的生活场景想象图来看，此时正好处在人类早期采集渔猎时期，也就是旧石器时代的晚期。大约1万年前，原始的农耕和畜牧出现，人类逐渐进入新石器时代，农业革命的曙光在世界各地熠熠生辉，从植物的栽培到动物的驯养，人类的历史从此进入辉煌的农业文明时代。用著名考古学家戈登·柴尔德的话说，"人类自己创造了自己"，这正是人类农业革命的意义之所聚。概而言之，我们可以从四个方面稍加透析和理解：

（一）改善生存条件，加速了人口增长；
（二）从迁徙到定居，分化出了手工业；
（三）精神生活需要，产生了文艺宗教；
（四）服务农业生产，推动了科技发展。

二、基于课程标准，全方位返观历史的场景

《普通高中历史课程标准》："学生的历史学科核心素养不能凭空形成，也不能只靠灌输形成"，要在学生的探究学习中，"掌握探究历史的方法和技能，逐步学会全面、发展、辩证、客观地看待和论证历史问题"。揆诸实际，越是人类早期的生产、生活，越是与自然环境休戚相关。因此，"要了解区域文化的特征，先要了解它的生态环境"，"一方水土养一方人"体现了人与环境的关联互动。以"辩证"的眼光来看不同地区的食物生产与社会生活，概括言之，人类早期的生产、生活是因地制宜的结果。

基于此，笔者尝试将课堂前置、预设作业。首先引导学生从"食物生产""土地产权""耕作方式""生产特征"四个方面自主探究，其次结合教材梳理四大文明古国和古代的亚洲、非洲、欧洲、美洲各个地区的食物生产及其特点，最后在课堂教学环节，答疑补漏、逐一落实，尽可能"全面"地展现其中的意蕴。最近几十年史学研究愈来愈重视历史的"过程"，在历史探究的过程中，层累的细节愈丰富，愈具历史冲击力，呈现出来的历史愈真实，愈能接近历史的真相和原貌。不仅如此，年鉴学派史学也旨在探究历史的综合过程，要求"写出全景的历史（panoramic history）"。其所践行，在于"尽

可能把历史从政治史狭窄的描述中恢复出来，恢复到当时可能是什么样子"。笔者认为这是一种实事求是的态度，回到史前时代的农业革命以及农业文明的初期，恰好为我们返观历史提供了一个显微望远、全面观瞻的场景。

三、基于学科属性，跨学科抉发历史的意涵

历史时间本身没有标记，因为一些重大的历史事件改变了历史发展的轨迹，而有了标记前后的意义，"农业革命"即如此。作为一节公开研究课，本课主要的探究点即在于此。耐人寻味的是，农业革命发生在万年前的"史前时代"，亦是自然史和社会史的重要分界点，客观上拉长了历史的镜头。著名考古学家张光直先生在《对中国先秦史新结构的一个建议》中倡议，跨出学科的界限，回到"问题"的本身，在包括"人文、社会与自然科学的成分"在内的整合的视域中，"将人类社会作整体的观察与研究"，抉发历史的意涵。

不只人类学、考古学、遗传学、地理学等学科为我们展示了人类早期文明的进程和争论（"从猿到人"），古文字学亦为农业时代的发生提供了字源的依据以及未来演化的视野（"农"）。无论是家畜的驯化，抑或原始先人的精神意识，比如丧葬、祭祀的相关美化仪式（"文"），都有助于我们用"发展"的眼光看待农业文明的"起源"和"发展"。

现代的学术研究充分证明了在五千年或六千年前最早的文明出现之前，人类已经在地球上的某些地方定居生活了数千年。从采集食物到生产食物，引发了人类历史上第一次伟大的革命，充当了时代"转辙器"的作用。美国考古学家罗伯特·布雷德伍德称之为"农业革命"，英国考古学家戈登·柴尔德称之为"新石器时代革命"，在内涵上大同小异，我们一般在概念使用上亦不作特别的区分，殊途而同归于人类史上的一次历史性的巨变。然而，在放宽了的"历史"视界中，重勘史前时代的现场，发生在新石器时代的农业革命的影响所及，实际远逾生产与生活的方面，包括第 1 课最后一个子目"生

产关系的变化"。整体而言，尚不止于此，而是扩展到了史前时代的各个领域，毫不夸张地说，引发了一场"新石器时代的革命"，从生产方式、生活方式、生存条件的巨变到生产关系的改变、国家政府的应运而生，乃至精神意识形态的转变。

四、基于课程旨趣，多维度解悟历史的意义

历史是什么？以本课为例，"历史"亦是人类史的开端，攸关人类祖先筚路蓝缕"创世纪"的故实。然而，透过逝去的陈迹，今天的我们依然能够感受曾经的生命跃动，追摹往昔的历史荣光，从不同的视角总结过去的经验与教训。历史是求真之学，亦是近道之学，同时，也是"人类文化的重要组成部分，在传承人类文明的共同遗产、提高公民文化素质等方面起着不可替代的重要作用"。从这个意义上，从采集食物到生产食物，清晰展现了人类历史发展的线索：从猿到人，从自然史到人类史，从"农业革命"到"城市革命"，从社会出现到国家形成，既有文化的意义，也有文明的意涵。人类历史是否从来都是一路凯歌前行？历史的辩证法告诉我们，历史的演变与其说是一根平滑的直线，不如说是螺旋上升的曲线更符合实情。新石器时代的伟大革命，同样如此。

在课堂的最后，笔者引用生物学家的观点，转化设置了这样一个问题："农业革命是不是一把双刃的镰刀？"引导学生思考农业革命可能带来的一些副作用，以此更加完整地认识历史的"全景"，更为辩证地理解历史的发展，"近真实而供鉴戒"。角度越多，偏见越少，越接近历史的真相。历史学术型课堂的探究，能助益我们拓宽历史的视域，导引学生深入特定时代的脉络，在探究的历史问题与情境中，在"聚焦"与"透视"、"前瞻"与"展望"之间，最大限度挖掘历史的底蕴和内涵，多维度体悟历史的意义；在人类史的长镜头中重新审视人类的生态、文明与命运，在"全景"中探究历史、认识历史、理解历史、感悟历史，从史中求史识，为核心素养的养成教育奠基。

教育的终极目标是培养全面发展的人，从这个意义上，《从食物采集到食物生产》一课，恰好为我们重新思考"我们是谁？我们从哪里来？我们往哪里去？"提供了切问反思的契机。虽不能至而心向往之，笔者将继续探寻。

教师简介：

李春华，中学历史高级教师，河北省骨干教师，河北省优秀班主任，河北省"三三三人才工程"拔尖人才。现任北京市一〇一中怀柔校区历史教研组长，北京市骨干教师，北京市怀柔区教学金质奖章获得者，区教学质量标兵，区学科教学带头人。

如何在高中历史教学中开展主题式学习

——以"古代中国疆域的变迁"为例

赵进步

摘　要：面对部编版历史教材的深入实施，中学教师产生诸多新困惑。为解决新问题，高中历史教学教研领域出现了许多新的教学策略和教学理念，"主题式"学习即为其中之一。本文将以"古代中国疆域的变迁"为例，说明在教学过程中如何引导学生开展"主题式"学习。

关键词：部编版教材　高中历史教学　主题式学习

在使用高中历史部编版教材的教学过程中，教师普遍感觉课时任务多、历史概念复杂，对于历史教材的处理难度大增。基于此，大概念教学、大单元实施、主题式学习等教学策略层出，深度学习的教学理念不断深化。本文将以"古代中国疆域的变迁"这一高中学习的重点主题，来探讨"主题式"学习的具体实施策略。

一、学习主题的选定

课标要求历史教师在深刻理解、分析高中历史课程结构的基础上，整体梳理教学内容，把握每个学习单元所涉及的范围、重要史事与核心问题，并将这些核心问题的解决与学生学科核心素养的提升联系起来，完成对教学内容的有效整合。

"古代中国疆域的变迁"主题式学习从凸显历史的纵向联系出发，综合运用主题教学、问题教学、结构—联系教学等教学模式，组织学生对所学高中历史必修和选择性必修课程中分散在各个章节、专题中的中国疆域的知识进行梳理整合，设计综合探究的教学活动，引领学生开展深度学习，运用已有知识在解决问题中提升学科核心素养。

二、主题内容分析

"古代中国疆域的变迁"主题教学所涉及的教学内容在课程标准中涉及先秦、秦汉、三国两晋南北朝、隋唐、辽宋夏金元和明清时期，涵盖整个中国古代史。学习内容与中学地理和政治学科有较为密切的关系。根据课标要求，对本主题式学习的学业质量描述和课时分配与学习任务分别见表 1 和表 2。

表1　主题式学习学业质量描述

水平	质量描述
1	1-1 能够知道认识史事要考虑到历史地理的状况；能够识别历史地图中的相关信息，知道古今地名的区别
	1-2 能够发现历史上认同家乡、民族、国家的事例，认识社会主义核心价值观的历史依据，具有对祖国和人民的深情大爱
2	2-1 能够将某一史事定位在特定的时间和空间框架下；能够认识事物发生的来龙去脉，理解空间和环境因素对认识历史与现实的重要性
	2-2 能够在叙述历史时把握历史发展的各种联系，如古今联系、中外联系等，并将历史知识与其他相关学科如地理、语文、艺术等知识加以联系
3	3-1 能够把握相关史事的时间、空间联系，运用特定的时间和空间术语对较长时段（如古代、近现代）、较大范围（如跨国家、跨地区）的史事加以概括和说明
	3-2 能够把握中华民族多元一体的发展趋势，形成正确的世界观、人生观、价值观和历史观；能够将历史学习所得与家乡、民族和国家的发展繁荣结合起来
4	在对历史和现实问题进行独立探究的过程中，能够将其置于具体的时空框架下；能够选择恰当的时空尺度对其进行分析、综合、比较，在此基础上作出合理的论述；能够根据需要并运用相关材料和正确方法，独立绘制相关图表，并加以说明

表2　主题式学习课时分配与学习任务

课时	课时学习任务
1	（1）课前搜集中国历代疆域图，课上对所搜集的历代疆域图进行梳理 （2）引导学生对比观察历代疆域图中的疆界 （3）以"从历史地图中看统一多民族国家的发展"为题，将学生划分为先秦、秦汉、魏晋至隋唐、辽宋夏金元、明清五个小组，分别对五个时期的疆域进行综合考察 （4）运用地图中的信息说明统一多民族国家的发展，并得出结论
2	（1）将南海诸岛、西藏地区、台湾及其包括钓鱼岛在内的附属岛屿、新疆地区等分别设定为研究主题，进行历史考察，搜集有关的历史文献材料和分区地图，从历史的角度认识这些地区是中国不可分割的领土 （2）以"中国历代都城的变迁"为题，运用地图及所学知识，说明历代都城的历史地理情况，分析影响建都的多方面因素
3	（1）以"从地图中探寻家乡的历史变迁"为题，考察自己家乡在历史上的名称变化、属地范围、行政区划建制归属等，具体了解家乡的历史地理变化 （2）在考察的基础上，形成主题研究报告，以图文结合的形式展示探究的成果，学生之间进行交流

三个课时既独立成篇，又呈现逐步递进关系，按照一定逻辑形成有机整体；学习任务由浅入深，在唯物史观的统率之下，把时空观念、史料实证、历史解释和家国情怀等历史学科核心素养有机整合在一起，有利于学生思维能力和学科素养的深化提升。

三、主题学习目标与学习流程

依据学科特点和本主题学习内容要求，确定学习目标如下：

通过对中国历代疆域变迁过程的梳理，加强时空观念，从历史发展的角度认识中国疆域的变化；比较中国历代疆域图的变化，提高对历史地图的辨识能力和运用能力，认识中国疆域在历史进程中的联系、延续、发展；通过对中国边疆地区的历史考察，加深对这些地区是中国固有领土的认识；通过研究分析历代建都的影响因素和对家乡历史变迁的研究，认识历史研究的现实意义。

主题学习具体流程如下图：

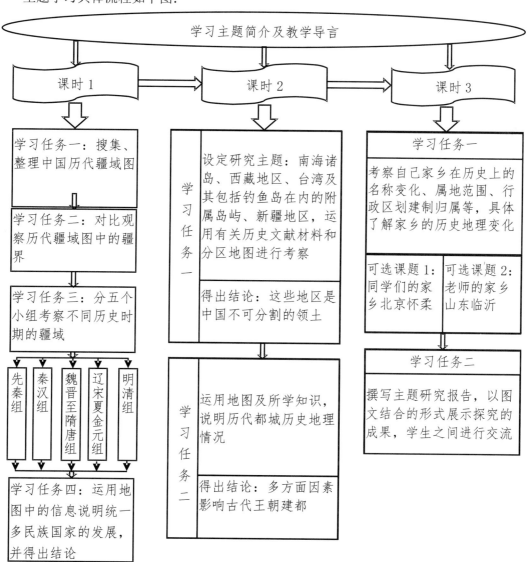

"古代中国疆域的变迁"主题式学习设计流程图

四、主题学习评价设计

作业是学习评价的重要工具之一，本主题式学习设计作业分为基础性作业和拓展性作业，力求全面体现主题学习目标对学生能力和素养提升的要求。按照等级考模式，设置包括选择题和非选择题等题型的基础性作业。内容上，力求全覆盖本主题教学的基本知识与能力范围；形式上，要图文并茂，直观体现历史时空观；要保证作业质量，个别题目可直接采用或改编等级考试题。拓展性作业要体现开放性，如撰写课堂考察报告、举办黑板报展览、撰写历史小论文等。

除作业外，学习评价还应具备过程评价和结果评价，设计评价量规如表3。

表3 "古代中国疆域的变迁"主题式学习过程、结果评价量规

项目	评价细则			学生自评与互评	教师评价
	优秀（4～5分）	良好（2～3分）	一般（0～1分）		
预习	学生在课前能认真预习有关内容，主动根据学习目标自主完成历代疆域图的搜集与整理，且正确率较高	学生在课前能进行预习，在老师要求下能完成课前预习任务	学生在课前能阅读教材，部分完成预习任务		
小组自主学习	组内团结、协作，能积极、大胆发表自己看法，并认真倾听别人意见，气氛较为热烈，完成全部学习任务	组内有协作，组员发表看法时，其余组员能倾听，基本完成学习任务	无团结精神，很少有人发表观点，完成任务程度不一		
展示	声音洪亮，观点表达清楚，并能正确地回答同学的问题	展示时，观点表达基本清楚，不能完全回答同学的问题	展示时，只能说出答案，不会说明理由		
点评	能正确给予评价，并对存在的问题进行修正，或提出更好的建议	能正确给予评价，能对部分存在的问题进行修正	只能评价对或者错		
质疑	能够对其他组展示中存在的问题提出疑问，并能给出完美的解答	能对其他组展示中存在的问题提出疑问，能帮助解答，但不全面	能够提出疑问，但无法解答或给出建议		
检测作业	检测和作业全部完成，且正确率高	检测和作业能完成，正确率较高	不能完成检测和作业		

五、主题学习总结

"古代中国疆域的变迁"是在高中全部必修和选择性必修内容学习完成后开展的主题式学习活动，其学习设计有以下主要特色：在合理整合教学内容基础上，设计新的综合性的学习主题；突出学科核心素养的培育，以唯物史观为统领，以时空观念为载体，以史料实证为途径，以历史解释为核心，以家国情怀为落脚；以学生为主体，倡导在做中学，综合实施自主学习、合作学习、探究学习。

教师简介：

赵进步，高级教师，区骨干教师，第三十五届北京市中小学紫禁杯优秀班主任，所讲课程"中国古代官员的选拔与管理"入选 2021 年度教育部"基础教育精品课"，编著有历史选择性必修系列《高中优秀教案》，多篇论文发表在核心期刊。

关于初中生 50 米跑家庭体育作业的研究与设计

林 立

摘 要:随着体育新课改的政策下发,体育各项成绩得到广泛关注。以往,社会和学校存在重智育、轻体育的倾向,学生课业负担过重、锻炼时间严重不足、学生体育课和体育活动时间难以保证等,这对青少年的健康成长有很大影响。现实中如果光靠学校的体育课,学生体质健康水平不高的现状很难改善。学生的体质提升需要将家庭和学校结合起来,把家长动员起来。在提升学生体质的过程中,体育作业尤为重要。体育作业是课堂教学的延伸,完成体育作业的过程是学生获取知识、运用知识、解决问题的过程,是认知活动和情感活动同时发生和发展的过程,它不仅能巩固课堂所学知识,更重要的是能培养学生良好的学习习惯和能力,同时对于培养亲子关系也有一定促进作用。

关键词:初中生 体育作业 50米项目 作业设计

一、问题的提出

家庭体育作业的推广和实施是积极落实国家一系列政策要求的体现。我国多次国民体质监测结果显示,学生的体质总体状况令人担忧,部分学生身体素质水平的下降幅度达到了惊人的程度。这一状况引起了全社会的高度关注,也引起了党中央、国务院的高度重视。2007年5月,中共中央、国务院《关于加强青少年体育增强青少年体质的意见》(中发〔2007〕7号)作出了加强青少年体育、增强青少年体质的战略决策。2016年5月国务院办公厅颁布的《关于强化学校体育促进学生身心健康全面发展的意见》(国办发〔2016〕27号)规定:"……中小学校要合理安排家庭'体育作业',家长要支持学生参加社会体育活动,社区要为学生体育活动创造便利条件,逐步形成家庭、学校、社区联动,共同指导学生体育锻炼的机制。"这说明我们不能够单一地将青少年体质下降全部归咎于学校,而忽视了家庭对青少年参加体育锻炼的培养。2016年国务院办公厅《关于强化学校体育促进学生身心健康全面发展的意见》作出了强化体育课和课外锻炼的重要部署,对加强学校体育提出明确要求,并指出中小学校要合理安排家庭体育作业。其次,家庭体育作业是家庭体育和学校体育的纽带,是实现全民健身的重要工具。周远洲等人在小学体育家庭作业设计的实践与思考的研究中表明,75%的学生回家后参与体育锻炼的时间少于10分钟,学生放学后体育锻炼时间投入不足,空余时间被电视或电子产品挤占。现在中小学的体育课存在很多的问题，比如受雾霾或者雨雪等恶劣天气影响，体育课取消；或者其他科目教师挤占体育课；还有体育课上学生人数较多，而学校体育场地设施有限；大课间和课外体育活动不能得到有效组织；等等。这些问题在很大程度上无法保证学生体育教学目标的完成。同时，也存在学生课上学习内容和课外锻炼以及家庭活动不相关，甚至相背的情况，进而不利于学生体育知识的掌握和技能的形成。另外，学生其他课业负担较重等问题也影响了学生的全面发展。

二、研究意义

家庭体育作业，是学校课程和家庭、社区资源的有机结合，可以合理利用资源，弥补体育课堂的不足，提高教学质量，使学生能够形成良好的体育习惯和终生体育意识。更重要的是，家庭体育作业在提高学生的身体素质方面发挥着重要作用。所以，对北京市中小学家庭体育作业现状进行研究，具有很强的理论意义和现实意义。其理论意义在于该研究的结果可以更好地为学校体育的改革和发展提供理论指导和实践参考；现实意义有两方面，一是对国家政策的积极响应，二是能够确切地发现在实施家庭体育作业的过程中存在的问题，并提出解决方案，使其能够更好地在全国范围内推广，从而提高学生体质健康水平。

三、研究对象与方法

1. 研究对象

本文以北京市怀柔区某中学行政班 2 个班为调查研究对象，其中 1 个班作为作业班进行作业练习，实验周期为 4 周、每周 3 次；另外 1 个班为普通班，只正常上体育课。实验对象共 60 人，作业班 30 人，普通班 30 人，每班男女生各 15 人。

2. 研究方法

（1）文献资料法

本文根据研究的需要，通过查阅学校图书馆相关的纸质书籍，然后利用中国知网、万方、维普等检索数据库，检索查阅关于体育作业、中学生课后服务等方面内容的文献资料，并对它们进行整理、重点阅读和归类分析，为本次调查提供理论依据。

（2）问卷调查法

本文通过在教学实验前后发作业的调查问卷、学生现场填写和回收的方式测定受试者相关数据。问卷发放与回收情况参照表 1。

（3）实验法

作业班进行体育课和课后作业任务，普通班按照正常的教学任务（课程大纲中规定的教学任务）进行，分别进行 4 周的体育课教学练习。在 4 周的教学实验前后，分别使用《国家体质健康测试标准》对作业班和普通班的情况进行综合测试。在测试的过程中测试员要随时进行观察和记录，在实验结束之后对前期所测数据进行综合分析。

（4）数理统计法

先利用 Excel 表格统计实验前后所测得的数据，然后运用 SPSS 25.0 对所得测量数据进行统计和分析。以组为单位，对实验前的数据统计结果采用独立样本 T 检验进行判定；实验后组与组之间的数据比较使用独立样本 T 检验，组内使用配对样本 T 检验的方法进行检验。

四、七年级学生作业的设计内容及目标

1. 单元内容

作业为期一周，作业内容以短跑 50 米的途中跑为主，主要针对学生途中跑中的送髋、小腿折叠、下压，以及加速跑提膝蹬伸、起跑时如何快速反应等问题。作业从前到后包括：上肢力量和摆臂练习；下肢力量练习；加速跑提膝蹬伸练习；核心力量练习；途中跑的送髋，小腿折叠、下压练习；起跑反应练习和完整短跑练习。本次的作业目标旨在增强学生身体力量，解决学生途中跑中出现的问题，提高学生途中跑的步频与步幅，优化启动到加速跑再到途中跑的衔接，进而使学生突破自我，提高短跑 50 米成绩。在课中学习或复习技术动作，让学生在厘清原理的前提下进行作业练习，这样不仅能让学生的身体动起来，还能培养学生的自我纠错习惯。

2. 单元目标

改善在途中跑和加速跑中出现的问题，巩固、提高所学的运动技能，发展学生各项身体素质，提高短跑 50 米成绩，培养学生自我思考和建立更高目标的意识，促使学生养成良好的运动习惯和健康的生活方式，让学生真正地从"完成一项作业"到"养成一种习惯"，为学生具有终身体育锻炼意识打下良好的基础。

3. 学情分析

本单元作业针对七年级学生，本阶段的学生身体和心理正处于发育期，属于情绪不稳定阶段，加上小学接触的体育与健康技能技术的教学属于基础的了解性质，大部分学生对短跑途中跑技术的了解并不多，对途中跑的动作原理也并不了解。因此在教学过程中让学生在厘清途中跑动作的原理下，再进行各种形式的练习和比赛，课上建立正确的动作表象才便于在课下进行强化练习。经过课中观察，发现学生整体力量稍欠缺导致途中跑的摆臂不到位或者摆臂过快，动作变形、提膝不够导致小腿折叠过小，途中跑的送髋不足、小腿下压不迅速导致途中跑步幅和步频稍欠缺，途中跑速度起不来。因此，在

课上练习的基础上制定了此次作业，一方面可以使学生通过课堂中学习和网络查找来学习作业动作，另一方面通过作业动作完成视频进行自评、互评和师评，可以激发学生的好胜心，保证动作完成质量和锻炼效果。

4. 作业目标

（1）巩固、提高所学的运动技能，发展学生力量、速度、灵敏和柔韧素质，提高其身体素质。

（2）让学生掌握锻炼的方法，为培养终身体育习惯奠定基础。

（3）培养学生对运动技能原理的思考习惯，建立追求更高目标的意识。

5. 作业类型

视频打卡和纸质版总结。

6. 作业如何使用

教师发布作业，动作较为简单，学生根据课堂上的学习和网络查找来学习作业动作，组内休息 30 秒～1 分钟，组间休息 1～3 分钟，整个作业在 30～50 分钟内完成。对动作视频、动作心率和多种运动软件的记录进行打卡后，由课堂上分好的小组进行动作视频的互评和自评，家长也可以跟学生一起练习或监督学生，老师做最后的指导、纠正，学生做指导后的反馈。

7. 详细作业设计

时间	内容	组数与个数	目的	目标
星期一	上斜式俯卧撑+摆臂 俯卧撑 弓步快速摆臂 弓步快速摆臂阻力 击掌俯卧撑	20*3 20*3 15 秒*3 15 秒*3 6*3	上肢力量和摆臂	能够完成上斜俯卧撑+摆臂一次，上肢力量较强者完成两到三次摆臂 能够在弓步下完成摆臂的加速和阻力摆臂练习 能够完成每组 2～3 个击掌俯卧撑
星期二	单脚左右跳 单脚前后跳 双脚十字跳 收腹跳 摸脚跳 弓步走 弓步跳	20*3 20*3 10*3 15*3 15*3 30 米*2 20*3	下肢力量	能够在不踩标志物的前提下完成单脚左右跳、单脚前后跳、双脚十字跳 收腹跳能够把膝盖收到胸前 能够在将手置于背后挺直腰背的前提下完成弓步走和弓步跳
星期三	扶墙后蹬 扶墙高抬腿 小步跑 后蹬跑 阻力带或推人走	40*3 30 秒*3 20 米*3 20 米*3 30 米*3	加速跑提膝蹬伸	扶墙后蹬和扶墙高抬腿能够在身体前倾的前提下完成提膝与下压 后蹬跑后蹬充分，完成途中能够形成空中弓步

时间	内容	组数与个数	目的	目标
星期四	平板支撑 俯卧交替摸肩 仰卧异侧交替起 仰卧风车 俯卧登山 侧撑抬腿	1分钟*3 40*3 40*3 30秒*3 30秒*3 20*3	核心力量	平板支撑和俯卧交替摸肩在身体近似一条线的情况下完成 仰卧异侧交替起能够在双脚并齐、双腿伸直的前提下手触膝盖 能够在不中断的情况下完成仰卧风车与俯卧登山 侧支撑能保持平衡，完成侧抬腿
星期五	跪跳起 原地单腿提膝 原地单腿双拍提膝 原地单腿三拍提膝 后踢腿跑 车轮跑 高抬腿（10米）+加速跑（10米）+途中跑（30米）	8*3 15次*6 20次*4 20次*4 20米*3 20米*3 50米*5	途中跑送髋、小腿折叠、下压	能够在垫子上完成跪跳起 原地提膝另一只脚要垫步 在每次腿能踢到屁股的前提下完成后踢腿跑 在车轮跑能够送髋，积极下压，前脚掌着地
星期六	俯卧启动 仰卧翻身启动 侧向俯卧启动 俯卧提膝启动 登山式启动 单腿跪姿起跑 前倾启动	10米*5 10米*5 10米*5 10米*5 10米*5 10米*5 10米*5	起跑反应	以口令或其他信号为令，收到之后迅速启动并衔接加速跑，起跑与加速跑能够衔接流畅
星期日	60米 50米	5组 5组	完整短跑	12秒内完成60米 9秒内完成50米

8. 作业实施过程

针对学生上课过程中表现的不足，设置了针对改正问题的作业。学生根据课上所学和通过网络查找来学习作业动作，录制动作视频并对各种运动应用软件的记录进行截图打卡，每组动作间隔1～3分钟，小组对录制的视频进行互评和自评，由老师做最后的指导、纠正，学生做指导后的反馈，且在每次作业后评出小组优秀作业。在作业开始前和完成所有作业后进行测试，分析前后的测试成绩。

表1　调查问卷统计表

	发放份数	回收份数	有效份数	回收率	有效率
作业班问卷	30	30	30	100%	100%
普通班问卷	30	30	30	100%	100%

从表1可以看出，作业班问卷和普通班问卷回收率和有效率均为100%，问卷的回收率和有效率均满足研究的需要。

表2　50米跑、立定跳远、纵跳摸高试验前测

	50米跑人数	优秀率	良好率	立定跳远人数	优秀率	良好率	纵跳摸高人数	优秀率	良好率
作业班	30	6%	40%	30	8%	36%	30	5%	30%
普通班	30	6%	36%	30	8%	38%	30	5%	32%

从表2可以看出，作业班和普通班50米跑优秀率都为6%，良好率有一定的差异性。

表3　50米跑、立定跳远、纵跳摸高试验后测

	50米跑人数	优秀率	良好率	立定跳远人数	优秀率	良好率	纵跳摸高人数	优秀率	良好率
作业班	30	23%	66%	30	12%	42%	30	8%	40%
普通班	30	10%	40%	30	10%	38%	30	6%	35%

从表3可以看出，作业班和普通班50米跑优秀率和良好率有明显的差异，说明有作业任务对学生50米跑成绩影响很大。从表中可以看出，有作业任务对于纵跳摸高项目影响不大，这可能跟作业设计的内容有关。

五、结论与建议

1. 结论

（1）布置家庭作业任务对学生50米跑成绩提高有很大影响。

（2）设计教学作业30分钟是运动的临界值，低于30分钟人体各器官的机能得不到有效动员，对身体起不到有效的锻炼作用。体育家庭作业的练习时间一般在30～40分钟为宜，强度达到中等。

（3）家庭体育作业布置对于亲子关系的培养有很大的促进作用。

2. 建议

（1）各学科作业很不均衡，尤其主科作业较多，体育类的家庭作业却少之又少。应该在全科协调中给学生留有进行体育锻炼的时间，提升学生体质。

（2）体育作业的设计应针对不同学段、班级、个体进行有针对性的设计。

（3）应对家庭体育作业做全面深刻的剖析，提出符合现行中小学生家庭体育作业的对策和措施。

参考文献

[1] 何元戈. 构建和美体育教育 塑造卓越健康学生：《多元有效的小学体育课外作业的探究》研究报告[J]. 生活教育，2015（24）：34-36，11.

[2] 李佳川，孙洁，唐金根. 对我国青少年学生体育家庭作业相关问题的思考[J]. 南京体育学院学报（社会科学版），2014（5）：79-83.

[3] 卢琼. 从未来家庭结构的变化分析体育家庭作业的作用[J]. 中国学校体育，2006（8）：76-78.

[4] 石峻. 小学生课外健身作业设计与实施[J]. 青少年体育，2013（1）：117-119.

[5] 李佳川，孙洁，唐金根. 对我国青少年学生体育家庭作业相关问题的思考[J]. 南京体育学院学报（社会科学版），2014（5）：101-103.

教师简介：

林立，研究生学历，毕业于北京体育大学，体育高级教师，怀柔区学科带头人，区级骨干教师，学校质量标兵；曾荣获市级、区级教学设计及基本功一等奖；参与全国"贯彻落实义务教育课程标准"两次授课，被国家级培训项目课程录用；多次在《全体育》《体育时空》等杂志上发表论文。

例析数学模型在生物学教学中的应用

马宪彬

摘　要：培养学生生物学核心素质过程中，科学思维具有关键意义，而数学模型的建立对科学思维的塑造至关重要。数学是人类文明发展的重要基础，现今许多科学技术与理论的发展都离不开数学思想的帮助。教师在生物学教学中融入数学知识，运用数学方法解决生物学问题，将对学生思维能力的提升产生深远影响。这种跨学科融合不仅丰富了课堂教学内容，更为学生提供了实践应用数学技能的机会，促进了他们全面发展和综合素养的提高。随着教育理念的不断更新，数学模型在生物学教学中的应用将扮演着愈加重要的角色，能够引领学生走向更深层次的思考和探索之路。

关键词：数学模型　植物细胞结构　物质循环　PCR

高中生物学课程是科学领域的重要学科课程之一，是义务教育阶段相关课程的延续和拓展，其精要是展示生物学的基本内容，反映自然科学的本质。它既要让学生获得基础的生物学知识，又要让学生领悟生物学家在研究过程中所持有的观点以及解决问题的思路和方法。

在高中生物学教学中，教师有效地运用数学知识来解决问题，有助于培养学生透过表象揭示本质的洞察力，深化对知识的领悟，提升学生的生物学学习能力，培养学生的科学思维。本文将通过一些常见教学问题来举例说明数学模型在生物学教学中的应用。

一、利用数学模型，辨析原生质体、原生质层和植物细胞

原生质体和原生质层一般都是描述植物细胞的概念。两者比较接近，又都与植物细胞存在一定的联系，学生在学习过程中往往存在一定的困惑。

原生质体表示植物细胞壁内的原生质，即除去细胞壁的植物细胞，在人教版《普通高中教科书 生物学 选择性必修 3 生物技术与工程》中的"植物细胞工程"指出，植物细胞通过酶解法去除细胞壁后剩余的部分即为原生质体。

原生质层是人教版《普通高中教科书 生物学 必修 1 分子与细胞》"被动运输"一节中的概念。原生质层包括细胞膜和液泡膜以及两层膜之间的细胞质。植物细胞的原生质层相当于一层半透膜，这层膜把液泡里面的细胞液与外界环境隔开。当植物细胞与外界溶液接触时，细胞液会通过原生质层与外界溶液发生渗透作用。

那么如何区分原生质体、原生质层和植物细胞呢？笔者认为采用数学模型的方法区

分三者是一个很好的选择。例如：植物细胞由细胞壁、细胞膜、细胞质和细胞核等组成，我们便构建了第一个等式：

等式1：植物细胞 = 细胞壁 + 细胞膜 + 细胞质 + 细胞核……

同样的道理：

等式2：原生质体 = 细胞膜 + 细胞质 + 细胞核……

通过比较两个等式，学生很容易理解原生质体即为去除了细胞壁的植物细胞。那么原生质层是什么呢？根据定义，原生质层是细胞膜和液泡膜以及两层膜之间的细胞质（注意是两层膜之间的细胞质）。对于一个植物细胞，如果去除了原生质层的部分，剩余的结构应该包括细胞壁、细胞核和细胞液。所以就形成了等式3：

等式3：植物细胞 = 原生质层 + 细胞壁 + 细胞核 + 细胞液……

利用等式3和等式1构建等量关系：

原生质层 + 细胞壁 + 细胞核 + 细胞液……

= 细胞壁 + 细胞膜 + 细胞质 + 细胞核……

整理后可得：原生质层 + 细胞液…… = 细胞膜 + 细胞质

这样就可以帮助学生理解原生质层就相当于植物细胞中细胞液以外、细胞壁以内不包括细胞核的部分。

通过构建数学模型的方法辨析三者的结构差别，既能够增强学生对相应结构的理解，又可以培养学生将具体的问题抽象化，从而达到培养高阶思维的目的。

二、利用数学模型，理解生态系统的物质循环

物质循环在生态系统中具有重要意义。它指的是组成生物体的各种元素不断进行着从非生物环境到生物群落，又从生物群落到非生物环境的循环过程。这一过程使得生态系统内各部分协调一致，促进了生态系统的自我调节。

几乎所有的营养物质都在生物群落和非生物环境之间进行循环交换。物质的顺畅循环对于维持生态系统的稳定运行至关重要。人类活动大规模干扰物质循环，导致循环受阻时，会引起严重的环境污染和破坏，最终导致生态失衡。

如下图表示某平衡的生态系统的碳循环过程示意图：

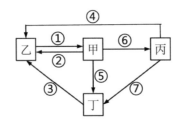

分析上图可知，甲、乙、丙、丁分别为生产者、大气中的 CO_2 库、消费者和分解者。根据该生态系统为平衡的生态系统，物质输入和输出处于平衡状态，则存在如下等量关系：

等式 1：①＝②＋⑤＋⑥，即生产者的碳输入和输出平衡

等式 2：⑥＝④＋⑦，即消费者的碳输入和输出平衡

等式 3：⑤＋⑦＝③，即分解者的碳输入和输出平衡

若将等式 2 代入等式 1，则有等式 4：①＝②＋⑤＋④＋⑦

再将等式 3 代入等式 4，最后得到：①＝②＋③＋④

这里面①可以代表生产者的同化量，②③④分别是生产者、分解者和消费者的呼吸量。这样就能够有效地帮助学生理解，平衡的生态系统中，生产者同化的物质与生态系统中所有生物通过呼吸作用分解的物质是平衡的。同时，在图中我们可以进一步分析得出①是从非生物环境输入生物群落的物质，②③④分别是从生产者、分解者和消费者返回非生物环境的物质。也就是说，对于非生物环境的物质输入和输出同样平衡。这能够进一步帮助学生理解温室效应产生的原因和解决方案。

当前，人类面临着多样的环境问题，如环境污染、温室效应、水体富营养化以及生物富集等，这些问题与物质循环密切相关。因此，理解物质循环对培养学生的生态文明观至关重要。通过深入了解物质循环，学生能够认识到生态系统内各元素之间的紧密联系，并认识到环境保护和可持续发展的重要性。这样的认识将有助于他们更好地参与环境保护，建设生态友好型社会。

三、利用数学模型突破 PCR 难点

PCR 是基因工程中常用的一种技术手段，是学生学习基因工程的难点所在，也是生物学命题的常用素材。深刻理解 PCR 的过程，能够准确地分析出 PCR 的结果是解决这类问题的关键。

在教学过程中，我们利用计算机绘制出 PCR 前三轮的结果图，如下：

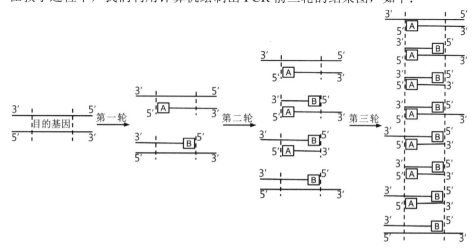

从图中可以发现：在 PCR 的结果中存在三种不同的脱氧核苷酸链，即长链、中链和短链。此时就可以让学生分析、推测，长链、中链和短链在多轮复制之后的结果。其中长链无论经过多少轮复制均为 2 条；中链的条数每轮 PCR 之后增加 2 条，以线性增长的形式增加，也就是经过 n 轮 PCR 之后，中链数变为 $2n$ 条。同时目的基因经过 n 轮 PCR 之后形成的所有类型脱氧核苷酸链数为 2^{n+1} 条，那么短链的数量为 $2^{n+1}-2n-2$，其数量变化近似以指数增长的形式增加。

通过这样的计算过程，学生就可以很容易理解，通过引物的设计，PCR 实际扩增的是两个引物之间的序列。

综上所述，构建数学模型对于生物学知识的学习具有显著的益处。通过数学模型，学生可以运用数学符号、公式和语言来描述生物学知识，以及利用数学逻辑思维解释生物学现象和规律。这种方法能够将抽象的生物学知识变得具体直观，从而提高学生的学习效率。

引入数学模型不仅能帮助学生内化生物学知识，还能让他们更深入地理解生物学现象。通过构建模型，学生不仅能更好地理解生物学概念之间的关联，还能应用数学原理揭示生物系统背后的规律性。这种跨学科的学习方法促进了学生综合素养的提升，培养了学生的批判性思维和解决问题的能力。

同时，将数学知识融入生物学教学中也有助于简化教学过程，提高教学效率。教师可以利用数学工具和概念来解释生物学概念，能够帮助学生更容易理解和掌握知识。这种互相渗透的教学方式有助于加强学科之间的联系，促进跨学科学习，丰富学生的知识储备。

因此，构建数学模型是一种有效的教学策略，能够促进学生对生物学知识的学习和理解，提高学生的学习效率，促进核心素养的发展。

教师简介：

马宪彬，高级教师，怀柔区生物学骨干教师。曾为大庆市高考专项研究专家组成员、大庆市高考模拟试题命题专家；曾荣获全国优秀竞赛辅导教师、大庆市优秀教师，大庆市教育科研先进个人、大庆市课题研究优秀教师、大庆市优秀师德师风先进个人等荣誉称号。在国家级、省级、市级赛课中获一等奖十余次。自 2005 年开始，参与省、市级联考试题命制。所教学生中有 20 余人考入清华大学、北京大学；辅导学生荣获国家铜牌 4 人，黑龙江省级一等奖 16 人。2021 年所任教的北京市第一〇一中学怀柔分校第一届高三毕业生中有 1 人生物学单科成绩满分。

问题驱动教学法在高中生物学教学中的探索和应用

——以"细胞中的糖类和脂质"一节为例

尹志远

摘　要： 以"细胞中的糖类和脂质"为例，通过创设问题情境，有效帮助学生提高发现问题、分析问题和解决问题的能力，引导学生主动构建生物学核心概念体系，落实生物学学科核心素养。

关键词： 问题驱动　糖类和脂质　核心素养

《普通高中生物学课程标准（2017年版2020年修订）》要求学生主动地参与学习，在亲历提出问题、获取信息、寻找证据、检验假设、发现规律等过程习得生物学知识，养成科学思维的习惯，形成积极的科学态度，发展终身学习及创新实践能力。学习生物学课程是每个公民不可或缺的教育经历，其学习成果是公民素养的基本组成。课程高度关注学生学习过程的实践经历，强调学生学习的过程是主动参与的过程，让学生积极参与动手和动脑的活动，通过探究性学习活动或完成工程学任务，加深对生物学概念的理解，提升应用知识的能力，培养创新精神，进而能用科学的观点、知识、思路和方法，探讨或解决现实生活中的某些问题。

所谓"问题驱动教学法"是以问题为基础，围绕核心内容巧妙设计出由两个及两个以上相互关联、层层递进的一系列逻辑问题所构成的问题串，再用问题串来驱动学生主动思考并逐个解决问题的过程，从而使学生获得新知、提升能力的一种教学方法。问题驱动教学法相比于应用技术方法，它的不同之处在于它可以引导学生、激发兴趣，在实际教学中具有强烈的启发性和育人性。师生之间通过协调合作、互动及配合，共同完成教学活动。

在实际教学中，利用问题驱动教学法更能够体现以学生为主体的教育理念，加强学生在课堂中的参与度，增强学生的问题意识，提高学生的逻辑思维能力，为生物学的学习夯实基础知识，同时也对生物学的发展起到积极的促进作用。

本文尝试应用问题驱动教学法，以"细胞中的糖类和脂质"为例进行教学设计，以期提升教学效率，发展学生生物学学科核心素养。

一、教材分析与设计思路

本节课是人教版《普通高中教科书 生物学 必修 1 分子与细胞》第 2 章第 3 节的内容，包括细胞中的糖类、细胞中的脂质两个部分，与人类生活和健康密切相关。本节内容承上启下，既是初中生物中"人体的营养"相关知识的延伸，也为高中生物核酸的分子结构、细胞的结构与功能、细胞中的物质与能量代谢、人体血糖的平衡与调节等内容的学习做好铺垫。

考虑到高一学生缺乏相关的有机化学知识，对生物大分子的认知有限，因此，本节课从学生现有的认知水平出发，通过生活情境引入，激发学生的学习兴趣，然后根据学生的生活经验设计一系列问题串，层层递进，逐渐构建糖类与脂质的元素组成、种类与功能等知识结构体系，再设计一系列与人类生活和健康有关的问题串，加深学生对生物学概念的理解，提升应用知识的能力，同时培养科学思维能力，从而逐步落实生物学核心素养。

二、教学目标

基于课程标准的内容要求、学业要求和学业质量标准，并围绕培养学生核心素养的要求，制定了如下教学目标：

（1）举例说出糖类的种类和作用，阐明糖类既是细胞结构的重要组成成分，又是生命活动的主要能源物质，建立结构与功能观。（生命观念）

（2）举例说出脂质的主要种类和作用，建立结构与功能观。（生命观念）

（3）举例说出糖类和脂质的相互转化，学会运用科学的思维方法认识事物，提高逻辑思维能力和归纳总结的能力。（科学思维）

（4）关注糖类、脂肪等的过量摄入对健康的影响，在改进自己膳食习惯的同时，向他人宣传健康饮食的观念。（社会责任）

三、教学过程

（一）创设问题情境，导入新课内容

展示一幅漫画，北京鸭："我每天吃的都是一些玉米、谷类和菜叶，为何还会身体'发福'呢？请同学们思考：北京鸭每天吃的食物的主要成分是哪类物质？肥肉的主要成分又是哪类物质？二者之间又有怎样的关系？

设计意图：通过一幅漫画，引出本节要学习的内容，拉近学生与教材的距离，激发学生探究的欲望，为学生应用所学知识解决生活问题的科学思维能力的培养埋下伏笔。

（二）细胞中的糖类

1. 问题驱动，构建概念，提升思维能力

首先，老师展示马拉松运动员长跑图片，请学生思考："你们知道在跑马拉松的过程中，补给站递给运动员的补给品是什么吗？"展示网上售卖的运动补给能量胶营养成分表，引导学生分析成分含量并提出相关问题。学生经过分析后，能够认识到糖类是生命活动的主要能源物质。然后展示糖果、巧克力、土豆、红薯、馒头、稻米、面包、竹笋等食物的图片，教师抛出一系列问题串：问题1：哪些食物含有较多的糖类？糖类是否都是甜的呢？有甜味的都是糖类吗？问题2：细胞中的糖可以分为哪几类？如何区分？问题3：常见的单糖有哪些？如何区分这些单糖？问题4：二糖主要有哪几类？问题5：多糖的共同点是什么？在分布上有什么区别？问题6：为什么多糖有相同的组成单位，功能却相差很大？

学生阅读教材相关内容，提取有效信息，通过小组分析、讨论，按照问题串的顺序逐一解决问题，完成任务1：归纳糖类的种类及功能，构建细胞中的糖类思维导图。完成后，由小组代表上台投影展示思维导图并讲解。

设计意图：通过问题串的驱动，让学生建立学习内容之间层层递进的关系；通过小组内的讨论讲解与小组代表的讲解，让每个学生都有主动参与的机会；以思维导图的形式建立起糖类的种类与功能的知识结构体系，加深学生对知识的理解，强化学生解决问题的能力，同时也提升了学生的语言表达能力，落实了学生的结构与功能观以及科学思维等生物学核心素养。

2. 问题驱动，提升思维，形成社会责任

联系生活，展示米饭、馒头、蛋糕、面包、土豆、红薯等食物的图片，说明主食中的糖是人体细胞获取糖类的主要来源，引出问题7：食物中的糖是如何成为人体细胞中的糖的？

健康讲堂，请同学们阅读教材资料"与社会的联系"，然后引出问题8：联系本节课所学，请同学们说一说：糖尿病患者为什么要控制糖类的摄入量？问题9：健康人为什么也要控制糖类的摄入量？

关于食物中淀粉的消化和吸收，学生们需要回忆起《义务教育教科书 生物学 七年级下册》学过的人体的消化和吸收的相关知识，这需要小组成员的合作与交流来解决。在前面问题解决的基础上，学生比较容易说出淀粉等糖类物质摄入过多会引起人体血糖浓度升高。而对于问题9，需要学生发散思维，分析出健康人过量摄入糖类，除了会增加患糖尿病的风险外，还会引起肥胖，继而引出细胞中的脂质。

设计意图：联系人类生活与健康，通过三个问题进阶式解决的过程，加深学生对生物学概念的理解，提升应用知识的能力，进而能用科学的观点、知识、思路和方法，探讨或解决现实生活中的某些问题，提升学生的思维能力，形成社会责任意识，也使学生顺利过渡到对下一个内容的学习。

（三）细胞中的脂质

1. 问题驱动，构建概念，提升思维

教师设问。人们过量摄入的糖类会转化为脂肪，请同学们阅读教材图2-6，分析问题10：糖类转化为脂肪的结构基础是什么？二者在元素组成上有何异同？请同学们比较糖类与脂肪在氧化分解时释放的能量，结合上一节学过的水分子是极性分子的相关知识，分析问题11：为什么脂肪适合做储能物质？

学生阅读教材相关内容，再经过讨论交流，由小组代表阐述答案。考虑到学生对有机化学知识的缺乏，教师需要适当地补充相关资料，引导、鼓励学生给出比较严谨、科学的答案。

展示皮下脂肪和内脏脂肪的位置、血管内壁脂肪堆积的危害以及海豹、企鹅、相扑运动员等的图片。引出问题12：在全民减肥的时代，脂肪真是有害无益吗？脂肪的作用体现在哪些地方？

展示花生油、香油、橄榄油的图片及饱和脂肪酸链和不饱和脂肪酸链的结构示意图。并说明大多数动物脂肪含有饱和脂肪酸，室温时呈固态；植物脂肪大多含有不饱和脂肪酸，室温时呈液态。引出问题13：植物细胞中有脂肪吗？植物脂肪与动物脂肪有何区别？问题14：脂肪和脂质是什么关系？问题15：脂质还包括哪些物质？展示磷脂分子结构与功能示意图，并请同学们观察教材封面细胞膜的结构模型，引导分析问题16：磷脂分子双层排布与其结构及功能有何关系？

学生一方面阅读教材相关内容提取有效信息，另一方面结合教师提供的图片等资料提取有效信息，通过小组分析讨论，按照问题串的顺序，在生生合作与师生合作的过程中逐一解决问题，然后完成任务2：概括脂质的种类和功能，构建细胞中的脂质思维导图，由小组代表上台投影展示思维导图并讲解。

设计意图：通过问题串的驱动，学生需要快速从教材及教师给出的资料中提取有效信息，通过生生之间以及师生之间的合作交流，构建出脂质的种类和功能相关知识的思维导图。在构建概念的过程中培养了学生的科学思维能力。

2. 问题驱动，提升思维，形成社会责任意识

健康生活——展示奶油蛋糕、蛋黄派、奶油爆米花、炸薯条等食物的图片。你听说过必需脂肪酸、DHA、EPA、反式脂肪酸这些名词吗？然后展示资料"反式脂肪酸的结构与危害"，学生阅读后提取信息，并认同反式脂肪酸摄入过多对人体健康有害的观点。

再次展示漫画北京鸭，请同学们分析北京鸭育肥的机理，分析糖类与脂质相互转化的条件，提出问题17：为什么吃胖容易变瘦难？

设计意图：联系生活实例，由教师补充相关资料信息，学生通过阅读与提取信息，分析并解决问题后，能增强学生的健康意识，克服影响健康的不利因素，形成健康的生活习惯，从而加深学生对生物学概念的理解，提升思维能力，形成社会责任，落实生物学学科核心素养。

（四）课堂小结

教师投影展示部分学生构建的糖类和脂质的思维导图，对知识体系的科学性与完整性、结构的合理性与美观性等做简明的总结和评价，并说明过量摄入糖类、脂质对健康的影响，应改进膳食行为，健康生活。其他学生的思维导图由小组组长先进行评价后再交给老师进行评价。

设计意图：课堂小结是不可缺少的教学环节，一方面对本节的学习内容进行系统的归纳概括，深化和升华所学内容；另一方面对各小组的合作交流成果以及学生的课堂收获进行即时评价，鼓励学生以良好的精神状态投入到下一次课程的学习。

（五）反馈训练与评价

引用教材"练习与应用"的习题，限时独立完成，以举手抢答的方式选出学生代表，投影展示及解释自己的答案，反馈本节课的目标达成情况。

练习与应用

一、概念检测

1. 基于对细胞中的糖类和脂质的认识，判断下列相关表述是否正确。

（1）磷脂是所有细胞必不可少的脂质。（ ）

（2）植物细胞和动物细胞的组成成分都含有纤维素。　　　　　　　　　　　（ ）

（3）脂肪、淀粉、糖原都是人体细胞内的储能物质。　　　　　　　　　　　（ ）

2. 水稻和小麦的细胞中含有丰富的多糖，这些多糖是　　　　　　　　　　（ ）

A.淀粉和糖原　　　B.糖原和纤维素

C.淀粉和纤维素　　D.蔗糖和麦芽糖

二、拓展应用

1.糖类和脂肪都在细胞生命活动中具有重要作用，然而，如果摄入过多，也会产生一定的危害。根据本节所学知识，回答以下问题。

（1）在日常饮食中，如何合理控制糖类和脂肪的摄入？　　　　　　　　　　（ ）

（2）结合家人的健康状况，从合理摄入糖类和脂肪的角度，对家人的饮食习惯能提出哪些改进建议？　　　　　　　　　　　　　　（ ）

2.为什么等量的脂肪比糖类含能量多，但在一般情况下脂肪却不是生物体利用的主要能源物质？请查找资料回答这个问题。

设计意图：练习一用于检测和反馈学生对相关概念的认识和理解，练习二用于检测和反馈生物学学科核心素养的达成，竞争抢答的活动形式可以强化学生的学习自信和激发表现欲，使学生保持饱满的学习状态。

四、教学反思

课标建议，为帮助学生形成正确的生物学重要概念进而建立生物学观念，教师一方面需要向学生提供各种丰富的、有代表性的事实来为学生的概念形成提供支撑；另一方面，教学活动不应该仅停留在让学生记住一些零散的生物学事实的层面上，而是要通过对事实的抽象和概括，帮助学生建立生物学概念，并以此构建合理的知识框架，为学生能够在新情境下解决相关问题奠定基础。本节课以问题驱动教学法实施教学，教师需充分了解学生的学情以及学习状态，从学生熟悉的生活实例和健康问题出发，设置情境，层层递进，提出一系列问题串。考虑到学生缺乏有关的有机化学知识，以及受到课时时间和课后学生精力的限制，教师需要适时补充相关的信息资料，例如葡萄糖的分子结构式、淀粉和纤维素及糖原结构示意图、饱和脂肪酸与不饱和脂肪酸的分子结构式、反式脂肪酸的结构与危害等资料，以图片或文字资料的形式呈现，以辅助学生的探究过程。学生通过自主分析、小组合作交流以及构建思维导图等活动，加深对生物学概念的理解，提升分析问题、解决问题的能力，逐步落实生物学核心素养。

在课堂教学过程中，教师还制定了一定的评价机制以评估教与学目标的达成情况。例如即时评价课堂上小组合作交流时的表现、思维导图的构建情况、练习反馈中的准确率等。

参考文献

[1] 中华人民共和国教育部. 普通高中生物学课程标准（2017 年版 2020 年修订）[S]. 北京：人民教育出版社，2020.

[2] 池博文. 问题驱动教学法在高中生物学教学中的应用研究[D]. 哈尔滨：哈尔滨师范大学，2020.

[3] 人民教育出版社，课程教材研究所，生物课程教材研究开发中心. 普通高中教科书生物学必修 1 分子与细胞[M]. 北京：人民教育出版社，2022.

教师简介：

尹志远，正高级教师，本科学历。从教 24 年，担任班主任工作 17 年，担任生物学教研组组长职务 12 年。河北省生物学科骨干教师、河北省优秀班主任，被河北省教育出版总社聘为教材培训专家，承德市生物学科骨干教师、生物学学科带头人、教学能手。主持省级课题一项，参与市级课题一项，撰写国家级论文 2 篇、省级论文多篇。所教学生多人考入 985、211 院校，多人获全国生物竞赛二、三等奖。

2022 年北京高考数学导数试题背景溯源及推广

李加军

摘　要：2022 年北京高考数学第 20 题第（Ⅲ）小题设问精巧，具有高等数学背景，对其进行分析和解答有助于提升高中学生将多元与一元，动态与静态，变量与常量，高等与初等结合，进行辩证思维的能力。

关键词：凸函数　函数构造　主元与参变元

2022 年北京高考数学第 20 题第（Ⅲ）小题二元函数不等式的证明这一创新的设问打破常规，其背景是函数的二阶导数大于 0，函数为下凸函数。从高中数学知识来看，它的解决需要学生固定一个变量，把动态的问题转化为静态，把二元的问题转化为一元的问题去处理，深刻考查学生将多元与一元，动态与静态，变量与常量，高等与初等结合，进行辩证思维的能力。

为了更好地理解这道题，我们首先了解一些与下凸函数相关的知识。

下凸函数的定义：

定义 1：设函数 $f(x)$ 在区间 I 上有定义，$f(x)$ 在区间 I 上称为下凸函数，当且仅当 $\forall x_1, x_2 \in I$，$\forall \lambda \in (0,1)$，都有 $f[\lambda x_1 + (1-\lambda)x_2] \leqslant \lambda f(x_1) + (1-\lambda)f(x_2)$。

定义 2：设函数 $f(x)$ 在区间 I 上有定义，$f(x)$ 在区间 I 上称为下凸函数，当且仅当 $f(\dfrac{x_1 + x_2}{2}) \leqslant \dfrac{f(x_1) + f(x_2)}{2}$ 时成立。

定义 3：设函数 $f(x)$ 在区间 I 上有定义，$f(x)$ 在区间 I 上称为下凸函数，当且仅当 $f(\dfrac{x_1 + x_2 + \cdots + x_n}{n}) \leqslant \dfrac{f(x_1) + f(x_2) + \cdots + f(x_n)}{n}$ 时成立。

定义 4：设函数 $f(x)$ 在区间 I 上有定义，$f(x)$ 在区间 I 上称为下凸函数，当且仅当曲线的切线保持在曲线以下。

当然，下凸函数还有一些等价形式的定义，这里不再赘述。

定理 1：函数 $f(x)$ 在区间 I 上有定义，以下条件是等价的（其中 $\forall x_1, x_2, x_3 \in I$，$x_1 < x_2 < x_3$）。

（1）$f(x)$ 在区间 I 上为下凸函数；

（2）$\dfrac{f(x_2) - f(x_1)}{x_2 - x_1} \leqslant \dfrac{f(x_3) - f(x_1)}{x_3 - x_1}$；

（3）$\dfrac{f(x_3) - f(x_1)}{x_3 - x_1} \leqslant \dfrac{f(x_3) - f(x_2)}{x_3 - x_2}$；

（4）$\dfrac{f(x_2) - f(x_1)}{x_2 - x_1} \leqslant \dfrac{f(x_3) - f(x_2)}{x_3 - x_2}$。

下面只证明（1）（2）等价，其余类似证明。

因为 $\forall x_1, x_2, x_3 \in I$，$x_1 < x_2 < x_3$，有 $0 < \dfrac{x_3 - x_2}{x_3 - x_1} < 1, 0 < \dfrac{x_2 - x_1}{x_3 - x_1} < 1$，且

$\dfrac{x_3 - x_2}{x_3 - x_1} + \dfrac{x_2 - x_1}{x_3 - x_1} = 1$，所以 $f(x)$ 在 I 区间上为下凸函数

$$\Leftrightarrow f(x_2) = f\left(\frac{x_3 - x_2}{x_3 - x_1} x_1 + \frac{x_2 - x_1}{x_3 - x_1} x_3 \right) \leqslant \frac{x_3 - x_2}{x_3 - x_1} f(x_1) + \frac{x_2 - x_1}{x_3 - x_1} f(x_3)$$

$$\Leftrightarrow (x_3 - x_1)f(x_2) \leqslant (x_3 - x_2)f(x_1) + (x_2 - x_1)f(x_3)$$

$$\Leftrightarrow (x_3 - x_1)f(x_2) \leqslant (x_3 - x_1 + x_1 - x_2)f(x_1) + (x_2 - x_1)f(x_3)$$

$$\Leftrightarrow (x_3 - x_1)[f(x_2) - f(x_1)] \leqslant (x_2 - x_1)[f(x_3) - f(x_1)]$$

$$\Leftrightarrow \frac{f(x_2) - f(x_1)}{x_2 - x_1} \leqslant \frac{f(x_3) - f(x_1)}{x_3 - x_1}。$$

推论 1：函数 $f(x)$ 在区间 I 上为下凸函数，则对 $\forall x_1, x_2, x_3 \in I$，$x_1 < x_2 < x_3$，有

$$\frac{f(x_2) - f(x_1)}{x_2 - x_1} \leqslant \frac{f(x_3) - f(x_1)}{x_3 - x_1} \leqslant \frac{f(x_3) - f(x_2)}{x_3 - x_2}。$$

推论 2：函数 $f(x)$ 在区间 I 上为下凸函数，则对 $\forall x_0 \in I$，过 x_0 的斜率

$$k = \frac{f(x) - f(x_0)}{x - x_0}$$ 是关于 x 的在 I 上的增函数。

推论 3：函数 $f(x)$ 在区间 I 上为下凸函数，则对 $\forall s, t, u, v \in I$，$s < t < u < v$，有

$$\frac{f(t) - f(s)}{t - s} \leqslant \frac{f(v) - f(u)}{v - u}。$$

定理 2：函数 $f(x)$ 在区间 I 上为下凸函数，$\forall x_1, x_2, \cdots, x_n \in (0, +\infty)$，则 $f(x)$ 在区间 I 上称为下凸函数，当且仅当 $f(x_1) + f(x_2) + \cdots + f(x_n) \leqslant (n-1)f(0) + f(x_1 + x_2 + \cdots + x_n)$ 时成立。

证明：因为 $0 < x_i < x_i + x_n < x_1 + x_2 + \cdots + x_n$，由定理 1（4），知

$$\frac{f(x_i) - f(0)}{x_i - 0} \leqslant \frac{f(x_i + x_n) - f(x_i)}{x_i + x_n - x_i} \leqslant \frac{f(x_1 + x_2 + \cdots + x_n) - f(x_n)}{x_1 + x_2 + \cdots + x_n - x_n},$$

所以 $f(x_i) - f(0) \leqslant \dfrac{x_i}{x_1 + x_2 + \cdots + x_{n-1}}[f(x_1 + x_2 + \cdots + x_n) - f(x_n)]$，

于是 $\displaystyle\sum_{i=1}^{n-1}[f(x_i) - f(0)] \leqslant \sum_{i=1}^{n-1} \frac{x_i}{x_1 + x_2 + \cdots + x_{n-1}}[f(x_1 + x_2 + \cdots + x_n) - f(x_n)]$，

所以 $f(x_1) + f(x_2) + \cdots + f(x_n) \leqslant (n-1)f(0) + f(x_1 + x_2 + \cdots + x_n)$。

定理 3：（曲线凸性的充分条件）设函数 $f(x)$ 在开区间 I 内具有二阶导数，如果对任意 $x \in I$，$f''(x) > 0$，则曲线 $y = f(x)$ 在区间 I 内是下凸函数。

定理 4：（琴生不等式）设 $\lambda_1,\lambda_2,\cdots,\lambda_n \in \mathbf{R}^+$，且 $\lambda_1 + \lambda_2 + \cdots + \lambda_n = 1$。若 $f(x)$ 是 $[a,b]$ 上 的 下 凸 函 数， 则 对 任 意 $x_1,x_2,\cdots,x_n \in [a,b]$ 都 有 $f(\lambda_1 x_1 + \lambda_2 x_2 + \cdots + \lambda_n x_n)$ $\leqslant \lambda_1 f(x_1) + \lambda_2 f(x_2) + \cdots + \lambda_n f(x_n)$。

上述定理 3 和定理 4 在大学《数学分析》教材很容易查到，不再给出证明过程。

下面我们给出 2022 年北京高考数学第 20 题的分析与解答。

试题： 已知函数 $f(x) = \mathrm{e}^x \ln(1+x)$。

（1）求曲线 $f(x)$ 在点 $(0, f(0))$ 处的切线方程。

（2）设 $g(x) = f'(x)$，讨论 $g(x)$ 在 $[0,+\infty)$ 上的单调性。

（3）证明：对任意 $s,t \in (0,+\infty)$，有 $f(s+t) > f(s) + f(t)$。

【解析】（1）$y = x$（过程略）；

（2）$g(x) = f'(x) = \mathrm{e}^x \left[\ln(1+x) + \dfrac{1}{1+x} \right]$，

$$g'(x) = \mathrm{e}^x \left[\ln(1+x) + \frac{1}{1+x} + \frac{1}{1+x} - \frac{1}{(1+x)^2} \right] = \frac{\mathrm{e}^x}{(1+x)^2}[(1+x)^2 \ln(1+x) + 2(1+x) - 1]$$

$$= \frac{\mathrm{e}^x}{(1+x)^2}[(1+x)^2 \ln(1+x) + 2x + 1]，因为 x \in [0,+\infty)，$$

所以 $(1+x)^2 \ln(1+x) + 2x + 1 \geqslant 1$，$g'(x) > 0$，所以 $g(x)$ 在 $[0,+\infty)$ 上单调递增；

（3）方法一：由第（2）问结合定理 3 知，函数 $f(x)$ 在 $[0,+\infty)$ 上为严格下凸函数，所以利用定理 1 以及 $0 < s < s+t$，$0 < t < s+t$，可知

$$\frac{f(s) - f(0)}{s - 0} < \frac{f(s+t) - f(0)}{s+t - 0}, \quad \frac{f(t) - f(0)}{t - 0} < \frac{f(s+t) - f(0)}{s+t - 0}，由于 f(0) = 0，$$

所以 $f(s) < \dfrac{s}{s+t} f(s+t)$，$f(t) < \dfrac{t}{s+t} f(s+t)$，所以 $f(s+t) > f(s) + f(t)$。

方法二：由第（2）问结合定理 3 知，函数 $f(x)$ 在 $[0,+\infty)$ 上为严格下凸函数，所以

利用定理 2 以及 $n=2$ ，可知 $f(s)+f(t)<(2-1)f(0)+f(s+t)$ ，由于 $f(0)=0$ ，所以 $f(s+t)>f(s)+f(t)$ 。

下面我们从高中知识入手，给出问题的另外两种证法：

方法三：令 $h(x)=\dfrac{\mathrm{e}^x\ln(1+x)}{x}(x>0)$ ，则

$$h'(x)=\dfrac{\mathrm{e}^x\left[\ln(1+x)+\dfrac{1}{1+x}\right]x-\mathrm{e}^x\ln(1+x)}{x^2}=\dfrac{\mathrm{e}^x}{x^2}\left[(x-1)\ln(1+x)+\dfrac{x}{1+x}\right],$$

令 $\varphi(x)=(x-1)\ln(1+x)+\dfrac{x}{1+x}$ ，则 $\varphi'(x)=\ln(1+x)+\dfrac{x-1}{1+x}+\dfrac{1}{(1+x)^2}=\ln(1+x)+\dfrac{x^2}{(1+x)^2}$ ，

因为 $x>0$ ，所以 $\varphi'(x)>0$ ，所以 $\varphi(x)$ 在 $[0,+\infty)$ 上单调递增，所以 $\varphi(x)>\varphi(0)=0$ ，所以 $h'(x)>0$ ，所以 $h(x)$ 在 $(0,+\infty)$ 上单调递增，

所以 $h(s)<h(s+t)$ ， $h(t)<h(s+t)$ ，即 $\dfrac{f(s)}{s}<\dfrac{f(s+t)}{s+t}$ ， $\dfrac{f(t)}{t}<\dfrac{f(s+t)}{s+t}$ ，

所以 $f(s)<\dfrac{s}{s+t}f(s+t)$ ， $f(t)<\dfrac{t}{s+t}f(s+t)$ ，所以 $f(s+t)>f(s)+f(t)$ 。

方法四：固定 s ，令 $F(t)=\mathrm{e}^t\ln(1+t)-\mathrm{e}^{s+t}\ln(1+s+t)+\mathrm{e}^s\ln(1+s)$ ，

则 $F'(t)=\mathrm{e}^t\left[\ln(1+t)+\dfrac{1}{1+t}\right]-\mathrm{e}^{s+t}\left[\ln(1+s+t)+\dfrac{1}{1+s+t}\right]$ ，

由（2）知 $g(x)=\mathrm{e}^x\left[\ln(1+x)+\dfrac{1}{1+x}\right]$ 在 $(0,+\infty)$ 上单调递增，又 $s+t>t>0$ ，

所以 $g(s+t)>g(t)$ ，所以 $\mathrm{e}^t\left[\ln(1+t)+\dfrac{1}{1+t}\right]-\mathrm{e}^{s+t}\left[\ln(1+s+t)+\dfrac{1}{1+s+t}\right]<0$ ，

所以 $F'(t)<0$ ，所以 $F(t)$ 在 $(0,+\infty)$ 上单调递减，

所以 $F(t) < F(0) = e^0 \ln(1+0) - e^{s+0} \ln(1+s+0) + e^s \ln(1+s) = 0$，

即 $e^t \ln(1+t) - e^{s+t} \ln(1+s+t) + e^s \ln(1+s) < 0$，

所以 $e^t \ln(1+t) + e^s \ln(1+s) < e^{s+t} \ln(1+s+t)$，所以 $f(s+t) > f(s) + f(t)$。

推广：已知 $f(x) = e^x \ln(1+x)$。证明：对任意 $x_1, x_2, \cdots, x_n \in (0, +\infty), n \geq 2, n \in \mathbf{N}$，

有 $f(x_1 + x_2 + \cdots + x_n) > f(x_1) + f(x_2) + \cdots + f(x_n)$。

【证明】方法一：由上方法三知 $h(x) = \dfrac{e^x \ln(1+x)}{x} (x > 0)$ 在 $(0, +\infty)$ 上单调递增，

又因为任意 $x_1, x_2, \cdots, x_n \in (0, +\infty), n \geq 2, n \in \mathbf{N}$，

有 $x_i < x_1 + x_2 + \cdots + x_n (i = 1, 2, \cdots, n)$，

所以 $h(x_i) < h(x_1 + x_2 + \cdots + x_n)$，即 $\dfrac{f(x_i)}{x_i} < \dfrac{f(x_1 + x_2 + \cdots + x_n)}{x_1 + x_2 + \cdots + x_n}$，

进而 $f(x_i) < \dfrac{x_i}{x_1 + x_2 + \cdots + x_n} f(x_1 + x_2 + \cdots + x_n)$，于是

$$\sum_{i=1}^n f(x_i) < \sum_{i=1}^n \frac{x_i}{x_1 + x_2 + \cdots + x_n} f(x_1 + x_2 + \cdots + x_n)$$

$$= \frac{f(x_1 + x_2 + \cdots + x_n)}{x_1 + x_2 + \cdots + x_n} \sum_{i=1}^n x_i = f(x_1 + x_2 + \cdots + x_n)，$$

即 $f(x_1 + x_2 + \cdots + x_n) > f(x_1) + f(x_2) + \cdots + f(x_n)$。

方法二：用数学归纳法证明。

①当 $n = 2$ 时，同上方法四可知不等式 $f(x_1 + x_2) > f(x_1) + f(x_2)$ 成立。

②假设当 $n = k$ 时，不等式 $f(x_1 + x_2 + \cdots + x_k) > f(x_1) + f(x_2) + \cdots + f(x_k)$ 成立。

则当 $n = k+1$ 时，

令 $F(t) = e^t \ln(1+t) - e^{x_1 + x_2 + \cdots + x_k + t} \ln(1 + x_1 + x_2 + \cdots + x_k + t) + e^{x_1} \ln(1+x_1) + \cdots + e^{x_k} \ln(1+x_k)$，

则 $F'(t) = e^t \left[\ln(1+t) + \dfrac{1}{1+t} \right] - e^{x_1+x_2+\cdots+x_k+t} \left[\ln(1+x_1+x_2+\cdots+x_k+t) + \dfrac{1}{1+x_1+x_2+\cdots+x_k+t} \right]$,

由第（2）问知 $g(x) = e^x \left[\ln(1+x) + \dfrac{1}{1+x} \right]$ 在 $(0,+\infty)$ 上单调递增，又

$x_1 + x_2 + \cdots + x_k + t > t > 0$,

所以 $g(x_1 + x_2 + \cdots + x_k + t) > g(t)$,

所以 $e^t \left[\ln(1+t) + \dfrac{1}{1+t} \right] - e^{x_1+x_2+\cdots+x_k+t} \left[\ln(1+x_1+x_2+\cdots+x_k+t) + \dfrac{1}{1+x_1+x_2+\cdots+x_k+t} \right] < 0$,

所以 $F'(t) < 0$，所以 $F(t)$ 在 $(0,+\infty)$ 上单调递减，

所以 $F(t) < F(0) = -e^{x_1+x_2+\cdots+x_k} \ln(1+x_1+x_2+\cdots+x_k) + e^{x_1} \ln(1+x_1) + \cdots + e^{x_k} \ln(1+x_k)$,

$= -f(x_1+x_2+\cdots+x_k) + f(x_1) + f(x_2) + \cdots + f(x_k)$,

由归纳假设知 $-f(x_1+x_2+\cdots+x_k) + f(x_1) + f(x_2) + \cdots + f(x_k) < 0$,

所以 $F(t) < 0$,

即 $e^t \ln(1+t) - e^{x_1+x_2+\cdots+x_k+t} \ln(1+x_1+x_2+\cdots+x_k+t) + e^{x_1} \ln(1+x_1) + \cdots + e^{x_k} \ln(1+x_k) < 0$,

取 $t = x_{k+1} > 0$，则

$e^{x_1} \ln(1+x_1) + \cdots + e^{x_k} \ln(1+x_k) + e^{x_{k+1}} \ln(1+x_{k+1}) - e^{x_1+x_2+\cdots+x_k+x_{k+1}} \ln(1+x_1+x_2+\cdots+x_k+x_{k+1}) < 0$,

于是 $f(x_1+x_2+\cdots+x_k+x_{k+1}) > f(x_1) + f(x_2) + \cdots + f(x_k) + f(x_{k+1})$,

所以当 $n = k+1$ 时，不等式 $f(x_1+x_2+\cdots+x_k+x_{k+1}) > f(x_1)+f(x_2)+\cdots+f(x_k)+f(x_{k+1})$ 也成立。

综合①②可知，不等式 $f(x_1+x_2+\cdots+x_n) > f(x_1)+f(x_2)+\cdots+f(x_n)$ 对一切 $x_1, x_2, \cdots, x_n \in (0,+\infty), n \geqslant 2, n \in \mathbf{N}$ 成立。

方法三：由第（2）问结合定理 3，知函数 $f(x)$ 在 $[0,+\infty)$ 上为严格下凸函数，所以利用定理 2，

可 知 $f(x_1)+f(x_2)+\cdots+f(x_n)<(n-1)f(0)+f(x_1+x_2+\cdots+x_n)$ ， 由 于

$f(0)=0$，所以 $f(x_1+x_2+\cdots+x_n)>f(x_1)+f(x_2)+\cdots+f(x_n)$。

为了更好地理解用高中知识解决这类问题的思想，我们再欣赏一道试题：

（2011 年卓越联盟高校自主招生试题第三问）

已知 $m_{a,b}=\dfrac{a\ln a+b\ln b-(a+b)\ln\dfrac{a+b}{2}}{b-a}$，证明：$m_{a,b}<\ln 2$。

【证明】方法一：固定 a，

设函数 $F(b)=a\ln a+b\ln b-(a+b)\ln\dfrac{a+b}{2}-(b-a)\ln 2(b\geqslant a)$，

则 $F'(b)=\ln b-\ln\dfrac{a+b}{2}-\ln 2=\ln\dfrac{b}{a+b}<0$，所以 $F(b)$ 在 $[a,b]$ 上单调递减，

所以 $b>a$ 时，$F(b)<F(a)$，

而 $F(a)=a\ln a+a\ln a-(a+a)\ln\dfrac{a+a}{2}-(a-a)\ln 2=0$，

所以 $a\ln a+b\ln b-(a+b)\ln\dfrac{a+b}{2}-(b-a)\ln 2<0$，

整理得 $\dfrac{a\ln a+b\ln b-(a+b)\ln\dfrac{a+b}{2}}{b-a}<\ln 2$，即 $m_{a,b}<\ln 2$。

方法二：$m_{a,b}=\dfrac{a\ln a+b\ln b-(a+b)\ln\dfrac{a+b}{2}}{b-a}<\ln 2$ 等价于

$a\ln a+b\ln b+2a\ln 2<(a+b)\ln(a+b)$ 等价于

$2a\ln 2<a\ln(a+b)-a\ln a+b\ln(a+b)-b\ln b$ 等价于

$2a\ln 2<a\ln\left(1+\dfrac{b}{a}\right)+b\ln\left(1+\dfrac{a}{b}\right)$，由于 $0<a<b$，$1+\dfrac{b}{a}>2$，

所以 $a\ln\left(1+\dfrac{b}{a}\right) > a\ln 2$。

下面只需证明 $b\ln\left(1+\dfrac{a}{b}\right) > a\ln 2$ 即可。 $a\ln 2 < b\ln\left(1+\dfrac{a}{b}\right)$ 等价于

$\ln 2 < \dfrac{b}{a}\ln\left(1+\dfrac{a}{b}\right)$。

令 $t = \dfrac{a}{b} \in (0,1)$，则 $\dfrac{b}{a}\ln\left(1+\dfrac{a}{b}\right) = \dfrac{\ln(1+t)}{t} = \ln(1+t)^{\frac{1}{t}}$，注意到函数 $y = \ln(1+t)^{\frac{1}{t}}$

在 $t \in (0,1)$ 时是单调递减的，且 $t < 1$，所以 $\ln(1+t)^{\frac{1}{t}} > \ln(1+1)^{\frac{1}{1}} = \ln 2$，结论得证。

方法三：

$$m_{a,b} = \frac{a\ln a + b\ln b - (a+b)\ln\dfrac{a+b}{2}}{b-a} = \frac{b\ln\dfrac{2b}{a+b} + a\ln\dfrac{2a}{a+b}}{b-a} = \frac{\dfrac{b}{a}\ln\dfrac{2^{\frac{b}{a}}}{1+\dfrac{b}{a}} + \ln\dfrac{2}{1+\dfrac{b}{a}}}{\dfrac{b}{a}-1},$$

令 $\dfrac{b}{a} = x \in (1, +\infty)$，则 $m_{a,b} = \dfrac{a\ln a + b\ln b - (a+b)\ln\dfrac{a+b}{2}}{b-a} = \dfrac{x\ln\dfrac{2x}{1+x} + \ln\dfrac{2}{1+x}}{x-1}$

$= \dfrac{x\ln x - x\ln(x+1) + x\ln 2 + \ln 2 - \ln(x+1)}{x-1}$。

欲证 $m_{a,b} < \ln 2$，只需证 $(x+1)\ln(x+1) - x\ln x > 2\ln 2$ 对 $x \in (1, +\infty)$ 恒成立。

令 $h(x) = (x+1)\ln(x+1) - x\ln x$，则 $h'(x) = \ln(x+1) - \ln x > 0$，所以 $h(x)$ 在 $(1, +\infty)$ 上单调递增，所以 $h(x) > h(1) = 2\ln 2$，证毕。

深度学习是指在教师引领下，学生围绕着具有挑战性的学习主题，全身心积极参与、体验成功、获得发展的有意义的学习过程。在这个过程中，学生掌握学科的核心知识，理解学习的过程，把握学科的本质及思想方法，形成积极的内在学习动机、高级的社会性情感、积极的态度、正确的价值观，成为既具独立性、批判性、创造性，又有合作精神、扎实基础的优秀的学习者，成为未来社会历史实践的主人。

高中数学新教材为了更好地渗透应用意识，适应社会发展的需要，课外阅读增加了凸函数相关的内容，平时我们有意识进行深度学习，将有助于扩展知识面，并培养举一反三、触类旁通的能力，提高学生自我研究创新能力。

教师简介：

李加军，高级教师，数学奥林匹克一级教练员，全国数学联赛优秀辅导教师，北京市骨干教师，北京市普通教育名师研究会首届数学专业委员会委员，怀柔区学科带头人，怀柔区教学质量标兵。

中小学足球体育课程"智享"资源平台构建路径研究

田昕宇

摘　要：足球是我国将大力推广和发展的体育项目，推进中小学足球体育课程资源建设将有利于促进我国足球运动的开展，推动足球信息化教学建设，丰富足球运动的理论研究，辅助足球教学与训练等。本研究通过文献资料法、逻辑分析法、网络调查法对中小学足球教学资源的现状进行分析，为建立中小学足球体育课程资源平台提供一些建设性意见，以促进我国足球运动的优质建设与发展。

关键词：中小学　足球体育课程　"智享"资源平台　构建

一、前言

《教育部等6部门关于加快发展青少年校园足球的实施意见》的制定，将促进校园足球的改革和建设，培养青少年足球人才，提升足球运动水平，大力推动我国足球事业的发展。"智享"，顾名思义，智慧分享。中小学足球体育课程"智享"资源平台是以中小学体育课程资源为内容，利用计算机技术实现优质足球课程资源共享。我国足球运动发展比较缓慢，足球技术水平低下，后备人才不足。足球进校园的推进中也存在着师资力量不足、足球教学资源缺乏等诸多问题。中小学足球体育课程"智享"资源平台构建可以很好地解决足球教师缺乏、足球课程资源匮乏、优质资源难以共享的问题，有利于中小学课程资源建设，培养足球后备人才，促进中国足球事业长远发展。

二、研究方法

1. 文献资料法

通过中国知网、万方、超星等文献数据库，以及北京图书馆、百度学术等资料查阅工具获得本研究的参考资料。以"中小学足球课"为主题进行第一次检索，下载了与本研究相关文献35篇；以"足球资源库""足球数据库"进行检索查找到文献17篇，同时查找到相关书籍3本。最后对查找的资料进行收集、整理、分析，为本研究顺利完成提供资料参考和理论支撑。

2. 逻辑分析法

对中小学足球课程建设及足球资源库构建现状进行归纳与整理，对所存在的问题进行逻辑分析，从而进一步为中小学足球课程资源科学化建设提供研究思路与方法。

3. 网络调查法

通过谷歌、UC、百度等搜索平台，对足球教学资源平台进行检索，了解足球教学资源的具体情况，为本研究提供材料参考。

三、研究内容

基于对中小学足球课程资源和资源库的发展现状分析，结合中小学足球教学中的具体情况，本着以"教师为主导，学生为中心"的原则，提出中小学足球课程"智享"资源平台构建的路径。

主要研究内容如下：

1. 对中小学足球课程资源及足球教学资源库进行现状分析，发现其中的问题与不足。

2. 中小学足球体育课程"智享"资源平台构建需求与可行性分析。

3. 中小学足球体育课程"智享"资源平台设计与应用。

4. 中小学足球体育课程"智享"资源平台未来展望。

四、中小学足球体育课程"智享"资源平台构建相关分析

1. 足球课程资源与足球教学资源库的相关分析

（1）足球课程资源相关研究

通过查阅文献资料和网络调查，关于足球课程资源的研究主要体现在两个方面。

第一，足球教学图书众多，内容各异。通过当当网、淘宝商城进行查找，关于足球教学的图书在一千种左右，编写的内容各有侧重、教学方式方法不一、作者的专业程度无从知晓，因此存在足球教学图书的权威性无法判断、书中的教学内容和孩子自身情况无法匹配等诸多问题。

第二，足球教学视频繁杂，质量差。目前的足球教学视频种类繁杂，各个网站提供的足球教学视频以利益为主，重数量而轻视质量，忽视观看体验，众多混杂的视频不利于学习者挑选。很多足球教学视频时长过短、形式单一，教学过程难以清晰呈现，几乎没有教学意义。

（2）足球教学资源库相关研究

通过文献检索，关于足球教学资源库的相关文献只有3篇，主要是对足球教学资源库建立的意义与价值进行分析。关于中小学足球体育课程资源平台构建路径研究，并未查到相关资料。笔者又在网上进行调查发现，关于足球教学的APP不到5个，其中用户最高的也只有一万二，这些平台课程资源陈旧、收费较高、版本落后。因此建构中小学足球体育课程"智享"资源平台有一定的现实意义。

2. 中小学足球体育课程"智享"资源平台构建需求分析

（1）足球进校园的需要

2015年，国家体育总局、教育部出台《关于开展全国青少年校园足球活动的通知》，拉开了我国足球进入大、中、小学校园的序幕。随即各级相关部门为落实这一开创性的

政策纷纷出台相关实施方案和细则，一定程度上促进了足球运动在中小学的发展。但在推进足球进校园的过程中出现了多方面的问题，其中足球师资不足、足球课程资源缺乏成为阻碍足球进校园的最大"门槛"，因此优质共享的教学课程资源成为推进足球进校园的关键。中小学足球体育课程"智享"资源平台拥有丰富的课程资源，学生可以与专业足球教师进行交流互动，弥补了足球进校园过程中师资不足、课程资源缺乏的问题。

（2）足球教学的需要

如何上好一节学生喜欢的足球课，一直是学界关注与研究的重点。教育部等 6 部门联合下发的《关于加快发展青少年校园足球的实施意见》中提到足球教学改革，要求"形成内容丰富、形式多样、因材施教的青少年校园足球教学体系，课程设置、教学标准、教材教法和教学资源等教学要素更加衔接配套"。在中小学足球教学中，完备的教学体系是上好足球课的基础与前提，无论从课程内容设置还是教学方法的选择，都要充分体现学生的主体地位，实现中小学足球教师在教学中做到"有据可依"。根据学生不同年龄阶段特征选择合适的教学素材与科学的教学方法并将其纳入中小学足球体育课程"智享"资源平台，功能设计充分发挥教师的主导作用，让学生成为足球课堂的主人，从"要我学"变为"我要学"。

（3）足球发展的需要

中国足球的发展备受习近平总书记关注，总书记曾提出自己对中国足球的三个愿望：中国世界杯出线、举办世界杯比赛及获得世界冠军。如何振兴中国足球，是当今亟待解决的问题。中国足球落后的原因到底在哪里？考察中国现实不难发现，一是中国足球场地不足，普及力度不大；二是足球后备人才缺乏；三是群众基础薄弱。虽然足球进校园为促进中国足球的发展提供了机会，一定程度上提高了我国民众的足球参与度，增强了足球的后备力量，但面对中国足球薄弱的群众基础，中国足球发展形势依然严峻。中小学足球体育课程"智享"资源平台构建，一方面解决了师资资源与教学资源的问题，另一方面可以很好地传播足球教育理念。因此，中小学足球体育课程"智享"资源平台构建对促进中国足球的发展有一定的现实意义。

3. 中小学足球体育课程"智享"资源平台构建可行性分析

（1）技术可行性

开发工作需要软硬件技术的支持，其是技术可行性分析的关键。在软件方面，中小学足球体育课程"智享"资源平台可以借助 Hadoop 搭建云平台，也可以采用 SVN 版本的系统管理软件管理现有云平台。同时，利用 PHP 和 MySQL 技术进行开发，采用 Dreamweaver MX、Photoshop 软件开展前台网页设计工作。在硬件方面，只需要一般配置的实验室环境便可以进行开发。因此，在软硬件方面能够支持开发工作顺利完成，本平台的开发在技术上是可行的。

（2）经济可行性

中小学足球体育课程"智享"资源平台的投入，主要在实现资源共享与后台管理维护这两个方面，可以借助计算机技术与相关视频软件实现对平台的搭建和资源内容的整合。平台建构的初期主要是基础搭建和基本功能的实现，在开发方面所需成本支出较低，仅仅需要笔者在精力和时间上的投入。在后台资源共享和维护方面，服务器等基础设备不必时刻维护，只需要对视频内容进行筛选和管理。总体上，中小学足球体育课程"智享"资源平台开发所用周期短，系统维护简单，能够很好地节省财力和物力，所以本平台的开发在经济方面是可行的。

（3）操作可行性

实现视频资源库平台的共享，是操作可行性分析的重点。目前互联网在中国基本覆盖，只需把整理好的视频资源接入网络就可以实现资源库的传播与资源共享。本资源库平台的共享操作简单、易学，因此在操作上是可行的。

五、中小学足球体育课程"智享"资源平台构建路径

1. 中小学足球体育课程"智享"资源平台设计

（1）中小学足球体育课程"智享"资源平台构建原则

中小学足球体育课程"智享"资源平台构建要做到有章可循，就必须遵照一定大原则实施。笔者通过查阅相关文献资料与访谈相关专业人士，提出以下原则。

①专业性和先进性

资源库建立的服务对象是中小学生，因此课程的结构、类别、内容分类等诸方面要体现专业性与科学性，上传的教学素材内容要权威，杜绝不专业、不科学的课程资源；而且要把计算机网络技术和信息技术等先进技术应用到视频资源库的建设中，同时融入先进的教学理念，以此来培养学生获得信息、利用信息的能力。

②参与性和启发性

"智享"资源平台构建要树立以学生为中心的思想，充分调动学生的学习兴趣，在素材内容选择、结构安排等方面要以参考者的角度去考虑。教学视频资源要具有参与性和启发性，要能够调动学生主动思考问题、解决问题，从而达到帮助其掌握知识的目的。

③共享性和交互性

"智享"资源平台不仅要服务本校或某地区的学生，更要服务全国中小学生。应建立一个开放式的足球教学平台，并且使资源库在共享性的基础上实现其交互性，以满足学生之间、师生之间在线实时交流的需求，并实现教学成果的最优化。

（2）中小学足球体育课程"智享"资源平台素材实现

中小学足球体育课程教学资源包括两个方面，一是足球教学的参考资料，应选择权威足球教学专家编写的适合不同年龄段的中小学生教材；二是足球教学课程视频资源，应选取各中小学专业足球教师录制的课程。同时应对现有的内容进行筛选、整理，对缺少的内容进行录制，并根据不同学生的需要，对各素材内容进行详细的归类，实现科学

管理、不断更新。

（3）中小学足球体育课程"智享"资源平台搭建流程

中小学足球体育课程"智享"资源平台搭建主要需完成以下几个方面的工作：首先根据需求分析进行库的总体设计。其次确定结构框架，将体系框架结构与资源系统平台对照逐一分析，如能够满足要求，再进入资源库功能的分级分类流程，此流程要以实现需求、目的进行功能的合理设计。最后根据中小学足球体育课程"智享"资源平台的功能栏目设计、筛选素材内容，导入资源库，如图所示。

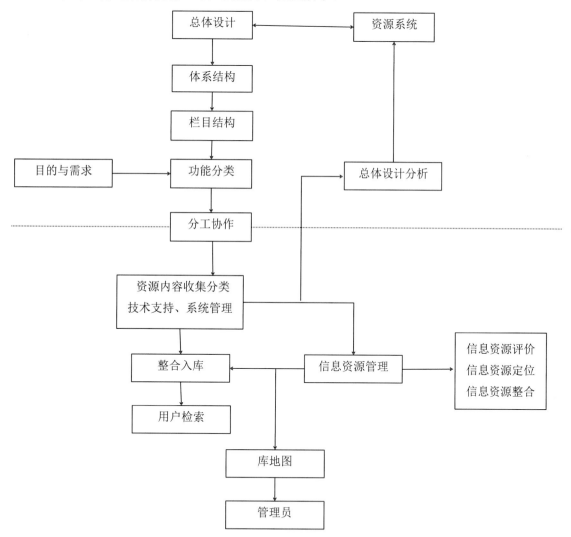

中小学足球体育课程"智享"资源平台搭建流程

2. 中小学足球体育课程"智享"资源平台应用

（1）中小学足球体育课程"智享"资源平台功能

中小学足球体育课程"智享"资源平台功能主要包括词条检索、资源共享、互动交流等。

①词条检索：词条检索功能在资源库建设中非常重要。资源库内容较多，用户可以根据自己的需要输入关键词检索。

②资源共享：资源共享栏目主要是对资源进行统一的管理，用户可以根据自己的需要下载内容，并可以借助互联网实现资源素材共享。

③互动交流：学生可以在平台的讨论区提出足球训练中所存在的问题，专业足球老师会留言或录制示范视频解答。

（2）中小学足球体育课程"智享"资源平台管理

中小学足球体育课程"智享"资源平台管理主要包括内容管理和常规管理。

①内容管理

内容管理主要包括对上传的视频课程和学习资料进行筛选分类，并不断更新。查询可以根据资源创建的时间、资源标题、分类目录等方式，并以视频资源的年限显示查询结果。对用户上传的资源进行筛选，不符合的视频可以删除或压缩，符合的资源在入库时要填写标题，方便检索。

②常规管理

常规管理主要是对不同的栏目功能、页面、插件等进行常规设置，如页面图片的替换、插件的添加等。

六、结论与展望

中小学足球体育课程"智享"资源平台的构建充分利用了现代信息技术的优势，共享优质教学资源，不但能为学生提供一个自主的学习平台，而且也能为教师提供一个简单易用的课程建设平台，从而能提高教学质量，促进学科和专业发展。现在仅对资源平台构建路径进行阐述，还未全面实现实体库，在接下来的研究中将以此为基础，落实实体库的建设，为中小学生自主学习提供新平台，也为创新足球教学理论提供新手段。

参考文献

[1] 王敏，任冬冬. 关于足球进校园的辩证思考[J]. 教学与管理，2015（9）：46-48.

[2] 陈兴进，朱瑞良. 构建区域足球一体化教学模式的研究[J]. 体育师友，2019，42（5）：76-78.

[3] 刘春梅，胡沛. 浅析校园足球与中国足球发展之间的关系[J]. 文体用品与科技，2019（1）：12-13.

[4] 陈采英. 对我国足球视频资源库建设的思考[J]. 体育世界（学术版）2015（10）：41-42.

[5] 范绕,胡博. 基于B/S架构的高校教学视频资源库平台的设计[J]. 江苏科技信息，2016（28）：50-52.

教师简介：

田昕宇，大学本科学历，毕业于首都体育学院体育教育系，足球专业。中学体育一级教师，国家 D 级足球教练员，具有丰富的足球竞赛辅导经验。

大单元作业设计初探

——电磁感应现象中的电磁作用

周秀波

摘 要：高中物理"科学思维"主要指重要的思维方法。培养学生的科学思维，需要教师在习题设计的各个环节进行全方位优化。设计一题多问、一题多变的习题，是培养学生物理观念、科学思维的最有效方法。

关键词：科学思维 一题多解 源动力

物理观念培养的一个重要方面是重视核心概念的进阶。21 世纪以来的科学教育特别重视科学论证、模型思维和科学推理。学业水平考试命题的依据更加注重学生的核心素养，更加强调提高学生综合运用知识解决实际问题的能力。对电磁感应现象中的电磁作用的学习可以促进教、学、考的有机衔接。电磁感应现象中的电磁作用这一大单元作业设计的目的是使学生进一步理解和应用电动势这一概念性知识，使学生深入理解与电路相关的事件与现象，帮助学生掌握理论推理、组合推理和关系推理等思维方法，使学生通过完成本专题作业，完善电路的相关知识，对功能关系的理解进一步深化，充分体会物理学的运动观念、相互作用观念和能量观念。

一、学情分析

1. 知识储备：（1）已熟练掌握电路相关的功率问题，能够识别和解决纯电阻电路和非纯电阻电路问题。（2）对电动势的定义 $E = \dfrac{W_{非}}{q}$ 有初步的理解。（3）掌握了电场力做功是电能转化为其他形式能的量度。

2. 科学思维储备：有一定建模的思想，熟悉理想化的方法，具有一定的分析综合、抽象概括、推理论证、逻辑推理、类比联想的思维方法。

二、作业目标

掌握导体中电热产生的理想模型；了解感生电动势与动生电动势产生过程中的非静电力；能够区分电动机与发电机使用过程中洛伦兹力所起到的"中介"作用；掌握电磁感应现象中电动机模型中的能量转化与各力做功间的关系；提升学生抽象概括、推理论证、逻辑推理、类比联想的科学思维品质。

三、作业内容

[任务1]请查阅资料后说一说电流流过导体产生热量的机理。

[任务2]讨论并回答问题。

磁流体发电具有广泛的应用前景。如图1所示，是磁流体发电机的简化模型，它的发电通道是一个长方体的空腔，长、高、宽分别为l、a、b，前后两个侧面是绝缘体，上下两个侧面是电极，电极的电阻不计。这两个电极与阻值为R的电阻构成闭合电路，整个发电通道处于匀强磁场中，磁感应强度的大小为B，方向垂直纸面向里。高温等离子体以不变的速率v水平向右射入发电通道内，发电机的等效内阻为r，不计等离子体的重力、相互作用力及其他因素。

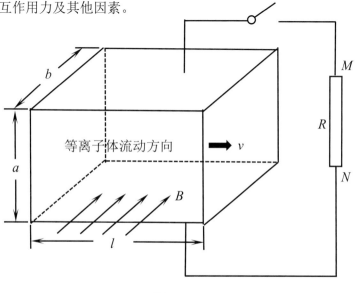

图　1

（1）求该磁流体发电机的电动势大小E。

（2）当开关闭合后，整个闭合电路中就会产生恒定的电流。

若以电阻R为研究对象，由于电场的作用，金属导体中自由电子定向运动的速率增加，但运动过程中会与导体内不动的粒子碰撞从而减速，因此自由电子定向运动的平均速率不随时间变化，视为匀速运动。设该金属导体的横截面积为S，电阻率为ρ，电子在金属导体中可认为是均匀分布的，每个电子的电荷量为e。求金属导体中每个电子所受平均阻力的大小f。

[任务3]阅读并回答问题。

在产生"动生电动势"的电源中，非静电力为沿导体方向上的洛伦兹力（如图2），而在"感生电动势"的电源中，非静电力为涡旋静电力（如图3）。

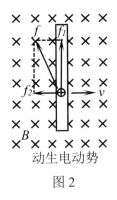

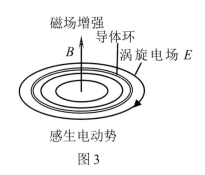

动生电动势

图 2

感生电动势

图 3

由于磁场变化而产生的感应电动势，也是通过非静电力做功而实现的。在磁场变化时产生的电场与静电场不同，它的电场线是闭合的，我们把这样的电场叫作感生电场，也称涡旋电场。在涡旋电场中静电力做功与路径有关，正因为如此，涡旋电场中的静电力是一种非静电力。如图 4 所示，空间存在一个垂直于纸面向外的匀强磁场，磁感应强度为 B_0，磁场区域半径为 R。一半径为 r 的圆形导线环放置在纸面内，其圆心 O 与圆形磁场区域的中心重合，已知电子的电荷量为 e。

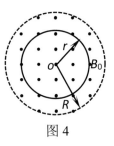

图 4

（1）如果磁感应强度 B_t 随时间 t 的变化关系为 $B_t=B_0+kt$。求圆形导线环中的感应电动势 E 的大小。

（2）上述感应电动势中的非静电力来自涡旋电场对电子的作用。求上述导线环中电子所受非静电力 F 的大小。

[任务 4] 证明下面结论。

如图 5 所示，导体棒 MN 以恒定的速度 v 切割磁感线，从微观角度看，导体棒 MN 中的自由电荷会同时参与沿导体棒方向和垂直导体棒方向的两个分运动，由此会受到两个相应的洛伦兹力，请你通过计算证明：导体棒中一个自由电荷所受的洛伦兹力做的总功为零。（为了方便，可认为导体棒中的自由电荷为正电荷）

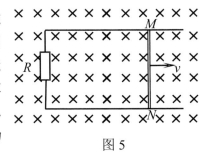

图 5

[任务 5] 对物理现象的分析有宏观与微观两个视角。现讨论如下情境：

在竖直向下的磁感应强度为 B 的匀强磁场中，两根足够长的光滑平行金属轨道 MN、PQ 固定在水平面内，相距为 L，电阻不计。长为 L、电阻为 R、质量为 m 的金属导体棒 ab 垂直于 MN、PQ 放在轨道上，与轨道接触良好，导体棒 ab 的中点用轻绳绕过定滑轮与质量为 M 的物块相连。物块放在水平地面上，轻绳处于竖直方向上且刚好张紧，如图

6 所示。M、P 间接有电动势为 E、内阻为 r 的电源，其他连接导线的电阻不计，同时不计一切摩擦。已知：$B=1$ T，$l=0.5$ m，$R=2$ Ω，$E=3$ V，$r=1$ Ω，$M=0.02$ kg，$m=0.01$ kg，$g=10$ m/s^2，电子的质量为 m_0、带电荷量为 e。闭合 S，导体棒 ab 从静止开始向右运动，若某时刻导体棒运动速度为 v，此时回路中的电流可用公式 $I=\dfrac{E-Blv}{R_Z}$ 进行计算，RZ 为回路中的总电阻。求：

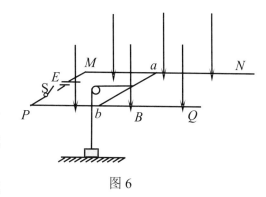

图 6

（1）闭合开关 S 瞬间，电路中的电流大小；

（2）分析导体棒水平方向所受各力变化的情况，定性画出导体棒速度与时间的变化图像；

（3）计算导体棒稳定运动后，自由电荷沿棒方向运动受到的碰撞阻力的平均值与沿棒方向的洛伦兹力大小的比值。

四、作业实施

本作业以高三专题提升为目的，在网络发布。活动内容分为资料查找归纳、教师引领、小组讨论、网课展示学生问题及成果多途径实施等部分。部分活动采用小组互评的方式，充分发挥学生主体作用。

五、作业评价

以集体展示的方式优化模型的理解和处理，促进学科思维的共同提高。通过挑战问题的正答率及解决问题采用的角度、思维，评价学生的学习效果，尝试评价学生的学科思维层次。

六、作业特色

充分体现物理规律中力与能量、微观与宏观的关联，强化了物理的模型思维。

充分利用网络资源调动学生的主动性。在题目设计上注意了学生认知的先后与难易，使学生在知识掌握过程中能够"顺流而下"而不是"逆流而上"。

七、作业反思

物理核心素养、科学思维的评价很难，思维的层次的划分相对模糊，在解决问题的过程中在什么样的情景下侧重哪种思维方法有不同组合方式，而其中所体现的思维层次更是难分伯仲。培养学生的科学思维，需要教师在作业设计的各个环节全方位优化。通过一题多问和问题串形式的习题设计，依据不同层次学生，设计与他们相适应的有助于科学思维提升的习题，调动学生对物理知识学习探究的兴趣。教师要引导学生，从解题的实践和成功中去激发学生学习的动力，让科学思维的培养水到渠成。

参考文献

[1] 中华人民共和国教育部. 普通高中物理课程标准（2022年版）[M].北京：人民教育出版社，2022.

[2] 何长，廖杨芳. 基于以评促学理念物理规律学习评测框架的建构及其命题应用[J].物理通报，2022（4）：141-145.

教师简介：

周秀波，高级教师，北京市怀柔区优秀班主任，怀柔区优秀教师。担任学校物理教研组长工作，多次担任校"青蓝工程"导师工作，并被评为校优秀导师。

浅谈 OMO 模式在英语教学中的应用与实践

刘 佳

摘 要：随着科技的发展和教育制度的改革，OMO（Online-Merge-Offline）模式在教学中得到广泛应用。"线上线下"混合式教学模式作为一种新型教学模式，能够将传统课堂线下教学和以互联网为载体的线上教学结合，将自主学习和任务教学融合，打破了传统单一的学科课堂教学组织方法和管理模式，充分发挥了广大学生的主观能动性，属于当前教学发展重要趋势。在初中英语教学中，线上和线下混合教学模式的运用，不但能够优化教学效果，提升教学质量，而且能够培养学生自主意识和自主学习能力。与此同时，英语教师要与时俱进，不断摸索教学过程中 OMO 模式教学策略的实践应用。因此，本文结合教学实际，主要从课前学生线上自主预习，课堂师生互动和课后线上线下评估教学成果三个方面来探索 OMO 模式在初中英语教学中的应用与实践。

关键词：OMO 英语教学 应用 实践

在当前信息技术快速变化发展的形势下，OMO 模式的课堂教学越来越受到中小学教师的青睐。各类线上学习平台与学习软件为教育信息化发展奠定重要基础，同样为初中英语课堂教学模式的改革提供了重要平台。线上线下融合式的教学模式为初中生进行自主探究学习活动提供了丰富的学习资源，使教学内容和形式更丰富多样，有助于提高课堂教学质量。

一、OMO 教学模式的优势分析

OMO（Online-Merge-Offline）这种模式主要指的是线上线下两种方式进行的深度融合，即将科研技术与我国传统的课堂教育有机融合的一种创新性探索的课程教学方法。教师们能够充分运用网络等现代信息化的技术来构建线上的网络教学平台，让我们的学生在线上充分运用网络平台进行自主学习，同时也能与线下传统的教学相结合，达到更高效的课程教学。与其他传统的课堂教学模式相比，融合式的教学模式能够使得教学效果显著提升，其所具备的优势也更为明显。

首先，利用线上平台开展教学，使知识呈现更为形象直观。网络时代背景下，信息技术在英语教学中得到广泛应用，网络中丰富海量的教学资源与知识内容都为教学提供了坚实的基础。教师可以通过录制预习视频和课上讲解视频的形式，让知识更直观地展示出来，不但能够让学生充分利用线上平台进行自主学习，而且使学生带着良好的预习基础进入课堂，课堂教学效率也随之有效提升。

其次，开展线下活动巩固基础知识。线上的教学能够使得学生高效地掌握所有的基础知识，线下同步测验和查缺补漏势在必行。教师可以设计课堂反馈学案，让学生及时巩固线上课堂所学的知识，同时面对面的交流能更好地解决学生在学习过程中遇到的困惑。师生之间的沟通与互动可以触发一个学生的学习动力，提高其学习的效率。

最后，OMO 模式实现教学的全面性和及时性。信息时代背景下，融合式课堂教学能够实现线上与线下课堂教学的优势互补，如果线上课堂对于教学反馈不够全面，学生可以通过利用线上平台的测试和小程序来巩固自己的课堂所学，教师就能够通过测试的结果及时掌握学生真实的课堂学习效果。因此，融合式的课堂模式不但能够使得信息技术所要具备的各种辅助功能都得到有效地充分利用，同样也可使得课堂变得更具活力与深度，激发学生学习兴趣的同时，使得教师的主导地位得到有效地发挥，使课堂更具有张力。

二、教学的现状

（一）教材内容缺乏丰富性和多样性

初中英语教材的难度和内容不能满足大部分学生的需要。现阶段大部分的初中英语教师没有根据教材的内容延伸更多课外英语知识，同时忽略了学生对英语阅读材料选择的主观能动性。偶尔学生想通过课外阅读英语读物来提升英语知识和素养，但是在阅读过程中缺乏英语教师的指导。线上海量的资源可以很好地弥补这一缺陷。教师可以选取适合学生水平又与时俱进的阅读材料，提高学生的阅读兴趣和英语能力。

（二）教学模式单一

初中阶段的学生由于同时面临期末考试和中考，学业压力相对比较重。传统课堂上英语教学采用了"满堂灌"的教学模式，即"反复灌输—反复接受"，学生需要采用一种相应的反复学习的方法，即"反复听讲—反复背诵—反复练习—反复再现老师之前传授的基础知识"。学生们可能会一直处于一种被动学习状态，再加上时间、空间、人力、物力等各方面因素的制约，教师能提供的信息量有限，导致英语的教学方式十分单一。另外，教师们普遍存在着没有充分地照顾及意识到学生个体接受知识能力之间有明显差异的特殊情况，按"一刀切"的课堂教学方式方法满足不了学生之间一些个体差异较大的教学要求，故其教学效果也不尽如人意。在初中英语的阅读课上，最常见的阅读模式就是让初中生进行本节阅读课的单词学习，根据词汇的认识理解快速浏览阅读内容，然后回答英语教师提出的问题。最后教师让学生跟着音频朗读文本，再给出阅读练习题进行训练。这样的英语教学模式过于单一，使得师生之间也缺乏沟通。

三、OMO 的教学模式在推动我国普通英语课程教学改革中的实际性与应用

（一）课前学生线上自主预习

课前预习对于学生的英语学习至关重要。线上平台使教师可以利用线上教学助力学生开展课前预习，打破空间的限制，弥补课堂时间少的不足。一方面线上平台所提供的丰富资源可以让学生对教材内容有更加充分的了解和认识，带着预习过程中所遇到的问题到课堂教学中去寻求答案。另一方面，线上教学所提供的平台为学生课下的沟通交流以及小组合作创造了条件，有利于培养学生深度思考的能力。充分的课前预习能够为课堂教学的顺利开展奠定基础。例如以初中人教版七年级下册"Unit 5 Why do you like pandas?"中的阅读为例，课前通过线上发布保护动物的阅读文本及问题，让学生自主探究思考以下两个问题："Why are animals endangered?""What can we do to protect animals?"当深入课堂学习教材内容时，学生可以很快融入其中。这样提高了课堂教学的效率和质量。此外，"翻转课堂"的顺利开展更加需要以课前的线上教学为前提条件。这样的融合教学方式，培养了学生分析问题、解决问题的能力和自主学习的能力，达到了我们教学的最终目标——让学生学会学习。同时，在课前和课上开展合作学习，也培养了学生的合作能力和沟通能力，潜移默化地进行着德育渗透。

（二）课上师生互动

课上师生互动是教学中的关键一环。在课堂教学中，教师需要以学生为中心，关注个体差异，注重过程指导。与此同时，多媒体信息技术和教学设备的广泛应用不仅可以有效地丰富学生多样化的课堂教学内容与课堂教学形式，在有效实现优质的课堂教学信息资源共享的良好基础上也充分调动了广大学生的课堂自主知识参与性和积极性，引导许多学生在实践中逐渐学会深入地分析思考问题，充分探究教材内容，着重培养其自主学习的思维和能力。

例如学生在完成了对初中人教版七年级下册"Unit 5 Why do you like pandas?"的线上预习后，在线下的课堂上，教师针对平台数据反映的问题进行精准指导，科学设计课堂内容。例如英语教师通过将学生分为若干小组，以组为单位围绕给定问题进行讨论，例如："Why are animals endangered?""What can we do to protect animals?"唤醒线上预习的知识积累，引发初中生在英语课堂中的思考。同时，按照中考考查方式重新设计课本活动和课堂学案，使其形神兼备；对重难点知识进行针对性的课堂讲评。阅读能力的培养也是初中阶段着重关注的内容。在课堂上教师要注意阅读文本的补充，同时采用读写联动的教学方法，以线上预习的阅读材料和课内阅读理解的教学为依托，进行同步的写作教学，以写作教学的结果作为阅读理解教学效果的检验，从而达到阅读教学和写作教学的联动，促进学生英语综合能力的提升。

（三）课后线上线下评估教学成果

线下教学在课后的融合是必须的，方式也是多样的，教师必须及时地给予正确的信息反馈，从而充分激发挖掘广大学生的自主学习动机，促进广大学生对于初中英语进行进一步的自主学习。因此，利用互联网线上教学不受时空限制的优势，辅助完成课后的复习巩固对于检测英语学习的效果至关重要。英语教师在帮助学生完成了线上的学习和线下的学习后，就可以充分地利用互联网平台针对本单元的英语课程内容进行设计和英语练习，从而检测每个学生在线进行英语练习的情况。学生线上完成练习并提交后，系统更正并提示正确答案。另外，很多平台可以帮助学生收集错题，形成错题本，教师可以根据平台所反馈的易错点和高频错题有针对性地布置专项练习，针对性强，效率高。教师还可以通过线上的互联网资源共享方式对课堂内容进行补充与拓展延伸，并且要加强与学生之间的课后沟通以便于帮助他们更好地了解课程内容。与此同时，教师要鼓励学生自己合理使用网上丰富的教学资源，通过大量的练习，复习巩固课堂学习成果，不断提高自主学习能力。

四、结论

综上所述，初中阶段开展英语教学至关重要，应该通过充分利用现代互联网信息技术，运用如 OMO 等英语教学模式，打破我国传统英语课堂教学学习模式的上课时间和学习空间限制，促进英语教育资源的高效优化整合，推进初中学生的英语自主综合学习和实践探究，提高英语学习的效率，构建高效课堂。初中英语教师在教学中要不断摸索创新 OMO 教学模式，提高掌握信息并适时应用到课堂上的能力。

参考文献

[1] 安媛媛."线上+线下"融合式教学的可行性探讨[J].教学周刊，2018（7）：86-88.

[2] 李亚萍.初中英语混合式教学模式的有效探究[J].科技资讯，2020，18（11）：109，111.

[3] 马晓莉，田烨，党静萱，邹媚媚.英语学习 App 与中学课堂线上线下交流合作的必要性[J].智库时代，2019（17）：264-265.

教师简介：

刘佳，北京语言大学硕士研究生，英语专业八级。区级骨干教师。参与多项市区级重点课题研究，多篇论文和教学案例获得市区级奖项。曾获得"优秀班主任""教学质量标兵""优秀青年教师"等荣誉称号。

阅读圈模式下学生读写能力的提升

徐 徐

摘 要："阅读圈"教学模式的步骤是"阅读—思考—联系—分享—评价"。在该模式下学生积极参与阅读活动、体验阅读快乐、学会合作分享，他们的角色由传统的参与者转换成组织者和主导者。本研究针对现如今学生遇到的对于英语写作缺乏兴趣、写作困难等问题，探讨怎样利用阅读圈活动提升学生英语写作兴趣进而达到提高学生英语写作能力的目的。

关键词：阅读圈 教学策略 英语写作

前言：

阅读圈又称文学圈,注重在英语阅读教学中培养学生的阅读习惯和批判性思维能力，是一种帮助学生养成日常阅读习惯、享受阅读的教学模式，也是小组合作学习的一种有效形式。"阅读圈"这种强调"自主学习"与"合作学习"相结合的学习模式能最大程度地激发学生的阅读和写作兴趣。

一、研究背景

阅读圈（Reading Circle）又称文学圈（Literature Circle）。阅读圈强调在英语阅读教学的过程中培养学生良好的阅读习惯，获得阅读体验和提高总结、归纳、解释、推理、判断、评价等思辨能力，是一种帮助学生养成日常阅读习惯、享受阅读的教学模式，也是一种有效的小组合作学习形式，同时这个小组是弹性的、动态的（Harvey，1994）。在阅读圈中，通常有六个角色：讨论领队（Discussion Leader）、总结者（Summarizer）、图式讲解员（Illustrator）、文化收集员（Culture Collector）、词汇大师（Word Master）、联结使者（Connector）。每个角色都有自己的阅读任务，边读边思考、提出问题、联结实际、比较文化、分析交流、互相评价。归纳起来说，阅读圈教学模式的具体步骤是"阅读—思考—联系—分享—评价"（Fur，2007；陈则航，2014；王蔷，2017）。

林裕音等学者（2006）突破了传统教学中的只从教师自身经验出发来实现读与写的结合，以及传统的读写结合的方式。李亚敏（2009）阐释了我们在以前的实际教学中太过于注重阅读等输入观念而忽略写作等输出，指出了应该给输入与输出足够的重视，使二者有机结合，相互促进。陈立平（2001）指出将阅读与写作结合的最好的手段是利用范文教学。王雯秋、牟方华（2013）在认知理论基础上，通过计算机辅助外语教学平台将英语阅读与写作结合起来，采取创新化模式的教学方式，即"读写一体化"。调查表明这种方式对于学生的英语阅读能力及写作能力是有推动促进作用的。

二、研究过程

在实践初期，笔者按照经典的阅读圈模式设计角色，角色包括讨论组长（负责任务分配及组织讨论）、总结者（梳理概括故事情节）、人物分析家（分析角色人物性格）、道理大师（分析故事传达给读者的道理）、联系者（探寻与实际生活的关联）等。但经过一段时间的尝试和观察后，笔者发现，学生在阅读圈活动过程中的交流欲望并不强烈，不同角色之间的互动不够充分，听他人分享时注意力不集中。在最后展示小组的阅读成果时，各个角色孤立地介绍自己的内容，相互割裂、缺乏联系。这使得阅读圈活动在教学上的优势不能得到充分发挥，教学效果不尽如人意。

（一）针对学情，合理利用角色，制定阶段性和差异性教学策略

初始阶段要重视语言输入。教师着重训练词汇大师（Word Master），一组可以设置2至3个，该角色负责筛选重点词汇和句型，整理出材料，这样能发挥学生主体作用，使学生主动通过搜寻、分析、讨论、总结、运用、输入语言知识和信息，将英语语言符号存留在学生的大脑里，完成词语积累，为学生进行语言输出、开展读后写作练习打下坚实基础。

（二）重点是开阔学生的阅读视野，培养学生的语篇意识和逻辑思维

教师为学生提供各种阅读素材，包括图文影像素材，分配给各个阅读圈小组。阅读圈小组里的总结概括者（Summarizer）和篇章解读者（Passage Person）可以为同组同学总结阅读材料，探寻并阐释有特殊意义的线索，从而达到让学生通过看图看文，分析语篇，根据关键词和提示语编故事、写故事的目的，进而培养学生整合信息，培养学生的高阶思维和解决问题的能力，让学生就写作要点完成知识架构。

三、研究结论

（一）夯实了学生的文字功底，让学生精于表达

Word Master 和 Passage Person 角色侧重语言能力训练，促使学生关注核心词汇、目标语言、优美文段和难懂段落，提高语言学习的主动性。学生通过以上两个角色的训练，品读、理解、揣摩、赏析、体验和感悟语言运用之精妙。在此基础上，进行仿写、续写、扩写等训练，夯实学生的文字功底，让学生的表达更加流畅、形象、生动，从而弥补了学生"有话不懂得写"的缺憾。

（二）拓宽了学生的作文思路，让学生善于组材

教师有效利用阅读圈中 Summarizer, Discussion Leader 等角色，让学生深入到文章中

去发现、体会文章的写作风格和写作特点，为学生进行模仿性写作、创造性写作提供参考、借鉴。我们以"阅读圈"教学法为手段，让学生主动深入研究文章，发现写作要点，对文章情节、脉络、结构、情感等有一个全面的了解。这样学生可以掌握续写技巧，知其然也知其所以然。学生进行由此及彼的模仿训练，再进行举一反三的拓展训练。这极大地培养了学生的发散性思维和创新性思维。当学生的发散性思维和创新性思维被激活后，作文的思路自然而然就宽了。只要给一个作文题目，学生的头脑就能快速运转，诸如"写什么""表现什么样的思想感情""通过什么事来表现""我亲历的哪件事最典型、最有说服力""事件的哪个环节应该重点写"等问题一一闪现。通过仔细推敲，整个作文的框架就变得清楚，脉络也变得清晰。

（三）激发了学生的作文兴趣，让学生乐于习作

阅读圈将读与写紧密地结合在一起，使学生以独特的视角探索课文中有利于"写"的因素，并以学生易于接受和乐于接受的方式组织阅读。在活动中，学生通过完成角色的任务，读通、读透，在有所感悟和体会的基础上，进行"写"的训练的迁移。由于有所借鉴、有所感悟和体会，此时的学生对作文也能夸夸其谈，也能下笔有神，也能感受到作文所带来的自信与快乐。久而久之，学生对作文的兴趣也就养成了。

参考文献

[1] 戴勇. 论文学圈教学法在中国现代文学课程中的应用[J]. 南昌师范学院学报，2017，38（2）：109-112.

[2] 戴彬彬. 基于"文学圈"模式的高中英语阅读教学研究[D]. 湖南师范大学，2012.

[3] 卞晓明，钱小芳，蔺双，张义芬. 小组合作在小学生英语阅读教学中应用的行动研究[J]. 基础外语教育，2016，18（4）：27-34，107.

[4] 王笃勤. 英语教学策略论[M]. 北京：外语教学与研究出版社，2002.

[5] 鲁子问. 英语教学方法与策略[M]. 上海：华东师范大学出版社，2008.

教师简介：

徐徐，1988年12月2日出生，二级教师，毕业于中南大学外国语言学及应用语言学专业，研究生学历，从教6年，荣获"怀柔英语能力大赛优秀辅导教师"称号。

数字化视域下高中英语听说作业数据分析与讲评探究

马广远

摘 要：《普通高中英语课程标准（2017年版）》（以下简称新课标）提出教师应重视现代信息技术应用，丰富英语课程学习资源。北京高考英语听说机考的实施是对教师教学的一种挑战。在备战高考中，听说能力的提升是不可或缺的一环。因此，教师应恰当利用数字化技术布置作业，实施精准教学。本文尝试以天学网平台为依据，利用天学网平台布置听说作业，并依据其反馈的数据进行精准教学，达到教学减负增效的效果。

关键词： 天学网　数字化　精准教学

一、问题的提出

（一）新课标的要求

新课标的基本理念之一是重视现代信息技术应用，丰富英语课程学习资源。这一理念要求教师重视现代信息技术背景下教学模式和学习方法的变革，充分利用信息技术，促进信息技术与课程教学的深度融合，根据信息化环境下英语学习的特点，科学组织和开展线上和线下混合式教学，丰富课程资源，拓展学习渠道。教师在日常教学中应重视营造信息化教学环境，充分发挥现代教育技术对教与学的支持与服务功能，选择恰当的数字技术和多媒体手段，确保大数据等新技术的应用有助于促进学生的有效学习和英语学科核心素养的形成与发展。

（二）新时代教学的要求

实施教育数字化战略是新时代数字中国环境下教育发展的必然，是加快教育现代化和建设教育强国的战略需求。《新一代人工智能发展规划》《教育信息化2.0行动计划》以及《“十四五”国家信息化规划》等一系列重要政策文件都强调教育信息化和开展数字教育的重要性。2022年全国教育工作会议提出的“实施教育数字化战略行动”，是推动互联网、大数据、人工智能、第五代移动通信等新兴技术与教育教学深度融合的过程，是利用新兴技术更新教育理念、变革教育模式，全面推动教育数字化转型的过程。

（三）北京新高考的要求

北京英语听说机考分为听力和口语两部分，占据1/3的分值比例，也对于学生的综合语言运用能力有着重要的考查作用。备战高考中，听说能力的提升是不可或缺的一环。因此，培养学生的听后选择、听后回答、听后复述和朗读能力是十分重要的。

二、研究内容

本研究以天学网研发的数字化教室作为现实背景，对信息化环境下作业模式进行研究，主要从以下内容展开研究：

1. 以学生在天学网的练习数据为依据，分析学生英语听说能力存在的问题，构建基于数字化资源的高中英语听说精准教学模式。

2. 按照该模式，进行信息化环境下的作业设计，在信息化环境下开展行动研究。

三、研究过程

1. 使用天学网听说板块给学生布置听说任务，并组织学生进行上机练习。机房听说模考系统支持校园模考、多校联考、区域考试等不同场景模拟考试。

2. 天学网系统智能化对学生的听力和口语测试进行打分，并且出具数据分析报告，帮助教师根据学生的学习情况调整教学。

3. 根据天学网反馈的数据，进行针对性的教学设计，同时，天学网平台提供的数据统计能帮助分析学生的薄弱点，教师可以更有针对性地集中突破难点，学生也可以建立自己的错题库，对于易错题型反复操练，提高听力学习的效率。

四、教学实践

以一次练习为例，展示如何使用天学网数据进行精准教学。

（一）各题型答题分析

表 1　全校各题型平均分与得分率

平均分及平均得分率 \ 题型	听后选择	听后记录	听后转述	朗读短文	回答问题
平均分	18.85	4.19	7.16	6.84	5.43
平均得分率	89.77%	69.76%	84.61%	85.52%	90.54%

表 2　各班各题型平均分和得分率

班级	平均分和平均得分率	题型				
		听后选择	听后记录	听后转述	朗读短文	回答问题
2021 级 1 班	平均分	19.50	5.09	8.13	7.03	5.72
	评价得分率	92.86%	84.87%	90.38%	87.89%	95.39%
2021 级 2 班	平均分	19.78	4.70	8.30	7.10	5.88
	评价得分率	94.17%	78.29%	92.19%	88.75%	98.03%

班级	平均分和平均得分率	题型				
		听后选择	听后记录	听后转述	朗读短文	回答问题
2021级3班	平均分	18.04	3.51	6.91	6.51	4.99
	评价得分率	85.90%	58.55%	76.81%	81.35%	83.11%
2021级4班	平均分	18.00	3.35	7.06	6.71	5.10
	评价得分率	85.71%	55.88%	78.40%	83.90%	85.05%

从整体上看，1班和2班回答问题得分率高于听后选择得分率，转述得分率也仅次于这两个板块，朗读板块易得分，反而得分率较低，可以通过本次考试，分析原因，优先进行强化。

3班和4班的听后选择平均得分率相对其他题型偏高，但是听后记录和转述相比1班和2班相差较大，尤其在听后记录部分。在后续的练习中需要加强和巩固基础知识的训练，先从词汇入手，然后加强其他板块的练习。转述、朗读、回答问题可以通过专项训练加强练习，再进行提升。

（二）典例分析——高频错题典例分析

1. 听后记录题型共性问题

15 题	16 题	17 题	18 题
1.26	0.77	1.32	0.84
83.78%	51.35%	87.84%	56.08%

表3 学生错误类型及人数分布

15	**effective(124)** factive(6), effect(4), ineffective(2), inf(1), effetive(1), infective(1), ffactive(1), fact (1)
16	**muscles(76)** mucles(16), muscle(14), musles(8), masules(2), ability(2), musle(2), musal(2)
17	**proper(130)** propose(2), proprel(2), propal(2), porper(1), pro(1), propol(1), purpoal(1), purposel(1)
18	**Analyze(47)** Analize(9), Analysis(6), Underline(4), 未答(4), analyse(2), A(2), Analysise(2), Analys(2)

针对听后记录各小题学生错误统计结果可以看出学生在听与写当中主要存在如下问题：

第一，学生在记忆单词过程中有常见听力词汇掌握不扎实的情况，这导致熟悉的单词却不能根据发音正确拼写，譬如将effective拼成了factive, effect, ineffective等，将muscles拼成了muscle, musles, musules等，将proper拼成了propose, proprel, propal等，将Analyze拼写为analyse, Analize, Analysis等。

第二，名词单复数错误，学生在遇到名词时，一定要考虑到单复数问题，要结合空处前后内容和音频进行判断，这点在 16 题中有体现，许多同学因为写成单数而失分。

★制定精准教学策略

针对以上问题，老师在词汇教学过程中首先要关注学生的发音是否准确，其次要帮助学生学会根据单词的发音正确拼写单词，最重要的是要系统地教授学生记忆单词的策略和技巧，帮助他们脱离死记硬背的苦海。教师在解决了学生记忆和读的问题后，一定要让学生多听，并帮助学生总结常见听力场景词汇，完成以上工作后定期对学生进行单词运用的测试，帮助他们巩固记忆。

2. 听后转述题型共性问题

表 4　听后转述平均分与得分率

题号	第 19 题
平均分	7.61
得分率	84.61%

在听取学生作答音频后，发现学生作答过程中普遍存在以下问题：

（1）内容完整性有问题

①如学生只作答了表格中的三条一级信息和六条二级信息。

②三级信息补充不完整。

Anxiety often causes muscles to tense up, which can affect our abilities to concentrate on study.这是第一条一级信息下的补充信息，由于句子比较长，涉及非限制性定语从句，部分同学只作答前半部分 "Anxiety often causes muscles to tense up."。People who are suffering from anxiety often struggle with eating, but it's important to note that hunger can increase our anxiety. 这是第二条二级信息下的补充信息，是一个并列句，句子比较长且发生了句意转折，许多同学只作答前半部分 "People who are suffering from anxiety often struggle with eating" 或者后半部分 "hunger can increase our anxiety"。

（2）语言表达准确性问题较大

单词发音问题较多，导致学生流畅度较差，卡顿多。

本篇涉及的派生词较多，学生都会习惯性地读成原词，如 likely, anxiety, physically, mentally, regularly 都读成原词或者不读词缀-ly; effective 读成 ffective 或 affect 等。

★制定精准教学策略

单词发音问题在转述中必须引起重视，单词发音错误较多会影响到转述的分数，所以平时练习中我们可以通过专项或者可以系统地对听说微技能进行强化，通过学习标准的音标发音口型示范，纠音、正音，形成肌肉记忆。

（3）表达中语法错误较多

①名词单复数/三单变化不注意，如本篇转述文本中涉及很多名词单复数的单词，学生都是习惯性地读成单数，如 abilities, muscles, meals, fears, thoughts 等；"Anxiety often causes muscles to tense up"中 cause 读成原形。

②句子表达不完整且不准确，只说出个别单词或短语，如学生会把"This will bring our minds back to reality and help break down fears."答成 help break down fears；把"People who are suffering from anxiety often struggle with eating, but it's important to note that hunger can increase our anxiety."读成 hunger 和 increase 且单词发音有问题。

★制定精准教学策略

学生在信息记录上问题不大，主要集中在语法和语音上。学生一般可将句子的关键信息表达出来，但句子存在各种语法错误，如动词时态语态使用错误、名词单复数形式错误、介词丢失等。因此我们在日常练习中需着重注意这些问题。

3. 朗读短文题型共性问题

表5　朗读短文平均分与得分率

题号	第 20 题
平均分	6.84
得分率	85.52%

朗读短文满分为 8 分，得分率为 85.52%，仍然有提升空间。我们在听取学生短文朗读的音频后发现学生主要存在的问题有：发音不标准、不清楚、漏读单词、朗读不流畅、朗读无节奏。

（1）低分段共性问题分析

①处于低分段的同学主要问题是内容完整性。最后一个自然段没读完整。

②卡顿较多，不够流利。"These tools enable businesses to connect with their target audience in a more personalized manner."这个句子较长，意群停顿注意不到；读"It has changed the way companies promote their products and services."时遇到单词复数或者动词变形的地方，比如 changed 和 companies, services 就会卡顿，不够熟练。

③单词发音问题较多，尤其涉及名词单复数的发音和动词变成过去式或过去分词的词缀发音不准，导致流畅度较低，影响整体得分。如 uses, millions, services, strategies, businesses, resources,changed, personalized 等。

④单词中元音或辅音发音不到位，如 tools 中 oo 应该发长音/uː/，学生读成/aʊ/或者/ʌ/音；services 中 i 应该发/ɪ/音，学生读成/aɪ/音；provides 中 i 应该读/aɪ/音，学生读成/i/音；单词 skills 中 k 需要浊化成/g/音；digital 和 engaging 中 g 都发/dʒ/音，学生读成

/g/音；career 中 a 应该发/ə/音，许多同学读成/æ/音。

⑤单词重音读得不准，如 connect, advertising, marketing, educational 等单词重音读得不对。

（2）中分段共性问题分析

①卡顿较多，不够流利。"Engaging in digital marketing activities equips students with valuable skills that are much needed in the workplace." 这个句子较长，学生注意不到意群停顿；读的时候遇到单词变形不熟练的地方就会卡顿，如 engaging, marketing, activities, workplace 等。

②单词发音问题较多，尤其涉及名词单复数的发音和动词变成过去式或过去分词的词缀发音不准，导致流利度较低，影响整体得分。如 millions, services, strategies, businesses, resources, activities,changed, personalized, engaging 等。

③单词中元音或辅音发音不到位，如 tools 中 oo 应该发长音/uː/，学生读成/aʊ/或者/ʌ/音；services 中 i 应该发/ɪ/音，学生读成/aɪ/音；provides 中 i 应该读/aɪ/音，学生读成/i/音；单词 skills 中 k 需要浊化成/g/音；digital 和 engaging 中 g 都发/dʒ/音，学生读成/g/音；career 中 a 应该发/ə/音，许多同学读成/æ/音。

④单词重音读得不准，如 connect, advertising, marketing, educational, personalized 等单词重音读得不对。

（3）高分段共性问题

①小词漏读，如 "With the ability to reach millions of people at the click of a button" 中漏读 a。

②名词单复数发音未注意到，如 uses,services, businesses 等。

③个别单词错读成拼写相近的单词，如 content marketing 中 content 读成 connect;"It also provides students with lots of educational resources" 中的 resources 读成 sources 等。

★制定精准教学策略

朗读短文的评分维度包含两个方面：语音语调和完整性。语音语调主要包括发音、语调和流畅度，完整性主要包括朗读内容的完整度。从学生的音频可知，学生在朗读短文方面存在以下问题：

学生单词发音较薄弱，不能够通过音标正确拼读单词，基础单词不能正确发音和朗读，高中课程中是否需要预留一定的课堂时间进行音标学习是一个值得思考的问题；高难词无法自己根据词汇划分音节进行朗读，老师需要在平常教学中注意学生长难词的朗读。

得分较低的同学除了单词发音存在较多问题外，朗读短文过程全无节奏感，停顿过多。考试过程中有 90s 的录音时间，所以学生不必太过急于完成朗读，要在准备好之后一气呵成地完成文章朗读，同时也要注意朗读节奏和正确性。基础比较薄弱的学生可以系统地对听说微技能进行强化，通过学习标准的音标发音口型示范，纠音、正音，形成肌肉记忆。

4. 回答问题题型共性问题

表6　回答问题各小题平均分与得分率

题号	第 21 题	第 22 题	第 23 题
平均分	1.98	1.62	1.83
得分率	98.82%	81.08%	91.72%

失分类型：

（1）未听懂题目，原文信息捕捉错误且个别单词发音错误。

【典例1】编号为 hr48280985 的学生作答"Such as social media advertising, content marketing, and email campaigns...", 关键信息捕捉错误，且 advertising, campaigns 读音有误，得分 0 分。

【典例2】编号为 hr48281006 的学生作答"Look off benefits to high school...", 关键信息捕捉错误，得分 0 分。

【典例3】编号为 hr48267613 的学生作答"Personal lifestyles", 关键信息捕捉错误，读音有误，得分 0 分。

（2）信息捕捉不完整/发音或语法错误。

【典例1】编号为 hr48267610 的学生作答"Enable businesses to connect with their target audience in a more personalized manner.", 关键信息捕捉完整，但是关键词 personalized 发音有误，导致失分，得分 1.5 分。

【典例2】编号为 hr48280610 的学生作答"It can help us to personalized of manner.", 关键信息捕捉不完整，仅仅捕捉到个别关键词 help, personalized 和 manner, 且 personalized 读音有误，导致失分，得分 0.5 分。

【典例3】编号为 hr48267768 的学生作答"It enable business connect with target and in a more personalized manner.", 关键信息捕捉不完整，遗漏关键词 audience, 且 target, personalized, manner 读音错误，关键词 businesses 读成单数，且句子表达有语法错误，得分 1 分。

★制定精准教学策略

回答问题是基于短文朗读的内容进行作答，学生需要在 60s 的准备时间中读懂问题，熟悉短文并寻找答案，记录答案，作答难度稍大。

得分 0～0.5 分的学生共性问题是答非所问或不作答，针对这部分学生能够采取的方法就是首先要理解题干，稳住心态，按照做题步骤进行答题：第一步，读题干，抓关键词；第二步，带着关键词去文中快速寻找答案，记录答案关键词；第三步，朗读过程中对关键信息进行强化记忆；第四步，准备过程中把关键词组织成句子。学生在平时练习时，可以从短句、长句、段落到小短文，进行逐级练习并逐步突破。

1～1.5分学生的共同点是：题目理解正确，可以答出部分关键信息，或答出全部关键信息，但是有发音或语法错误。这部分同学首先需要多做专项训练，提高速记能力，保证信息的完整性；另外可利用听说平台进行纠音练习、朗读练习，寻找自己发音的弱点，进行针对性训练，对于出现的语法错误，应在英语全科学习中着重改进。学生在平时练习中可将所说内容完整地记录在纸上，这样更容易发现语法问题。

五、结语

教师在天学网平台布置作业，依据天学网所提供的数据进行分析，进行精准教学。借助于数据分析，教师可以精确地了解掌握每一位学习者的学习态度、习惯、表现、结果，并根据各种数据及其变化，给予学生精准化的指导与帮助。数字化是一种个性化学习和教学的方式，有助于实现减负增效。

参考文献

[1] 王蕾，蒋京丽. 以核心素养为导向构建与英语新课标相适应的新型学业评价[J]. 中国考试，2023（1）：67-73.

[2] 赵晶. 新课标背景下的高中英语听说教学[J]. 新课程，2020（24）：92.

[3] 胡菁淑. 新高考下高中英语教学面临的挑战和应对措施[J]. 学周刊，2023（31）：121-123.

教师简介：

马广远，教研组长，高级教师，区英语学科带头人。第四届全国中小学英语名师，北师大外国语言文学学院学科教学（英语）专业研究生论文答辩委员会委员。2010年赴英国布莱顿大学学习英语教学法。发表了多篇教学论文，承担和参与了多项市区级课题和市区级公开课。

高三英语趣味教学方法刍议

唐 诗

摘 要：高三英语教学以复习课为主，如何提升高三英语教学效率是一线教师普遍关注的问题。目前高三英语教学任务重，压力大，教学形式较为枯燥，不能很好地提高学生学习兴趣。因此，笔者根据高三教学经验总结了"小教师计划""百家宴"单词表和"流动红旗冰墩墩"这三种趣味教学方法，它们可以较好地提升学生学习兴趣，让学生变被动学习为主动学习，最终提升学生的英语学科核心素养。

关键词：高三英语 趣味教学 学习兴趣

高三的学习对于每一位学生来说都至关重要。在高三教学中如何为学生减压、如何提升课堂效率是每位高三英语教师所关注的重要问题。然而，目前高中英语教学的压力仍然很大，面对高考的压力，很多学校依然以高考为指挥棒，不能深入扎实地开展教学改革。很多教师也在日常教学中忽视了高三教学的趣味性，把高三英语课上成枯燥无味的复习课，不能调动学生的积极性，造成学生学习倦怠和课堂效率低下等问题。因此，笔者从一线教学的经验出发，总结出三个能够提升高三英语课堂效率的策略，供一线教师参考。

一、"小教师计划"：变被动为主动

学习金字塔理论是由美国学者埃德加·戴尔（Edgar Dale）在 1946 年首先提出的。该理论用数字形式形象地表明了不同学习方式与学习效果之间的关系，听讲、阅读、视听与演示四种学习方式属于被动学习，而讨论、实践与教授给他人这三种学习方式属于主动学习。从金字塔理论中我们可知，"教别人"或者"马上应用"，可以记住 90% 的学习内容。也就是说，学生在学习知识时，如果能够教授别人，那他的学习效率可以达到最高水平。

在高三英语教学阶段，教师面临着大量的测试练习和练习讲评课，如果一直采用传统的教师讲、学生听的形式，学生自然会觉得索然无味。因此，笔者在适当的时候会让学生来认领测试题目并在全班同学面前做讲评，也就是践行金字塔中的"教授给他人"这部分内容。学生讲解试题的前提是他自身要掌握试题的解法并思考如何表述才能让其他学生听懂。

在这个过程中，学生的能力就被潜移默化地提升了，学生也就借此进行了主动学习。

此外，根据同伴学习理论，学生所讲更易于学生接受和理解，讲题的学生自己提升也是非常明显的。教师在这时要起到一个监督的作用，在适当的时候对于学生的讲解进行点拨和提升。

笔者在实施这项策略的时候也并不是一帆风顺的。班级中大部分学生比较腼腆，对自己信心不足，非常担心自己由于讲解有问题而出丑。这就需要教师进行鼓励。讲题任务可以从最简单的入手。例如，让学生先认领阅读理解 A、B 篇，等学生逐渐通过讲解简单题而找到"感觉"后，再慢慢放开其他有难度的题，难度可以阶梯式上升。根据笔者的实践和观察，"学生小教师"的尝试经历了以下几个阶段：

初期阶段：只有程度好的同学愿意讲题，这时候要给程度一般的同学一些简单的题进行讲解，不断鼓励，建立信心。

中期阶段：程度较好的学生讲题已经很有水平了，做题也有了提升。程度一般同学也越来越愿意讲，还想挑战更有难度的题型。

后期阶段：每次做完题，学生就会自行认领题目进行讲解。

最后经过比对，基本上平时讲题的那些同学成绩都得到了提升，高考成绩大部分在125 分以上。例如高三某班的王同学一开始是英语学科成绩不佳，通过不断讲题，最后在口语成绩47 的情况下得到了 126 分的成绩，和他的优势学科数学成绩一样，最终高考总分突破了 600 分大关。

二、"百家宴"单词表：收集生词，人人有责

高三复习教学中，词汇教学具有重要意义。词汇是英语学习的基础。词汇就像是英语大楼的"砖"，背单词就如同"砌砖"，砖如果砌得不好，整个大楼就会摇晃。因此，高三教学中词汇教学也是教师要十分重视的部分。传统教学中，教师会挑选出重要的词汇，把它们整理出来让学生进行记忆，这种形式学生普遍积极性不高，自觉性也一般，只是把背单词当作一项任务。

笔者也认为，每次考试后的阅读生词学习问题总是总结得不到位。有的时候教师不能对学生不会的词汇有全面了解，可能学生的生词在教师眼里不是生词，因此教师所给的生词表对学生来说并不一定是真正的生词。另外，教师给学生画词记忆还是比较机械，还是没有调动学生主动学习的积极性。因此笔者在实践过程中尝试了一种新的方法来帮助高三学生积累、背诵阅读高频词。这种形式被叫做"百家宴"，也就是说所有的词汇都是来源于班级里的学生积累。

首先，教师可以限定单词范围，例如某年高考试卷，学生就可以从这套试卷中寻找自己的生词，每个同学找 2 个词汇，这样收集起来写到一张表里大家一起进行背诵。如果有条件大家还可以使用在线共享文档来完成。这样，教师就会比较容易地把这些生词做成学生版和测试版下发，使用起来就会非常方便。使用频率因班级而异。

在测试环节，我们可以进行笔头测试也可以进行口头测试。如果是只过中文意思，那就同桌互相监督快速说一遍每个词汇的中文意思即可，这对于学生"认知词汇"量的积累很有好处。笔者也把此方法推广到整个年级。高考前学生也自己做出了十年高考试卷的单词"百家宴"供自己参考。在操作过程中，教师需要注意的是提供框架和填写规则，学生进行填写，在这个过程中教师也需要一直对学生进行监督，有问题随时解决。

三、"流动红旗冰墩墩"：精神鼓励法

奖励是对某种思想、行为的肯定、赞扬和鼓励，是为了倡导和弘扬先进思想，激发进步向上、多做贡献的精神。其作用就在于使受奖者得到心理上、精神上的满足和鼓舞，进一步激发出内在动力，同时也给他人树立学习榜样，引导树立正确的人生观、价值观。在教学上，奖励也是非常重要的。奖励主要分为物质奖励和精神奖励，那么对于高三的学生来说，哪种奖励更有利于他们学习呢？

根据马斯洛的需求层次理论，笔者认为精神需求对于高中生更为重要，所以精神鼓励更有利于高中生尤其是高三学生的学习。马斯洛是美国著名的心理学家，以需求层次理论广为人知。马斯洛把需求分成生理需求、安全需求、社交需求、尊重需求和自我实现需求五种类型，依次由较低层次到较高层次并根据人在社会中不同的需求进行心理诊断。整个理论在当今也被用于组织激励的研究与实践，同时也应用于学生的教育。

对于高中生来说，他们心智与初中生相比较成熟，需求集中在"爱与归属""尊重需求"和"自我实现"。因此，教师奖励可以偏向精神奖励，因为物质奖励其实并不能满足高中生的高层次心理需求。因此，在高三教学中，教师可以设立一些机制或精神鼓励奖项来刺激和推动学生的学习。例如，在冬奥会期间，冰墩墩成为新晋网红，学生们都比较喜爱它。笔者就把"冰墩墩"设立成"流动红旗"，每周评选学习之星，这位学习之星就短暂地拥有了"冰墩墩"的所有权。这里"冰墩墩"这个实体代表的是一种抽象的精神符号——"优秀"。这也让高三的学习更加具有趣味性。教师也可以自己创造一些其他方式去鼓励学生，例如给学生写评语、小纸条等。

运用趣味之道进行高三英语教学，不仅能够提升学生的学习效率，也能够提升教师教学境界。教学相长，学生的状态进入佳境，教师自然就更有教学热情，同时学生也就更能够全身心地投入学习。高三英语教学之道是条条大路通罗马，需要教师积极主动地思考，思考如何将趣味教学适当且有效地融入英语课堂。总而言之，作为高三一线的英语教师，传授知识、答疑解惑是重点，但是同时我们通过一些策略提高课堂效率也同等重要。只有兴趣提高了，学生才能真正提高英语学科素养，课堂才能真正"活"起来。

参考文献

[1] 张土民，郭伟霞. 高中英语趣味课堂教学的研究[J]. 英语教师，2018，18（11）：127-129.

[2] 姜艳玲，徐彤. 学习成效金字塔理论在翻转课堂中的应用与实践[J]. 中国电化教育，2014（7）：133-138.

[3] 温建萍. 浅议物质奖励与精神奖励的相互关系[J]. 理论探索，1995（6）：41-42.

[4] 姚井君. 马斯洛需求层次理论下学生情境教育[J]. 教育与职业，2013（32）：110-112.

教师简介：

唐诗，怀柔区学科带头人，多次发表学术论文。曾获"一师一优课"教育部级优课和省级优课、海淀区"风采杯"教学设计与作业设计一等奖、海淀区基础教育课程建设优秀成果一等奖、海淀区"十三五"优秀教育科研成果一等奖等。2016参加北师大王蔷教授主持的"未来教育高精尖项目"。

高中政治学科课程资源的开发与利用

刘均国

摘　要：课程资源是新一轮国家基础教育课程改革所提出的一个重要概念。开发利用各种各样的政治课程资源，对于实施政治新课程和深化政治教学改革有着重要的作用。本文就政治课程资源的开发意义、开发原则及开发途径加以阐述。笔者衷心地希望这篇文章能够为广大高中政治教师开发课程资源发挥一点指导作用或启迪作用，使他们不再跟着感觉走，而是把满腔的热情化为理智的行动，真正成为有热情的、有理智的政治学科课程资源的开发者、利用者。

关键词：政治学科　课程资源　开发利用

一、开发政治学科课程资源的意义

（一）有利于更好地使用新教材

新的政治教材具有综合性、现代性、开放性和灵活性的特点，教师要上好政治课，除了必须努力拓展自己的知识领域和专业技能外，还必须有大量的配套的教学参考、教具、学具和音像资料等，最好还要有与之相适应的社区教育资源。这就迫切呼唤一线教师要在教学资源和资料的寻找、开发、制作、使用等方面狠下功夫。

（二）有利于激发学生的学习兴趣

长期以来，人们往往把政治教科书视为唯一的课程资源。在这样的狭隘课程资源观支配下，政治往往被学生看成"死背"而无趣的科目。我曾经做过几次调查，在学生对"最不愿意学习的课程"的排序中，政治课居前 3 位；在学生对"枯燥、没意思的课"的排序中，政治课居前 5 位。何以至此？笔者认为其中固然有多种因素，如教学方法的滞后、考试评价的制约等。但是应该说，这种状况与政治课程资源极其单调乏味是有很大关系的。按新课程理念，政治教学除了运用教科书这一重要的课程资源外，还应该运用大量教科书以外的课程资源，包括文字资料、影视资料、当时当地的社会现实情况等。这些课程资源以其形象具体、生动活泼和学生能够亲自参与等特点，给予了学生多方面信息刺激，加之许多内容趣味性较强，使学生能够轻松掌握知识。因此说生动的政治课程资源无疑将会极大地激发学生的学习兴趣，这是传统政治课程资源所无法比拟的。

（三）有利于培养学生的创新精神和实践能力

政治新课程突出了发展性，为师生教与学的发展留下了广阔的空间。在新教科书中，为突出培养学生的创新精神和实践能力，安排有"探究与分享""相关链接""名词点击"等栏目。这些安排旨在"拓宽学生的学习视野，提高其辩证思维能力，并有目的地训练学生的动手实践与团结协作的精神"。因此，无论从发挥学生主体性的角度，还是从开发课程资源的角度，政治新课程都需要学生积极参与进来。在参与的过程中，他们的创新精神和实践能力将得到培养。

二、政治学科课程资源的开发原则

从政治学科的培养目标、独特性质、课程资源丰富程度来看，开发本学科的课程资源应该遵循以下几个原则：

1. 整体性原则。即教师在开发本学科课程资源的过程中，要根据当前知识经济时代的人才素质要求和学科知识的发展规律，对人类积累的科学文化知识进行科学选择和组织，从而达到学科内的知识综合和学科间的知识整合。政治新教材加强了学科之间的联系，加强了科学精神和人文精神的渗透与融合。如，新教材中的提示语引用了许多历史事件、神话传说、文学故事、科学理论等，这就需要教师在教学中加强学科之间知识、技能的迁移和横向联系，研究和把握局部知识和整体知识之间的关系，注重学科内的综合和学科间的整合，防止学科分化过细，彼此孤立、隔离，内容重复和脱节。

2. 可学性原则。即教师要选择学生能够理解的、与学生已有的知识水平相适应的内容。如果所选课程资源过于生涩，不仅无法帮助学生学习学科内容，还会给学生增加学习负担。

3. 前瞻性原则。即在开发过程中，教师要根据未来社会的发展趋势设置课程内容，促使学生思考、把握和设计自己的未来，从而为学生的明天做好准备。

4. 统一性与多样性相结合的原则。在实施新政治课程标准的大前提下，根据各地的经济、政治、文化等情况，多渠道、全方位地进行开发。

5. 社会、生活与个人相统一的原则。新教科书突出了政治课程的丰富性和人文色彩，以使教学内容更加贴近学生和社会生活。这就要求教师在教学过程中，既要注重优秀文化的继承，又要面向社会、面向生活、面向学生，正确处理好社会要求、个体需要和学科发展三者的关系。

三、政治学科课程资源开发与利用的途径

（一）用好政治教材，超越政治教材，最大限度地挖掘利用教学课程资源

1. 正确使用政治教材。提倡开发利用课程资源，并不意味着可以将教科书束之高阁，相反，教科书直到现在仍然是最重要的课程资源。不过，教师要根据自身实际创造性地使用教材，用出个性化的风格和特点，而不是对教材生搬硬套。只有这样，才能发挥其核心课程资源的作用。这就要求教师做到：在认识上，打破政治教材作为唯一课程资源

的神话，只要是符合学生的身心发展特点、体现时代特点和现代意识的知识，都可以拿来让学生学习。在过程上，教师要引导学生对教材体验、批判、感悟，让其真正领悟教材精华；就教材的一些内容进行延伸、修改、重组、创造，让教材成为学生积极发展的广阔源地。这才是真正地超越教材，挖掘了教材和师生的潜力。

2. 发掘教师的智慧潜能。在传统教学中，有不少教师成了教育行政部门各项规定的执行者，成为各种教学参考资料的简单照搬者。事实上，教师是一个亟待开发的巨大资源宝库。就课程的既定内容而言，教师不必盲目照搬统一的课程计划而忽视特定的教学情境和活生生的人，完全可以依据学生的兴趣爱好和个性化选择来拓深、拓宽课程的内涵和外延。但要注意拓宽内容时要因材而宜、因生而宜、因时而宜、因地而宜。就课程的开放性而言，教师要着力突破狭义的课堂教学的封闭性，主动构建以教科书为载体、以教室为物理空间的教学小环境与日常生活乃至宏观世界的广泛联系，从而使有字之书与无字之书相结合，形成一个充满生机的教学共同体，即充分引进自然、人文和社会诸种课程资源。就教学流程而言，教师应从激发学生超越于知识之上的智慧、灵感、激情和创造性生命活力这个宗旨出发，改善和优化整个教学流程，使每个教学环节都充满生机和活力，使学生最大限度地突破知识体系的"茧缚"而焕发出个体生命所特有的灵气和才情。

3. 重视利用学生这一无穷的有生课程资源。学生也是一种课程资源，他们在与课程的接触中，时刻用其独有的眼光去理解和体验课程，并创造出鲜活的经验。这些鲜活的经验是课程的一部分，从此意义上说，学生是课程的创造者和开发者。因此，教师不应把课程和教材视为学生必须完全接受的对象，而应重视学生对课程的批判能力和建构能力。那种视课程为"法定知识"而不准越雷池一步的观念，早该摒弃了。

（二）充分利用社会教育资源，超越课堂

随着信息时代的到来，世界发生了日新月异的变化，课堂已经不是唯一的学习渠道，而是"课堂小天地，天地大课堂"。我们应该懂得，政治学习就在广阔的天地里，学生可以在广阔的天地里获得多方面的培育。

1. 充分利用校内外图书馆等当地教育资源。政治学科是一门综合性很强的人文学科，涉及的知识比较广泛。正因如此，政治课程强调教学要注重知识的多层次、多方位的联系，通过每个学习主题设计的"教学活动"等形式，培养学生广泛搜集资料、构建论据和独立思考的习惯。这就要求政治学科教学必须充分利用社会公共文化资源，注重让学生自己独立学习、查找资料。这样做不仅会使他们获得更多政治知识，而且能逐步培养学生的多方面能力。图书馆作为一种重要的文化资源，具有重要的课程资源开发价值。学生可以在浩如烟海的书籍中与高尚交流，与智慧撞击，为自身的发展打下坚实、厚重的人文底色。

2. 重视挖掘当地的乡土资源。随着社会的发展，学校渐渐地不再只是一座与社会毫无关系的"象牙塔"，而是越来越广泛地同社会发生各种各样的内在联系。在这种情况下，政治教师必须重视对当地的社会教育资源的开发利用，以丰富的乡土资源充实政治课程的内容，提高学生学习的积极性，从不同层面和角度为学生提供学习和理解知识的素材。

3. "生活世界"是重要的课程资源。"生活世界"不仅指"生活环境""自然世界"和"社会世界"，而且还包括对人生有意义的且人生活在其中的世界，是人生的过程、生活着的心物统一的世界。"生活世界"对课程的意义在于确立人本意识和生命意识，注重人的生活的动态过程。过去的政治教学常远离学生的生活世界，把学生定格在"书本世界"，丧失了生命活力和对生活意义的解读，难以培养起学生的综合实践能力和社会责任感。因此，新课改情境下的政治教学呈现给学生的教学内容不应该再是单一的、理论化的、体系化的书本知识，而是要给学生呈现人类群体的生活经验，并把它纳入到学生的"生活世界"中加以组织，使文化进入学生的"生活经验"和"履历情境"，使政治课程真正成为沟通学生现实生活和未来生活的桥梁。

4. 家庭文化资源也是政治学习的一种重要资源。有人说，政治距离我们的生活过于遥远。但其实政治就在我们的身边，无处不在，无时不在。比如说，每个学生都有自己的家庭，而家庭文化资源同样是学生学习政治知识的一种重要资源。即使是现实生活中家长和孩子的一次心灵对话，也可以在不同程度上帮助孩子形成道德力量和精神力量，有益于政治学习。

（三）共享在线资源

现代信息技术的发展为学生提供了丰富而快捷的政治课程资源。互联网这本"超文本天书"是信息时代政治学习不可缺少的内容，它最大限度地拓展了政治的学习内容，突破教材的限制，弥补教材的缺陷，使教材更多元化、立体化，更富有针对性、实效性。笔者认为，对于中学生来说，在线学习应在教师的指导下进行。一般来说，常采用的方法有两种：一是教师以课内教材为中心，抓住某一结合点（知识点、情感点、内容交叉点等）设计一些课前练习题，课后学生通过搜集网络资料、网上阅读与交流等发散性、拓展性实践活动，把网上的资源充实到现行教材中，把薄薄的教材充实得厚厚的。二是引导学生通过在线阅读、讨论、交流等网上实践，提高学生政治素养，以求通过这种"百川汇海"的形式，把网上资源向学生的政治素养聚敛汇集，并与教材内容相呼应、相补充、相促进，共同对学生进行政治教育。

总之，政治教师应广开思路，发掘校内外更加具有针对性和适应性的课程资源，并更好地发挥它们的作用。

参考文献

[1] 钟启泉，王斌华. 校本课程论[M]. 上海：上海教育出版社，2000.

[2] 张宁. 学科创新教育的理论与实践[M]. 杭州：浙江教育出版社，2001.

[3] 张武升. 教育创新论[M]. 上海：上海教育出版社，2000.

[4] 教育部基础教育司. 走进新课程：与课程实施者对话[M]. 北京：北京师范大学出版社，2002.

教师简介：

刘均国，高级教师，北京市怀柔区骨干教师，东营市教学能手、学科带头人，山东省优秀政治课教师，山东省高考命题组成员。连续 13 年带毕业班，多名学生考入清华大学、北京大学。多篇论文在省部级刊物发表。

第二篇

文以载道

汉语作为第二语言的汉字习得研究述评

李　璟

摘　要： 汉字习得是汉语作为第二语言习得中的重要组成部分，探究汉字习得的特点与规律对汉字教学研究、汉字认知研究等都有重要意义。本文从汉字习得的研究内容、主要方法等方面入手，对汉字习得研究进行综述，探讨以往研究的不足，并对今后汉字习得研究提出建议。

关键词： 汉字习得　二语者　汉字认知

一、引言

汉字是汉语独具特色的成分之一，汉字的习得研究备受语言学、心理学、教育学等领域的研究者关注。其中，"汉字习得"与"汉字本体""对外汉语教学"等研究相互关联，彼此促进。汉字本体研究的成果可以让研究者对汉字有更加准确的认识，从而为汉字习得研究提供理论支撑，汉字习得研究则为探寻汉字本体规律提供了一个新的角度。对外汉语教学研究可提供影响汉字习得的教学法，汉字习得规律的发现和证实，也将提升对外汉语教学的教学质量。

当下，随着汉语作为第二语言习得研究的兴起，"汉字习得"侧重指二语者的汉字习得。本文主要讨论 2011—2020 十年间汉语作为第二语言的汉字习得研究。

二、二语者汉字习得研究的现状

随着近十年国际汉语教育事业的蓬勃发展，汉语作为第二语言的习得研究不断完善，二语者汉字习得的研究也日益丰富，其研究内容可大致分为以下几类：汉字习得的发展过程、汉字偏误及其原因、影响汉字习得的因素、汉字习得难度等级的预测等。

（一）二语者汉字习得的发展过程研究

二语者汉字习得的发展过程，即二语者在不同学习阶段汉字掌握情况的动态变化过程。对"发展过程"的探究往往需要基于一定时间的纵向研究，且为了保证研究结果的可靠性，对样本数量也有一定的要求。基于这两点，人们对二语者汉字习得发展过程进行探索的研究并不多。

例如，王骏（2015）在一学年中四个时间节点上，对 30 名非汉字文化圈的汉语初学者分别进行认读测试和书写测试，在此基础上建立了"外国人汉字习得数据库"，通过分析得出结论：汉字习得是一个随着时间的推移，总量增加、增幅减小的过程；汉字习得也可能存在"中介状态"。

（二）二语者汉字习得的偏误研究

汉字偏误的研究可根据偏误类型分为两类：汉字在字水平上的偏误，如汉字读音偏误、汉字书写偏误等；汉字下级单位的偏误，如笔画偏误、部件偏误等。

不少研究针对字水平的偏误进行分析，且对造成偏误的原因展开了不同角度的解读。例如，张瑞朋（2015）基于中山大学汉语中介语语料中的汉字偏误实例，借鉴了语言学中"同化异化"的概念，分析发现一些误同形、误异形是受上下文同化、异化作用的影响。李梓嫣（2016）调查了初级水平汉语学习者出现的汉字偏误情况，研究发现形似字对学生造成的干扰要强于音似字和笔画多的字。

其中有一部分研究，基于对汉字书写偏误的分析，发现了汉字习得与认知的规律。例如，梁源（2019）关注汉语学习者的汉字书写发展，基于汉字四级构成模型对不同水平学习者的汉字书写偏误进行分析发现：汉语学习者对汉字的认知自整字始，逐渐发展出结构意识，汉字的语音效应贯穿汉字习得的全过程。柏莹、崔言（2019）研究了"一带一路"沿线国家汉语学习者汉字书写偏误情况，也发现了汉字语音对汉字习得的影响。

对汉字下级单位进行的偏误分析，主要集中在部件和笔画上。例如，郭婷（2019）通过建立非汉字圈汉语学习者错别字语料库，对汉语学习者的汉字笔画偏误进行分析发现：从初级学习者到中级学习者再到高级学习者，各个笔画偏误类型均呈下降趋势，但从初级到中级下降幅度大，从中级到高级下降幅度小。除此之外，还有研究对动态的汉字笔顺进行偏误分析。例如，荣丽华（2019）总结了留学生汉字笔顺习得的规律，发现留学生违反特殊笔顺规则的偏误率最高。

（三）影响二语者汉字习得因素的研究

影响汉字习得的因素涉及以下几方面：汉字本身的特征，如汉字结构、笔画数、部件数等；学习者自身因素，如认知技能、元语言意识、学习策略等；学习者的文化背景，如学习者来自汉字文化圈还是非汉字文化圈；教学法因素，如反馈方式等。

立足汉字本身特征展开的研究较多，从汉字结构、笔画数、汉字使用频率到汉字构成部件的部首规则性、声符累计频率等，前人都进行了较为深入的研究。例如，黄伟（2012）依托"HSK动态作文语料库"，研究字形特征对汉字文化圈高级水平汉语学习者的影响，发现笔画数效应显著，上下结构、左右结构、包围结构的字错误率呈递增趋势。郝美玲（2018）通过对35名汉语高级水平留学生认读情况的考察发现，汉字使用频率是影响认读任务的重要因素。

此外，还有不少研究考察学习者自身的因素对汉字习得的影响，既涉及元语言意识（包括正字法意识、语音意识和语素意识），也涉及汉字构成部件的部首意识等。例如，郝美玲、周思浓（2019）通过实验研究发现，汉字阅读流畅性、准确性的提升需要不同的元语言意识与认知技能。Zhang & Roberts（2019）研究表明，学习者的语音意识而非声符意识直接或间接地预测了学习者的汉字读写能力，且声符意识不能调节语音意识对汉字读写能力的作用。这一发现与研究者的假设以及前人的结论都不一致。由于研究者所采用的汉语语音意识测试标准并不相同，使具有相同研究目的的研究结果的可比性较低。Wong 等（2017）通过分别测试汉语学习者简单汉字和复合汉字的阅读情况、部首意识，以及一年之后复合汉字的阅读情况，在控制简单汉字阅读的条件下发现，两个时间点上部首意识都预测了复合汉字的阅读情况。

除此之外，另有研究考察"文化背景"对汉字习得的影响。对"文化背景"这一影响因素的研究，目前主要着眼于"汉字圈/非汉字圈"这一差异上。例如，单韵鸣、安然（2010）开展了一项华裔学生汉字书写特征的个案研究，与非汉字文化圈的学生进行比较发现：在初级阶段，华裔学生汉字书写速度快于非汉字圈学生；中级阶段，华裔学生汉字书写偏误少于非汉字圈学生；二者在初、中两阶段均存在笔顺问题。

此外，还有研究者从教学法入手，探究其对汉字习得的影响。例如，陈琳等（2015）研究发现，"语文分进""语文并进"两种教学模式下的非汉字圈初级水平学习者均产生了汉字正字法意识且并无差异。但李蕊、叶彬彬（2013）的研究结果显示，语文分进教学模式下，非汉字圈学习者汉字能力中的形音义联结、形旁和声旁的分辨利用和语素义的分解组合，相比于语文并进教学模式下的学习者有显著优势。前者的"正字法意识"主要包括部件意识和位置意识，后者讨论的"汉字能力"并不包括这两点。"语文分进""语文并进"教学模式对汉字习得的影响则需进一步研究。

（四）二语者汉字习得难度等级的预测

还有学者对汉字习得的难度等级进行了预测。例如，王骏（2019）以 30 名非汉字文化圈零起点的汉语学习者对教材中汉字的实际掌握情况为依托，建立了"外国人汉字习得数据库"，该研究不仅预测了汉字习得难度的计算公式，还划分了汉字习得的难度等级。但由于该研究仅选取了非汉字文化圈的汉语学习者为被试，研究结论未必适用于汉字文化圈的汉语学习者。

（五）二语者汉字习得研究的相关综述

除研究型文献外，还有少数综述型文献。例如，王骏（2011）就汉字习得的偏误研究、影响因素、习得过程、学习者策略几个方面对前人研究进行综述，他提出汉字习得研究的突破口在于研究的系统化和与汉字教学实践的对接。现在看来，王骏提出的两大突破口仍是今后研究的重点。此外，汉字习得研究与汉字本体研究的对接或为汉字习得的难点问题提供解决思路。

三、二语者汉字习得研究的主要方法

二语者汉字习得研究的主要方法有：基于语料库进行数据分析研究、通过实验法进行研究、问卷调查研究。

基于语料库分析的研究。例如，王骏（2015）依据 30 名非汉字圈零起点学习者学习某初级汉语教材一年后掌握汉字的实际掌握情况，建立了"外国人汉字习得数据库"，在此基础上进行研究。

实验法也是主要的研究方法之一。目前使用较多的是行为实验。行为实验一般包括纸笔测试、认读测试等。例如，朱文文、陈天序（2016）通过对初级学习者进行一前一后两轮汉字书写测试，观察不同的书面反馈方式对学习者汉字书写习得的影响及其差异。

问卷调查法也被一些研究所使用，可用来了解学习者的自我评定，帮助学习者看问题。例如，胡瑞雪（2017）设计问卷请学习者对"汉字喜好程度""汉字难学程度"等问题做出回答，并结合访谈追寻其背后的原因。

借助统计学知识进行数据分析，运用实验法进行研究，都反映了语言学这一学科的科学属性，也反映了语言学与统计学、心理学等学科交叉发展的特征。

四、二语者汉字习得研究的反思与展望

近十年汉字习得研究取得了一定的进展，表现为研究内容日益丰富，研究方法不断更新。但也存在一些问题与不足，其主要体现在以下几个方面。

研究的不平衡性。首先，当前研究主要集中在汉字"音""形"的习得，有关"义""用"的习得研究较少。其次，在探讨形符对汉字习得的影响时，大多数研究没有做表义形符和不表义形符的区分，大多默认为表义形符，但实际上汉字中存在一定比例的不表义形符，二者对汉字习得的影响未必相同。最后，母语者汉字习得的结论也可以为二语者汉字习得研究提供参考，当研究问题相同或相近时，二语者、母语者的研究之间缺乏对照比较。

各种测试标准未能统一。许多研究在分析其局限时，多次提到由于缺乏统一的标准测试，只能自己设定，其效度并不能得到有效保证。这也导致各个相关研究之间不能进行有效的对比分析。

与汉字本体研究的联系不够紧密。如何将汉字本体研究的重要成果运用到汉字习得的相关研究中去，有待进一步尝试。

对于未来二语者汉字习得研究，我们有以下几点展望。

加强研究的系统化。对重要概念的定义以及测试标准进行明确和统一；促进相关研究之间对比分析；对当前研究的空白之处、薄弱之处加大研究的力度，形成脉络清晰、全面细致的二语者汉字习得研究体系。

加强与汉字本体研究、汉字教学研究等相关领域研究的联系，使二语者汉字习得研究更好地从多领域的研究成果中汲取营养，同时也更好地促进相关领域研究的开展。

参考文献

[1] 柏莹，崔言. 基于字料库的"一带一路"国家留学生汉字书写分析[J]. 汉字文化，2019（16）：1-3.

[2] 陈琳，叶仕骞，吴门吉. 语文分进和并进两种教学模式下非汉字圈初级汉语学习者的正字法意识[J]. 语言教学与研究，2015（2）：19-25.

[3] 郭婷. 非汉字圈留学生汉字笔画偏误类型特征及发展研究[J]. 云南师范大学学报：对外汉语教学与研究版，2019，17（2）：19-24.

[4] 郝美玲. 高级汉语水平留学生汉字认读影响因素研究[J]. 语言教学与研究，2018（5）：1-12.

[5] 郝美玲，周思浓. 汉语初学者汉字阅读准确性与流畅性影响因素研究[J]. 世界汉语教学，2019，33（4）：548-562.

[6] 胡瑞雪. 华语学习者汉字学习历程探究[C]//澳门大学，中央民族大学，美国罗德岛大学. 全球化的中文教育：教学与研究——第十四届国际汉语教学学术研讨会论文集. 北京. 中央民族大学出版社，2017：775-804.

[7] 黄伟. 字形特征对汉字文化圈中高级水平学习者书写汉字的影响：基于"HSK动态作文语料库"的观察[J]. 世界汉语教学，2012（1）：106-114.

[8] 李蕊，叶彬彬. 语文分进的教学模式对汉字能力的影响：针对非汉字文化圈学习者的实验研究[J]. 语言文字应用，2013（4）：98-106.

[9] 李梓嫣. 初级水平汉语学习者汉字偏误调查[C]//第六届东亚汉语教学研究生论坛暨第九届北京地区对外汉语教学研究生学术论坛论文集. 北京：北京大学对外汉语教育学院，2016：5.

[10] 梁源. 从书写偏误看汉语二语学习者的汉字习得[J]. 语言教学与研究，2019（4）：33-44.

[11] 荣丽华. 论第二文字习得中的"规则泛化"：初级阶段非洲留学生汉字笔顺习得偏误及过程[J]. 汉字文化，2019（9）：104-111.

[12] 单韵鸣，安然. 华裔学生汉字书写特征的个案研究：基于与非汉字圈学生的比较[J]. 华文教学与研究，2010（2）：7-14，26.

[13] 王骏. 外国人汉字习得研究述评[J]. 华文教学与研究，2011（1）：42-51，58.

[14] 王骏. 外国人汉字习得数据库的建设与汉字习得分析[J]. 语言教学与研究，2015（3）：21-33.

[15] 王骏. 外国人汉字习得的难度等级：一项基于数据库的研究[J]. 中国文字研究，2019，29（1）：217-227.

[16] 张瑞朋. 上下文语境对留学生汉字书写偏误的影响因素分析[J]. 语言教学与研究，2015（5）：22-32.

[17] 朱文文，陈天序. 书面反馈对初级阶段汉语学习者汉字书写习得影响差异研究[J]. 语言教学与研究，2016（6）：28-36.

[18] Wong, Yu Ka. The role of radical awareness in Chinese-as-a-second-language learners' Chinese character reading development[J]. Language Awareness, 2017 ，26(3): 211-225.

[19] Zhang, Haiwei & Roberts，Leah. The role of phonological awareness and phonetic radical awareness in acquiring Chinese literacy skills in learners of Chinese as a second language[J]. System, 2019，81: 163-178.

教师简介：

李璟，2022 年毕业于北京语言大学语言学及应用语言学专业，硕士研究生。参与国家级课题 1 项、区级课题 1 项，指导学生在市、区级作文竞赛中获奖，开发的《〈红楼梦〉整本书阅读课程》被认定为怀柔区 2023 年普通高中特色课程。

基于深度学习的"1+3"语文古诗文阅读教学策略研究

李可云

摘　要：深度学习是在教师引领下，学生围绕着具有挑战性的学习主题，全身心积极参与，体验成功，获得发展的有意义的学习过程。本文基于深度学习理论，探讨"1+3"贯通培养实验班古诗文阅读教学中可运用的古诗文阅读教学策略，尝试在语文古诗文阅读教学中以深度学习为基础，让学生在真实情境中，深入地参与到语言学习中，积极地构建知识体系，提升语文素养。在此过程中，学生在老师的指导下，积极地对学习内容进行深度加工，进行语言的建构与理解、知识的迁移与应用、情感和思维的深度参与，从而实现多维发展。

关键词：深度学习　古诗文教学　"1+3"贯通培养实验班

一、研究背景

目前古诗文阅读教学中，"碎片化""表面化""形式化""无重点化"问题突出。

古诗文阅读教学常采用单篇教学的形式，缺乏课与课、知识与知识之间的联系，无法形成系统的知识结构；看似教学目标和教学过程面面俱到，处处是重点，实则无一为重点，课程重点无法深入学生心中；教学流于形式，学习仍停留在表面的知识和技能学习上，学生的能力没有得到很好提升。

"深度学习"理念和以核心素养为目标的课程理念相契合，旨在通过高挑战的学习任务、高投入的学习状态、高认知的学习过程，通过重迁移、重理解、重情境、重思维、重反思的学习，引导学生不断地参与知识的建构和解决真实情境下的实际问题，培养和提高学生的学科核心素养，解决目前语文教学中存在的问题。

二、核心概念界定

（一）深度学习

教育部基础教育课程教材发展中心所领导的深度学习教学改进项目总项目组将"深度学习"的内涵界定为："在教师引领下，学生围绕着具有挑战性的学习主题，全身心积极参与、体验成功、获得发展的有意义的学习过程。"

深度学习是教师帮助学生摆脱"安逸区"，走向"学习区"，突破"焦虑区"的挑战性学习。深度学习所追求的是学生一次次挑战自己的认知和能力，对知识进行深层加工，深入参与到知识形成的整个过程中，有批判、有迁移、有理解、有创造、有建构地将新知识与已有的知识进行联结，形成知识链，从而形成知识网，并且在今后的学习中不断迁移应用，最后可以在真实的生活情境中快速地做出反应，将知识转化为自己的能力，有效地解决问题，得到精神上的愉悦和满足，从而循环往复，不断发展。

深度学习是一种全方位的沉浸式学习，指学生在学习中带动认知、内心、思维等多个维度的沉浸式投入。

深度学习是触及学生内心的教学，深度学习的"深"必须"深"在学生的心里，"深"在学生的动情点上。深度学习旨在引导学生在学习中锻炼思维，形成积极的态度、正确的价值观，体会获得知识的满足感和解决问题的成就感，成为一个有情怀、有责任心的人。

深度学习是"真"学习，是有意义的学习。教学目标是有意义的，教学内容是具有联结性、挑战性和思辨性的，教学过程是建立在真实情境之下的，以问题为导向，师生关系是平等且能深度互动的，教学评价是真实有效的。总之，深度学习是积极主动地实现自我、成就自我的过程。

（二）"1+3"贯通培养实验班

"1+3"培养实验是北京市教育委员会为促进义务教育优质均衡发展，探索高中人才培养方式而实施的改革。目前北京市一〇一中怀柔分校已招收七届"1+3"贯通培养试验班学生，课程建设日臻成熟，培养模式逐步完善，学生综合素质显著提升。通过探索实践，我们发现课程体系的构建、知识领域的拓展与评价方式的科学制定，是确保"1+3"贯通培养试验班学生能够始终保持积极进取状态的根本保障。

本次研究主要关注针对"1+3"贯通培养实验班学生第1年初高中衔接阶段（预科）的古诗文阅读教学。

"1+3"贯通培养实验班预科年级（以下简称"1+3"）同学已经有一定的古诗文学习经验，能够借助课文注释与工具书理清文本大意，没有升学考试复习的压力，因此可放手让学生自主学习，教师可在此基础上点拨一些难以理解的词语。

学生过去学习文言主要以识记字词为主，割裂了"文"与"言"之间的联系，缺乏积极的语言建构活动，对古诗文中承载的文化价值更是缺乏体验，学生在学习时常常难以进入语境，靠近作者的心灵。

大部分"1+3"学生在学习古诗文时，对老师的讲解和教科书、参考书上的内容比较依赖，不会对所学内容进行深入思考和质疑，其深度学习之下的知识建构、迁移应用、总结反思、批判思维这四个维度的能力还有欠缺。在接触到古诗文文本时，学生受应试学习习惯的影响，常会对一类文本产生一定的固化思维，如"送别诗"便是写"离情别绪"，却很少进一步分析诗歌是如何表现"离情别绪"、表现了怎样的"离情别绪"。

三、教学策略

通过对学情的调研与对深度学习理论的研讨，我们合力讨论出了一些基于深度学习的"1+3"古诗文阅读教学实施策略。

（一）多样化整合学习材料，克服阅读碎片化

深度学习离不开知识与能力的整合和迁移，只有整合教学内容才能联系整体，破除低效的"碎片化"学习。对教学内容的整合应当基于课程标准、文本特点及学情进行。

整合教学内容应首先聚焦根基，立足教科书，进行课内文本整合，但毕竟教材篇目有限，要想切实拓宽学生阅读广度与思维深度，有必要整合课内外文本，构建"1+X"文本组群。这里的"1"指的是教材中的一篇文章、一个核心主题、一位作者，"X"指与教材中的核心文本、主题、作者有联系的其他文本。在这样的文本组群中可以补充以下几类：

1. 背景文本

帮助学生了解作者的生平际遇与创作意图，更准确把握作品的文学意义。如在教学《过秦论》时，补充苏轼的《贾谊论》等文章与试题中的《贾谊自伤》文段，帮助学生理解贾谊的精神品质与《过秦论》潜藏的创作意图。

2. 互动影响文本

文言古诗作品中，常出现作者与作者、作者与读者间的深度思想交流、情感上的沟通。为了让学生真切地感受到思想交流的魅力，教师在教学王安石《答司马谏议书》时，可以补充阅读司马光的《与王介甫书》《与王介甫第三书》，让学生感受到王安石驳辩时针锋相对、逐点击破的力度。

3. 题材相似文本

帮助学生了解不同作者对同一问题的不同视角、不同观点，感受作者不同的立场与创作意图。可以依照教材中单元设计，依循教材中人文主题和学习任务整合教学，也可尝试补充课外文本。

如在《白雪歌送武判官归京》教学中拓展朗诵其他几首通过不同特点的"送别之景"引发独特"送别之情"的送别诗，进一步引导学生通过对诗句的品读，让学生发挥想象，激发情感，领悟不同"送别之景"中的"送别之情"。

同时，为检验学生在这样的自主学习过程中思维的提升程度,可让学生编辑制作"告别"主题文摘小报，要求学生以思维导图的形式展现在阅读过程中得到的思维启迪，并运用独特的"送别之景"，将自己对"告别"主题、相关情感的理解表现于周记中。

（二）感悟句段逻辑，构建知识网络

深度学习强调整合性学习，强调知识的迁移和联结，教学中要联合迁移新旧知识，为知识建构打好基础，调动学生的积极性。教师可以引导学生课前思考"关于新文本我已经读懂了哪些""新文本主题与我有怎样的关系""如何将新知识运用到日后写作中"等问题。

可以利用思维导图、概念图、表格等方式帮助学生形成新旧知识的联结和对比。

比如，可借助思维导图对之前学过的字词进行回顾总结，将新学的字词与之整合。例如将"而"分成连词、代词、助词等用法，并且在每种用法后补充学过的例句。

古诗文教学时，可以以作者为中心绘制思维导图，建立学生对作者生平、作品、语言风格、思想等方面的认知体系。例如，在学习李清照的《如梦令》时，教师可以引导学生回顾李清照的相关知识，围绕李清照的词风转变，以思维导图的形式展现李清照的一生。

教学过程中，还可以引导学生概括出词中运用的推理方法——若海棠受到风雨打击，必然"绿肥红瘦"，既然"绿肥红瘦"为真，那么"海棠依旧"自然为假，主人的委屈心理正蕴藏于对话中，蕴藏于"试问"与得到不合预期回答的疑惑与情意中。

此外，还可以运用表格的形式对新旧知识进行对比。比如在学习《过秦论》时，可以联系《陈涉世家》，用表格直观对比陈涉、九国、秦国之间的力量悬殊，从而引发学生对秦朝灭亡原因的深入思考。

（三）创设真实情境，激发学习主动性

深度学习是在解决问题的过程中促进能力提升的学习。古诗文教学中，教师可以基于文本与学习目标创设有意义的情境，将教学融合在真实情境之中，让知识和能力为实际问题服务，促使学生进行深度学习。

比如可以让学生分角色表演《鸿门宴》中"樊哙闯帐"的情节，使学生在情境中感受局势的紧张，在樊哙英武义愤的背后感受张良的智慧。

在进行必修上册第六单元"学习之道"教学时，教师可以开展以"探究学习之道，明察思辨之理"为主题的班级征文活动，并将优秀作品编辑成册。围绕此核心任务，设计具体的学习任务，通过诵读、精读、评点批注、互文比较阅读、问题探究、讨论、演讲、写作、分享等活动，让学生充分地参与课堂教学，将碎片化的知识点进行整合，在具体的情境中实现知识的灵活运用和迁移，从而更加有序地提升学生的语文素养。

深度学习创设的问题情境要求问题必须形成问题链，达到牵一发而动全身的效果；问题必须是核心问题，是围绕文本核心特色内容和关键点来创设的；问题必须是具有挑战性和复杂性的问题；问题必须嵌在一定的真实情境之中，激起学生的兴趣，促使学生

迁移应用，使深度学习发生。

比如，在教学《氓》一课时，引导学生圈画女主人公对"氓"的称呼的变化，联系生活实际，体会女主人公的情感变化，从而更深刻地理解诗歌蕴含的思想和情感内涵。

（四）用心开展对话，促进深度与批判

教学对话是促进深度学习的重要手段。在古代诗文教学中，要为"师生对话""生本对话""生生对话"留出充足的空间。

提出问题是引导学生进行思考、分析和加工的一种有力手段，它能使学生的思维不断深入。因此，教师应以"问题"为导向，通过质疑问难来推动学生发现问题、探究问题、解决问题、反思问题，从而促进高层次的思维发展。

比如，教师教授《烛之武退秦师》时，可将问题进行整合，以"退"为中心，设计三个问题：烛之武为什么"退"秦师？他怎样"退"秦师？结果如何？三个问题层次递进，让学生集中注意力，形成连贯思维，进行深入学习。

在古诗文教学中，"潜心会文本"是基础。通过与文本的深层对话，学生在与文本的互动中获得阅读体验和阅读感悟，从知识的习得走向意义的自我建构，从对文本的浅层学习走向对文本意义的深层建构。教师需要让学生成为学习的主体，通过自主学习进行深度学习。一是学生要自主学习。学生在学习文本之前，要先预习，再思考和质疑。二是教师要引导学生将知识与生活进行联通，在探究文本时结合实际生活，将学到的知识应用到生活中去，使知识从生活中来，到生活中去，并用于指导自己的生活，从而获得知识的意义建构。

认知活动是在与他人进行互动和借助外在环境中得以实现的。深度学习的开展需要建立学习共同体，在相互协作中产生思维的碰撞，学生在这一过程中逐渐超越个人思维的限制，走向多维、走向创新、走向深刻。比如在学习《岳阳楼记》时，每个学习共同体小组选出代表对文本进行分析和阐释，之后大家交流讨论，分享自己的观点和看法，这样他们能够得到不同角度和方面的信息和思考方式，从而提升学生的文本解读能力。

总之，我们在"1+3"语文古诗文阅读教学中以深度学习为基础，试图让学生在真实情境中，深入地参与到语言学习中，积极地构建知识体系，提升语文素养。在此过程中，学生在老师的指导下，积极地对学习内容进行深度加工，进行语言的建构与理解、知识的迁移与应用、情感和思维的深度参与，从而实现多维发展。

参考文献

[1] 刘月霞，郭华. 深度学习：走向核心素养 [M]. 北京：教育科学出版社，2018.

[2] Eric Jensen, LeAnn Nickelsen，温暖译. 深度学习的 7 种有力策略[M]. 上海：华东师范大学出版社，2010.

[3] 王玉强. 深度教学：构建优质高效课堂的方法[M]. 上海：华东师范大学出版社，2012.

[4] 李松林. 回归课堂原点的深度教学[M]. 北京：科学出版社，2016.

[5] 王开东. 深度语文[M]. 桂林：漓江出版社，2015.

[6] 李松林. 深度教学的四个实践着力点：兼论推进课堂教学纵深改革的实质与方向[J]. 教育理论与实践，2014（31）：53-56.

[7] 朱开群. 基于深度学习的"深度教学"[J]. 上海教育科研，2017（5）：50-53，58.

[8] 伍远岳. 论深度教学：内涵、特征与标准[J]. 教育研究与实验，2017（4）：58-65.

[9] 李松林. 深度教学的四个基本命题[J]. 教育理论与实践，2017，37（20）：7-10.

[10] 李松林. 回到课堂原点的深度教学[J]. 基础教育参考，2015（16）：46-49.

[11] 陈胡涛. 高中语文古诗词教学设计刍议[J]. 语文教学通讯：D 刊（学术刊），2019（11）：17-19.

[12] 朱志红. 新课程下古典诗词教学现状及方法浅谈[J]. 学周刊，2017（22）：129-130.

[13] 田春国. 追问其情 涵咏其韵：高中古诗词教学技法一瞥[J]. 中学语文教学参考，2019（12）：75-76.

[14] 何郁. 高中文言文应在深度教学上下功夫[J]. 中学语文教学，2011（7）：18-20.

[15] 杨延玉. 高中古诗文深度阅读教学初探[J]. 文教资料，2020（7）：59-60.

[16] 陈艺文. 高中古诗文深度阅读教学初探[J]. 文学教育，2019（4）：84-85.

教师简介：

李可云，首都师范大学硕士研究生。多次被评为"叶圣陶杯"全国作文大赛优秀指导教师、"语文报杯"中学生写作银牌指导教师、《同心同行——北京市中小学 2020 年战疫期间习作集》优秀指导教师、第十届"书香燕京——北京市中小学阅读指导活动"优秀辅导教师。

跨学科教育理念背景下的高中语文教学实践

李 孜

摘 要：跨学科在教学实践中是指打破学科界限，从学科融合的视角将两门或两门以上的学科予以整合并实施的教育活动，有助于实现单一学科所不具备的育人价值。因此整合其他科目的知识进入语文课堂成为教师的必备技能。语文学科和数学、物理等学科的结合，不仅有助于学生审美鉴赏能力的提升，更能促使其思维得到进一步发展与提升。

关键词：跨学科 核心素养 语文教学

一、引言

《普通高中语文课程标准（2017年版2020年修订）》要求，教学中要"注意在生活和跨学科的学习中学语文、用语文，在学习和运用的过程中提高表达、交流能力"。学生要通过学科学习逐步形成正确价值观、必备品格和关键能力，即在"语言建构与运用""思维发展与提升""审美鉴赏与创造""文化传承与理解"四个方面有所提升。跨学科教学则是基于学生核心素养提升下课堂教学的一种新形式。

跨学科教学是指以某一学科（要学习的学科）为主导，通过其他多门学科资源的介入，有效地解决问题，更好地达成教学目的，并在探究的过程中全面培养和训练学生的学习能力和综合素养。笔者以"跨学科""跨学科教学""跨学科学习"为关键词在中国知网进行检索，并对检索到的文章内容进行分析，发现目前的跨学科研究虽主要集中在高等教育领域，但也有部分中小学教师进行了跨学科教学的尝试。宋萍将音乐欣赏与古典诗歌相结合，带领学生学习《琵琶行》；吴晔以跨学科理念为指导，剖析古诗中所蕴含的历史、地理、音乐、美术等学科的知识；王会香将语文学科诗歌品鉴和美术学科设计构图相结合；叶紫婵认为文言文中的特殊句式和英语中的一些语法运用十分相似，为文言文教学中引用英语语法提供了可能；花汇以《〈论语〉十二章》为例进行语文、书法跨学科教学；潘卫星采用文史结合的方法进行作文训练；上海市市西中学校长董君武则指出市西中学语文、政治、历史、地理4门必修课程的跨学科融合式教学已经正式落地。

工具性与人文性的统一，是语文课程的基本特点。因此，刘忠强指出可以借鉴STEM课程在数学、物理等学科中的应用思路，在中学语文教学中融入历史、艺术、社会等学科方面的内容。以上研究成果也证明了跨学科教学在语文教学实践中的可实现性。但大多数语文跨学科实践多与历史、美术、书法、音乐等学科相联系，较少涉及数理化等学科。笔者以部编版语文教材必修上册的《红烛》《归园田居》（其一）及选择性必修中册的《人的正确思想是从哪里来的？》三篇文章为例，浅谈跨学科思维在高中语文教学中的应用。

二、诗歌韵律美在数学坐标轴中的可视化展现

《普通高中语文课程标准（2017 年版 2020 年修订）》指出，学生应"从语言、构思、形象、意蕴、情感等多个角度欣赏作品，获得审美体验，认识作品的美学价值，发现作者独特的艺术创造"。教学提示指出"文学作品的阅读与写作，应以学生自主阅读、讨论、写作、交流为主""鼓励和引导学生自主组织、举办诗歌朗诵会、读书报告会、话剧表演等活动，丰富学生的审美体验"。

必修上册第一单元的人文主题是"青春激扬"，学生应理解作者对国家命运前途的关注，激发青春的热情。笔者以人文主题为导向，在各班级配合下开展"吟青春、诵祖国爱国主义诗歌朗诵"活动，让学生通过学习教材诗歌来感悟青春，最终以个性诵读形式来帮助学生更深刻地明确青春价值。在真实的教学情境和单元任务的驱动下，学生学习的主动性大幅提升。最受欢迎的朗诵篇目为《红烛》，但朗诵难度较高。闻一多先生借助"红烛"这一意象，表现"何种情感"，以及"如何读出情感的起伏"成为学生学习的重点和难点。

笔者所任教的班级大部分同学没有朗诵比赛的经验，如何帮助学生理解情感以及进行情感起伏的处理成为教师思考的重点。闻一多先生在作品中用问答的形式抒发情感，全诗情感经历了 7 次变化，四扬三抑。在思考过程中，笔者发现数学中的折线图能很好地展现诗人的情感变化，并能帮助没有朗诵基础的同学解决情感起伏问题。依据教学目标，笔者设置了教学的主问题：学生自读诗歌，用数学中坐标轴的形式（横轴是章节，纵轴是作者的情感），画出作者情感折线图（标注抑、扬内容），探究闻一多先生的情感变化。

学生具有自己独特的审美体验，对闻一多先生的情感理解存在分歧。学生在画图的过程中，要能从文本中寻找依据，解释自己的折线变化。教师则通过问题链条帮助学生加深对"红烛"意象的理解，感受作者的情感变化，如"折线图中扬的内容是什么""作者如何展现情感的昂扬"等。

通过对坐标轴内容的处理与讲解，学生对文章内容与情感有了更深入的了解。在此基础上，学生结合折线图（图1），把自己对诗歌的理解朗诵出来。不同于音乐、美术学科，语文学科的美是一种符号形式的抽象美。在朗诵诗歌时，学生需要通过理解文字的意思，表达出诗歌的抑扬顿挫，读出作者的情感。坐标轴的形式能展示作者情感变化，

这种形式既直观又能引发学生兴趣，让学生在朗诵的时候有抓手，更好地帮助学生展现这种抽象美感。

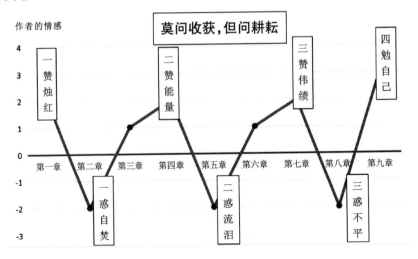

图 1　《红烛》中作者的情感变化

三、诗人的回"归"情感在物理"位移"中的辩证思考

古代诗歌具有韵律美、形象美、情感美等特点，韵律和情感可以通过数学坐标轴展示出来，进而帮助学生深刻体会。但是诗歌语言的凝练性与跳跃性影响学生对诗人情感的理解把握，需要学生深入思考。

中国古代的大多数文人怀着齐家、治国、平天下的抱负踏入仕途，但是当他们进入仕途后，往往会发现仕途并不能实现他们的理想。退隐山林、归隐田园成为大多数人的归宿，而陶渊明是最有代表性的一个。必修上册第三单元《归园田居》（其一）是陶渊明诗歌的代表篇目。《归园田居》（其一）的讲解主要处理"从何而归""为何而归""归向何处""归去何感"四个问题，落脚点都在"归"字上。

字典中"归"字的解释为"返回，回到本处"。而物理学科有一个概念与"归"的含义相似，那就是"位移"。"位移"是指"由初位置指向末位置的有向线段，也就是说物体位置的变化"。值得注意的是质点环绕一周又回到出发点时，它的路程虽然不为零，但其位置没有改变，因而其位移为零。"归"的概念与"位移"的概念存在重合。

"位移"出现在高中物理课本必修第一册第一章《运动的描述》第二课，而《归园田居》（其一）为必修上册第三单元中的课文，《归园田居》（其一）的学习正好晚于"位移"内容的学习。笔者经过思考决定将诗歌讲解与物理中的位移相结合。

陶渊明最终回归田园，位移看似是0，但其实有些内容发生了变化。笔者将教学主问题设置为探讨"陶渊明的（　　）>0"。学生根据对诗句的理解，填写括号里的内容，并进行解释。学生在填写过程中就必须结合课下注释深入理解诗歌。根据物理学的位移内容，学生最先想到的答案是"陶渊明的（路程）>0"。因为物理学中位移是 0，路程不一定是0。这就涉及陶渊明的官场生活"误落尘网中，一去三十年"等诗句。此外，学生的答案还涉及"陶渊明的（心理年龄）>0"等。教师则可以设置问题链条"陶渊明心理发生了什么变化""为什么发生变化"来帮助学生进一步探究诗歌内容与作者情感。

"思维发展与提升"是语文学科四大核心素养之一，提升思维的深刻性、批判性与创新性就成为语文教学中的难点。思维的深刻性主要体现在对文字材料的理解从"是什么""怎么样"到"为什么"上。不管是对折线图内容的追问，还是对学生在括号里填写内容原因的追问，最终目的都是促使学生不断回归文本，深入文本。学生解释的过程以及对不同意见的反驳，能很好地提升学生的批判性思维。

四、思辨性文本在逻辑与思维中的重构与印证

《普通高中语文课程标准（2017 年版 2020 年修订）》在"思辨性阅读与表达"学习任务群中提出："阅读古今中外论说名篇，把握作者的观点、态度和语言特点，理解作者阐述观点的方法和逻辑""学习表达和阐发自己的观点，力求立论正确，语言准确，论据恰当，讲究逻辑"。在本任务群的"教学提示"部分指出"注重培养学生思维的逻辑性""适时适度地引导学生学习必要的逻辑知识"。但在教学过程中，究竟什么是"逻辑"，教师难以解说，学生难以判别。

高中语文选择性必修上册的第四单元专题为"逻辑的力量"，这一单元的设计是具有时代意义的。自 1987 年《全日制中学语文教学大纲》中删除逻辑知识短文后，逻辑知识与高中语文教材"从此萧郎是路人"，这一专题的设计有助于教师完成任务群，但是这部分内容对于学生学习和教师备课而言皆属难点。笔者注意到部编版高中思想政治选择性必修三《逻辑与思维》共分四个单元来讲解逻辑学。教师可参考使用课本中列举的众多有趣的故事帮助学生理解。此外，笔者在讲逻辑学的过程中还补充了多种推理方式，帮助学生理清思辨性文本的论证逻辑是否合理。

笔者在教学《人的正确思想是从哪里来的？》一文时，以"段落写作的逻辑是否清晰"为主问题，让学生分析作者是如何论证自己的观点的。学生的思维导图都能涉及"两个阶段""两次飞跃"，但是"人的正确思想是从哪里来的"与二者是何关系却不明确。此时，逻辑学的推理方式就能发挥重要作用。

第一次飞跃是由感性认识到理性认识，由客观物质到主观精神，由存在到思想。此次飞跃产生了思想，思想从何而来？教师可在与学生的问答中板书以下内容：

什么是思想？思想是理性认识

理性认识从感性认识来

感性认识从社会实践来

理性认识从哪里来？——实践（思想来源于实践）

根据以上形式，学生可回忆语文及政治学科中所涉及的逻辑学的"三段论推理"，即

所有 S 都是 M

所有 M 都是 P

所有 S 都是 P

进而得出思想来源于实践，论证的第一部分完成。正确思想来源于什么？学生可轻易答出"实践"。但在这一推理的过程中其实也是使用了一种推理方式——"充分条件推理"。

第二种推理：充分条件推理

如果 P，那么 Q

P 为 Q 的子集，属于 P 的一定属于 Q

如果是思想，那么来源于实践

正确思想是思想

正确思想来源于实践

本文从结构上给我们提供了阅读和写作思辨性文本的良好范例。在思辨性文本阅读中发现逻辑，并运用到作文的写作中，让学生真正认识到逻辑严密的重要性。议论文写作一般的结构形式在总体上是共同的、不可逾越的。这就是：提出问题—分析问题—解决问题。阅读议论文就要善于从文章的具体内容及层次出发，去追溯文章中的那个"大体"；写作议论文，就要根据表达的需要，考虑如何按照"大体"的构架去安排文章的内容。因此，认识和掌握"大体"，在阅读和写作中都至关重要。

五、结语

刘忠强等人指出，之所以提出将跨学科教育理念应用于中学语文教学，是因为语文学科是基础教育阶段最为基础和最为综合的一门学科。语文学科核心素养具有非常广泛的普适性，有些甚至远远超出了语文学科的范畴。笔者将诗歌内容的理解与诵读、与数学学科和物理学科相结合，充分体现了语文学科的包容性、综合性、人文性和工具性，激发了学生的好奇心，提升了学生的探索能力。

跨学科教学可以打破语文单科教学的固有模式，拓宽思维的深度与广度，在多学科之间架起桥梁，把不同学科之间零碎无序的知识联系起来，形成整体化、系统化的知识网络。但跨学科对任何一位教师来说都是有挑战的，毕竟涉及其他专业领域。当教学内容涉及其他学科知识时，教师必须能准确把握这些非本学科知识，避免对学生产生误导。

参考文献

[1] 中华人民共和国教育部. 普通高中语文课程标准（2017年版2020年修订)[S]. 北京：人民教育出版社，2020：17-18.

[2] 赵军，陆启威. 学科融合不是简单的跨学科教育：学科融合教育的实践和思考[J]. 江苏教育研究，2016（31）：32-34.

[3] 宋萍. 《琵琶行》与跨学科教学[J]. 中学语文教学参考，2017（27）：40.

[4] 吴晔. 他山之石 可以攻玉：从跨学科视角窥见古诗教学的魅力[J]. 求知导刊，2020（50）：8-9.

[5] 王会香. 图文结合品诗歌：以诗歌品鉴为例浅谈跨学科教学途径[J]. 考试周刊，2020（87）：54-55.

[6] 叶紫婵. 文言文课堂运用英语语法知识的跨学科教学[D]. 湖南师范大学，2017.

[7] 花汇. 以书法鲜活语文 以书写加深理解：以《〈论语〉十二章》语文书法跨学科教学设计为例[J]. 上海教育，2020（33）：71-73.

[8] 潘卫星. 跨学科视域下高中语文教学的实践与思考[J]. 江苏教育，2020（83）：15-17.

[9] 董君武. 思维广场，让跨学科融合式教学渐成常态[J]. 上海教育，2020（34）：47.

[10] 刘忠强，钟绍春，王春晖，等. 基于跨学科教育理念的语文学科核心素养构建策略研究[J]. 现代远距离教育，2018（3）：44-50.

教师简介：

李孜，2018年毕业于北京语言大学汉语言文字学专业，硕士研究生。参与国家级课题1项、市区级课题4项，先后在《语言战略研究》《语言规划学研究》发表论文，多篇案例在市区比赛中获奖。2023年被评为怀柔区优秀青年教师。

超越、虚静与意境的关系

仝玉山

摘 要：《庄子》思想对后世的文学艺术产生了重要影响，其中"超越""虚静"的思想与文学艺术中的意境有密切关系，本文就这一问题做一些讨论。"超越"与"虚静"是《庄子》中两个重要思想，这两种思想对后世文学艺术中的意境论产生重大的影响。具体来说，"超越"与意境论在本质上具有一致性；"虚静"是一种心理状态，是意境产生所必须的心理状态，虚静是产生意境的途径和方法。

关键词：超越 虚静 意境

一、引言

《庄子》是一部具有极其丰富内涵的书，而"自由"是贯穿于《庄子》的一条主线，也是庄子哲学的最高追求。《庄子》虽然通篇论述的是怎样实现对现实的超越，怎样获得自由，并没有直接论述文学问题，但他追求的自由、超越，和文学创作具有共通性（文学创作要求创作的审美主体具有超越性、非功利性和自由性的特征），其实现自由的方法也是进行文学创作的方法。

二、超越与意境

《庄子》开宗明义，首篇《逍遥游》就论述了对自由的追求，但不论是上飞九万里的大鹏，还是列子御风而行，都必须借风方可，所以他们的自由是受到限制的，实质上还是不自由。庄子追求的自由是不受任何限制的"若夫乘天地之正，而御六气之辩，以游无穷者，彼且恶乎待哉"的自由。在现实世界中这种绝对的自由是无法实现的，即使大鹏上飞九万里、列子御风而行也不是真正的自由，更不用说飞不过数仞之高的蜩、学鸠了。在社会生活中受到生、死、是、非、功、名、利、禄、权、势、尊、贵的限制，用《庄子》的话说就是"死生、存亡、穷达、贫富、贤与不肖、毁誉、饥渴、寒暑，是事之变，命之行也"。这一切都是外在的限制。但在庄子看来这些都是无关紧要的，庄子认为人的最主要的限制来源于人的内心，人之所以不自由不是来自外部，而是来自人的心灵。自由与不自由完全在于人对外界的态度，在于是否能以超越的态度对待外在限制。能够超越，心灵就能不受万物之别的限制，就能安于命运，顺应自然，抱朴守真，也就能顺通无碍，实现自由；不能超越就会以人灭天，违背自然，不能实现自由。也就是说自由与不自由源于心，全在于一心之转。

庄子对现实、是非的超越与文学审美的超越性、非功利性、自由性在本质上是相通的，表现在中国传统美学上就是意境论。意境的本质思想就是"物我两忘""主客为一""情景交融"，即超越外物、自我，没有物我之别，达到物我为一，思想感情与自然融为一体，也就是"与道合一"。具体说来，所谓意境大致包含两方面基本相关的内容。第一，"意"字所包含的内容：意者，主要指写意，写意原则下的文学艺术创造，乃是表现作家心灵对于现实的体悟与想象，因而，经过写意的艺术模式所表现的主要是作家体悟宇宙与人生真谛所升华出来的意象。这里作家的心灵完全是完成了超越，而作家创作出来的意象也是融合了物我的"和体"。"明月几时有？把酒问青天。不知天上宫阙，今夕是何年。我欲乘风归去，又恐琼楼玉宇，高处不胜寒……"苏轼这首《水调歌头》的前半部分，正是他在出世超尘思想基础上，幻想着到月宫里去仙游所体悟和创造出来的"格高千古"的意象组合。第二，"境"字所包含的内容：境者，主要指由作家、艺术家在艺术创造中超越世俗创造的境界，即虚灵的境界。仍以苏轼的《水调歌头》为例，这里词人完全超越了世俗，进入了与道合一的境界。用庄子的话说就是"天地与我并生，而万物与我为一"的境界。《庄子》不仅为后世提供了意境论的哲学和思想渊源，而且也是意境论的实践者。例如《庄周梦蝶》这则寓言中，庄周与蝴蝶不分彼此，物我不分，这时创作主体达到了"与道合一"的境界。那么怎么才能达到"与道合一""物我两忘"的境界呢？

三、虚静与意境

上一节我已经论述了意境的本质就是超越一切的"与道合一"，怎样才能做到"与道合一"呢？就是要保持心灵的虚静。《庄子·天道》中说："万物无足以铙心者，故静也……水静犹明，而况精神……夫虚静、恬淡、寂寞、无为者，天地之平而道德之至，故帝王、圣人休焉。"庄子在这里明确指出虚静境界是对万物无心，不受外界干扰的结果，是破除了成心的结果。也就是说，文学家、艺术家内心进入了虚静的境界，才能不受主客观因素的影响，超越各种成心的限制，"与道合一"，达到"物我合一""主客两忘"，才能在创作中创造出好的意境。那为什么有了虚静的状态就能创造出好的意境呢？徐复观先生说："人之所以不能顺万物之性，主要是来自物我之对立；在物我对立中，人情总是以自己作为衡量万物的标准，因而发生是非好恶之情，给万物以有形无形的干扰，自己也会同时感到处处受到外物的牵挂、滞碍。有自我的封界，才会形成我与物的对立；自我的封界取消了（无己），则我与物冥，自然取消了以我为主的衡量标准，而觉得我以外之物的活动，都是顺其性之自然。"虚静的状态就是对万物无心，那自然就不会把自己作为衡量万物的标准，所以就不会感到外物的牵挂，这样就能使作家、艺术家的心胸容纳客观世界中的千景万象，使作家、艺术家展开丰富的艺术想象活动，让艺术想象驰骋，便会概括、提炼、凝聚成好的意境。

那么，一件艺术品是怎么产生的呢？庄子在《庄子·达生》篇中讲述了一个"梓庆削木为镶"的故事。我们注意梓庆是怎么达到虚静的境界的呢？他是通过"斋以静心"，也就是"心斋"达到的。"心斋"即斋其心，使心保持虚静，不被外物所诱惑，心斋作为一种方法是一个过程，是一个致虚守静的过程，是逐渐化解成心的过程，是达到虚静的过程。其要旨是"一志"和"唯道集虚"。一志者，专一心灵，神不外驰，不为外物所动。这一过程同时也是"唯道集虚"的过程，即达到虚静的过程。这种达到虚静的过程就是超越的过程，即超越现实、超越自我、达到精神绝对自由境界的过程。

庄子通过"心斋"的方法，使心灵达到虚静，进而实现对现实的有限的超越。虚静就可以得到绝对的心灵自由，审美想象力就可以得到高度的发挥。这种独特的认识，恰为作为中国艺术最高追求的意境提供了理论基础。

参考文献

[1] 陈鼓应. 庄子今注今译[M]. 北京：中华书局，1983.

[2] 徐复观. 中国人性论史[M]. 上海：上海三联书店，2001.

教师简介：

仝玉山，中共党员，毕业于北京师范大学汉语言文学专业。曾被评为市级"语文教学标兵"、市级优秀教师、优秀班主任、中语会科研先进个人、市级骨干班主任，多篇文章在国家级语文核心期刊上公开发表。

"当代文化参与"学习任务群实施问题及对策研究

陈姿旭

摘　要：《普通高中语文课程标准（2017 年版 2020 年修订）》首次提出了十八个学习任务群，"当代文化参与"学习任务群位列第二，并且贯穿必修、选择性必修和选修三个阶段，在必修阶段占 0.5 学分和 9 课时，其重要程度不言而喻。这一任务群不仅能增强学生的文化自信，还能拓宽学生的语文学习空间，锻炼学生的综合实践能力，增强语文学习与社会生活的联系。本文主要从问题和策略两方面进行研究。

关键词：当代文化参与　现存问题　实施策略

一、"当代文化参与"学习任务群实施现存问题

（一）学习方式单一，课时分配不足

目前大多数学生获得语文知识的方式还是依靠教师讲授，调查数据显示这一比例高达 93%，尽管有 68%的学生表示学校经常组织多样的语文实践活动，但这些多种多样的语文实践活动并没有转化为语文知识。例如语文知识竞赛、主题演讲比赛、诗歌朗诵比赛等，看似热热闹闹，实则收获甚微。这类语文实践活动一般在 2 课时左右，一学期组织一次，时间跨度大，缺乏系统性，所以学生获得语文知识的途径还是主要依靠教师的课堂讲授。"当代文化参与"学习任务群是一个典型的活动型学习任务群，这种学习任务群因为缺少课文支撑，综合实践性强，所以课程开发难度比较大，需要教师花费一定的时间和精力来设计具体活动。

（二）任务群与教材脱节，教师指导缺失

部编版高中语文教材每个单元对应一个学习任务群，必修上册第四单元对应的任务群是"当代文化参与"，但这一点学生似乎并不了解。调查数据显示，83%的同学都对教材中的第四单元——"家乡文化生活"有所了解，但 78%的同学表示并不了解"当代文化参与"学习任务群，之所以会出现这样的情况，主要的原因还是教师没有给予恰当的指导。学生在拿到一本新教材的时候，出于好奇心会主动翻阅，但如果缺少教师的指导也就止步于翻阅了，个别对这一单元有兴趣的同学会进行思考。"当代文化参与"这一任务群具有综合性、实践性、交融性的特点，难度较大，学生很难独自学习；由于这一任务群实践性较强的特点，学生的学习活动主要以开放式的语文学习活动为主，也多以学习共同体的形式，例如文学社团、读书会、话剧团等组织形式开展，虽然赋予学生更多的学习空间，但是教师作为组织者、引导者、协调者、监督者、评价者的角色不能

缺失。而现实情况是大多数教师直接跳过这一单元的教学，个别开展这一单元教学的教师也只是让学生自由分组进行参观、调查、采访等实践活动，至于参观前的准备、参观的对象和目的、参观的形式和路径、参观结束后的报告撰写，以及调查方法、调查内容、访谈对象、访谈内容等需要教师指导的内容，教师都没有进行相应的指导。

（三）学生的文化辨别力有待提高

"当代文化参与"学习任务群旨在培养学生能够剖析、评价特定文化的能力。当今社会是一个多元文化盛行的社会，多元文化在给我们带来娱乐和新鲜感的同时也带来了伪装与迷惑，尤其对于身心还未健全的中学生来说，他们很容易受到那些没有经过筛选的文化的影响。也有教师明确表示目前快餐文化侵蚀学生思想的现象比较严重。例如，笔者听过一节这样的课，教师请同学们以《人民日报》评论员的身份写一篇题为《2020年的声音》的公众号文章，学生提出的第一个声音竟是"年轻人不讲武德"，而这还是教师在强调要以《人民日报》评论员的身份去思考的情况下产生的。由此可见，学生的文化辨别力亟须提高。《人民日报》指出这句话本身就是对社会风气的伤害，特别对尚缺乏判断力的未成年人来说，长此以往是对其价值体系的毒化，这些现象不得不引起我们的思考。

二、"当代文化参与"学习任务群实施策略

（一）学校为"当代文化参与"提供必要支持

1. 为语文教师提供理论与实践指导

由于"当代文化参与"学习任务群是作为一个较新的事物出现在语文课堂上，因此一线教师对它还不够了解，并且一线教师的课业压力繁重，很多教师疲于主动了解这一任务群，甚至只知这一任务群的存在，对其教学理念和教学建议一无所知，所以任务群的开展不尽如人意。学校的保障支持不到位也是原因之一，因此要从学校层面加强对教师的理论与实践指导。一线教师需要有针对性地接受培训，学校可以尝试与地方高校建立合作关系，积极引进地方高校或者教育研究院的研究者为本校教师提供培训，并与专业研究者加强对话沟通。在实践方面，即使"当代文化参与"学习任务群是一个新事物，但文化无处不在，虽然大多数教师对这一任务群教学的实施一头雾水，但也不乏个别敏锐的教师在多年前就尝试将当代文化引入语文课堂。参加其他教师课堂的观摩、教学经验的交流等活动，可以引导教师思考自己与他人对于"当代文化参与"学习任务群理解的差异，从而深化对"当代文化参与"学习任务群的认识与理解。

2. 完善学校硬件设备的使用

"当代文化参与"学习任务群的开展经常需要学生自主搜集资料，高中生的大部分时间都在学校度过，所以学校的图书馆、电子阅览室等硬件设施就要发挥应有的作用，然而现实情况是大多数高中的图书馆处于半开放的状态，部编版必修上册有一篇名为《上

图书馆》的课文，得此机会教师才实现带学生去图书馆的愿望，由于学生对于图书馆很陌生，导致他们连代书板是什么都不知道，更不要说如何使用了。由此可见学校图书馆的利用率极低。电子阅览室也成为学生打游戏、网络购物的场所，真正利用网络查阅资料的学生少之又少，其中也与教师指导缺失有关，利用哪些网站去查找相关的资料，又如何对查阅到的资料进行筛选、整合，这些都需要教师进行相应的指导，同时也需要学生进行多次训练，这样学生才能学会在网络世界获取自己需要的资料。

（二）立足学习共同体，拓宽学习路径

根据前文的分析可以发现，目前学生获得语文知识的路径较为单一，主要依靠教师讲授，但"当代文化参与"学习任务群作为一个典型的活动型任务群，单一的教师讲授无法保证任务群的开展。合作学习是这一任务群重要的学习方式，新课标在这一任务群的学习目标与内容中明确提出"建设各类语文学习共同体（如文学社团、新闻社、读书会等）"，教学提示中也有相关表述"引导学生自主创建各类社团，开展各类语文学习活动"。建立学习共同体有利于学生之间优势互补，在学习共同体中，学生为了同一目标共同努力，分工协作，交流意见，实现思维碰撞，互相启发，互相补充，这样既能实现对学习任务的全方位、多角度的认识，也可以开阔自身视野，打破认知局限，实现群策群力，促进思辨能力的发展。学习共同体的建设不仅体现在生生之间、师生之间，也体现在家校之间。"当代文化参与"学习任务群的学习内容以身边典型的文化现象为主，这就意味着它具有广泛性、多元性、社会性、实践性的特点，因此需要校内校外相互配合。以本课题为例，家乡文化关联到每一个人，其中必然包括高中生的家长们，而且家长们在家乡生活的时间要远远长于高中生，在对家乡的认知记忆等方面都会比高中生丰富。语文教师一个人的时间精力有限，如参观名人故居和博物馆、观看话剧表演、参加志愿者服务、实地探访保护建筑等实践性较强的学习活动就需要家长的配合。这样既不占用课上的课时，也可以增强学生与日常生活的联系。以这种家校合作式的学习共同体开展"当代文化参与"学习任务群活动，将当代文化从课堂带到了家庭乃至社会，实现了先进文化的交流与传播。因此以家校合作的学习共同体形式开展以家乡文化生活为主题的这一任务群的学习不仅可以拓宽学习路径，还能够增进两代人的交流沟通，以及他们对于家乡文化的共同关注，实现先进文化的传播。

（三）丰富任务群的开展方式

学生的文化辨别能力是一个需要积淀的过程，不是一朝一夕就能培养出来的，新课标分配给"当代文化参与"学习任务群的课时只有9课时，这远不足以在当今的文化大环境中培养学生的文化辨别力，况且知识可以传授，能力必须训练。因此除了在新课标规定的9课时内开展系统性、专题性的"当代文化参与"学习，也应该丰富"当代文化参与"的学习方式。新课标中也指出，本任务群应该贯穿必修、选择性必修和选修三个阶段，可与其他任务群相结合开展，这就要求我们将"当代文化参与"学习任务群的开

展融合到日常的语文学习中。

教师可以将其与教材中其他的单元主题结合。例如部编版必修上册第一单元的单元主题是"青春"，我们可以将"青春"作为一个文化主题，引导学生进行剖析和评价。例如部编版必修上册将《再别康桥》删除，引起了讨论，有人觉得删除是正确的，因为它表达的情感与第一单元中其他作品激昂、进取的主旋律不符；也有人认为不应该删除，他们认为青春本来就应该是丰富多彩的，淡淡的哀愁也是青春的一种。这时就可以组织学生针对这两种观点进行一场辩论。在辩论的过程中，学生通过搜集论点、论据，既丰富了自身对青春的理解，也照应了核心素养中的思维发展与提升，通过书写辩论稿和作为辩手发言也能提高学生语言建构与运用的能力。

本任务群的学习可与其他任务群相结合，这也是新课标中明确表示的，笔者在这里以"整本书阅读与研讨"和"汉字汉语专题研讨"两个任务群为例。首先在与"整本书阅读与研讨"学习任务群相结合方面，《乡土中国》和《红楼梦》无疑都是中国优秀文化的代表，尽管一本属于学术论著，一本属于古代小说，但其中的文化内涵都是值得挖掘的。例如《乡土中国》中血缘和地缘的一章，就可以结合我国特有的春运文化，让学生实地探查，实地采访。这对学生理解学术著作会有直观的帮助，并且也参与到了当代文化的研究中，从而将两个任务群进行了有机融合。《红楼梦》作为一部百科全书式的小说，其中有很多可供学生挖掘的文化资源，例如建筑文化、服饰文化、饮食文化等，北京的学生可在周末参观大观园和曹雪芹故居，在实地探查的过程中去体会《红楼梦》的文化价值。尽管书中描写的年代距离我们较远，但它对当代人的文化影响是历久弥新的。在与"汉字汉语专题研讨"学习任务群相结合方面，每年《咬文嚼字》都会评出年度十大流行语，每个流行语背后都是当年的文化热点。例如2023年十大流行语之一的"特种兵式旅游"，将特种兵和旅游进行搭配，其背后的文化意蕴很值得学生去挖掘，同时还可以促进学生思辨思维的提升。我们可以引导学生通过搜集近几年的一语双关的年度热词，并有选择地分析它们背后的文化现象，这就将"当代文化参与"和"汉字汉语专题研讨"两个任务群进行了组合学习。

"当代文化参与"学习任务群的开展还可以与写作指导课相结合。作文材料经常涉及当年或近几年的文化现象，要求考生结合材料，选好角度，确定立意。这其实和要求学生对某一文化现象进行剖析、评价在某种程度上对学生的能力训练是一致的。例如2020年的全国新高考 I 卷的作文，所给材料紧密结合新冠疫情，要求考生以"疫情中的距离与联系"为主题写一篇文章。在此背景下，人与人的距离和联系都发生很大的变化，这无疑是一个大的文化现象。学生是否能在生活中去关注、剖析、评价这一现象将直接影响其作文的深度。因此，在写作指导课中融入"当代文化参与"学习任务群的教学不仅能落实在日常的语文学习中开展这一任务群的教学目标，还能够为学生的写作打开思路、增加深度。

　　"当代文化参与"学习任务群在具体的实施过程中经常存在被忽略的情况，究其原因，主要是学生语文知识的获得主要依赖教师传授，学习方式单一，且课时紧张，无法保证活动型任务群的开展。其次是教师对这一任务群的了解和重视程度欠缺，以及学生文化素养荒芜。因此要推动"当代文化参与"学习任务群的开展，首先需要学校在人力和物力等方面提供支持，其次挖掘日常生活中的课程资源，丰富任务群的开展方式，通过课内和课外相结合的方式来培养学生的文化素养。

参考文献

　　[1] 王宁，巢宗祺. 普通高中语文课程标准（2017 年版 2020 年修订）解读[M]. 北京：高等教育出版社，2018.

　　[2] 朱绍禹. 中学语文课程与教学论[M]. 北京：高等教育出版社，2005.

　　[3] 朱再枝，何章宝. 基于项目式学习的"当代文化参与"实践探究：以高中语文统编教材必修上册《家乡文化生活》为例[J]. 基础教育课程，2019（24）：20-25.

　　[4] 万永翔. "当代文化参与"阐释[J]. 语文教学通讯，2019（28）：25-26.

　　[5] 鲁峻. 民俗文化进校园："当代文化参与"任务群教学设计[J]. 中学语文教学参考，2019（25）：7-10.

　　[6] 何杰. "当代文化参与"单元参编、试教体会与教学建议[J]. 语文学习，2019（9）：10-14.

　　[7] 张清. 当代文化参与（一）"十个人的十年"访谈录[J]. 语文教学通讯，2019（C1）：31-34.

　　[8] 杨蓉蓉. 当代文化参与（二）民以食为天[J]. 语文教学通讯，2019（C1）：34-37.

　　[9] 白楠茁. "当代文化参与"任务群案例：讲出时代人物风采[J]. 语文建设，2019（5）：9-13.

教师简介：

　　陈姿旭，女，硕士研究生，中学二级教师，多次指导学生在全国作文大赛中获奖，所指导的学生中获得"叶圣陶杯"全国作文大赛国家级二等奖一人、省级一等奖六人，承担市级课题研究课 2 项，参与区级课题 1 项。

平遥方言语气词"啦"的句法分布及语用功能

雷宏英

摘　要：语气词在现代汉语句法、语义传达、功能凸显等方面具有独特的作用。平遥方言中的语气词"啦"的句法分布和语用功能具有鲜明的地方特色。在句法分布方面，事态语气词"啦"可直接用于动词之后，也可用于句末，均表完成，又可构成"的啦"表事态进行的阶段，构成"V开N啦""快V开N的啦"表变化；情态语气词"啦"主要构成"有么啦""啦么啦"提示疑问语气。语用功能方面，语气词"啦"可与"哇""呀"合用表揣测征询，在特定语句中具有完句功能。

关键词：语气词"啦"　句法分布　语用功能

语气词"啦"在现代汉语中的使用频率较高，关于"啦"的研究在语气词的著述中多有涉及。徐晶凝（2008）认为"啦"使用条件与"了$_2$"相近，二者可以换用；在很多情况下，"啦"只能用在已然与未来情状中。方梅（2016）指出"啦"是能够行使"宣告"行为的语气词，可满足谈话者面对面的言谈互动需求；方言中语气词"啦"的研究主要是关注其句法分布及语用功能。王丽华（2012）、杨秀明（2002）等指出龙海、漳州方言中的"啦"在句子中的位置灵活，在语调的作用下，"啦"具有重要的意义内涵与动态的语用功能。

平遥方言属晋语并州方言片，常用语气词14个，其中"啦""咧""哇""来"除表语气外，还兼表时、体范畴。张凯焱（2016）对平遥方言中的代表性语气词进行了综合概述，并指出语气词"啦"具有体功能，但并未对其进行较为细致的描写。

本文将在上述研究及语料基础上，采用对比分析等方法，将平遥方言中的语气词"啦"分为事态语气词与情态语气词两类，重点描述"啦"在平遥方言陈述句和疑问句中的分布，并进一步揭示"啦"的语用功能。

一、平遥方言语气词"啦"的句法分布

根据平遥方言语气词"啦"的实际语料，以及李小凡（1998）对苏州方言语气词的分类，我们把平遥方言中表"对实际发生的事态加以客观描述"的"啦"记为事态语气词，在陈述句中最具代表性；把"表述客观事实的同时也表达某种主观态度或情感"的"啦"记为情态语气词，主要出现在疑问句中。

（一）陈述句中的事态语气词"啦"

《现代汉语虚词例释》指出"啦"是语气词，是"了"和"啊"的复合形式，兼有

"了"和"啊"的作用。在现代汉语中，"了"可以分为"了₁"和"了₂"，平遥话中出现在陈述句中的"啦"分别具有"了₁"和"了₂"的功能，分别记为"啦₁"和"啦₂"，主要见于句末，为事态语气词。此外，平遥话中"啦"常和"的"搭配，构成句尾"的啦"。

1. "啦₁"表"体"意义

"体"是"对动词作语法描述的一个范畴（与时间和语气一起），主要指语法标志，表示持续或表示活动类型的方式[1]"。可见，语气和时间对体范畴的表达有支撑作用。平遥话中，"啦₁"可以直接构成"V啦₁"，也可以跟在句子的末尾，如：

（1）兀家荷[hə²¹]啦。 （他拿了。）

（2）捏买号过年的衣裳[suʊ⁵⁵]啦。 （我买好过年的衣服了。）

"啦"单独出现在句尾表示的是近时实现的完成体。"的啦₁"的使用比"啦₁"复杂，表事态发展的阶段，如：

（3）兀家荷[hə²¹]的啦。 （他去拿了。）

（4）甲：捏妈[maŋ⁵⁵]呢？ （你妈呢？）

乙：不在啦，吃喱的啦。 （不在了，去吃饭了。）

（5）乙：孩儿兀家爸爸买醋的啦。 （孩子的爸爸去买醋了。）

"的啦"位于句尾时，整个句子是对不在现场的被陈述对象动作行为的描述，说话人不知被陈述对象是否完成动作。（3）至（5）都是有待完成的动作，动作开始时间早于说话时，完成时间不确定，所以不是完成体，属非完成体。

2. "啦₂"表变化

平遥方言中的"啦₂"用于说明新情况的变化或新情况的产生，构成"V开N啦₂"，如：

（6）外斗哈开雨啦。 （外面下雨了。）

（7）唱开歌啦。 （开始唱歌了。）

"V开N啦"是对此时产生的变化的描述，对将来产生的变化也会用到"的啦"，但是需要借助"快"这一词，形成"快V开N的啦₂"格式。如：

（8）外斗快下开雨的啦。 （外面快要下雨了。）

（9）快唱开歌的啦。 （就要开始唱歌了。）

以上两种格式中表变化的"啦"都是对已经产生或即将开始变化的报道性确认。

3. "啦₁"与"啦₂"同现使用的变体

普通话中，"了₁"与"了₂"可以同时出现在句中。但在平遥话中，"啦₁"不可能出现在"了₁"位置上，如：我吃啦₁饭啦₂，这种话的出现概率为零。为了表达完成体和陈述亲切语气，人们采取的手段为：把"啦₁"换成"咾"，即人+V+咾+P啦。那么，上述例子就可以是：

（10）兀家吃咾饭啦$_2$。　　　　　（他吃了饭了。）

（11）妈妈不在家，去咾北京啦$_2$。　（妈妈不在家，去了北京了。）

此处的"咾"替换了"啦$_1$"，但没有沿用"啦$_1$"的体意义，并不表示完成，平遥话中不存在"吃咾""去咾"单说表示体意义的语料，故我们认为，此处"咾"的使用是为了中和因"啦$_1$"的空缺而造成的韵律不和谐问题。

（二）疑问句中的情态语气词"啦"

平遥方言中的情态语气词"啦"常出现于是非疑问句和正反疑问句中。是非疑问句中，"啦"保留在陈述句中的用法，情态语气词"啦"则突出表现在答句中，通过"么啦"表否定；在正反疑问句中，"啦"常构成"有么啦""啦么啦"，在句中提示疑问信息。

1. 是非疑问句中的"啦"

普通话中的是非问可以是语调变为升调，也可以是句末加上疑问语气词"吗""吧""啊"。在平遥话中，句法成分相对完整的是非疑问句常采用语调变为升调的手段，如：

（12）恩[ən^{53}]是老张？　　　　　（你是老张？）

（13）地明[mi^{55}]哈雨？　　　　　（明天下雨？）

但是如果问句是只包含动词的简略形式，就需要加语气词"啦"，即"V啦"。如：

（14）走啦？走啦。么啦。

（15）——你叔在拉儿？出的啦？　（你叔在哪儿？出去了吗？）

　　　——出的啦。/么啦。　　　（出去了。/没有。）

2. 正反疑问句中的"啦"

正反疑问句提出正反两个方面，希望对方从中选择一项回答。在平遥方言中，正反疑问句可以分为对已然之事的询问和对未然之事的询问。询问未然之事时，方言格式与普通话格式相同，正反疑问焦点为"V不VP"形式，如：

（16）兀家（他）去不去北京？　（去。/不去。）

"啦"出现在询问已然之事的场合中，我们可以观察以下语料：

（17）你有么啦吃饭？　　　　　　（吃啦。/么啦。）

（18）你舅舅有么啦上大学？　　　（上啦。/么啦。）

以上句子的疑问信息位于句中，表现在"有么啦"上，"有么啦"相当于"有没有"。疑问信息也可以出现在句尾，以上例句就可以变换为：

（19）你吃饭啦么啦？　　　　　　（你吃饭了没有？）

（20）你舅舅上大学啦么啦？　　　（你舅舅上大学了没有？）

句尾"啦么啦"保持整齐的格式，相当于"了没有"，第一个"啦"其实和前面的动词紧密联系，是完成体的用法，第二个"啦"属于情态语气词。

因此，平遥方言"啦"在正反疑问句中的用法可以总结为："人+有么啦+VP"或者"人+VP 啦+么啦"。回答都是一致的，肯定回答"V 啦"，否定回答为"么啦"。

二、平遥方言语气词"啦"的语用功能

《现代汉语词典》（第 7 版）中对"语气"释义如下：①说话的口气；②表示陈述、疑问、祈使、感叹等分别的语法范畴。英语对译为 mood。以此来看，我们一向称说的"语气"对应释义②。对于释义①，徐晶凝（2000）指出，这种语气实际上是一种情态（modality），它表示说话者对交际内容所持的态度、意向及流露出的感情色彩。mood 和情态不在一个层面，mood 是语法范畴，是情态得以实现的"场"，即我们在表达四大句类时，句中可以携带情态来表达我们的情感态度。如语气词"吧"，其情态意义最初是表推断，在祈使句中，演变为单纯表示委婉口气。在平遥方言中，"啦"在语气和情态传递方面是互协的。

（一）与其他语气词并用具有确定或揣测功能

语气词"啦"在普通话中一般被认为是"了"和"啊"的合音，但在平遥方言中，"啦"常和"呀""哇"形合音不合，构成"啦呀""啦哇"形式，如：

（21）甲：听说兀家夜来从太原回来啦，么啦？

（听说他昨天从太原回来了，没有？）

乙：么啦呀。（没有。）

丙：么啦哇？在村里么啦见过兀家。

（没有吧？在村里没有见过他。）

以上谈话是对"他去太原了"这一预设背景的讨论。一般"么啦"使用的场合会要求对方确认。

我们看上述乙和丙两个人的回答。乙的回答本是句调平缓的陈述句，但是"啦呀"合用时，句尾的"呀"会紧接着"啦"的声调上扬，整个句子表达明确否定及震惊的意思。语气词"吧"的意义为半信半疑，"么啦哇"可以表达为"么啦吧"。那么，在丙的回答中，"啦哇"在口语中语调婉转，透露出对该事有所闻但不敢完全应承的半信半疑式揣测。

因此我们认为，"啦呀"要比"啦哇"态度明确，表直接肯定或否定。"啦哇"常用于对某一件事的揣测、征询，如"吃啦哇""孩儿上学的啦哇"等。

（二）特定语句中具有完句功能

语气词可以传递说话人的情感。齐沪扬（2002）指出，语气词除了情感表达功能，还兼有完句功能，就算不是典型的语气词，也具有传递情感和完句的功能。

平遥方言的事态语气词"啦"在陈述句中，尤其是在"的啦""V 开 N 啦""快 V 开 N 的啦"格式中，不能随意删掉。如"唱开戏啦"，表示现在开始唱戏了，如果去掉"啦"，就变成"唱开戏"，在平遥话中并不成立；"快唱开戏的啦"表示戏即将开始，

如果去掉"啦"，就变成"快唱开戏的"，也不成立。平遥话中完整的句子需要由表示变化的事态语气词"啦"来支撑。

情态语气词"啦"常出现在疑问句中，承载疑问语气。如"你有么啦吃饭""你吃饭啦么啦"，去掉情态语气词"啦"以后，变成"你有么吃饭""你吃饭啦么"，这样的句子在有些方言或普通话中可能是成立的，但是在平遥话中不这么说。语气词"啦"虽然不能充当句子成分，但是在句子语用层面上，尤其在人际互动中，具有不容忽视的作用。

三、结语

平遥方言中的语气词"啦"保留着普通话中的基本用法，同时在句法分布和语用功能两方面具有方言的特殊用法，经常会和其他词语同现使用，具有自身独立的功能，如"的啦""V 开 N 啦"。在特定语境中也会表现出互动性，如"啦哇"。

参考文献

[1] 徐晶凝. 情态表达与时体表达的互相渗透：兼谈语气助词的范围确定[J]. 汉语学习，2008（1）：28-36.

[2] 方梅. 北京话语气词变异形式的互动功能：以"呀、哪、啦"为例[J]. 语言教学与研究，2016（2）：67-79.

[3] 王丽华. 龙海方言中的语气词"啦"[J]. 闽台文化交流，2012（2）：111-114.

[4] 杨秀明. 漳州方言的语气词"啦"及其流变[J]. 漳州师范学院学报：哲学社会科学版，2002，16（2）：79-84.

[5] 侯精一. 现代晋语的研究[M]. 北京：商务印书馆，1999.

[6] 张凯焱. 平遥方言语气词的时体功能研究[J]. 现代语文：语言研究版，2016（8）：69-72.

[7] 李小凡. 苏州方言语法研究[M]. 北京：北京大学出版社，1998.

[8] 北京大学中文系 1955、1957 级语言班. 现代汉语虚词例释[M]. 北京：商务印书馆，1982.

[9] 邱闯仙. 山西平遥方言的时体系统初探[D]. 天津师范大学，2006.

[10] 徐晶凝. 汉语语气表达方式及语气系统的归纳[J]. 北京大学学报：哲学社会科学版，2000（3）：136-141.

[11] 齐沪扬. 语气词与语气系统[M]. 合肥：安徽教育出版社，2002.

教师简介：

雷宏英，硕士研究生，毕业于吉林大学文学院汉语国际教育专业，现为北京市第一〇一中学怀柔分校语文教师，曾获怀柔区中小学生演讲比赛优秀辅导奖，带领学生在怀柔区第三届中学生诗文朗诵展示活动中获特等奖。

《周亚夫军细柳》教学设计及思考

王　倩

摘　要：学生对于学习文言文存在严重的抵触情绪，教师在教授文言文时也困难重重。《普通高中语文课程标准（2017 年版 2020 年修订）》要求学生能够结合上下文和生活实际了解课文中词句的意思，在阅读中积累词语，不断提高文言文阅读能力。学生能够阅读浅近的文言文，向往美好的情境，关心自然和生命，对感兴趣的人物和事件有自己的感受和想法，用心去感受古人的智慧与胸襟。笔者结合目前文言文教学中的困境与课标要求，设计了本课的文言文教学课程。

关键词：真将军　人物特点　写作手法

一、教学背景分析

（一）教材分析

《周亚夫军细柳》在八年级上册第六单元，是节选自《史记》的一篇作品。本单元旨在引导学生学习古人的睿智和担当，引发学生的思考和感悟。学习本单元，教师要引导学生借助工具书和课下注释感知文章大意，多读、熟读、积累常见文言词语和名言警句。

（二）学生分析

八年级学生已经掌握了一部分文言常识，教师在教学中要帮助学生克服畏难心理和生疏感，可以开展多种形式的趣味朗读，增强他们学习文言文的兴趣和信心。同时考虑到学生文言基础较为薄弱，应帮助学生积累实词。

本班学生学习参与度较高，但部分学生对课堂问题的回答缺乏自信，因此需要教师设计不同层次的内化和输出活动帮助学生建立自信。同时，文章人物性格的分析及主题深化理解对学生来说有一定难度，需要教师引导学生深入文本，并结合自己的生活经验对此加以体会、分析。

二、教学目标

（一）疏通文意，了解周亚夫治军有方、刚正不阿的人物形象。

（二）分析文本，学习对比、衬托等写人叙事的方法。

（三）深刻悟读，感受周亚夫恪尽职守的精神及现实意义。

三、教学重点和难点

（一）感知内容，了解周亚夫治军有方、刚正不阿的人物形象。

（二）学习对比、衬托等写人叙事的方法。

四、教学资源和教学方法

（一）教学资源：PPT 课件。

（二）教学方法：朗读法、合作探究法。

五、教学过程（以第 2 课时为例）

（一）导入

教师：回顾上节课内容。上节课我们梳理了《周亚夫军细柳》的重点字词，对文章内容有了大概的了解，这堂课我们继续学习这篇文章，感受周亚夫将军的人格魅力。

设计目的及教学预设：

学生：通读课文，回忆文章内容，从整体上感受文章脉络。

（二）课文新授

1. 复述课文

（1）课堂活动：

①创设情境：

选项一：如果你是文帝，用第一人称陈述慰劳军队时的所见所感。

选项二：如果你是周亚夫，用第一人称陈述得知文帝要到细柳营慰问军士时，"我"的想法和对军队的要求。

选项三：如果你是刘礼或者徐厉，用第一人称陈述得知文帝要来军营，"我"的所想所做。

②教师提问："这三个将军中，你最喜欢哪一个？"

我们一起来研读课文，为什么文帝称周亚夫为"真将军"？

（2）设计目的及教学预设：

①学生熟读文章，然后用第一人称复述课文；学生思考问题，举手发言并在文章中找依据。

②了解课文内容，用第一人称陈述，激发学生的学习兴趣。

③分析周亚夫的"真"，调动学生对内容输出，引发学生思考，让学生在思考表述过程中培养语言表达能力和自主学习能力，锻炼学生的分析能力和表达能力。

2. 为什么周亚夫被称为"真将军"

（1）课堂活动：

自读课文，思考问题，在文章中找出依据。

（2）设计目的及教学预设：

①学生自读课文，在文章中找依据。

②分析人物"真将军"形象。

3. 文章是如何刻画周亚夫的"真"的

形象分析图

人物	做法	性格	手法
周亚夫			
刘礼			
徐厉			

（1）课堂活动：

①请大家先独立思考，然后以四人小组为单位，将黑板上的表格补充完整。

②请一名同学在黑板填写，其他小组同学互相交流讨论。

③教师 PPT 出示标准答案表格。

（2）设计目的及教学预设：

①学生进行小组讨论并填写表格。

②学生思考表格如何体现周亚夫的"真"。

③学生概括对比、衬托的手法。

④进行小组活动是为了调动学生学习的主动性和积极性。

4. 为什么周亚夫能够成为"真"将军

（1）课堂活动：

①资料助读：

三国时魏国皇帝曹叡巡视司马懿的军队，司马懿学习细柳营，皇帝来了，他的士兵锐兵刃，彀弓弩，把曹叡吓坏了，以为他要谋反。

雍正巡查军队，看到大将军年羹尧的军队只听将军的军令，心生猜忌，后来找个借口把年羹尧杀了。可是文帝怎么对待周亚夫的呢？

一个月后，匈奴兵退去。文帝命三路军队撤兵，然后升周亚夫为中尉，掌管京城的兵权，负责京师的警卫。

后来，文帝病重弥留之际，嘱咐太子刘启也就是后来的景帝说："以后关键时刻可以用周亚夫，他是可以放心使用的将军。"文帝去世后，景帝让周亚夫做了车骑将军。

公元前154年，七国之乱爆发，景帝升周亚夫为太尉，命他领兵平叛。周亚夫出奇兵，很快平定叛乱。

文帝遵守军令，他是一位深明大义、知人善任的明君。（明君贤臣）

②教师提问：

所以文章最后一句"称善者久之"中"善者"指的是谁？文帝和周亚夫谁称善？

如果文帝称赞周亚夫的故事传到了周亚夫的军队里，军队士兵会如何？

如果文帝称赞周亚夫的故事传到了百姓口中，百姓会如何？

如果文帝称赞周亚夫的故事传到了敌人的军队，敌人会如何？

请你任选角度，用文言文（判断句、被动句）写一句军队士兵、百姓、敌人听到这一故事的反应。

（2）设计目的及教学预设：

①学生读资料并提取信息。

②引导学生学以致用，将所学运用到生活中。

（三）课堂小结

1. 课堂活动：齐读课文，小结"真"字。

2. 设计目的及教学预设：

（1）学生齐读文章，进行体会总结。

（2）回到文本，再次巩固对文章的理解记忆。

（四）布置作业

1. 课文内容为节选，课下查找周亚夫的其他事迹，深入了解周亚夫的"真"将军形象。

2. 采用对比手法，刻画一个人物形象。

（五）板书设计

周亚夫军细柳

司马迁

训练有素　治军有方

对比

真将军　军纪严明　令行禁止

衬托

刚正不阿　恪守军礼

六、教学设计特点及反思

文言文难，学生难学，教师难教。长期以来，学生对于文言文的学习总是"避之如虎"，以至于教师在教授文言文时，也时常陷入困境。文言实词该如何教？文章是否要全篇翻译？这些都是文言文教学所遇到的困境。备课时，我通过大量阅读相关材料以及名家案例，可知大多数的教学都是立足语言建构，着眼文化传承，通过设计各类活动与任务推动课堂教学进行。

这是一篇自读课文，且文章篇幅不长，难度不大，故以学生自主思考和探究为主，完成文言字词的学习以及对文章的初步理解。

文章的重点任务是通过故事来感知周亚夫这个人物形象，但是文本中直接描写周亚夫的语句并不多，大多笔墨用于写霸上、棘门军以及天子进入细柳营的经过。细细品味，虽未直接描写周亚夫，可这些侧面描写又极有力地烘托了周亚夫的人物形象。如：细柳军将士言必称"将军令曰""将军约"，人物虽未出场，却已令人感受到其"真将军"的威严和风范。因此在备课的过程中，我重点抓住这一内容，采用多种方式，如分角色朗读、品析语气、抓住几个关键词等，让学生通过自己的体会来感知文本内容，从而实现教学目标。在分析的过程中，学生可以明白，塑造人物除了直接描写，侧面描写也是一大技巧。本文作者通过描写汉文帝到细柳营慰劳军队这一场面，把正面描写和侧面描写相结合，借助对比、衬托的手法，鲜明地展现了周亚夫的"真"。

在教学中，我将朗读贯穿整个课堂，自由读、齐声读、创意读等，通过反复诵读，学生能够更好地理解本文。在分析汉文帝对周亚夫的赞美时，学生反复诵读"嗟乎，此真将军矣！"一句，抓住感叹号读，理解后反复读；在分析周亚夫治军严明时，学生体会人物语气读，如"天子且至"句的傲慢与"军中闻将军令，不闻天子之诏"的不卑不亢形成鲜明对比，学生在揣摩语气的同时，就能够明白军中将士的表现皆为周亚夫治军有方。

在实际教学中，最后环节我让学生联系实际，思考现实生活中是否有类似的人。学生在分享交流的过程中，不仅能再一次加深对周亚夫形象的认识，还能够课内课外相结合，文本与生活相接，教师在品析人物、分享故事的过程中，也能对学生的价值观进行正确引导。

在教学中，只要多尝试、多实践，终将成就精彩的课堂。

参考文献

[1] 王荣生. 文言文教学教什么[M]. 上海：华东师范大学出版社，2014：7，63.

[2] 禹旭红. 作文写作：始于模仿臻于创造[J]. 职业时空，2008，4（9）：119.

[3] 冯尚龙. 初中文言文教学中生命教育的渗透[J]. 课程教育研究，2017（3）：98-99.

教师简介：

王倩，二级教师，指导学生在全国中学生创新大赛、书香燕京等比赛中，多次荣获一等奖；第二届中华经典诵写讲大赛"诗教中国"诗词讲解大赛中荣获怀柔区中学组三等奖；在2022年怀柔区中学教师基本功大赛中荣获多项奖励。

管窥语文课堂教学中的预设与生成

于 岩

摘 要：本文聚焦于课堂教学，师生教与学在某种程度上体现了学生核心素养形成的过程与结果，而课堂教学预设性与生成性呈现出矛盾与对立的辩证关系。只有将预设与生成加以辩证统一，科学统筹这两种发展模式的有利因素，才能提升语文课堂的实效性，最终实现新课程改革的理论宣言。

关键词：语文课堂教学 预设性 生成性

课堂教学是师生共同走进文本语言体系，构建语文思维，体验审美过程，增强文化意识的活动场域。课堂教学的质量是完成教育目标，诠释教学内容，体现教学基本要求和理念，贯彻立德树人的重要指标。基于语文核心素养的教学改革以来，先进的教育理念已经使课堂教学产生了实质变化。要想克服局限，突破旧有桎梏，就要聚焦于课堂教学，深入了解其呈现出的教学预设性与生成性的矛盾与对立的辩证关系。

一、预设与生成

学生的发展性可分为两大类属，即预设性发展与生成性发展。

预设性发展认为，学生的发展是可以预计的。文本写得明白，老师讲得清楚，学生学完、听完以后就掌握了。这种掌握与不掌握是可以预计的，有些中学语文老师把这种预设称为传统教学模式。

新课程强调生成，认为教学过程中各个环节的个性化和偶发性变化是不可预料的。中学生个体意识不同，生命和思维都是流动的，课堂有很多变化是无法预知的。有些语文课堂单方面强调了生成，认为这就是中学语文新课标所要求的基于语文素养的主要内容，这种观点是片面的。

二、课堂教学中，学生预设性发展与生成性发展的对立统一

传统课堂常常有这些问题：教与学脱节或乏善可陈，课堂照本宣科，或脱离语文常识的讨论，或浅尝辄止，研读浮于表面，教师侃侃而谈，学习内容乏味，学生注意力不集中、思维涣散；课堂无思想交锋，无智慧火花。教师、学生和所学习的内容，不在一个时空维度，大部分学生丧失了学习兴趣和热情。不合时宜或不知融通的预设，抑制了学生的思维发展。如果只关注预设性发展，课堂就会机械而沉闷，教学也会变得低效化。

中学语文教学必须与时俱进，逐步完善。我们所要进行的课程改革，不仅遵循当下时代学生身心发展规律，而且将遵循规律这一趋势进一步加强，语文教学对传统文化的扬弃与传承。只有将预设与生成加以辩证统一，科学统筹这两种发展模式的有利因素，才能提升语文课堂的实效性，最终实现新课程改革的理论宣言。

三、解决预设与生成矛盾，促进课堂教学的有效性

预设与生成呈现辩证统一，这二者相得益彰、珠联璧合。精巧的预设能够挖掘出文本独特的审美文化和教育教学价值。发展性生成让教师与学生深入品读文本语言，学生在教师循循善诱中探究文本价值，培养辩证思维能力。

（一）以科学性、针对性预设为基础，提高生成的质量、水平和可持续性

深度语文、大单元教学、混合式阅读等语文概念与形式的提出，重新激发学生的兴趣、热情与灵性，体现教师教与学生学的主动性，但这"热度"是否仍然存在盲目、"花架子"倾向？结合每个年龄段学生的特点，语文教师既要重视他们学习语言精微深入的效率和构建语文逻辑思维的高度，又要重视带有各年龄段学生特征体悟感受的历程和质地。

1. 预设多层次学生共同发展的有效性问题，固化生成的大方向

针对语文课堂教学中的预设提问，有人曾提出过主问题、关键问题等概念，即安排组织预设问题，应该考虑有效性。如果能紧紧扣住多层次学生共同发展的有效问题，确保各层次学生的思维水平和言语能力均取得普遍提升，则课堂教学效率就得到了保证。如果预设失败，诸多问题涉及的有效覆盖群体过小，无效对话就会增多，课堂效率自然就低下。

例如在讲授《故都的秋》一课时，为了引导各层次学生理解文本"清、静、悲凉"的感情基调，教师设计了给课文填空的形式，即给芦花、柳影、虫唱、夜月、潭柘寺与钟声加修饰词。学生先联系文本加以联想与想象，再填写出具有一定感情色彩、冷暖色彩和与文本基调相吻合的修饰词。这种预设，明确固化了生成的大方向，提高了课堂教学的质量。

2. 预设和谐、统一的教学目标，服务于学生的终身发展

新课程的预设，追求的是语言、思维、审美、文化的和谐统一。语言是基本载体，如果为讨论而讨论，为过程而过程，为方法而方法，这个预设得出的过程和方法就成了凌空蹈虚，没有任何实际意义了。一位老师在引导学生如何理解"套中人"别里科夫不是一个特殊人物形象，而是社会的产物，是一个常态人物时，引用了一位捷克思想家"后极权社会"的观点。用一个社会学的理论视阈观照小说的文本内容，并将对文本意义的阐发引向社会的现实层面，触发了不同学生多层次的联想。由此，教师将语文核心素养目标和预设紧密地融为一体。

（二）变生成性目标为导向性目标，提高预设的开放度、变化性

1. 变生成的不确定、不可控制为导向性目标，给予预设开放度

生成性目标既体现创造的独特性、不可复制性，又能呈现完全预知的多姿多彩的课程亮点。它犹如天马行空般不期而至。因此，要提高预设的开放度、变化性，给予导向性目标以最大的支持。旧式教学，要么系统讲授，强调已有认识成果的逻辑与系统，要么重结果，强调已有经验。语文教师要将生成性目标变为导向性目标，完善课堂教学的整体思想方法思路和探究方式，为学生的"做中学""用中学""创中学"优化时间、空间、方式与路径。提倡适宜性课程结构化、板块化，正是基于这样的考虑。在授课的过程中不断有真实问题涌现进发，并体现学生的差异性。

2. 不断优化统筹学生主体的导向性目标，使导向动态生成，提高预设的变化性

坚持导向动态生成，突破呆板的预设，用核心问题来贯穿教学的始终，将核心问题以学生活动为基本方式展开，改变旧有课堂模式。平实、精彩的课堂是我们的不懈追求，新时代教师不仅要积淀厚重的中国文化，接触宽广的多元文化，还要有兼收并蓄的气度，更要聚焦中国学生的核心素养和关键能力，并引导他们明确人生发展方向，充分信任和尊重这些未来社会的建设者和接班人。

参考文献

[1] 李镇西. 听李镇西老师讲课[M]. 上海：华东师范大学出版社，2005.

[2] 詹丹. 阅读教学与文本解读[M]. 上海：上海教育出版社，2017.

教师简介：

于岩，怀柔区高中语文学科带头人，2008 年通州区青年骨干，2016 年怀柔区骨干教师，2020 年和 2023 年怀柔区学科带头人。

古诗词审美教学策略与实践探索

——以《声声慢》为例

尹　玲

摘　要：《普通高中语文课程标准（2017 年版 2020 年修订）》倡导"既要关注知识技能的外显功能，更要重视课程的隐性价值"。良好的审美素养给予学生精神的滋养，促进个体和谐平衡地发展，使学生成为时代需要的高素质人才。古诗词审美教学根据新课标指引的科学审美路径，教师结合具体的学情，进行创意性实践探索：唤醒、激发独特的审美体验，在鉴赏、评价中提升健康的审美情趣，在表现、创造中展示高尚的审美品位。

关键词：新课标　审美素养　古诗词　实践探索

新课标基本理念指出，要进一步改革语文课程的目标和内容，既要关注知识技能的外显功能，更要重视课程的隐性价值。审美鉴赏与创造作为语文学科的核心素养之一，其隐性的育人功能越来越引发关注。语文教学只有关注审美情趣的培养，提升学生的审美创造力，才能培养社会所需要的具备综合素养的人才。其中，古典诗词作为文学艺术珍品，以瑰丽的语言、优美的韵律和美妙的意境折射出雍容典雅的东方美学，古诗词教学可谓是培养学生审美鉴赏力的理想路径，值得深入探索。

在《普通高中语文课程标准（2017 年版 2020 年修订）》中，除了将明确"审美鉴赏与创造"作为学科核心素养的地位，还在课程目标中作三条具体说明："7. 增进对祖国语言文字的美感体验。感受祖国语言文字独特的美，增强热爱祖国语言文字的感情。8. 鉴赏文学作品。感受和体验文学作品的语言、形象和情感之美，能欣赏、鉴别和评价不同时代、不同风格的作品，具有正确的价值观、高尚的审美情趣和审美品位。9. 美的表达与创造。能运用祖国语言文字表达自己的审美体验，表达自己的情感、态度和观念，表现和创造自己心中的美好形象；讲究语言文字表达的效果及美感，具有创新意识。"从以上文字中可以看出，审美教学的过程，要遵循审美水平逐层进阶的规律：由体验文字的美感，继而欣赏、评价作品，直至能够化而生新以创造美。如下图所示：

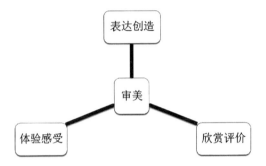

前两个阶段的审美活动是基础。实施教学活动要使学生的审美意识被唤醒，审美情趣与鉴赏品位渐次得到提升，在此基础上，引导学生运用所掌握的方法表达美、创造美。可见，这是远离教学功利思想，围绕美以拓宽学生视野、培养健全心灵的过程。下面以李清照《声声慢》为例进行审美教学实践，具体过程如下：

一、在感受、体验中唤醒独特的审美意识

审美是人类理解世界的一种特殊形式，指人与世界（社会和自然）形成一种无功利的、形象的和情感的关系状态，而良好的审美意识需要在日积月累的感受、体验中获得。因此在诗歌教学过程中，首先要引导学生自觉地感受、体验语言文字之美，唤醒个体独特的审美体验。古典诗词本身便是美的艺术创造，教学活动中，教师要善于激发学生的想象和兴趣，引导学生自然而然地感受诗词的音、形、意之美。作为经典名篇，《声声慢》为学生所熟知，此词风格舒缓低沉，如泣如诉。在教学过程中，整齐划一的朗读势必破坏韵律之美，而流行歌曲视频先入为主也会束缚学生的想象力。从词的音乐性质和慢词的特点考虑，不妨先留一些时间让学生进行自我陶醉式地浅吟低唱。如不少学生都对开头叠词部分感兴趣，教师先让学生对作者身世处境进行了解，谈一谈读这几句词的感觉，然后再转入艺术性的思考。《声声慢》开头连用七组叠词："寻寻觅觅，冷冷清清，凄凄惨惨戚戚"，虽只字未言愁，却为何让人感到愁绪笼罩了全词？

张端义《贵耳集》誉之为"此乃公孙大娘舞剑手。本朝非无能词之士，未曾有一下十四叠字者"。公孙大娘为唐宫第一舞人，其独创的剑器舞风靡一时，舞姿惊动天下，让"诗圣"杜甫、"草圣"张旭等都为之惊叹。那么，李清照被誉为"婉约词之宗"，其古今独步的这七组汉语叠词有何妙处？在学生展开丰富的联想和一番品味之后，为更好地感受这七组叠词连用之美，不妨引用两位大家的英文翻译作为对照：

林语堂译为："So dim,so dark/So dense,so dull/So damp,so dank/So dead！"

许渊冲译为："I look for what I miss/ I know not what it is/ I feel so sad,so drear/ So lonely,without cheer."

尽管两种翻译各有其妙，但许先生仍为之遗憾，认为林译法十四个单音词，可以说是传达了原文的形美，原文是七对叠字，译文重复了七个 So，用了七个双声词，可以说是传达了一部分音美，但最重要的意美却没有译出；而自己的译法虽说传达了原词的意美，却又似乎不够形似。从这个小插曲可以看出，汉语言有其无与伦比的魅力，音、形、意之美皆在其中，而汉语的叠音词音韵和谐，更具有强烈的抒情性，因此《声声慢》开篇的 14 字可谓字字珠玑。叶嘉莹先生说，"凄、惨、戚"都是悲情程度很浓的词，三词连叠，可见词人心中悲伤得无以复加。语言上的参差错落与情感的逐层深进结合在一起，使得诗歌一唱三叹、意蕴悠长。那么，"凄、戚"这两个字相比，为何"戚"的悲伤程度比"凄"更深呢？学生默写时很容易混淆两字，说明对这两个字的溯源辨析不明。在教学活动中，教师鼓励、培养这种自觉的审美思维，远比死记硬背名句更有价值，这不纯粹是两个字形的辨别过程，更是领略汉字奥妙的审美过程。汉字作为象形文字，不仅字中有声，而且字中有画、字中有义。

"戚"的甲骨文和金文的字形就像是一柄斧钺，这是"戚"的本意。之后引出"惧"之意，如《释名》注："戚，戚也。斧以斩断，见者戚惧也。"到《诗经·小雅·小明》："心之忧矣，自诒伊戚。"又表示心中的忧愁之义。由其演变过程可知，这种忧愁是来自内心深处的心理情绪。

商	西周	战国	战国	战国	《说文》小篆	汉	汉	汉	楷书

1《甲文编》860 页。2《金文编》831 页。3、4、5《战文编》823 页。6《说文》267 页。7、8、9《篆隶表》901 页。

而关于"凄"，《说文》注："凄，云雨起也。"本意是云雨兴起的样子，引申为寒凉义。中古时凄又有悲凉义。

甲骨文 《说文》小篆

通过以上内容可知，"凄"既指外部环境的凄冷，也含人物感受的凄凉，与"戚"字发自内心的悲愁并不相同。类似的审美活动不仅带给学生感官的冲击，增强了审美体验，更在熏陶渐染中增强了对一笔一画汉字的热爱和敬畏之情。自觉的审美意识不是一朝一夕所能形成，需要经历唤醒和潜移默化的影响。

二、在鉴赏、评价中提升健康的审美情趣

经过初步的审美感受和体验，学生的想象力得到激发，对一首诗词的美有了大致的

感知。在此基础上，要想让学生的审美情趣自主提升，鉴赏和评价活动不妨来一些"留白"的艺术。在古诗词教学中，逐字逐句地分析往往导致学生产生审美疲劳，而一股脑儿地输入文献资料也会造成学生审美视野的局限。因此，这一环节的审美活动要引导学生发挥联想与想象，在欣赏美、评价美的过程中，让美的形象和情感冲击、涤荡心灵。

诗人华兹华斯曾经说过："一朵微小的花对于我，可以唤起不能用眼泪表达出的那样深的思想。"那么，这首词中或许会被读者忽略的美在哪个意象里？"酒""雁""黄花""梧桐""细雨"这些都是古诗中常见的意象，为学生所熟知。但是这首词里"窗"的意象，似乎不太引人关注，很有鉴赏价值。关于古诗词中窗子意象所体现美感的作用，宗白华说：每个窗子都等于一幅小画（李渔所谓"尺幅窗，无心画"）。而且同一个窗子，从不同的角度望出去，景色都不相同。这样，画的境界就无限地增多了。《声声慢》中的窗，除了以望见大雁南飞、黄花满地、梧桐风雨等扩大了意境，还有哪些作用？

在古诗词中，"窗"这一意象，如同诗人的魔法棒，可挥出千变万化。窗或寄予相思，或抒写抱负，或慨叹幽独，展现了多样的审美意蕴。窗可以表示美的装饰，用来瞭望广阔的风景，带来明暗的光线，如"朝日照绮窗，光风动纨罗"（萧衍《子夜歌二首·其二》），"明月不知君已去，夜深还照读书窗"（刘子翚《绝句送巨山》）；窗可以传递特别的情愫，如"花底相看无一语，绿窗春与天俱暮"（王国维《蝶恋花·阅尽天涯离别苦》），"柴门尽掩身多病，听雨寒窗首屡搔"（方回《五月初三日雨寒痰嗽》）；窗还意味着某种特定的心境，如"小窗风雨碎人肠，更在孤舟枕上"（贺铸《西江月·携手看花深径》），"草草杯盘聊话旧，同剪西窗寒烛"（蔡伸《念奴娇》）；等等。

对照上述诗词可以看出，古诗词中的"窗"多用"云窗""绮窗""闲窗""寒窗""西窗"等双声词，而李清照《声声慢》中的"窗儿"则比较少见，这种表达有何特别的意味？在所见曾用"窗儿"的诗词中，无论是"枕前泪共阶前雨，隔个窗儿滴到明"（聂胜琼《鹧鸪天·别情》），还是"窗儿外，却早被人知"（辛弃疾《小重山·茉莉》），都含有一种亲切的感情。可以说，"窗儿"一词，不仅表达上通俗、生动，更增加了感情色彩，赋予了传情达意的灵性；而"守"的态度和"窗儿"的称呼相辅相成，实是词人情思的外显。不然，何来后一句"独自怎生得黑"的幽叹？试想，假如把《声声慢》原词改为："守着窗子，独自怎生得黑！"一字之差，则诗意全无，顿时黯然失色了！

再琢磨"守着窗儿，独自怎生得黑"两句，想象词人枯坐窗下，被黑暗包围，"冥冥独无语，杳杳将何适"！此时的她看到疾风细雨的秋之黄昏，听到雨打桐叶，声声击打着心头，想到半壁江山正风雨飘摇，伉俪情深却天人永别，半生收藏已丢失殆尽——这重重叠叠的孤寂痛楚，超越了词人早期作品的闺阁离愁，凸显了深广的思想内涵。因此，窗的意象不仅是构成意境的要素，更是对词人多重心境的映射，需要置身诗境，才能体味词人这一暮年力作的深刻意义。

含英咀华，齿颊留香。经典诗词是中华文化的瑰宝，以其优美的意境、丰富深刻的思想怡情养性，需要深入鉴赏、评价才能得到顿悟，"操千曲而后晓声，观千剑而后识器"，需要通过长期自觉锻炼，才能提升健康的审美情趣。

三、在表现、创造中展示高尚的审美品位

前两个阶段作为审美的基础层级，主要通过激发想象力、好奇心来唤醒审美感受，在诗句、意象的赏析中丰富审美体验，从而与诗人的情感产生共鸣。如果说这两个过程需要教师营造审美氛围，构建审美场域让学生自觉发挥审美感知力，从美的语言、美的意境中汲取美的灵感和思想，增强审美鉴赏力，进行审美积淀，那么第三个阶段则需要教师采取灵活丰富的教学方法，积极创设审美情境，给学生良性创造美、展示美的可能。

美的表达与创造可以有多种形式。对于一首古诗词，可以翻译、改写、仿写，甚至创作一首新诗，还可以举办诗词朗诵会，或者巧用网络展示平台等。在教学活动中，创造任务越具有新鲜感和挑战性，越能调动学生参与的热情。《诗画中国》可谓是创造和表达的精彩案例。对于经典的古诗和名画，节目组借助科技手段和舞乐等艺术形式进行了创新的审美表达，呈现了"诗画合璧"的文艺盛宴。如王冕的题画诗《墨梅图》，诗中的梅花美得超凡脱俗，画中的墨色晕染出疏影暗香，彰显了诗人高洁的精神品格，传递出中华传统文化独特的审美意蕴，而节目组通过艺术创作将诗画的内蕴表达升华，令观众耳目一新。同理，在古诗词审美教学中，教师只有以新颖视角打破常规形态的鉴赏界限，才能激励学生乐于表达美，让学生在对美的创新表现中追求卓越。在鉴赏了《声声慢》中"窗"这一特别的意象之后，笔者这样引导学生进行美的表达和创造：窗，是阳光的使者，是风景的符号，是交流的媒介……窗，有知识之窗，有心灵之窗，有世界之窗……窗，给了你怎样的感受和启发？请以"窗"为题，发挥想象，创作一首小诗。当每一首生动的原创小诗配上插图，发布在班级公众号上时，审美创造的实现可谓水到渠成。

问渠那得清如许？为有源头活水来。良好的审美素养如一泓清泉，给予学生精神滋养，让学生具备审美的慧心和美好的精神境界。在社会高速运转、人工智能引领时代潮流的今天，审美教学越发具有无形的价值与深远的影响力。语文教学只有用心培养学生感知美、创造美、传播美的能力，方能让个体得到和谐平衡的发展，让学生成为时代需要的高素质人才。

参考文献

[1] 中华人民共和国教育部. 普通高中语文课程标准（2017 年版 2020 年修订）[S]. 北京：人民教育出版社，2022.

[2] 许渊冲. 译学要敢为天下先[J]. 北京：中国翻译，1999.

[3] 宗白华. 美学散步[M]. 上海：上海人民出版社，2022：64.

教师简介：

尹玲，中学高级教师，怀柔区语文学科带头人，指导学生在全国中学生"新概念"大赛、创新作文大赛等总决赛中，多次获全国一等奖。课堂教学富有亲和力，擅长阅读与写作教学。

体悟家国情怀，坚实信仰力量

——第四届北京市中小学立德树人实践研究活动特等奖

富慧雯

摘　要： 习近平总书记在中国共产党第十九次全国代表大会上的报告中提到"人民有信仰，国家有力量，民族有希望"，人民共同的信仰是国家和民族存续与发展的精神纽带和力量源泉。在当今这样一个更加需要信仰的时代，如何让笔者所面对的"05后"学生自然地走近经典、激发出爱国主义情感就成为教师必须思考的问题。基于此，笔者以部编版语文教材七年级下册第二单元内容为依托，设计了以"我们的答卷"为主题的单元主题教学活动，充分发挥了学生情感体验在学习家国情怀作品中的重要作用，实现了学生体悟家国情怀、坚实信仰力量的教学目标，以此完成立德树人这一根本目标。

关键词： 家国情怀　初中语文　单元教学

习近平总书记在中国共产党第十九次全国代表大会上的报告中提到"人民有信仰，国家有力量，民族有希望"，人民共同的信仰是国家和民族存续与发展的精神纽带和力量源泉。国家强盛离不开国民精神的支撑，民族进步有赖于全社会文明的成长。那么在当今这样一个更加需要信仰的时代，在中学起始年级，如何让笔者所面对的"05后"学生自然地走近经典、激发出爱国主义情感就成为教师必须思考的问题。

《义务教育语文课程标准（2022年版）》中提到"注重理解中华优秀传统文化蕴含的核心思想理念、中华人文精神和传统美德，表达自己作为中华民族一员的归属感和自豪感；体会中国共产党在长期奋斗历程中培育形成的崇高精神和人格风范，体认英雄模范忠于祖国和人民的优秀品质，培育民族气节和爱国主义情怀"。部编版初中语文教材中有许多体现家国情怀的作品，如七年级下册第二单元就涵盖了《老山界》《谁是最可爱的人》等经典篇目。这些内容既是语文学科教学中的优质教学资源，又是教师践行立德树人目标的良好土壤。因此，笔者紧紧围绕"涵泳品味"设计了单元主题教学活动，充分发挥了学生情感体验在学习中的重要作用，让经典不再遥远，让家国情怀不再陌生。

一、深入挖掘教材价值

家是国的基础，国是家的延伸。在中国人的精神谱系里，国家与家庭、社会与个人，都是密不可分的整体。家国情怀也在源远流长的中华文化中被反复抒发、歌颂，成为我们中华民族不竭的情感源泉。部编版语文教材七年级下册第二单元的单元导语对此这样表述："家国情怀，是人类共有的一种朴素情感，它意味着热爱祖国的大好河山，热爱家乡的土地人民，愿意为保家卫国奉献自己的一切……它是国家和民族的精神凝聚力。"

本单元各篇课文，从内容主题来看，都在表现对祖国的热爱，属于"家国情怀单元"。从文学体裁上看，有诗歌，有散文，每篇文章在单元主题统领之下都有其独特的学习价值。《黄河颂》以颂歌的形式，通过激昂的旋律、磅礴的气势，展示出黄河桀骜不驯的血性和中华民族的英雄气概；《老山界》作为长征的散文名篇，在清晰的叙述中有不少生动、细腻、富有抒情气息的描写，散发出昂扬的革命情怀和英雄主义色彩；《谁是最可爱的人》是作家魏巍从朝鲜战场归来后所著报告文学，最先于 1951 年 4 月 11 日在《人民日报》上刊登，后入选中学语文课本，影响了数代中国人，时至今日，这篇课文依然有着不可磨灭的经典力量；《土地的誓言》是为纪念"九一八"十周年而写的抒情散文，文章以倾诉式的语言表达了对故土热烈、深沉的爱；《木兰诗》作为流传千古的不朽诗篇，塑造了一个替父从军又不失女儿本色的独特的人物形象，充满了北朝民歌爽朗质朴的风味。

《义务教育语文课程标准》中提到"注重理解中华优秀传统文化蕴含的核心思想理念、中华人文精神和传统美德，表达自己作为中华民族一员的归属感和自豪感；体会中国共产党在长期奋斗历程中培育形成的崇高精神和人格风范，体认英雄模范忠于祖国和人民的优秀品质，培育民族气节和爱国主义情怀"。我们要明确立足课本、重视培养家国情怀是实现立德树人教育的重要内容。

二、有效激发学生内驱力

2021 年是中国共产党成立 100 周年，联系习近平总书记说过的"时代是出卷人，我们是答卷人，人民是阅卷人"，笔者想到当下教学资源恰恰就是我们党在百年征程中不同阶段所交出的答卷之一。基于此，笔者确定了本次教学设计主题为"我们的答卷"——既了解过去，又让学生有开创未来之志。

如何具体地提升课堂效果？单元导语中的一个词给人以启发——"浸泡"。学生能够将自己"浸泡"在作品中和氛围里，对于涵泳品味课文、感受作者情怀有非常大的帮助。由此构建情境、调动学生的情感体验就成为本堂课的关键。

在单元教学设计中的最后一课时中，教师可通过致敬经典的方式，指导学生进行《老山界》课本剧创作以及《谁是最可爱的人》朗读练习，将不同群体所体现出的家国情怀与党史的不同阶段相对应，加强对党史的了解；同时学生通过教师创设的情境，联系当下社会，以仿写小诗的方式引发对国家和社会的关注与思考，实现了"体悟家国情怀、坚实信仰力量"这一教学初心。

在单元开展学习之初，笔者就将最后一课的内容告知学生，学生的学习热情明显被激发：语文课代表主动承担起"导演"一职，给笔者发来了他创作的《老山界》课本剧——红军与瑶民母女攀谈片段。学生说这是一段既适合多人参演，又能体现党在领导红军长征时期红军战士身上那种革命英雄主义精神的经典片段。"小演员们"自发地在课间时间一遍遍打磨细节，其他学生也积极参与，如利用劳技课所学内容自制"手枪"，从爷爷奶奶那里搜罗老式的碗筷，还有家长朋友主动帮忙提供了红军的服装……有了各方努力，学生们也从最开始生涩地念课文、念得不像"话"到最后将自己沉浸在角色中，努力实现了"涵泳品味"。

同时，朗诵组也在热火朝天地开展学习活动：只要在课间时间来到班级，就会发现有练习朗诵的学生，他们的身旁围满了"大众评审"和"观众"；还有学生们主动找到笔者，希望能多了解一些有关抗美援朝的历史，于是课堂上响起了《抗美援朝，保家卫国》纪录片的声音，讲台下出现了一双双满含热泪的眼睛……

三、引导学生内化理解

在师生都期待的最后一课时的课堂中，学生们的主持设计、精彩的课本剧展演、深情的朗诵将爱国主义热情氛围推向高潮。教师联系时下新闻，引导学生通过对国家科技方面取得成就的关注，思考时代使命以及确定自己的理想塑造，以仿写小诗的方式表露对党的心声。

师：当时代的答卷在我们面前铺展，当审视的目光引你思忖，饱蘸生命的浓墨你尽情书写，哪里迸发你知识强国的光闪？

例：

> 我答题目在水田，
>
> 袁老爷爷苦钻研；
>
> 优化稻种千秋业，
>
> 后继有人我当先。

学生经过前期不断的文本学习、情境搭建，已经具备了情感输出的条件，"我笔写我心"，积极踊跃创作了自己的小诗，内化对"家国情怀"的理解。在结语中，教师再次回扣本次主题教学活动主题词，希望可以以本次教学活动为契机，培育学生的小主人翁意识，让学生从成绩优秀走向人生丰厚。

师：希望我们都能从先辈走过的路上汲取信仰这样一种伟大的精神力量，而后将其化成我们努力前行的动力，在时代需要我们之时可以自信地交出我们的答卷！

综上所述，在学习体现家国情怀的作品时，教师能够积极创设学习情境，拉近学生与经典作品之间的距离，充分调动学生的情感体验，将取得事半功倍的学习效果。

人生需要信仰驱动，社会需要共识引领，发展需要价值导航。在今后的教学中，笔者也将不断探索教学策略，践行习近平总书记提出的"不忘初心，立德树人"的根本教学目标。

参考文献

[1] 刘青云. 浅谈初中语文教学课堂家国情怀培养策略[J]. 中学课程辅导：教师通讯，2021（15）：103-104.

[2] 马之军. 培植家国情怀 传承红色基因：统编初中语文教材中的革命传统教育研究[J]. 语文教学通讯，2021（2）：16-18.

[3] 张英. 统编本初中语文教材中爱国主义主题篇目的教学研究[D]. 延安大学，2021.

教师简介：

富慧雯，中学语文教师，2020 年毕业于吉林大学汉语国际教育硕士专业。曾在第四届北京市中小学立德树人实践研究评比活动中获得中学主题教育活动特等奖，在第五届中小学班主任基本功大赛获市级三等奖、区级特等奖，辅导学生获得全国"语文报杯"金牌辅导教师奖等荣誉称号，多次承担市级公开课，参与或主持多项区级课题。

人工智能时代背景下的初中语文写作教学

邢 颖

摘 要：随着信息技术的迅速发展，特别是人工智能的崛起，互联网已成为影响当代教育的关键因素。本文旨在探讨和分析在人工智能时代，如何有效地培养初中生的写作技能。首先，文章概述了利用人工智能辅助写作教学的必要性。接着，文章介绍了人工智能在写作教学中的应用。最后，文章补充了利用人工智能辅助作文教学的注意事项。

关键词：人工智能 初中写作教学 学生参与度

一、利用人工智能辅助写作教学的必要性

人工智能自 20 世纪 50 年代进入理论研究阶段，到 20 世纪 80 年代兴起机器学习，再到如今的人工智能深度学习，已经进入了爆炸式增长的阶段。目前，人工智能广泛应用于医疗、金融、自动驾驶、智能家居、教育等多个行业。在这样的时代大背景下，中学教学也不可忽视人工智能的影响。

《义务教育语文课程标准（2022 年版）》在"课程实施"的建议中特别指出教师要"关注互联网时代语文生活的变化，探索语文教与学方式的变革""关注互联网时代日常生活中语言文字运用的新现象和新特点，认识信息技术对学生阅读和表达交流等带来的深刻影响，把握信息技术与语文教学深度融合的趋势，充分发挥信息技术在语文教学变革中的价值和功能"，并建议教师要"积极利用网络资源平台拓展学习空间，丰富学习资源，整合多种媒介的学习内容，提供多层面、多角度的阅读、表达和交流的机会，促进师生在语文学习中的多元互动。充分利用网络平台和信息技术工具，支持学生开展自主、合作、探究性学习，为学生的个性化、创造性学习提供条件。发挥大数据优势，分析和诊断学生学业表现，优化教学，提供及时、准确的反馈和个性化指导。积极关注教学流程、教与学方法、资源支持、学习评估等新变化，探索线上线下相结合的混合式语文学习。要正确认识信息技术对阅读习惯、写字能力、深度思考等可能产生的影响，扬长避短，使用适度，避免网络沉溺"。

二、人工智能在初中写作教学中的应用

（一）利用 ChatGPT 提升学生写作文的理论水平

人工智能 ChatGPT 自问世以来，目前已经更新至第 4 代。它作为对话式人工智能，擅长在各种主题和情境下进行自然的对话交流。它具备一定的学习和适应能力，能不断优化回复。它可以智能地按照要求去生成、评价、修改作文。

部编版语文教材对于写作部分的安排具有明显的序列性，并且针对每一项能力的培

养点都为学生总结了具体可操作的方法。这为教师的教学工作提供了方向。因此，合理地应用人工智能产品，能调动学生写作学习的积极性，帮助学生更好地理解写作技巧；也能帮助教师节省备课时间，提高工作效率。

以部编版七年级上册第三单元写作"如何突出中心"为例，教材为"突出中心"提供的三条建议分别是：设置一条贯串全文的线索，安排好内容的主次和详略，采用一些具体的方法、技巧。我们在课前可以利用 ChatGPT 生成一篇郑振铎《猫》的改写文章，具体要求如下：第一，删除全文线索句，即删除文中能体现人对于猫的感情变化的句子；第二，改变文章详略，详写前两只猫，略写第三只猫。课上，将《猫》的原文与改写文同时呈现给学生，让学生阅读并比较两篇文章哪篇中心更突出，并思考其中的原因。面对这样的两篇文章，学生能够明确判断出来：原文中心突出，而改写文章中心不突出，甚至是不明确。进一步比较可知，原文中心突出的原因有两点：一是拥有贯串全文的线索，二是文章详略安排得当。关于其他突出中心的方法、技巧，也可以通过这种控制变量的方法，让学生一目了然。

通过这样的比较分析，学生可以真正理解写作文时如何突出中心，而不是一味地被动接受知识。这样教学，更有助于学生在写作时自然而然地运用这些方法来凸显中心。

（二）利用 ChatGPT 高效评价作文

在以往长久的写作教学实践中，评价作文的工作通常是由老师来完成的，老师通过打分或者点评的方式评价作文的优劣。近些年，随着大单元教学的理念深入人心，作文评价开始重视学生的自评和互评，但这种情况需要先确定一个可操作的作文评价量表，耗时较多，并且评价量表的制定仁者见仁，效果不一。而随着人工智能的崛起，或将为我们的作文评价工作提供一些有力的支持。

传统课上，教师批改作文，主要考虑的是中心是否突出、结构是否完整、语言是否优美，不可避免地，这些评价会存在一定的主观性。有时，教师为了鼓励学生写作积极性，着重在作文中寻找亮点，如好词好句等。虽然这样的评价方式可能对学生的积极性的保持和提升有一定帮助，但是结果往往是学生的作文水平提升不明显。如果我们利用人工智能产品辅助作文批改，如利用人工智能批改作文的语言、逻辑和表达错误，这样节省出来的时间，更多地可以用于教师和学生的深度交流。如关于文章的情感和立意，师生可以更充分地做出交流与提升。

同时，我们要认识到人工智能产品不具备情感，它无法像教师一样真正读懂作文，不能替代教师和学生的交流。我们利用人工智能批改作文的初衷是让教师有更多时间有针对性地辅导学生。

（三）利用 ChatGPT 辅助学生修改作文

ChatGPT 可以针对作文的结构、语言给出修改意见，学生可根据建议有选择性地进行修改，同时可以进一步将自己的想法与人工智能进行沟通，得到更加个性化的建议。当然，最终的修改方案是需要学生针对自己的表达目的有选择地取舍，不能完全听从人工智能。这里就需要学生能够有明确的目的，有较强的甄别能力。

　　总之，将人工智能作为作文教学的辅助手段，能够显著提高学生学习写作的兴趣和参与度，还能促进学生个性化写作的发展。

三、利用人工智能辅助作文教学的注意事项

（一）要培养学生的批判性思维

　　虽然人工智能产品能提供写作上的帮助，但学生也要学会批判性地评估它的建议和反馈。任何不假思索地依赖人工智能产品，甚至照抄照搬，都有违我们利用人工智能产品的初衷。

（二）要提升师生使用数字资源的能力

　　互联网时代，学生和教师都需要具备一定的数字素养，以有效地利用这一工具。这包括理解人工智能产品的工作原理和限制，以及如何安全、负责地使用技术。人工智能处理问题依赖大量数据信息、深度学习模型等，这将导致其建议的正确性受到数据数量和质量的影响。同时，人工智能也缺乏真正的情感理解。而作文评价的一条重要标准便是情感是否真挚，因此人工智能只能在写作教学中起到辅助作用，切不可过度依赖。

　　人工智能时代，教师的角色更多地转变为指导者和协调者。教师需要指导学生正确使用网络资源，培养学生的批判性思维，以及对网络信息的甄别能力。此外，教师还需要掌握适应网络环境的评估方法，如在线互评、制作电子作品集等，以更全面地评价学生的写作水平和进步幅度。

　　总之，随着网络技术的不断发展，人工智能时代下的写作教学将会变得更加多元和高效。教师和学生都需要不断提升自己的数字素养，以适应这一变化。未来，网络环境下的写作教学有望成为培养学生综合素质和创新能力的重要途径。

参考文献

　　[1] 中华人民共和国教育部. 义务教育语文课程标准（2022 年版）[S]. 北京：北京师范大学出版社，2022.

　　[2] 杜孟航. 人工智能在智能批改中的应用分析[J]. 科技传播，2019，11（4）：133-134.

　　[3] 吴永和，刘博文，马晓玲. 构筑"人工智能+教育"的生态系统[J]. 远程教育杂志，2017，35（5）：27-39.

　　[4] 余胜泉. 人工智能教师的未来角色[J]. 北京教育：普教版，2020（2）：11-12.

　　[5] 朱梦珍，尚斌，荣爽等. 人工智能发展历程及与可靠性融合发展研究[J]. 电子产品可靠性与环境试验，2023，41（4）：1-6.

教师简介：

　　邢颖，初中语文中学二级教师，硕士研究生。教学理念：用语言播种，用汗水浇灌，用心血滋润，让教学因爱而充满生命力。

核心素养下的初中语文阅读教学方法探究

秦梦霞

摘 要：随着初中语文课程改革的实施，传统的照本宣科式语文教学方法的弊端已经显露，特别是阅读课型教学已经打破了传统课堂模式。本文主要探讨了课改背景下初中语文阅读课型的教学方法，并针对性地提出改进意见和建议。

关键词：初中语文 阅读教学 教学方法

近年来，初中语文课程不断进行改革，照本宣科式的传统的语文教学方法已经不再适用。语文课程改革已经打破了传统的课堂模式，尤其是阅读课型的教学。《义务教育语文课程标准（2022年版）》中7～9年级"阅读与鉴赏"教学目标中明确指出，要"对课文的内容和表达有自己的心得，能提出自己的看法，并能与他人合作，共同探讨、分析、解决疑难问题""在阅读中了解叙述、描写、说明、议论、抒情等表达方式。能区分写实作品与虚构作品，了解诗歌、散文、小说、戏剧等文学样式""欣赏文学作品，有自己的情感体验，初步领悟作品的内涵，从中获得对自然、社会、人生的有益启示。能对作品中感人的情境和形象说出自己的体验，品味作品中富于表现力的语言"。小学语文的学习是为了打基础，培养良好的学习习惯，而到了中学阶段，教师要引导学生提高阅读能力。如何提高学生的阅读能力呢？我们教师必然要从阅读课中寻找答案。如何实现初中语文阅读课型的教学目标，是我们教师要探究的时代课题。本文旨在探究课改背景下提升和改善初中语文阅读方法，对以往的积弊进行剖析，并提出有效意见和建议。

一、改善提升阅读方法的现实意义

"教"和"学"是阅读教学课堂的两方面，这两方面相辅相成，缺一不可。在"教"这方面，我们习惯将教师作为课堂中心，教给学生注音、解词、分段、概括、归纳主旨等，学生变成了装知识的容器。教学生固然重要，但教师应该更加注重的是学生学习的效果，所以一堂好的语文阅读课，教师要考虑学生实际，给学生足够的思想空间，还要看学生的活动是否有效且高效。然而，在大部分的阅读课堂中，教师更侧重的是教法，往往忽视学生的学法指导。实际上，阅读教学一定要以"学"为中心，阅读教学的主体必须是学生，我们教师也要站在学生的角度来设计课堂阅读教学，同时在实施教学过程中，必须与学生这一课堂的主体形成互动。一些语文教师常常这样抱怨："语文课是工具学科，大部分学生却不重视；语文课虽是主科，但在学生心中却是无味的主科。"学生也是牢骚满腹："当时朱自清写《背影》的时候考虑写作方法了吗？为什么我自己读的时候觉得父爱伟大，课堂讨论时却体会不到呢？"因此，切实改善阅读方法，对于综合强化学生语言文字能力意义重大。

二、探究课改背景下的阅读教学方法

（一）以"读"为本，引导学生在读中开启学习之门

《义务教育语文课程标准（2022 年版）》指出"引导学生了解阅读的多种策略，运用浏览、略读、精读等不同阅读方法""重视古代诗文的诵读积累"。7～9 年级"阅读与鉴赏"要求第一条就是"能用普通话正确、流利、有感情地朗读"，书声琅琅本就是阅读教学中最基本的要求，却也最容易被人忽视。如今，读的培养训练早已被"满堂灌"取代，语文学科课内外的阅读也已被其他学科大量挤占，提升阅读教学质效迫在眉睫。

1. 明确目标，及时反馈评价

笔者作为对外汉语专业学生，在中英文语言教学中都有所探究。在询问学生学习英语阅读的过程中，我们也有所感悟。英语阅读理解当中教师常常先引导学生看问题，而后去看关键词探寻情感表达和习题答案。语文阅读教学尽管没有如此程式化，却有参考之处。近期所学习的部分公开课当中，分开朗读、集体朗读的学习方式让课堂热闹非凡。在引导学生读书之前一定要明确阅读的目标，不要只是为了读而读。叶圣陶先生提醒教师应该重视读，教师在阅读教学中要避免让学生的"读"流于形式，"读"是阅读教学中最常用、最重要的方法，以读促悟。他曾说过："语文老师是引导学生看书读书的。"

在阅读前，教师应该引导学生明确阅读目标；阅读过程中，教师要根据阅读指导，引导学生领悟文章情感，增强阅读的效果；阅读后及时和学生探讨，评价学生在阅读中所得，这样才能培养学生的阅读习惯，提高学生的阅读水平。

2. 充分阅读，激发学生个性

"书读百遍，其义自见"，然而，一些课堂的"读"浮于表面，流于形式。一些语文公开课中，为了课堂结构的完整性，教师往往会让学生在规定的时间内完成阅读，学生水平参差不齐，有的学生还没有完成阅读，就开始了下一个环节。如果学生没有打好阅读这一基础，剩下的教学环节将成为空中楼阁。

不论是教师还是学生，在阅读分析一篇文章前，都少不了要带着目的去"读"，初读字音，再读内容，三读悟情。读书不是流于形式，而是要真的读到了学生的内心里。所以在课堂中教师要给学生预留充足的阅读时间，让学生充分阅读。

此外，在阅读过程中教师要有针对性地进行指导，尊重学生个性化发展。"一千个读者心中有一千个哈姆莱特"，这说明不是所有的学生都可以完成标准化阅读。学生的不同读法，可以让他们对文章内容的理解更多样化一些，所以教师引导学生读的方式也应该是多样的，如采用齐读、轮读、个别读等方式，这样学生通过反复阅读可以理解文本

内容，感悟作者情感。

3. 注重情感，引发学生共情

阅读课堂中在读的这一环节，大部分教师要求学生"读正确，读流利，读得有感情"，想要达到老师提出的要求，并不简单。不是单纯地靠老师教些课文朗读的技巧，读读就可以了。"读正确"这一要求相对简单，"读流利"可能仅仅需要花费些时间，但想要"读得有感情"就不仅仅需要花费时间练习就可以了，有感情地读不是让学生按照老师的教法，掌握中音、停连、语气即可，那样阅读只是像阅读机器一样读，缺少真情实感。如何让学生读得有真情实感，有灵气呢？

要让学生随心所欲地阅读，选择他们喜欢的部分去读，读的方式可以是多种多样，甚至可以是表演式阅读。比如在教《皇帝的新装》时，教师可以让学生分角色朗读，也可以进行课本剧表演，让学生感悟情境，体悟人物心理，产生共情；在教《背影》时，教师可以让学生选择自己喜欢的句、段，也可以边读边做动作，通过不同的阅读方法，引发学生共情，让学生能够感受到作者父亲的爱是无声且伟大的。读到位，才能有感受，"读"之后的课堂环节才能够水到渠成。让学生通过读，寻找与文章的共情点，这样学生才会"乐"学语文，教师也"乐"教语文。

（二）以"写"促读，引导学生在读写转化中提升文学素养

教语文的目的是为培养学生文学素养，所以教师应该注重充分发挥语文课程在育人方面的显著效果，注重培养学生对语言文学的欣赏与应用、探究与评价等能力。同时，大多数的阅读教学对培养这些能力产生着至关重要的影响。"语文教育要关注学生的生命成长和学生的终身发展，就必须让他们学会基本的文章读写方法，养成良好的读写习惯。"教师应学会使用阅读教学来体现教材作为例子的示范作用，从而促使阅读与写作相结合。因此，以"写"促读的教学方式，更加能够引导学生在读写转化中提高自身的文学素养。吕叔湘先生所提出的语文教学效率不高的问题至今依然存在，其原因在于受应试教育的影响，大部分学生读书的功利性较强，学生对阅读教材缺乏兴趣；"填鸭式"等传统的教学模式不能够做到以学生为主体；写作训练和阅读教学过于分散，写作即写作，无法产生提高阅读的效果。因此，学生往往忽略了写作的重要性，写作能力得不到提高。鉴于此，笔者提出如下几点建议：

1. 引导学生重视阅读重构

笔者通过教学实践认识到，独立的阅读空间对学生来讲是至关重要的。这会使他们以个人独有的见解和角度去了解作品。换句话说，阅读活动是学生了解文本、重新构建的活动。要想让学生高效地完成这种活动，给学生创设独立思考的空间非常有必要。同时，加强引导学生展开想象并进行大量的写作训练，随时随地将自己的想法以作文的形式呈现出来，可谓是"以读促思"；将学生从阅读思维定式中解脱出来，教师有必要在

教学前先创设陌生化地观照教材篇章的情境，再运用写作先行的方法，激发学生更好地欣赏文本之美，可谓是"以写促读"。这个重构环节就是一个促进能力的过程。张志公先生曾说："教一篇文章，必须让学生透彻理解全篇思想内容，并且从中得到思想上的教益，知识上的启迪，感情上的陶冶，不这样是不对的，可是办法必须是带领着学生好好地读这篇文章，一字、一词、一句、一段都读懂，把文章的安排组织都搞清楚，让文章的本身去教育学生。"

2. 帮助学生强化写作阅读动力

好的写作源于大量阅读积累，通过学生的作文，教师可以更好地了解学生阅读的状况和水平，从而衡量出学生的阅读能力。特别是教师针对阅读布置的作文，这类作文往往更能表现学生的阅读水平，即学生针对阅读材料独立完成的每篇作文都是其自身阅读与写作能力的综合体现。因为通过写作，我们看到的是学生对文本的阅读、思考、鉴赏、创造等能力。这种创作的成就感会迁移到阅读活动中，使原本枯燥无味的阅读变得趣味盎然，这样既提高了学生的写作能力，也激发了学生的阅读兴趣，更加优化了阅读教学，提高了语文教学成效。

3. 促进学生构建深度阅读体系

想要改变近年来阅读模式化教学的现状，就应想方设法引导学生主动"走进教材"，即激发学生的兴趣，让学生主动去阅读与写作。例如面对一些构思精妙的小说与其他题材的文学传记，可以让学生充分发挥个人的想象力对结尾进行续写，我曾经的语文老师就让我们续写过《我的叔叔于勒》。但是，要想写好这些东西，就必须有阅读的兴趣，进一步深入了解文本并认真体会风格，这样才能写出自己的特色。围绕一篇好的文章，教师可以引导学生阅读同类型的作品，帮助学生构建一个深度的阅读体系，从课本教材到课外读物，从读写中比较，从比较中审视，从审视中提高，这样不但增加了学生的写作素材与语言积累，而且也提高了学生的写作水平，同时优化了课堂阅读教学。

总之，以写促读，读写结合和互动等方式都可以大大优化阅读教学，以激发学生的阅读兴趣，扩大学生的阅读量，进而不断提高学生的文学素养。

（三）以"想"升华，引导学生在思考总结中强化阅读能力

马克思主义哲学中，着重强调实践—理论—实践的学习步骤，也就是从实践中来到实践中去，作为非常重要的哲学方法论，其应用到教学当中就是读写想中的"想"这个环节。这个"想"，既包括学生的想象力，又包含作为阅读教学主体的老师、学生的思考和总结。学生无须教而能自读、自悟，这才是作为教师的最终希望。

1. 从教学氛围入手，提升学生课堂"想"的能力

著名心理学家罗杰斯强调，教师只有在教学过程中为学生创造一种无拘无束、自由表达的空间，他们才会尽情地参与表达。在最初的教学当中，笔者对一些提出"无脑"问题的学生感到非常担忧，但是慢慢发现这正是学生思考阅读的过程，也正是这些思考，才能产生大量学习的火花来。《幼时记趣》可充分调动学生自主学习的能力，鼓励他们在教师讲的时候积极展开个人的想象能力。例如，教师在绘声绘色讲述"夏蚊"联想到"群鹤"这一作者奇妙的想象时，有学生就会提出"老师，蚊子还可以联想成直升飞机，行吗"这样的问题，此时，教师绝不可责怪这些突发奇想的学生，要对他们合理的联想进行肯定，随即和有类似联想的同学进行深入讨论。在训练中学生就会意识到联想需要将日常生活作为基础，认识到联想是要寻找到双方事物的相似点或共同点，这样的课堂教学才是动态的、充满生机的，学生的知识也得到了充分的拓展与迁移。课后，有学生写出"夏天池塘上空飞舞的蜻蜓犹如一只只直升飞机在盘旋"等类似的句子，可见学生在写作与阅读上有了飞跃式的提高。

2. 从教材本身挖掘，提升学生课中"想"的空间

语文教材中所选用的课文，大都文质兼美：有赞美祖国壮丽山河的，有歌颂人物美好心灵的，有感悟人间至爱亲情的，等等。阅读这些文学作品，不仅可以激发学生的情趣，陶冶学生的情操，更重要的是能在学生心中泛起涟漪，使他们产生丰富的联想与想象。

在教欧阳修《醉翁亭记》这样的游记类散文时，教师要注重培养学生根据文中内容进行想象的能力，让学生在头脑中想象文中所写景色，感受整体的美感，体会作者围绕醉翁亭创造的独特意境——山水图、四季图、游宴图、暮归图。景色之美，游宴之乐，都体现在画面中。接着教师引导学生想象作者置身在画面中，补充介绍《醉翁亭记》的写作背景，那么让学生理解欧阳修与民同乐的情怀就相对容易一些，学生也更容易接受。

3. 从课后设计发力，提升学生课后"想"的动力

在语文阅读教学中，教师可以利用教材中精美的范文，有针对性地进行丰富词汇的训练，使学生不断扩大自己的语汇量。例如，可以用成语接龙、造句、仿写等方法进行这方面的训练。在与家人散步时，学生可以玩成语接龙游戏，这就是丰富学生词汇量的一种方法，既提高了语言表达能力，又丰富了学生的想象力。再比如说，利用作文的不同形式来巩固和提高学生的语言表达能力，培养学生的想象能力。这种作文训练的方式千变万化，如可以根据所授课文的不同对其进行相应的改写、补写、续写等，也可以是看图写作、观察写作等。这些自我发挥空间较大的作文训练给予学生广阔的想象空间，经常进行这方面的训练，可有效提高学生的想象能力。

阅读本身就是一个大的课题。从课堂内延伸到课堂外，从注重文本的阅读，到逐渐上升到对人文生命的关怀，这是我们教师必须看到的。因此"读、写、想"，不仅仅限于我们短短45分钟的语文课堂，而是要通过课堂让学生走向社会生活、自然世界。除了课堂本身的阅读，我们更应当让学生去关注生命无价、人间有情，让他们从社会热点中去阅读和思考。叶圣陶、朱自清所主张的"语文教学应充分发挥学生的主动性，要求学生通过自己的实践去培养自己的习惯和能力"。总之，通过"读、写、想"这个过程，真正把阅读教学贯穿于教和学中，让学生读有所获、读有所趣、读有所得，这才是我们语文教师要坚定走下去的动力。

参考文献

[1] 甘其勋. 运用文章科技引领学生阅读[J]. 中学语文教学，2008（9）：7-10.

[2] 李杏保. 语文学科教育参考资料类编[M]. 北京：高等教育出版社，1996：135.

教师简介：

秦梦霞，一级教师，2021 年怀柔区道德模范，2023 年怀柔区优秀班主任。多次做区级展示课，参与撰写案例《七上六单元——插上想象之翼，学写文章》《七下六单元——一起向未来，学会快速浏览，感受探索之美》，发表在《中小学单元作业设计指导与模型样例》中。

初中语文阅读教学的有效性策略探析

闫彦珍

摘　要：阅读教学是语文教学的重要组成部分，其有助于丰富学生的知识储备，提高学生的思维能力，发展学生的语文核心素养。那么，阅读教学究竟应该怎么教，教什么，才能发挥出其最大效用呢？宋代理学家朱熹曾说："读书之法，在循序而渐进，熟读而精思。"这意味着读书不是一蹴而就的事情，它应该成为一种习惯，应该成为阅读者的思考源泉。在核心素养培养目标下，初中语文阅读教学承载的教育内容更多，承担的教育任务更重，它不是为了让学生仅会解决考试题，也不是为了让学生仅能理解文意，而是为了唤醒和激发学生的审美意识，促使学生能够真正将内心情感融入文本之中，提高思维能力，坚定文化自信。基于此，本篇文章对初中语文阅读教学的有效性策略进行研究，以供参考。

关键词：初中语文　阅读教学　现状分析　有效性策略

引　言

"书籍是人类进步的阶梯"，开展有效阅读是快速积累语文知识、提升语文知识水平的关键。在初中语文教学中开展阅读教学，能够优化学生的语文阅读方式，让学生掌握一定的阅读技巧，增强学生的阅读体验，提升学生的阅读能力，从而实现学生对语文知识进行深度学习和积累的目标。因此初中语文教师要重视语文阅读教学策略的创新，紧跟新时代教育步伐，为学生提供高效的阅读教学指导。

一、初中语文阅读教学的目的

《教育部关于全面深化课程改革落实立德树人根本任务的意见》指出，教育部将组织研究提出各学段学生发展核心素养体系，明确学生应具备的适应终身发展和社会发展需要的必备品格和关键能力，突出强调个人修养、社会关爱、家国情怀，更加注重自主发展、合作参与、创新实践。《义务教育语文课程标准（2022年版）》中阐明核心素养的内涵是学生通过课程学习逐步形成的正确价值观、必备品格和关键能力，是课程育人价值的集中体现。义务教育语文课程培养的核心素养，是学生在积极的语文实践活动中积累、建构并在真实的语言运用情境中表现出来的，是文化自信和语言运用、思维能力、审美创造的综合体现。在这样的背景下，学科教学不再是单纯的知识传授，也不是传统的灌输式授课，而要以学生为主体，按照学生的个性特征、兴趣爱好、身心发展进行教学研究，做到以人为本，凸显语文教学的人文性。语文教学要立足于学生的可持续性发展，为学生的终身学习打下基础，教师应做到因材施教，因地制宜，激发学生的学习兴趣，提高学生的学习自信心和持久力。

二、初中生阅读现状分析

第一，阅读时间少，自控力弱。初中生学习科目较多，功课紧，学习压力大，因此，自由阅读时间较少。在教育改革后，在核心素养导向下，新课标中也有关于课内外读物的建议，并推荐了一些课外阅读读物，但是大部分初中生阅读时间少，自觉性不强，阅读成效不高。

第二，阅读兴趣不高，重视度低。网络调查显示，因成长环境、社会价值观等因素的影响，当代初中生普遍阅读兴趣不高，对阅读不够重视。究其原因，一方面，社会经济飞速发展，生活节奏加快，人的心态容易变得浮躁；另一方面，电子产品种类丰富，视听设备多样，学生业余时间可选择的娱乐项目太多，难以静下心来阅读。

第三，阅读课堂参与意识不强。学生对阅读的重视度低，阅读内容有限，对阅读材料内容把握不够全面，参与交流的积极性不高，语文阅读课堂的参与意识不强。

三、初中语文阅读教学的有效性策略分析

（一）引导学生制订阅读计划，让阅读有章可循，开展有目的的阅读教学活动

语文课程为学生学好其他课程打下基础，它可以使学生在学习中树立正确的世界观、人生观和价值观。各种书籍和阅读材料浩如烟海，因此，学生需要明确阅读的目标，有选择性地阅读。为了让学生更好地进行阅读，提升阅读效率，在阅读前制订阅读计划至关重要。例如，在进行课外必读书目的书籍阅读教学中，教师首先要引导学生明确读哪些书、采用怎样的方法读，在阅读速度、阅读章节的进度、阅读效果的反馈等方面要有一个具体的计划和目标。在阅读教学过程中怎样导读、怎样推进、怎样监督学生阅读计划的实施、怎样了解学生的阅读效果，教师必须要有一个具体、准确而又切实可行的整体规划。

（二）问题引导，更迭教学思想，帮助学生培养一定的阅读思维能力

在语文阅读教学中，教师要培养学生的思维能力，学生的思维能力与学生已有的知识文化基础同样重要。教师可以在教学过程中利用有效的教学活动设计提高学生的批判性思维能力。在新课标教育理念的指导下，教师不仅要为学生提供更多的有关学科方面的知识，更要注重培养学生的思维能力，让学生更好地理解所学文章的主旨及中心思想。例如，教师可以有效利用合作学习的方式展开教学活动，让学生在团队合作的氛围中提高发散思维能力。在阅读教学中，教师要为学生提供自主探究思考的机会，让学生通过小组学习开展阅读活动。此外，教师还可以组织学生进行文章主旨的分析交流，提高学生的批判性思维能力。教师也可以根据学生的实际学习情况，灵活设计并调整教学方案，结合学生的最近发展区，创设多种阅读活动，帮助学生多角度理解课文内容。

以《变色龙》一课的教学为例，开始上课时，老师就用"这篇课文主要讲述了一个什么故事""根据课文中的情节，可以将课文分成几部分？每个部分又分别讲述了什么内容""课文中对人物的描写主要运用了哪些手法"等问题向学生提问。面对一系列亟待解决的问题，学生们会仔细阅读，从课文中找出这些问题的答案，了解并学习文章中作者对人物细节描写的把控。例如，文中对警官奥楚蔑洛夫处理"狗咬人"这一事件时的情节进行了大篇幅描写，将警官奥楚蔑洛夫表面上装出一副正义、公允的面孔，但实际上是一个见风使舵、媚上欺下、专横跋扈的沙皇走狗的形象塑造得淋漓尽致。教师可以引导学生通过细读课文，抓住相关内容去感悟人物形象，还可以在学生理解人物形象和文章内容的基础上，进行情境再现，引导学生在课堂上分角色、有感情地朗读课文，营造良好的教学氛围，使学生深入理解文本内涵。因此，通过以问题探究为学习支架的阅读教学活动，能帮助学生进一步理解文本，激发语文学习兴趣，在这些学习任务驱动下，学生不仅能巩固课堂学习成果，还可以锻炼语言表达能力，提升阅读思维能力。

（三）创新阅读形式，带领学生绘制思维导图，帮助学生突破思维限制

洛克威尔曾说过："真知灼见，首先来自多思善疑。"布莱希特曾说过："思考是人类最大的乐趣。"由此可见，思考对于人的启迪作用非常明显。学习需要思考，不经过思考的学习就失去了学习的价值和意义。发展与提升学生思维是语文核心素养的重要内容，也是初中语文阅读教学的重要目标，因此教师应重视培养学生的思维能力。在语文阅读教学中，教师可以通过引导学生绘制思维导图的方式，对学生进行思维训练。学生在绘制思维导图的过程中，会不自觉地对文本进行深度探究，不断拓展思维宽度，打破思维限制，实现深度阅读，从而真正理解文意，并从阅读中获得精神享受。以《皇帝的新装》一课的教学为例，在教学这篇课文时，教师就可以通过带领学生绘制思维导图，对学生进行思维能力训练。学生在绘制思维导图的过程中，通过深度探究文本，会产生很多与文本主题相关的思想，比如由文中的皇帝想到与皇帝有关的人和事，并从这些人和事中寻找相关印记，从而更深刻地理解文本。又如通过将大臣和小孩进行对比，探寻事件的根源，进而体味文本的主题思想，深刻理解文字背后的思想内涵。绘制思维导图能够帮助学生突破思维限制，丰富学生的思维内容，促使学生在不断思考中重建思维架构，为学生思维能力的发展提供助力。

（四）尊重学生，发挥学生在阅读教学中的主体作用

在中学语文阅读教学中，教师应从观念上进行转变，使中学语文阅读教学真正体现出新课程标准的理念与要求。在中学语文阅读教学中，教师要给学生以主体的角色，以组织者、引导者的角色来指导，避免偏离教学目的，增进师生关系，建立平等的交流通道，使"对话教学"成为新课程改革的重要内容。同时，在中学语文阅读教学中，应避免过度依赖多媒体，可鼓励学生深入阅读，产生自己的思维，使其获得更好的阅读体验，提高阅读能力，重新走上正确、合理的发展轨道。

（五）合作探究，探索小组合作的教学方法

小组合作探究是在教师的引导下，一种以小组为单位的教学方式，在培养学生的学习主动性、学习习惯、合作精神方面都起到了很好的促进作用。例如，在教授《孔乙己》一文时，作者从多个方面描写了孔乙己的个性。教师可以让学生通过小组讨论的方式，对孔乙己的个性特征及形成这种个性特征的原因进行分析。学生通过小组合作探究，以较完整的方式把握孔乙己的个性及孔乙己的悲剧成因，这样学生既能看到孔乙己的悲剧，又能看出孔乙己悲剧的社会根源。此外，这篇文章多次写到众人的哄笑，教师也可以让学生一起探讨作者这样写的目的。通过小组讨论及教师的引导，学生能更好地了解文本内涵。通过分组讨论，可以促进学生之间的沟通交流，让学生有更多自由发挥的空间，培养学生的发散性思维，使学生充分利用自己的优点，从多个角度去理解问题。

结束语

在初中语文教学实践中，教师开展有效的阅读教学能够增加学生的语文知识储备，让学生在阅读中逐渐提升阅读理解能力，对语文知识进行深入学习。因此，初中语文教师要重视开展语文阅读教学活动，采用制订阅读计划、问题引导、创新阅读形式等方法，让学生有更好的阅读体验，提高学生的阅读积极性和阅读效率，从而有效完成阅读教学任务，实现教学目标，提升学生的语文素养。

参考文献

[1] 贺方菊. 初中语文阅读教学有效性策略探析[J]. 知识窗：教师版，2019（5）：118.

[2] 张生辉. 提升初中语文阅读教学有效性的策略研究[J]. 天天爱科学：教学研究，2019（5）：73.

[3] 元新民. 初中语文阅读教学的有效性策略分析[J]. 考试周刊，2019（46）：78.

[4] 蒙亮. 初中语文阅读教学有效性策略之我见[J]. 新课程：中学，2019（5）：153.

[5] 戴良海. 初中语文阅读教学的有效性策略探析[J]. 新课程：中学，2019（5）：158.

教师简介：

闫彦珍，一级教师，《三顾茅庐》获山东省"一师一优课"优秀课例，《核心素养导向下初中语文阅读教学策略初探》等多篇论文获奖并发表。

核心素养观照下初中文言文教学研究

张 芮

摘 要：文言文教学是语文教学的重要组成部分，在学科核心素养提出的背景下，语文学科注重在现行课程标准的要求下更加体现工具性和人文性统一。本文关于文言文教学的实践研究，旨在落实语言建构与运用，把握好语言维度，即文言文的"言"，理解关键词句；旨在落实文化传承与理解，也就是文化维度，即文言文的"文"，品味文言文背后的文化内涵。

关键词：核心素养 课程标准 初中文言文

一、初中文言文教学现实背景

（一）语文学科核心素养的要求

教育部 2014 年印发的《教育部关于全面深化课程改革落实立德树人根本任务的意见》中，首次提出"核心素养体系"概念。教育部将着手牵头研究各学段学生发展核心素养体系，培养青少年学生在成长发展过程中所应获得的适应自身和社会需求的能力素养。

2016 年 9 月 13 日，在以新高考制度革新为标志的关乎素质教育的实质性推动举措中，教育部正式对外发布《中国学生发展核心素养（征求意见稿）》。核心素养的提出，让教育改革由先前教育界的"三维目标 2.0 时代"过渡到"核心素养 3.0 时代"。2018 年新修订版《普通高中语文课程标准》在万众瞩目中新鲜出炉，其中明确提出高中语文学科核心素养的概念。在新课标中，语文学科核心素养分别从语言、思维、审美、文化等层面被划分为四大维度。《义务教育语文课程标准（2022 年版）》明确义务教育语文课程培养的核心素养是文化自信、语言运用、思维能力、审美创造。

学科核心素养的提出，从根本上探讨的即当前教育所要塑造的是什么样的人、时代发展需要的是什么样的人才、如何培养人才等一系列重大问题。

全球经济发展至今天，在网络化时代，在影视传媒商品化的时代，经典的优雅的文化受到冲击，孩子们容易迷恋上各种流行文化，因此让学生尽早养成高品位的审美素养，是非常必要的。国家的语言文字以及这些文字所承载的文化内涵都是民族的瑰宝，更是民族自信的体现。语文学科素养四大维度中，从语言和文化层面分别提出了语言的建构与运用和文化传承与理解的要求。初中语文课程作为国家基础教育的重要阶段，其中文言文学习所涵盖的古代语言文字以及文化知识，都是宝贵的资源。

语言维度是指文言文的"言"，还有文化维度，也即文言文的"文"。不同于以往"重文轻言""重言轻文"，笔者在一线教学工作中一直秉持着"文""言"兼重的理念，中国传统文化是基于汉字基础上的一系列的丰富的文化知识。

（二）现行课程标准的要求——工具性和人文性统一

《普通高中语文课程标准（2017年版2020年修订）》相较旧版，突出强调对中国传统文化的继承和发扬，在旧版的基础上增加了古诗文背诵推荐篇目数量，在课内外读物的建议中，也强调文化经典著作、古代小说、古代剧本等的阅读。

从《义务教育语文课程标准（2022年版）》和《普通高中语文课程标准（2017年版2020年修订）》来看，高中阶段除了借助注释和工具书理解文章内容之外，还增加了梳理常见的文言实词和虚词以及文言句式用法等考查内容。值得注意的是，近几年随着我国对传统文化的日益重视，传统文化正逐渐被纳入语文高考改革的视野之中。坚持"立德树人"的总目标，体现以"考"育人的自觉（见表1）。

表1　中高考文言文考查情况

年份	2014	2015	2016	2017	2018	2019	2020
北京中考素材情况字数	课内	课内	课内	课内+课外《国语·勾践灭吴》	课内+课外《旧唐书》《五岳祠盟记》	课内+课外《吕氏春秋》《贞观政要》	课内+课外《淮南子·氾论训》《汉书·公孙弘卜式兒宽传》
	约200字			191+（课外）231	577+（课外）171	175+（课外）221	324+（课外）204
北京高考素材情况字数	《欧阳文忠公集》	《吕氏春秋》	《管子·轻重》	《东坡志林》	《荀子》《吕氏春秋》	《非国语》	《史记》《资治通鉴》
	676	435	762	742	506	522	约500字

在无法回避的应试背景下，初高中文言文存在断层现象：（1）高考文言文全部出自课外，篇幅在500～700字，高中文言文试题分数比中考文言文占比高。（2）对实词和虚词常见句式的考查不同。文言实词在中考基础上增加了120个，虚词18个，并且加入句法的考查。

而在这样的应试背景下，文言文教学方面存在断层。初中阶段文言文的难度较小，课堂教学更容易采取灵活多变的实践模式，往往是非常热闹的，这样的课堂是学生喜欢的，是老师乐于组织的。这样的文言文课堂对于刚刚升入七年级的学生来说，是非常好的，因为小学阶段并未深入接触文言文，这样可以帮助学生消除由于对文言文陌生带来的恐惧。同时也应看到，这样的课堂学生可以吸收保留多少内容，掌握多少古代语言知识，了解多少传统文化的知识，我们无法准确把握。由于考试中文言文选文均出自课内（北京市 2017 年之前），篇目都较为熟悉，考题评价区分度不高，学生分数普遍较高，以一时分数相差无几代替了日常该有的积累和提升。其实学生本身解读文言文的能力层级并未全部达标。长此以往，学生就会产生这样一种思维：平时可以不学习，到了九年级，突击背诵几个月的文言文也可以得分。这种现象就完全沦为应试教育的"快消品"，并未让学生静下心来沉浸到有限的课内文言文的文本当中去。而一旦升入高中，面对高考语文课标要求下的文言文篇目，课内学习篇目动辄五六百字，篇幅较长，难度加大，考试的课外篇目也大致如此，疏通文章的基本内容也会存在问题。尤其是长难句，断句就是主要的问题，一旦断句出错，整个翻译可以说是错得离谱。在初中阶段没有经历字斟句酌的积累过程，自身积累缺乏，加之有些高中老师对于学生的文言文的学情判断不足，忽略了从初中进入高中的衔接过渡。文言文的课堂教学氛围没有初中时期的生动活泼，课堂实践活动较少，基本是以老师的讲授为主，学生在缺乏自身积累的基础上思维就会受限，课堂就会变成"满堂灌"，无法激发学生学习文言文的主动性。

中考和高考并不仅仅是一场考试，更是传递以考促教的重要信号，可以帮助学生养成良好的学习习惯，打下坚实的文字基础。同时也尽量帮助学生摆脱考试浮躁心态，使其静下心来沉浸到文言文的文本中去，感悟文字背后所蕴含的文化内涵，惊叹于中华优秀传统文化那生生不息的独特魅力，立德树人育人目标也会在潜移默化中得到落实。

综上，文言文既是语文学科课程标准的重要要求，也是传承中华优秀传统文化的重要载体。

二、文言文教学的实践研究

（一）旨在落实语言建构与运用

1. 课内外迁移

拓展含有重要文言实词和虚词的课外文章，降低学习文言文的门槛，帮助学生克服面对文言文的畏难情绪，从而激发学生学习文言文的兴趣。让学生在日常教学中体会，文段是课外的，重要文言实词虚词在课内，考点在课内。以部编版七年级上册《陈太丘与友期行》为例：

> 陈太丘与友期行。期日中，过中不至，太丘舍去，去后乃至……
>
> ——《陈太丘与友期行》

> ……伋谓别驾从事，计日告之。行部既还，先期一日，伋为违信于诸儿，遂止于野亭，须期乃入。
>
> ——《后汉书·郭伋传》

注意两个文段中的注释。期行：相约同行（《陈太丘与友期行》）。期：约定（《后汉书·郭伋传》）。这属于同一个重要实词的解释。同时这个核心词也决定了本文的主旨是相似的，也就是这两篇文章共同围绕的核心：与人约定并信守诺言。课内的核心重要实词和文章主旨掌握好了，再拓展一篇含有相同实词和主旨内容的，可以帮助学生迅速消除陌生感，也可以加强课内所学文言知识的获得感。

另外，笔者在课堂教学中补充同一作家的其他作品或者补充同一主题的文章。比如部编版七年级上册《狼》，所选的是《狼》系列的第二则：

一屠晚归，担中肉尽，止有剩骨……

——《狼》

教学中补充了《狼》的另外两则。《狼三则》都是写屠夫在不同情况下遇狼并杀狼的故事。第一则着重表现狼的贪婪本性，第二则着重表现狼的欺诈伎俩，第三则着重表现狼的爪牙锐利，但最终却落得个被屠夫杀死的下场，作者借此肯定屠夫杀狼的正义行为和巧妙高明的策略。"屠惧——屠大窘——屠暴起——屠自后断其股"这一系列屠户与狼斗争的过程，学生可以在其他两则故事中找到另外一些富于变化的斗争的过程，第一则"屠惧——屠无计——屠归"，第三则"一屠暮行，为狼所逼——屠急捉之——以吹豕之法吹之"。简练的文字背后是三个故事都有的生动曲折的情节，各自成篇，又紧密相关，构成一个完整统一体，从不同侧面阐发了主题思想。

2. 古代汉语和现代汉语之间迁移

积累高频实词，逐渐形成重要文言词库。在同一篇文言文内部进行重要词语对比，在不同篇章文言文间进行词语对比，或者与现代汉语中的"活化石"——成语进行比较。

以 2019 年北京中考试题为例：

下列选项中加点字"举"的意思：

举于市（被任用）　举一反三（提出）　举足轻重（向上抬）　轻举妄动（行动）

"举于市"的"举"在《生于忧患，死于安乐》中解释为"被任用"，而所给的三个成语"举一反三""举足轻重""轻举妄动"中的"举"含义各有不同。因为增加了试题的难度和区分度，所以我们在日常教学中就需要做好积累，将难点渗透到平时教学中，有序列有章法地分散击破。例如链接到课外文言文时，看到重点实词"各置他所"的"置"，就要及时给学生讲解现代汉语中含有"置"字的具有相同含义的成语来补充词库（见表 2）。

律知武终不可胁，白单于。……匈奴以为神，乃徙武北海上无人处，使牧羝。羝乳乃得归。别其官属常惠等，各置他所。武既至海上，廪食不至，掘野鼠去草实而食之。杖汉节牧羊，卧起操持，节旄尽落。

——《苏武牧羊北海上》

表2 古今注释文言文示例

古	今
各置他所：安置	置：置之不理　置身事外　本末倒置　推心置腹　置若罔闻（放置）

再如链接到课外文言文时，也可以积累含有同一实词但是含义不同的成语到文言词库中。（见表3）。

吾室之内，或栖于椟，或陈于前，或枕藉于床，俯仰四顾，无非书者。吾饮食起居，疾痛呻吟，悲忧愤叹，未尝不与书俱。宾客不至，妻子不觌，而风雨雷雹之变有不知也。间有意欲起，而乱书围之，如积槁枝，或至不得行，则辄自笑曰："此非吾所谓巢者耶！"乃引客就观之。客始不能入，既入又不能出，乃亦大笑曰："信乎，其似巢也！"

——《陆游筑书巢》

表3 古今注释文言文示例

古	今
或陈于前：陈列	慷慨陈词（陈述）　推陈出新（陈旧）
间有意欲起：间或，偶尔	亲密无间（空隙）　挑拨离间（不和）
乃引客就观之：邀请	引吭高歌（拉，伸）　抛砖引玉（招来）
乃引客就观之：走近，靠近	避难就易（靠近）　就事论事（依据当前情况）
信乎：确实	信誓旦旦（诚实）　杳无音信（消息） 信手拈来（随便）

（二）旨在落实文化传承与理解

1. 理解文言文背后的传统文化典故

教授七年级上册专题学习活动"有朋自远方来"时，笔者引导学生做以"友谊"为主题的知识漂流卡片。如不同人物之间的友谊：伯牙子期之间高山流水遇知音的故事——伯牙绝弦；管宁华歆之间因志向不同断交的故事——割席断交；管仲鲍叔牙之间举贤不避亲的故事——管鲍之交。

（管仲）少时常与鲍叔牙游，鲍叔知其贤。管仲贫困，常欺鲍叔，鲍叔终善遇之，不以为言。已而鲍叔事齐公子小白，管仲事公子纠。及小白立，为桓公，公子纠死，管仲囚焉。鲍叔遂进管仲。管仲既用，任政于齐，齐桓公以霸，九合诸侯，一匡天下，管仲之谋也。

——《史记·管晏列传》

"管鲍之交"本身就体现着朋友之间亲密无间、彼此信任的主旨，告诫学生们和朋友要彼此支撑，互相给予力量。孔子说："桓公九合诸侯，不以兵车，管仲之力也。"司马迁说："天下不多管仲之贤而多鲍叔能知人也。"从中也可以看出管仲的才华极高，是为能臣；鲍叔牙知人善荐，心胸宽广，欣赏有才之人。

同时，"管鲍之交"的故事，可以宕开一笔开拓出新意。我们不妨梳理出其中的人物：管仲、鲍叔牙、齐桓公。发掘重要但被忽视的人物——齐桓公，如果从齐桓公的角度去分析，齐桓公大胆任用曾经是对方阵营中的谋士完成大业，立意可以是不计前嫌，宽容大度。

我们进而从"管鲍之交"的典故开始，从这一类的关于多个人物关系的文言文分类想开去，就可以做成一个系列——谋士系列。而行之有效的方法就是画典故中的人物关系的思维导图，尤其是用于历史人物较多时，比如勾践、夫差、太宰嚭和伍子胥的故事。勾践、夫差会稽之战之后，勾践败给夫差，并且请求为臣，其中夫差手下的伍子胥忠直谏言夫差不要接受勾践的投降，而夫差手下的太宰嚭收受了勾践方面的大臣文种的贿赂，最终勾践卧薪尝胆，徐徐图之，战胜了夫差一雪前耻。

后五年，伐越。越王勾践迎击，败吴于姑苏，伤阖庐指，军却。阖庐病创将死，谓太子夫差曰："尔忘勾践杀尔父乎？"夫差对曰："不敢忘。"是夕，阖庐死。夫差既立为王，以伯嚭为太宰，习战射。二年后伐越，败越于夫湫。越王勾践乃以余兵五千人栖于会稽之上，使大夫种厚币遗吴太宰嚭以请和，求委国为臣妾。吴王将许之。伍子胥谏曰："越王为人能辛苦。今王不灭，后必悔之。"吴王不听，用太宰嚭计，与越平。

——《史记·伍子胥列传》

2. 分门别类赏读，主题归纳

初中阶段的文言文篇幅不长，且分散在各册书中，但是从六本教材中将各个篇目提取整合后发现也有一定的系列，其中可以按照主题来进行分类。比如读书篇、山水篇、言志篇、战争篇、人物传记篇等（见表4）。

表4　教材内容示例

	篇目	主题
部编版 七年级上册	《咏雪》	良好家风
	《陈太丘与友期行》	诚信
	《〈论语〉十二章》	学习态度、学习方法、个人修养
	《诫子书》	君子修养
	《狼》	机智勇敢的品质
	《穿井得一人》	实事求是的品质
	《杞人忧天》	忧患意识

	篇目	主题
部编版 七年级下册	《孙权劝学》	读书进取
	《木兰诗》	家国情怀
	《卖油翁》	熟能生巧
	《陋室铭》	安贫乐道的君子品质
	《爱莲说》	洁身自爱的高洁人格
	《活板》	聪明才智和创造精神

比如笔者的学生在文言文积累本上做的归纳：读书类文言文，可以包含课内的篇目，也可以包含课外习题。其中有赵普在宋太祖的劝说下学习读书，后来苦读《论语》对于处理政事有极大的帮助的故事。也有孙权劝说吕蒙读书，吕蒙从推辞到投身学习，最终鲁肃见证了吕蒙的飞速进步的故事。还可以将上文中积累重要实词时提到的《陆游筑书巢》一文进一步充分利用起来，学习陆游沉浸于读书、忘我学习的精神。

普少习吏事，寡学术，及为相，太祖常劝以读书。晚年手不释卷，每归私第，阖户启箧取书，读之竟日。及次日临政，处决如流。既薨，家人发箧视之，则《论语》二十篇也。

——《赵普读书》

初，权谓吕蒙曰："卿今当涂掌事，不可不学！"蒙辞以军中多务。权曰："孤岂欲卿治经为博士邪！但当涉猎，见往事耳。卿言多务，孰若孤？孤常读书，自以为大有所益。"蒙乃始就学。及鲁肃过寻阳，与蒙论议，大惊曰："卿今者才略，非复吴下阿蒙！"蒙曰："士别三日，即更刮目相待，大兄何见事之晚乎！"肃遂拜蒙母，结友而别。

——《孙权劝学》

部编版教材中的文言文根据主题，适当联系课外所学文言文，将同一主题的文言文归纳起来，从而形成一种文言文学习的规模效应。学生从中可以锻炼总结归纳能力，进而感悟文字背后的文化内涵。

参考文献

[1] 中华人民共和国教育部. 普通高中语文课程标准(2017年版2020年修订)[S]. 北京：人民教育出版社，2020：21.

[2] 朱梓铭. 基于语文核心素养的初中议论文教学策略[J]. 科教文汇：上旬刊，2020（7）：147-148.

[3] 刘巍. 基于大数据分析的初中文言常用实词确定的研究：以部编版教材为例[J]. 课程教学研究，2020（6）：4-12.

[4] 张蓉. 核心素养背景下初中语文教学的开展[J]. 科学咨询，2020（23）：287.

[5] 王树展. "核心素养"观照下的高中语文教材文言文选编研究[D]. 安庆师范大学，2019.

[6] 贾铖虎. 好的命题应着眼于推动日常的教与学：2018年高考语文北京卷文言文部分命题研读[J]. 语文教学通讯，2019（4）：60-61.

[7] 汪筱鸿. 初中文言文教学中"迁移"能力训练研究[D]. 四川师范大学，2018.

[8] 刘敏. 浅谈基于核心素养的初中语文教与学行为转变[C]. 教育理论研究（第一辑）：重庆市鼎耘文化传播有限公司，2018：200-203.

教师简介：

张芮，中学一级教师，研究生，文学硕士，曾获"四有"教师称号。教育教学理念是：走一步，再走一步，做学生成长的引路人。

初中英语教学的现状与展望

常珺美

摘　要：初中英语教学一直是教育领域中备受关注的一个重要议题。本文旨在对初中英语教学的现状与展望进行深入探讨，通过对现行教学模式的分析，揭示出存在的问题和挑战；同时，结合教学目标与方法，在评价与反馈机制以及发展趋势等方面进行综合论述，以期为初中英语教学提供有效的改进策略和发展方向。通过对现有研究成果的梳理和分析，本文得出了一些有益的结论和建议，为初中英语教学的不断提升和发展提供了有益的参考。

关键词：初中英语教学　现状与展望　发展趋势

一、英语教学的现状与问题

（一）初中英语教学的现状

初中英语教学作为学生语言能力培养的重要阶段，其现状受到广泛关注。当前，初中英语教学在课程设置、教学方法、教学资源等方面呈现出一些积极的变化和发展趋势。首先，在课程设置方面，学校逐渐意识到英语教学需求的多样性，开始注重个性化教学，将学生的实际需求纳入教学内容，使英语教学更贴近学生的生活和兴趣，提高了学习的积极性。其次，在教学方法上，越来越多的学校开始引入多媒体教学、互动式教学等现代化教学手段，促进了课堂氛围的活跃和教学效果的提升。此外，在教学资源方面，学校逐渐加大对英语教学资源的投入，提供了更多的学习材料和设备，为学生提供更好的学习环境和条件。

（二）初中英语教学存在的问题

然而，与此同时，初中英语教学也面临着一些问题。首先，由于学生的学习基础和学习能力存在差异，传统的集中式教学模式难以满足个性化教学的需求，导致学生的学习效果参差不齐。其次，部分学校在教学资源配置上存在不均衡现象，一些地区的学校仍然面临着教学资源匮乏的困境，这影响了教学质量。此外，教师队伍的素质和教学水平也是当前初中英语教学面临的一个突出问题，一些教师在课堂教学中缺乏灵活性和创新性，难以调动学生的学习积极性，严重影响了教学效果。

（三）影响初中英语教学的因素分析

综合分析可以发现，初中英语教学受到多种因素的影响。首先，学生的学习背景和学习能力是影响教学效果的重要因素，教师需要根据学生的实际情况进行差异化教学，提高个性化教学的水平。其次，教师的教学水平和教学态度直接影响着学生的学习效果，因此需要加强教师培训和教育教学工作，提高教师的专业素养和教学水平。此外，教学资源的配置和学校的教学管理也是影响初中英语教学的重要因素，需要学校和教育部门加大对教学资源配置和管理的投入，提高教学条件和教学质量。

二、初中英语教学的目标与方法

（一）初中英语教学的目标设定

在初中英语教学中，目标的设定是至关重要的。明确的教学目标可以有效地指导教学内容和教学方法的选择，使学生在语言能力、文化意识和学习策略等方面得到全面提升。因此，初中英语教学的目标设定应当综合考虑学生的认知水平、兴趣特点、学习需求和未来发展方向，以期实现教学的有效性和可持续性。

在设定初中英语教学目标时，我们首先需要考虑学生的语言能力培养。这包括听、说、读、写等多方面的语言技能。设定具体的语言能力目标可以帮助学生逐步提升英语综合运用能力，从而更好地适应未来的学习和工作需要。同时，我们还需要考虑到对学生文化意识的培养，培养学生对英语国家文化的理解和欣赏，使他们在语言交际中更具自信和魅力。此外，学习策略的培养也是教学目标设定的重要内容。我们通过引导学生形成科学的学习方法和习惯，提高他们的自主学习能力和终身学习能力。

另外，初中英语教学的目标设定还应当考虑到学生的个性发展和综合素质提升。教师在传授语言知识的同时，应当注重培养学生的创新思维、团队合作精神和跨文化交际能力，使他们成为具有国际视野和竞争力的未来人才。因此，初中英语教学的目标设定不仅仅局限于语言能力的培养，还应当关注学生的全面发展和个性特点。

在实际教学中，教师应当根据学生的实际情况和学科特点，合理制订教学目标，并灵活运用多种教学手段和评价方式，以确保教学目标的实现。同时，学校和家庭也应当予以支持，共同努力，为学生的英语学习提供良好的环境和资源，使他们能够全面、健康地成长，为未来的学习和生活打下坚实的基础。

（二）有效的初中英语教学方法

初中英语教学方法的选择直接影响着教学效果和学生的学习体验。在当前多元化的教育环境下，教师需要结合学生的实际情况和学科特点，灵活运用多种教学方法，以促进学生的有效学习和全面发展。

在听力和口语教学方面，教师可以采用多媒体教学、小组讨论、角色扮演等形式，引导学生积极参与，提高他们的语言表达能力和沟通能力。多种形式的听说训练，可以激发学生学习英语的兴趣，提升他们的语言实际运用能力。

在阅读和写作教学方面，教师可以设计多样化的阅读材料，如新闻报道、科普知识、文学作品等，激发学生的阅读兴趣，拓展他们的知识面和阅读能力。同时，教师通过写作指导和范文示范，帮助学生提高写作水平，培养他们的文学素养和表达能力。

此外，在语法和词汇教学方面，教师可以结合实际语境，通过情境教学、游戏教学等方式，使学生在轻松愉快的氛围中掌握语法知识和词汇量，提高他们的语言应用能力。

在评价与反馈方面，教师应当注重学生的个性发展和潜在能力，通过多元化的评价方式，如作业评定、口头表达、项目展示等，为学生提供及时有效的反馈，激励他们持续进步，建立自信心。

（三）技术在初中英语教学中的应用

随着信息技术的不断发展，教育技术在初中英语教学中发挥着越来越重要的作用。教师可以通过多媒体课件、网络资源、智能教学设备等手段，丰富教学内容，激发学生的学习兴趣，提高教学效果。

多媒体课件的运用，可以生动直观地展示教学内容，激发学生的学习兴趣，提高他们的学习积极性。图片、音频、视频等多种形式的展示，可以帮助学生更好地理解和掌握知识，提高课堂效率。

网络资源的利用，可以为学生提供丰富多样的学习资料和学习平台，拓展他们的学习空间，提高他们的自主学习能力。学生可以通过网络阅读英语资讯、参与英语交流，提高自己的语言实际运用能力。

此外，智能教学设备的应用，如电子白板、智能手机、平板电脑等，也可以为教学提供更多的可能性和便利性，让学生在更加便捷的条件下进行学习，提高他们的学习效率，增强他们的学习体验。

技术在初中英语教学中的应用，不仅可以丰富教学内容、激发学生的学习兴趣，还可以提高教学效果，培养学生的信息素养和创新精神。因此，教师应当积极探索和运用各种教育技术手段，为学生提供更加丰富、多样的学习体验，推动初中英语教学朝着更高质量、更全面发展的方向迈进。

三、初中英语教学中的评价与反馈

（一）初中英语教学评价体系建设

在初中英语教学中，评价体系的建设是至关重要的一环。评价体系的完善直接影响着教学质量的提升和学生学习效果的改善。在这一部分，我们将从多个角度探讨初中英语教学评价体系的建设，包括评价内容、评价方式和评价标准等方面。

评价内容应当全面覆盖学生的语言能力、语言知识和语言运用能力等方面。评价内容的合理性和科学性对于教学效果的提升至关重要。其次，评价方式应当多样化，包括笔试、口语考试、听力测试、写作等多种方式，以全面地反映学生的语言水平和能力。最后，评价标准应当明确具体，能够为教师和学生提供清晰的学习目标和参照标准，促进学生的学习动力和教师的教学效果。

在评价体系的建设中，教师还应当充分考虑到学生的个体差异性和发展规律，避免一刀切的评价标准和方式。同时，教师应当在教学过程中及时反馈学生的学习情况，指导学生进行自我评价和自我调整，形成良好的评价和反馈机制。

（二）学生反馈在初中英语教学中的作用

学生反馈在初中英语教学中扮演着至关重要的角色。通过学生的反馈，教师可以及时了解学生的学习情况和需求，调整教学方法和内容，提高教学效果。因此，在这一部分，我们将详细分析学生反馈在初中英语教学中的作用和重要性。

学生反馈可以帮助教师了解学生对教学内容的理解程度和学习困难，有针对性地进行教学调整和辅导。其次，学生反馈可以促进教师和学生之间的良好沟通和互动，增强学生的学习参与度和学习动力。最后，学生反馈还可以帮助学校和教育管理部门了解教学效果和学生满意度，为教学改进和发展提供重要参考。

因此，学生反馈应当被视为教学过程中的重要环节，教师应当主动倾听学生的反馈意见，建立良好的反馈机制，促进教师和学生之间的良性互动。

（三）初中英语教学评价的现状与问题

初中英语教学评价的现状与问题是需要引起高度重视的议题。在这一部分中，我们将对初中英语教学评价的现状进行深入剖析，揭示出存在的问题和挑战，并提出相应的改进策略和建议。

目前，初中英语教学评价存在着内容单一、方式呆板、标准不清晰等问题。评价内容过于注重语法知识和词汇量，忽视了学生的语言运用能力和综合素养。评价方式过于偏重笔试，忽视了对口语表达和听力理解能力的考核。评价标准过于模糊，缺乏具体的指导和标准化评价。

针对这些问题，我们建议在初中英语教学评价中引入多元化的评价方式，包括口语表达、听力理解、阅读能力和写作能力等方面的评价，全面地反映学生的语言能力。同时，评价标准应当更加具体明确，为学生提供清晰的学习目标和参照标准。最重要的是，评价应当更加注重学生的综合素养和实际应用能力，引导学生形成全面发展的语言能力。

通过对初中英语教学评价现状的深入分析和问题的剖析，我们可以为教学改进和发展提供有益的参考和建议，促进初中英语教学评价体系的不断完善和提升。

四、初中英语教学的发展趋势

（一）初中英语教学的未来发展趋势

初中英语教学作为教育领域中的重要组成部分，其未来发展趋势备受关注。未来，随着社会的不断发展和教育理念的更新，初中英语教学将呈现出多方面的发展趋势。首先，教育技术的迅猛发展将深刻影响初中英语教学。传统的教学模式将逐渐被数字化、智能化的教学手段所取代，学生将更多地利用互联网资源进行学习，教师将更多地借助教育科技工具进行教学。其次，全球化背景下的多元文化交流将促进初中英语教学走向国际化，学生将更加注重跨文化交际能力的提升，教师将更加重视国际教育资源的整合与应用。此外，随着教育评价理念的不断完善，初中英语教学的评价体系也将更加科学化、个性化，注重发展性评价和终身学习评价，为学生提供更全面的学习反馈。综上所述，未来初中英语教学的发展趋势将是多元化、数字化、国际化和个性化的。

（二）技术与教学的融合

技术与教学的融合是未来初中英语教学的重要发展方向之一。信息技术的飞速发展为教学提供了丰富的工具和资源。教师可以借助多媒体、网络、智能设备等现代科技手段，使教学内容更加生动有趣，激发学生的学习兴趣。同时，技术的应用也为教师提供了更便捷的教学管理和评价手段，可以更好地跟踪学生的学习情况，个性化地指导学生学习。然而，技术与教学的融合也带来了一些挑战，如教师技术应用能力的培养、信息资源的有效利用等问题亟待解决。因此，未来初中英语教学需要加强教师的信息技术培训，建设更加完善的教学资源平台，以促进技术与教学的有机融合，为学生提供更优质的教育资源和学习环境。

（三）全球化视野下的初中英语教学

在全球化视野下，初中英语教学将更加注重培养学生的跨文化交际能力和国际化视野。随着全球化进程的不断加深，学生需要具备更强的跨文化沟通能力和国际竞争力，这也对初中英语教学提出了新的要求。未来的初中英语教学将更加注重引导学生了解和尊重不同国家和地区的语言、文化和社会习俗，培养他们具备开放包容的国际化视野。教师也需要不断拓宽自己的国际化视野，引入更多国际化的教育资源和案例，为学生提供更为广阔的学习空间。此外，全球化视野下的初中英语教学还需要注重教学内容的国际化特色，引入更多国际化的教材和资源，使学生更好地融入全球化的学习环境中。因此，未来的初中英语教学将更加注重全球化视野下的跨文化教育，促进学生更好地适应全球化发展的需求。

参考文献

[1] 何欣. 探讨"留白"方式在初中英语教学中的应用[J]. 快乐阅读，2015（08）：4.

[2] 刘国炳，王玲利. 高职营销专业实践教学：现状、问题与对策：以广州工商职业技术学院市场营销专业为例[J]. 武汉船舶职业技术学院学报，2013，12（06）：79-83.

[3] 秦兆菊. 小组合作 分层施教：初中英语教学方法点滴谈[J]. 山东教育科研，1999（06）：6.

[4] 王茹花. 甘肃省农村小学英语教学的现状、问题与对策研究：以甘肃省六县调查为例[J]. 西北成人教育学报，2009（01）：73-75.

教师简介：

常珺美，英语专业八级，任教 9 年，授课风格活泼生动，具有较强的幽默感。热爱教学工作，诚实守信，与人为善，关心学生。谙熟英美文化，对学生的英语听、说、读、写能力的提升有独到的方法。

基于英语学科核心素养的初中英语作业设计与批改策略研究

马国琳

摘 要：英语是当今世界经济、政治、科技、文化等活动中广泛使用的语言，是国际交流与合作的重要沟通工具，也是传播人类文明成果的重要载体。《义务教育英语课程标准（2022年版）》（以下简称新课标）中提到，义务教育英语课程要培养的核心素养包括语言能力、文化意识、思维品质和学习能力等方面。新课标发布后，由于部分教师仍深受传统英语教学观念影响，在作业设计与批改方面并未以英语学科核心素养为指导，这使得学生对英语的兴趣下降，甚至丧失兴趣。因此，教师应该仔细研读新课标，改进作业设计及批改的方法，提高学生的英语学习兴趣的同时促进学生的全面发展。

关键词：核心素养 作业设计 作业批改

一、基于学科核心素养进行作业设计研究的意义

基于核心素养发展的课程不仅符合党和国家立德树人根本任务的育人要求，也符合课程育人的国际发展趋势。核心素养既是学生发展的目标，也是教师价值的追求。因此，根据英语学科核心素养进行作业设计与批改有助于实现立德树人的根本目标，实现学生语言能力、文化意识、思维品质、学习能力等方面的综合发展。

二、目前初中英语作业设计存在的问题

目前我们在作业设计上还存在一些问题，比如作业类型单一、内容不够创新、布置一些没有经过系统规划的作业以及作业与现实生活联系不够紧密等，这些问题亟待解决。

（一）作业类型单一、内容不够创新

英语的学习需要大量的输入，而这就需要学生完成大量的记忆任务。而背诵最好的办法就是通过书写来加深肌肉记忆。由此，很多老师都会布置抄写单词、短语、课文等任务。这就导致作业类型过于单一，内容上也没有什么创新。而这种单一重复性的作业一旦过多，学生就会失去新鲜感，觉得英语就是抄写单词、默写单词，陷入学习英语的误区，渐渐地失去学习英语的兴趣。

（二）布置的作业没有经过系统规划

有些老师上完课后就匆匆地留了作业，作业内容跟本节课所学内容没有什么联系或是联系不大。这种没有经过精心设计的作业一方面检验不出学生是否消化吸收了本节课所学的知识，另一方面也会让学生对老师的专业性产生质疑。

（三）作业内容与实际生活脱节

新课标指出，当代基础教育注重发展包括知识、技能、态度、价值观在内的核心素养，从知识素养走向素养本位。这就要求教师不能只注重书本知识，还要注意作业与现实生活的紧密联系，不能仅仅关注书本，还要注重应用实践。然而，有些教师在布置作业时忽略了这两点，导致作业内容与实际生活脱节。

三、目前初中英语作业批改存在的问题

我们除了在作业设计方面存在问题外，在作业批改方面也存在着一些问题。

（一）不能做到及时反馈

现代教师除了上课这一职责，可能还"身兼数职"，如学生学习的管理者、家校沟通的使者、终身学习的践行者等。尤其有的老师不止教一个班，因此，可能有时作业批改并不能做到及时反馈，这就有可能会对学生的学习效果产生一定的影响。

（二）批改形式单一

传统观念上的批作业都是由教师独自完成的，但由于要批改的作业量巨大，教师批改完再发回到学生手里存在一定的时间差，因此作为反馈学生是否消化所学内容的一种检测，作业在这方面的作用就被大大削减。可见，仅教师批改作业的单一形式存在着一定的问题。

（三）机械批改现象严重

为提高作业批改效率，有些老师只是在学生作业后边写了个已阅或是注上了当日批改作业的日期，并未给出相应的评价。每次批改作业，学生都会期待看到老师给出的评语以及建议，但如果教师仅仅是为了批作业而批作业，就失去了作业批改的意义，同时也会降低学生对英语学科的期待。

四、基于英语学科核心素养的初中英语作业设计策略

针对以上提到的作业设计存在的问题，我们可从以下几方面来入手解决。

（一）丰富作业类型，创新作业内容

除了传统的词汇抄写及背诵作业外，教师应根据每单元学习的内容，设计相应的与主题相关的创新作业。如听说课后的作业可以让学生运用本节课所学语言知识，根据主题与同伴创编一段对话，并在下堂课上表演展示给大家。这既能锻炼学生的口语表达能

力，也能使学生的演讲展示能力得到提升。阅读课作业则可以让同学们自行搜索与本节课主题相关的阅读材料，提取文章主要内容、思想和观点，并从语篇角度出发辨识信息之间的相关性，把握语篇的整体意义，拓宽学生的阅读视野，以此来提升学生的思维品质。

（二）精心设计作业且作业内容应与实际生活紧密联系

英语课程内容由主题、语篇、语言知识、文化知识、语言技能和学习策略等要素构成。其中主题包括人与自我、人与社会、人与自然三大范畴。人教版初中英语教材每一单元都有特定的主题。而这些主题都并非凭空创造，而是与现实生活息息相关。因此，教师要精心设计作业，同时还要考虑作业内容与实际生活的关联。在进行单元整体作业设计时，教师可以先为学生创造出一个主题语境，每个课时的学习任务都为最后的主题项目服务。如：人教版七年级上册 Unit 7 的单元主题是购物，主题情境可以是假设你是慕田峪长城的志愿者，你的职责是向外国游客售卖长城文创产品，宣传中国文化。听说课的作业可以是模拟跟外国人进行对话，向他们提供商品咨询服务，其中外国人可以由同学扮演也可以跟真实的外国友人进行视频连线，用上所学的句型询问商品价格、颜色、尺码等。写作的作业可以让学生设计一幅长城文创促销海报，并拍摄一段宣传视频，以此吸引外国游客前来购买。这样既锻炼了学生的写作能力，也使得学生的语用能力得到提升。除此之外，学生也能够意识到有效开展跨文化沟通与交流的重要性，了解不同国家人们待人接物的基本交际方式，初步了解英语的语用特征，选择恰当的交际策略，于无形之中培育了学生的文化意识。

五、基于英语学科核心素养的初中英语作业批改策略

针对上述作业批改存在的问题，我们可从以下几个角度来对作业批改进行完善。

（一）多种形式结合批改作业

除了传统的教师批改作业这一形式，教师还可将多种作业批改形式结合起来，如同学之间互批、小组成员间互批等。培育学生的核心素养的要求之一是要提高学生的学习能力。同学之间互相批改作业或小组成员互批考验的正是学生的合作学习能力。针对某个问题，同学之间答案是否有分歧，每个人的观点是怎样的，在这个过程中实现了对所学知识的回顾与巩固，同时也会促使每个同学主动思考自己英语学习中的进步和不足。这正是核心素养之学习能力中选择与调适及合作与探究这两大目标的要求的体现。

（二）批改作业也要有温度

教师不能仅做批改作业的"机器"，批改作业也要有温度。学生会期待老师的评语，他们希望看到老师对自己作业成果的评测，也希望能够借此机会和老师进行互动。下面附上几张笔者在进行作业批改时与学生"互动"的图片。

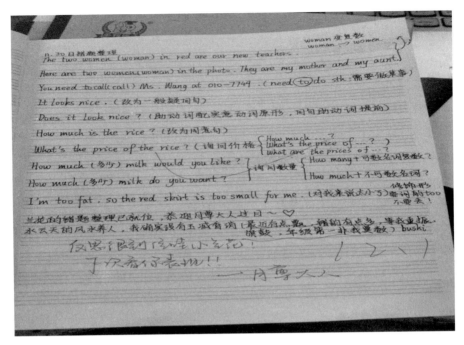

图 1

图 1 是学生完成整理错题作业时，与笔者进行的互动。不难看出，学生想与老师玩一次 role-play 游戏，此时老师也应该"将计就计"，满足学生的小小心愿，相信学生一定对老师的反馈很满意，并期待下次与老师互动的机会。

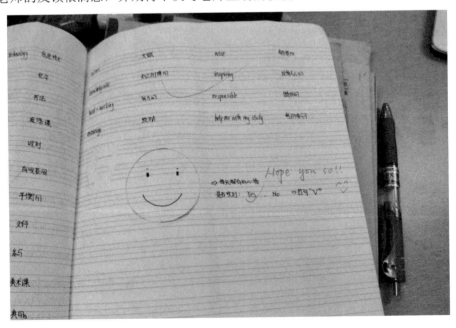

图 2

图 2 为学生在作业中送给老师的美好祝愿，并询问老师是否收到。此时，老师应该积极给予回应，并同样留下美好祝愿，相信学生也会收到你的心意，并以此作为认真完成作业的动力。

由此可见，作业批改不能仅有速度，还要有温度。教师在精心设计作业的同时，也不要忽略作业的批改方法，因为这是一次你与学生一对一的对话机会，利用好这次机会，学生一定会对英语学科产生兴趣。

六、结语

英语课程应该立足于学生核心素养的综合发展，通过创设一系列基于社会情境和跨文化交际语境，设计一系列英语学习活动，促使学生核心素养的逐步形成和有效提升。而作业设计和批改正是其中重要的一环。教师要认真研读核心素养的内涵，精心设计作业，作业的类型要丰富、内容要创新、与实际生活的联系要紧密。批改作业时也要注意多种方式相结合，做到人性化地批改作业。

参考文献

[1] 胡晓爱.“双减”背景下初中英语作业的创新设计与批改[J]. 学周刊，2023（28）:133-135.

[2] 陶常娥.“双减”背景下的初中英语作业设计策略探析[J]. 中国教师，2023（05）:73-76.

教师简介：

马国琳，毕业于北京第二外国语学院英语笔译专业，具有较扎实的学科知识以及多样的教学方法。在首届北京市怀柔区七年级中学生在线英语朗读能力展示活动中荣获优秀指导教师。

新课程背景下北京初中英语"分组制"分层教学的实践探索

梅　园

摘　要： 新课程对北京初中英语的素质教育提出了更高的要求，这就给传统的英语教学模式带来了挑战。同时，北京初中生的英语基础、学习能力、学习习惯差异巨大，因此探索基于因材施教理念的新的英语教学模式具有重要意义。更重要的是，随着北京"双减"政策的实施，老师需用更短的教学时间和作业时间来对学生进行英语教育。因此，提高英语课堂教学的效率和质量是必须的。本文参考分层式教学理念，并结合北京初中英语课堂面临的挑战，在充分考虑学生个体差异的基础上，以尽可能提高学生的英语成绩和学习兴趣为目的，在实践中摸索和改善一种适合北京初中英语课堂的"分组制"的分层次教学方法。

关键词： 北京初中英语　分层次教学　分组制　因材施教　高效课堂　课堂分层　作业分层

一、当前北京初中英语课堂教学所面临的问题

（一）学生英语基础差异巨大

北京市的小学教育发展不均衡，同时各个家庭对子女的教育理念也不尽相同，因此造成了北京市初中生的英语基础参差不齐。笔者所在的学校是一所北京郊区的普通中学，该中学每个班的学生人数很多，同时学生的英语基础差距很大，这就使得在传统英语教学模式下，老师无法兼顾每个学生。如果课堂以基础好的学生为主，那么基础较差的学生就无法跟上，必然会出现甚至加重成绩两极分化的现象；如果以基础薄弱的学生为主，那么对于基础好的学生而言，英语课堂的效率极低，学生收获少，长此以往会落后于其他优秀的同龄人。因此，对于这种学生英语基础差异较大的班级，就很有必要进行分组分层的教学，这样才会兼顾绝大多数学生。

（二）英语课堂教学目标需要个性化分层定制

由于北京初中生英语基础和学习能力有巨大差异，如果对全部学生不加区分地制订统一的英语课堂教学目标，则必然会使那些有较好英语基础的同学感到英语内容过于简单，而那些英语基础较为薄弱的学生则感觉学习英语吃力，总觉得英语太难，同时使得两种学生都降低了英语学习的积极性。然而兴趣是最好的老师，因此，过于统一的教学

目标和教学方式，既不利于那些英语基础好的学生的学习和成长，同时也不利于那些基础较差的学生学习潜能的挖掘。所以我们采取教学目标的个性化分层定制，为英语学习能力强的学生制订具有难度和挑战的学习任务，鼓励他们勇攀高峰；为英语学习能力薄弱的学生制订简单可行的学习任务，鼓励他们循序渐进，不断激发他们的英语学习兴趣和热情。综上，我们需要更多地研究日常教学活动与教学目标之间的内在联系，在备课和执教时，不仅要考虑教材内容如何讲清，教学资料如何充实和完备，更要基于学生差异性个性化分层定制教学目标，以此来促进英语课堂教学的实效性。

（三）课后作业分层设计

同样还是基于学生的英语基础、学习能力和学习习惯的巨大差异，如果所在班级英语成绩参差不齐，最高分和最低分能相差 60 分，大班授课没法避免，那么在课后作业、单词要求等方面就非常有必要分层落实。

二、初中英语"分组制"分层次教学实施策略

（一）按学生英语水平的高低进行"分组制"分层次教学

笔者在对学生进行分层时，综合考虑了学生的英语基础和个人意愿，当然更多地参考学生的学习习惯、学习能力、学习态度等因素。我根据本班学生期末、摸底考试的成绩，按 A、B、C 三个等级并结合班级人数把学生分成六组，每个组初中生的英语程度相当，每个小组都由学生在本层次自由结合。这样做的结果是，组员们组内相互比较，既可以互相帮忙，又可以相互督促。需要注意在实施前向学生说明，分层教学是为了因材施教，而不是把他们分为三六九等。老师在具体的落实过程中要真正做到尊重鼓励后进生，多鼓励他们，不能忽略他们。让学生在小组内相互竞争也是为了相互促进，有可比性，这样后进生的进步会很快。

（二）英语课程教学目标分层次

我们按照"面向全体、因材施教"的教学原则，根据 A、B、C 三个不同层次学生的英语学习情况，制订出科学合理、适合每个层次学生学习的教学目标。同时，在分层次地制订英语学习目标时，我们制订的学习目标要体现出不同层次学生的个体差异，无论对于哪一层次的学生，给他们设立的目标都应在他们最近的发展区。A 层次学生成绩优异、学习能力强、英语基础牢固，对学习比较主动。B 层次学生学习成绩中等，学习能力和基础知识掌握比 A 层次学生稍弱，学习态度认真。C 层次则是英语基础较弱，拼读能力和分析能力都较弱的学生。针对这三类学生，教师可以进行不同目标的教学。对于 A 层次学生，教师可以进行创新练习和适当增加培养学生思维能力的练习，以让学生进行独立思考为目标，让学生通过阅读掌握英语文章的中心思想和语法的运用，一周多做几道翻译作业来训练他们的写作能力。对于 B 层次学生，教师则要加强学生对课堂知识的掌握与理解，要求学生把布置的课后作业认真做好，对学生语感和英语基础方面进

行巩固培养。对于 C 层次学生，教师多给布置一点儿单词认读作业，帮助学生加强基础知识的学习与训练，培养学生的信心与学习兴趣。

（三）英语教学内容分层次

在初中英语教学中，传统"一刀切"的教学方式会导致学生的能力得不到有效地提高，而且会降低学生的积极性。教师利用分层教学法对学生进行科学的分组之后，就需要按照不同层次的目标对学生进行合理引导。如在实际阅读教学中，教师需要从课堂提问、任务设计方面来进行分层教学。比如，我要求 A 层次的学生在课堂上必须完成快读课文，回答五个问题，做五个判断正误题，最后还要背文章中五个优美句子的任务；B 层次的学生完成前三个任务外加背诵两到三个优美句子；而 C 层次的学生只需完成前三个任务即可。这样就做到了好学生"吃得饱"，基础差的学生也照顾到。在任务设计方面，我们根据对学生的分层进行不同的任务分配。例如，针对人教版英语七下教材，A 层次学生需要背诵 Section A 2d 对话、Section B 2b 课文，然后通过掌握课文中的思想，进行文章创编的练习；B 层次学生则需要流利背诵课文，注意语音语调；C 层次学生需要能够将课文流利地读出，教师在他们诵读的过程中可以给予适当的提醒。在学生达到了该层次的阅读目标后，教师应及时地进行表扬来增强学生的自信心，从而激发学生的上进心。

（四）英语教学方法分层次

授课教师在教学过程中，要因材施教，要对 A、B、C 三个不同层次的学生采用不同的教学方法。教师要按照三个层次学生的认知水平和教学目标，采取灵活的教学方法。比如，对 A 层次学生，教师要实行精讲精练，引导学生拓宽知识结构，强调知识点的综合应用；再比如，对 C 层次学生，教师要培养他们学习英语的积极性和学习兴趣，让他们享受到成功的快乐。

（五）建立各个层次的教学评价标准，实施分层考核

所谓实施评价分层，主要是针对 A、B、C 三个不同层次学生的学习情况，按照不同的评价标准进行的评价，其目的是更全面、更细致地了解每一个学生的学习历程。英语课程的考试结果既能真实反映出学生的学习情况，同时也是对教师的教学水平和教学效果的检测，以便教师发现教学中的问题。教师要制订不同的标准客观评价每一个学生，定期进行测试。测试题型根据教学目标分三个部分：基础题型占 70%，提高题型占 20%，综合能力题型占 10%，要求基本题型全体学生必做，提高题型 A 层和 B 层学生必做，综合能力题型 A 层学生必做，B 层学生可以选做。

（六）布置作业分层次

布置作业与课堂教学是密切相关的，做作业可以起到对课堂知识技能的复习、巩固的作用。因此，作业的布置在分层次教学中也具有非常重要的意义。由于学生层次不同，教师在布置作业时，要做到有目的、有重点、有个性。布置的作业也可按照基本练习题、巩固练习题、综合深化练习题分为三个层次，同时对各个层次的要求也不一样，但是所有层次的作业都要求学生必须在 40 分钟内完成，不要加重学生的学习负担。教师要特别强调，作业一定要学生独立完成，坚决不允许学生有抄袭别人作业的行为发生。

（七）对早读内容实行分层

自从分层分组之后，学生的学习积极性提高了不少，各组间的比赛越来越激烈。例如在早读时，A 层次学生背范文的同时，B 层次学生就背文章中的重点句子，C 层次学生则根据自己的程度背文中的词组或个别句子。每个组都设小组长（小组长由本组成员轮流做），成员到组长那里背，背完后可把名字写在黑板上。这样，每个学生都不想落后，每个小组也不甘落后，结果可想而知。

三、结束语

作为英语教师，我们一定要更新观念，不断摸索，在教学中大胆创新，把分组分层教学实施得更好，从而进一步提高学生的成绩。

参考文献

[1] 沈芝梅. 初中英语分层次分组教学法的研究与探索[J]. 新课程学习（下），2014（04）：26-27.

[2] 张尚达. 英国学校基于个性化学习的分层、分组课堂教学研究[J]. 教育参考，2020（01）：59-63.

[3] 郑作武. 巧用分层分组教学模式撬动英语有效课堂[J]. 考试周刊，2018（97）：111.

[4] 杨斌斌. 浅析分层教学模式在初中英语阅读教学中的应用[J]. 读与算，2020（30）：88.

[5] 张常建. 探析分组分层教学在高中英语写作中的应用[J]. 中学生英语，2018（36）：25.

[6] 孙晶晶. 探析分组分层教学在高中英语写作中的应用[J]. 华夏教师，2017（11）：66.

[7] 卢巧珍. 分层分组教学在英语课堂中的运用[J]. 成才之路，2014（06）：95.

教师简介：

梅园，北京语言大学硕士，英语专业八级。多次参与区级校级公开课，设计的课后活动和作业案例 3 次获得北京市一等奖。

基于核心素养的项目式学习在单元作业设计中的实践探究

——以人教版初中《英语》（Go for it!）七年级上册 Unit 7 "How much are these socks?" 为例

王 珊

摘 要：传统的英语作业呈现单一性、碎片化、重复性，缺少有效分层，因此在这些机械性作业下，学生思维没有得到充分激发和调动，学生综合素质得不到提升。为了解决这一问题，笔者尝试将项目式学习运用在单元作业设计中，让学生运用所学语言进行有意义的思考、建构、交流和表达，呈现和展示最终的作业成果，实现学以致用、学用一体，推动核心素养发展。本文以人教版初中《英语》（Go for it!）七年级上册 Unit 7 "How much are these socks?"为例，探讨了项目式学习在单元作业设计过程中的应用以及在此过程中如何培养学生语言能力、文化意识、思维品质以及学习能力。

关键词：核心素养 项目式学习 单元作业设计

一、引言

在中考的指挥下，中学英语作业注重学生语言知识的增长，很少关注学生语言能力、思维品质、文化意识和学习能力的发展。因此，英语作业一直在学生的眼中扮演着枯燥、乏味、负担沉重的角色。长此以往，学生会失去对英语学习的热情。经过梳理，初中英语作业存在以下几方面问题：

第一，初中英语作业呈现单一化的特征。基于其便于操作性，在英语作业布置方面，大部分初中英语老师倾向于选择书面作业，很少采用口头和实践作业形式。由于英语作业单一、枯燥，学生的英语学习往往停留在书面上。这就导致学生的语言能力得不到发展。因此，学生就没有机会在感知、体验、积累和运用等语言实践活动中逐步形成语言意识，积累语言经验，进行有意义的沟通与交流。

第二，初中英语作业存在一刀切的情况。教师往往忽略学生的个体差异性，选择布置统一的作业。因此，初中英语作业存在缺乏分层的问题。统一的作业对于教师来说便于操作，但是对于学生来说弊大于利。学生的认知能力、学习能力和思维能力各不相同，一刀切的作业对于各方面能力较强的学生来说并不能满足其能力发展需求。对于各方面能力较弱的学生来说，一刀切的作业往往超出了他们的能力范围，使其逐渐失去英语学习兴趣。

第三，初中英语作业呈现机械性、重复性和作业量大的特征。由于英语具有基础性的特征，英语学习需要大量的记忆和积累。英语教师们经常认为"好记性不如烂笔头"，因此在英语作业布置上，抄写单词、句子和课文等机械性重复性的作业深受英语教师的青睐。殊不知，抄写作业除了增加学生学业负担外，并没有对学生的文化意识、思维品质和学习能力起到促进作用。

《义务教育英语课程标准（2022年版）》（以下简称《新课标》）指出教师应根据不同学段学生的认知特点和学习需求，基于单元教学目标，兼顾个体差异，整体设计单元作业和课时作业，把握好作业的内容、难度和数量，使学生形成积极的情感体验，提升自我效能感。教师应创设真实的学习情境，建立课堂所学和学生生活的关联，设计复习巩固类、拓展延伸类和综合实践类等多种类型的作业，如朗读、角色扮演、复述、书面表达、故事创编、调研采访、海报制作、戏剧表演、课外阅读等，引导学生在完成作业的过程中，提升语言和思维能力，发挥学习潜能，促进自主学习。

教师将项目式学习应用在单元作业设计中，让学生将整个单元视为一个综合性的实践活动项目。学生在教师的指导下进行项目规划、项目准备、项目实施和项目的展示与评价，在此过程中促进语言能力、文化意识、思维品质以及学习能力的发展。本文以人教版初中《英语》（Go for it！）七年级上册 Unit 7 "How much are these socks？"为例，探究项目式学习如何应用于单元作业设计以及在单元作业设计中应用项目式学习对核心素养达成的有效性。

二、核心素养

《新课标》指出核心素养是课程育人价值的集中体现，是学生通过课程学习逐步形成的适应个人终身发展和社会发展需要的正确价值观、必备品格和关键能力。英语课程要培养的学生核心素养包括语言能力、文化意识、思维品质和学习能力等方面。语言能力是核心素养的基础要素，文化意识体现核心素养的价值取向，思维品质反映核心素养的心智特征，学习能力是核心素养发展的关键要素。核心素养的四个方面相互渗透，融合互动，协同发展。

（一）语言能力

语言能力指运用语言和非语言知识以及各种策略，参与特定情境下相关主题的语言活动时表现出来的语言理解和表达能力。英语语言能力的提高有助于学生提升文化意识、思维品质和学习能力，发展跨文化沟通与交流的能力。

（二）文化意识

文化意识指对中外文化的理解和对优秀文化的鉴赏，是学生在新时代表现出的跨文化认知、态度和行为选择。文化意识的培育有助于学生增强家国情怀和人类命运共同体意识，涵养品格，提升文明素养和社会责任感。

（三）思维品质

思维品质指人的思维个性特征，反映学生在理解、分析、比较、推断、批判、评价、创造等方面的层次和水平。思维品质的提升有助于学生学会发现问题、分析问题和解决问题，对事物做出正确的价值判断。

（四）学习能力

学习能力指积极运用和主动调适英语学习策略、拓展英语学习渠道、努力提升英语学习效率的意识和能力。学习能力的发展有助于学生掌握科学的学习方法，养成良好的终身学习习惯。

三、项目式学习

对项目式学习（Project-Based Learning，简称 PBL）的研究最早可以追溯到以经验主义为代表的美国教育家杜威的"在做中学"的教学理念。随着项目式学习研究的兴起，国内的学者对于项目式学习的概念也进行了界定。柯清超（2016）认为项目式学习是一种以学生为中心的教学模式，是学生从真实世界中的基本问题出发，围绕复杂的、来自真实情境的主题，以小组方式进行开放性探究活动，完成一系列诸如设计、计划、问题解决、决策、作品创建以及结果交流等学习任务，并最终达到知识建构与能力提升的一种教学模式。梅德明和王蔷（2018）认为，基于项目的学习是一种有效的教与学的方式，它要求以学生为中心，围绕一个主题或项目，最大限度地创造接近现实的语言环境和交际场景，展开输入和输出的循环活动。周振宇（2020）指出项目式学习是一种强调学习者自身学习能力的模式，也是一种以促进学生学习为主、对现实世界的主题或问题进行探究的创新学习方法。

基于以上对项目式学习概念的界定，笔者总结出：项目式学习即学生结合个人生活经验和社会生活需要，确立并引导学生围绕复杂的、来自真实情境的主题，由真实的问题或任务驱动，自主、合作参与实践和探究，综合运用英语和其他相关课程的知识完成设计、计划、问题解决、决策、作品创作和成果交流等一系列项目的任务。在此过程中，学生运用所学语言进行有意义的思考、建构、交流和表达，呈现和展示最终的学习成果，提升学生运用所学语言和跨学科知识创造性解决问题的能力；并结合教材内容，遵循项目学习的路径，适当运用信息化手段，将语言学习和内容学习有机融合，实现学以致用、学用一体。

四、项目式学习在单元作业设计中的实施

（一）项目内容与规划

1. 项目内容（见表1）

表1　项目式学习内容信息表

项目主题	How to be a smart seller and shop wisely?
教材内容	人教版初中《英语》（Go for it!）七年级上册 Unit 7 How much are these socks?
核心驱动问题	How to attract customers?
项目成果	An online shopping website to sell clothes
成果展示方式	在学校组织的"我是设计小能手"的活动中，以海报、视频以及 PPT 的方式介绍所创建的购物网站

2. 项目规划整体思路

本项目式学习以教材文本为依托，共分为三个阶段：首先，确定项目的预期目标；其次，确定项目的成果；最后，设计项目的学习活动。

阶段 1：确定项目的预期目标：本项目式学习案例选用的教材内容是人教版初中《英语》（Go for it!）七年级上册第七单元，话题是"shopping"，属于"人与社会"主题语境下的"社会服务与人际沟通"主题群。本单元在"购物"话题下描述衣服颜色、尺寸、价格（describe clothes）和表达喜好（express preferences）这两个功能展开。Section A 内容侧重听说，在话题牵引下，储备词汇、训练语法。Section B 在 Section A 的基础上继续学习 10 以上的基数词，拓展了 Section A 部分营业员与顾客购物对话语篇，引入阅读商场促销海报以及撰写简单个性化广告语篇的内容。

通过对教材内容与育人价值的分析，笔者确定本单元的主题为"How to be a smart seller and shop wisely?"，这也是本单元内容的主题意义所在。

本单元的学习目标为：通过听、读、看学会使用本单元词汇和句型，问答衣物的颜色、价格以及喜好；基于对广告语篇的了解，能够获取、梳理、概括、整合广告语言，撰写广告语篇；能够学会购物礼仪，初步具备销售意识，树立正确的消费观。

阶段 2：确定项目的成果：本单元作业的项目成果是"设计一个服装购物网站"。首先让学生设计并发放调查问卷，了解服装购物需求并制作服装商品图文、设计客服对话、设计购物广告海报以及真人直播，最后基于调查结果设计出一个有吸引力的服装购物网站。在活动入项阶段，教师就要与学生讨论并制定评价量规。

阶段 3：设计项目学习活动：第一，教师从单元主题"How to be a smart seller and shop wisely?"出发，基于最后的单元项目成果"设计一个服装购物网站"，梳理本话题语言学习内容、结构化知识和方法策略。

教师首先按照内在逻辑划分单元内各部分内容，确定课时教学目标，以帮助学生进行语言建构；其次在考虑学生完成项目所需要的材料和资源支持的基础上，整合关于"购物网站版面设计"方面的跨学科知识（信息课），帮助学生做好知识建构，由此搭建起基于课程内容的单元整体框架图（见表2）。

表2　单元整体框架图

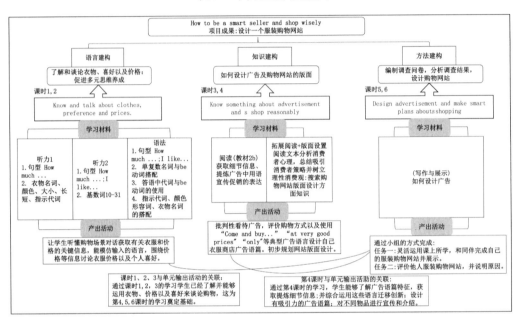

项目式学习活动可分为四个环节，包括项目规划（Planning）、项目准备（Preparing）、项目实施（Producing）、项目展示与评价（Presenting）（见表3）。

表3　项目式学习活动环节

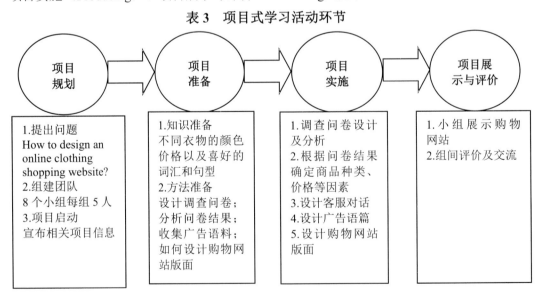

　　具体来说，在项目规划环节，师生讨论出驱动问题和项目评价量规，共同规划项目进程并组建团队；在项目准备环节，教师以项目成果的实现为最终目标，帮助学生进行语言、知识和方法的准备；在项目实施环节，学生运用所学语言、知识和方法设计英文问卷、分析数据、设计购物对话、设计广告以及规划购物网站；在项目展示和评价环节，学生达成语言输出和交流反思。

　　学生在完成项目的过程中运用所学解决问题，实现"学习理解、应用实践、迁移创新"的循环，达成形成素养的目的。

　　（二）项目实施过程

　　本项目围绕核心驱动问题"How to attract customers?"按照项目规划、项目准备、项目实施、项目成果展示与评价四个环节开展项目式学习。

　　1. 项目规划

　　在入项活动中，师生共同讨论并提出项目驱动问题、规划项目进程，制定评价量规，进行小组建设。

　　入项活动：为迎接学校的"我是设计小能手"活动，教师引导学生通过小组讨论得出本项目学习核心驱动问题为"How to attract customers?"以及项目的最终成果"设计一个服装购物网站"。师生进而围绕驱动问题展开讨论，规划出本项目需要完成的系列学习活动。

　　评价量规：师生共同讨论出学生个体活动评价量规（在项目参与过程中用于小组内成员互评，见表4—表8）和项目成果展示评价量规（展示环节小组间互评，见表9）。

表4　成员个体学习成果展示评价量表

评价工具 K-W-L 表

Topic: shopping

Class:＿＿＿＿＿＿　　　**Name:**＿＿＿＿＿＿　　　**Number:**＿＿＿＿＿＿

K	W	L
what I know	**what I want to know**	**what I learned**
把自己了解的衣物、颜色、尺寸记下来，如： 1. shoes, shirt, socks... 2. blue, black... 3. small, big...	把自己根据表现性任务需要学习的内容记下来： 1. 更丰富的词汇 2. 询问衣物价格	1. 记录本节课通过头脑风暴同伴间学习到的词汇 2. 后续学习新的内容

表5 成员个体学习成果展示评价量表

Topic: Shopping (advertisement)

Number:＿＿＿＿＿＿＿＿＿　　Class:＿＿＿＿＿＿＿＿＿　　　Name:＿＿＿＿＿＿＿＿＿

一、我们边学习边研讨，找到了与主题相关的如下表达：

1.

2.

3.

二、我们经过讨论，完成如下广告初稿：

三、在这个过程中，我哪些方面做得比较好？

四、如果再来一次的话，我将在哪些方面采取不同的方法？

表6 小组客服对话评价量表

评价维度	标准	等级
口语表达	A. 语音语调准确；语言流畅清晰；语法正确，表达完整 B. 语音语调较为准确；语言较为流畅清晰；语法有个别错误，表达完整 C. 语音语调不准确；语言流畅度欠缺；语法不正确，表达不完整	
内容	A. 开头结尾完整，内容充实有逻辑 B. 开头结尾较为完整，内容较为充实有逻辑 C. 开头结尾不完整，内容没有逻辑	
合作互动	A. 协作意识强，有效互动 B. 协作意识较强，互动不多 C. 无协作意识，无互动	
创新或亮点	A. 有创新，结合之前所学 B. 无创新	

表 7 小组广告语篇成果展示评价量表

Topic: Shopping (advertisement)
Class:＿＿＿＿＿＿ Name:＿＿＿＿＿＿ Number:＿＿＿＿＿＿

观察维度	标准	等级	等级原因分析
内容	A. 内容全面，包含口号、店铺名称、衣物、价格、颜色等信息 B. 内容较完整但不丰富 C. 内容不清晰，介绍缺乏逻辑性		
语法	A. 时态运用准确、恰当 B. 时态运用较准确，有个别不正确 C. 时态运用不准确、混乱		
句式	A. 句式多样，复杂句和简单句相结合 B. 句式单一，但表述准确 C. 句式单一并有错误		
词汇	A. 用词准确、多样，读起来舒服 B. 用词正确，但不丰富 C. 用词不恰当，有些错误		
语言表达	A. 语言地道，符合真实语境 B. 语言流畅、易懂，基本符合真实情境 C. 语言不够流畅，基本上是翻译成文的		

表 8 项目成果展示评价量表

Topic: Shopping（Online Clothes Shopping Website）
Class:＿＿＿＿＿＿ Name:＿＿＿＿＿＿ Number:＿＿＿＿＿＿

评价维度	评价等级	得分
1. 要素齐全，内容包含服装图片和价格、客服对话、广告宣传语篇和真人直播		
2. 语言准确	Excellent=5 Good= 4 Acceptable=3 Need improvement=2	
3. 网站版面美观，图文并茂，有吸引力		
4. 能够流畅、自信、大声地介绍服装购物网站的各个要素		

小组建设：学生分小组进行组内建设，如商定小组名称、分配项目任务、制订工作计划等（见表 9）。

表9　小组工作计划表

组长: _____　　本组成员: _____

总任务:小组展示本组服装购物网站(海报、PPT、视频)

编号	主任务	主产品	子任务	子产品	开始时间	结束时间	负责人	资源需求
1	主任务1:设计、分析调查问卷,确定并制作商品图文	主产品1 调查问卷商品图文	子任务1:设计问卷	调查问卷结果制作图文				问卷星学生及朋友
			子任务2:分析结果					
			子任务3:制作图文					
2	主任务2:设计客服对话	主产品2 客服对话以及展示	子任务1:编写客服对话	客服对话展示				收集购物对话语料;教师辅导
			子任务2:展示客服对话					
3	主任务3:设计服装广告语篇	主产品3 服装广告语篇	子任务1:归纳广告语篇要素	广告语篇要素:有吸引力的广告语言;广告语篇				收集有吸引力的广告语料;教师辅导
			子任务2:收集吸引购买广告语言					
			子任务3:形成广告语篇					
4	主任务4:设计购物网站版面	主产品4 购物网站版面	子任务:整合版面所需材料形成购物网站	购物网站海报或者PPT				收集购物网站版面
5	主任务5:真人直播介绍服装购物网站	主产品5 展示服装购物网站	子任务:综合介绍服装购物网站	购物网站				教师帮助指导

2. 项目准备

教师帮助学生进行完成项目所需的语言、知识和方法建构。

语言建构:学生在教师的引导下,以本单元课程内容为载体进行学习。在 Section A 部分,在话题牵引下,学生学习了衣物名称基本词汇和问答衣物价格、颜色、大小的基本句型;了解了如何为他人提供帮助并礼貌地作出应答,如何表达感谢以及对别人的感激如何回应等购物功能用语。Section B 部分拓展了营业员与顾客购物对话语篇,学生在该部分继续学习 10 以上的基数词,初步了解销售策略以及树立理性购物理念。

知识建构:本项目中学生需要针对"How to attract customers?"这一问题进行探究。首先,广告设计方面,通过阅读 Mr. Cool's Clothes Store,教师引导学生了解广告语篇,感知广告文体;引导学生获取梳理价格以及衣物的细节信息并以销售者角度谈论衣服和价格;之后引导学生通过分析评价广告是否具有吸引力,关注吸引顾客的广告语言并给学生补充有吸引力的广告语。学生结合文章所学并联系实际生活,设计自己的广告语篇,初步形成销售意识。其次,在购物网站版面设计方面,学生可以在计算机课上学习相关知识或者请教计算机老师,收集一些购物网站版面。

方法建构:在本项目中,教师通过校本课程研究性学习,帮助学生学会如何编制英文调查问卷、分析并应用调查结果的数据以及如何设计服装购物网站版面。最后,教师与学生一起讨论问卷合理性。

3. 项目实施

通过前期一系列准备活动，学生通过课堂系列学习活动，完成编制调查问卷，分析并应用调查结果，创作购物对话、广告语篇的写作以及网站设计等项目活动（见表10）。

表10　项目实施一览表

任务名称	活动目标	活动内容	实施要求	时间安排	预期成果形式
分析调查问卷，确定并制作商品图文	让学生在实际生活中运用本单元的基础词汇（衣物、颜色、数字），巩固基础知识	小组合作设计调查问卷并分析问卷结果，根据结果为服装购物网站设计所出售衣物图文，需包括衣物名称、价格、尺寸以及颜色	为服装购物网站设计所出售衣物图文，需包括衣物名称、价格、尺寸以及颜色；KVML评价量表；Gallery walk，展示出所有作品，小组投票选出最佳作品	第七单元开始到结束，一周	图文并茂作品
设计客服对话	在情境中正确运用How much...等句式，提升口语表达能力，在真实生活体验中加深对知识的理解	小组合作为该服装购物网站的客服设计一则购物需求对话	视频录制：课后播放，用评价量表进行小组互评	第七单元开始到结束，一周	视频
设计服装广告语篇	让学生结合所学，进行真实的服装广告设计；同时练习了目标语言，活动新颖，内容有趣，大大激发了学生参与积极性，体现"在做中学，学中做"的理念	小组合作为服装购物网站设计一则有吸引力的广告语篇	设计服装购物网站海报；用广告评价量表进行小组互评	第七单元开始到结束，一周	海报
设计购物网站版面	整合所学知识，综合运用语言，从课堂迁移到真实生活	小组合作为服装购物网站设计版面	要素齐全，内容包含服装图片和价格、客服对话广告宣传语篇；小组互评	第七单元开始到结束，一周	照片、图片、PPT等
真人直播介绍服装购物网站	整合所学知识，综合运用语言，从课堂迁移到真实生活，体现"在做中学，学中做"的理念	小组合作进行真人直播，介绍服装购物网站	模仿线上直播，能吸引到顾客；用服装购物网站评价量表进行小组互评	第七单元开始到结束，一周	视频

4. 项目成果展示与评价

成果展示：各小组以PPT的形式呈现网站设计，以真人直播的方式简单介绍所出售的衣物，演示客服对话，为自己的服装网站做广告吸引消费者。随后，小组成员一起解答其他组提出的相关问题。

五、单元作业设计中应用项目式学习在培养核心素养中的有效性

（一）发展学生语言能力

在本单元的作业设计中，学生围绕创建服装购物网站这一真实情境的主题，自主、合作参与实践和探究，用所学语言完成服装购物网站项目的设计、规划、作品创作和成果交流等一系列项目任务。在此过程中，学生运用所学服装、价格、喜好等词汇和句式设计出了服装网站客服对话和广告语篇。学生经过"学习理解—应用实践—迁移创新"等体现语言能力螺旋上升的学习过程，逐渐从基于语篇的学习走向真实的生活世界，进行有意义的思考、建构、交流和表达，呈现和展示最终的学习成果。应用项目式学习实现了学以致用、学用一体。

（二）培育学生文化意识

在完成本单元项目任务时，学生能够通过探究服装价格制定、客服对话设计以及广告语篇的设计等一系列活动，深入了解"购物"这一话题。通过设计客服对话，学生不但能够了解购物礼仪而且可以发展跨文化沟通与交流的能力。通过设计服装购物网站这一项目任务，学生可以深入探究吸引消费的策略并从中形成健康向上的审美情趣和正确的价值观。

（三）提升学生思维品质

在单元作业设计中，应用项目式学习能够使学生在运用目标语言的过程中逐步发展逻辑思维、辩证思维和创新思维。学生在运用所学语言完成服装购物网站项目的设计、规划、作品创作和成果交流等一系列项目任务中初步从销售者、消费者、研究人员、客服人员和推广人员等多角度观察和认识世界、看待事物，并能够在分析调查问卷、设计客服对话以及设计广告语等过程中有理有据、有条理地表达观点，最终能够从消费者角度批判性地看待购物，科学规划自己的日常购物。

（四）提高学习能力

受创建服装购物网站这一项目驱动，学生身处问题的解决过程和创造性的活动之中，在探究如何创建服装购物网站这一过程中不断增强自主意识和能力，逐渐成为学习活动的主体。在语言、知识和方法建构的支撑下，学生能够持续探索和创造，能够真正调动起思考和探究的积极性；在完成项目过程中感受探究的乐趣，体会到学习的重要性；在发现问题、解决问题中不断发展合作、实践和创新能力，做到乐学善学。

六、结语

英语作业设计应该关注学生不同的学习需求，采用综合性和实践性的作业能够激发学生的学习兴趣，为学生创设体验成功和英语学习乐趣与意义的机会，使得学生在探索过程中获得英语学习的成就感和自信心。将项目式学习应用于单元作业设计中，打破了英语作业的单一性、一刀切、机械性和重复性的传统，有助于学生核心素养的培养。

参考文献

[1] 中华人民共和国教育部. 义务教育英语课程标准（2022 年版）[S]. 北京：北京师范大学出版社，2022.

[2] 董艳，孙巍. 促进跨学科学习的产生式学习（DoPBL）模式研究：基于问题式 PBL 和项目式 PBL 的整合视角[J]. 远程教育杂志，2019，37（02）：81-89.

[3] 柯清超. 超越与变革翻转课堂与项目学习[M]. 北京：高等教育出版社，2016.

[4] 梅德明，王蔷. 普通高中英语课程标准（2017 年版）解读[M]. 北京：高等教育出版社，2018：12.

[5] 周振宇. 项目学习：通向未来生活的一座便桥[J]. 教育研究与评论，2019（05）：13-20.

[6] 文伟. 通过项目式学习促进初中生主动参与英语综合实践活动——以"饮食习惯的调查及建议"项目为例[J]. 英语学习，2021（12）：34-40.

教师简介：

王珊，区级骨干教师，先后在《二十一世纪学生英文报》发稿多篇；多篇教学案例获北京市一等奖；主持或参与区级课题多项、中国教育科学研究院课题 1 项；参编多本教辅书籍；两篇论文被评为北京市教育学会优秀论文。

试析培养初中生英语阅读兴趣和能力的策略

于仕珍

摘　要：初中阶段对英语阅读能力的要求较高，在新课标的背景下，要求教师加强对学生阅读过程的指导和关键题型的训练，让学生养成良好的阅读习惯，并强化英语的表达能力。但是当前初中生普遍逐字逐句阅读的倾向严重，阅读量也较少，阅读的积极性不高，影响到了英语教学的实效，也不利于培养学生的英语阅读兴趣。提升初中学生英语阅读的兴趣和能力，可以依靠阅读圈来发挥学生的合作学习能力和思维能力，这也是当前英语教学的一大热点话题。

关键词： 兴趣　能力　阅读圈

初中阶段属于具象思维向抽象思维过渡的时期，对于英语思维的训练离不开有效的阅读指导，而强化英语阅读能力也能够助力综合素质提升。英语作为复杂的语言体系，要想学会灵活地表达就要有灵活性的教学策略。但受应试教育的影响，初中英语阅读教学中往往存在一定的问题，学生缺乏阅读的技巧和兴趣，往往喜欢逐字逐句的翻译，阅读速度较慢，也过分关注词句而忽略搭配关系。阅读零散不成体系，注意力难以集中，阅读兴趣普遍不高。为了激发学生的阅读兴趣并培养跨文化的思维，教师必须做好阅读圈的打造和交互式教学。

一、体验角色

阅读圈主要是以交互式教学理论以及最近发展区理论为基础，需要以学生为中心，并根据学生的不同角色完成不同的阅读任务。这是一种合作学习的模式，能够让学生在团队中优化阅读成果，让学习更为立体。它的一般步骤是阅读—思考—链接—提问—分享。通常一个阅读区会以 4 到 6 人为一组，每个小组都会阅读同一个材料，并由组长带领分配任务和角色进行有目的的阅读，之后在小组内互相交流和分享。组长会负责组织组员进行讨论和问题的提出，要由一名成员整理出阅读材料的内容，总结所读的内容并进行分享。还有一名成员要仔细阅读材料中的文化知识，并比较中外文化的异同。另外有一名成员负责挖掘阅读材料的主要内容与实际生活的联系，由一名成员负责对阅读材料中的重要词汇、短语、句型进行解释并举例。还有一名阅读成员从材料中搜寻相关的修辞手法。每一名成员都有自己的角色和任务，在实际教学中，教师还可以根据实际情况进行角色的补充以及删除，每个角色都可以随时更换并轮流承担相关的任务，以此来更好地锻炼学生的能力。这种方式打破了传统的教学模式，让阅读绘本教学更为多样化，能够让学生更深入地挖掘绘本并培养批判性的思维。教师在进行小组的划分时，要引导学生进行角色的体验。教师可以先一人扮演多个角色来完成对应的任务，让学生明白自己需要做的事情，并在学生每一次阅读任务完成后，进行有效的点评和指导。在阅读圈的初期教学时，一般会将讨论的领队组长设置为善于提问和思考的学生，而总结性工作的学生一般是由基础一般，但是学习积极的成员担任，词汇的负责者需要由有一定词汇积累量的学生担任，而联系实际的任务则由有表现力的学生担任。文化搜集的任务，由见识较广的学生担任。

二、阅读材料

阅读圈的打造和交互式教学，都是以阅读材料为核心进行任务式的合作阅读，因而对阅读材料的选择也是提升学生阅读能力的核心。绘本一般由图和英语文章互相搭配，学生可以通过图片来理解有关的文章内容，对于提升学生的英语思维和发散能力都相当的重要。绘本的选择，要根据学生需求和特性而定。初中学生的自我意识较强，对于阅读材料往往都有自己的思考，但各自的层次又有所不同，所以有层次、有梯度的阅读材料对于学生阅读能力的提高也有着重要作用。阳光英语绘本中《鱼身上的奥秘》就很能够很好地根据学生的特性安排重点知识内容。该绘本内容大多存在着思维训练的空间和写作技巧的提升空间，便于学生联系实际生活，并思考中间开放式的问题，实现语言学习能力提升和思维发展的融合。教师除了指定阅读材料和绘本，还可以让学生自主进行绘本和材料的搜集，并向同学们推荐。阅读圈可以以学生自主选择的绘本作为任务核心，让同学进行讨论，也是激发其积极性和讨论热情的重要方法，但教师要注意对学生选择的阅读材料的审核和对关键信息的提取，要有效针对学生的特性进行指导和内容讲解。

三、展示方式

个性展示方式是检验阅读效果的重要手段。教师可以引导各个阅读圈用丰富的形式进行汇报。例如英语海报简笔画、情景剧等。这样相对于传统枯燥的习题检测方式，更能够提升学生的阅读兴趣。在兴趣的引导下，学生可以更好地投入阅读圈的活动当中。英语汇报也应当有时间的限制，这样有助于学生提升自己的阅读速度，在阅读的互动性和讨论上效率更高。教师要时时关注小组的交流和学习情况，并进行适当的指导，对于最后的汇报成果应给予充分的肯定和鼓励，在汇报结束后，还要引导学生再读绘本和材料，发现文本之美。再读的过程中，学生已经扫清了词汇障碍和语法障碍。所以这对学生泛读能力的提升也有重要的意义。再读绘本的过程中，学生也更能够发现绘本中一些思考性问题。教师可以和学生继续讨论某些词汇和句型的用法，而学生更能够注意到故事中的描写用词差异，更好地品味故事和英语语言。个性展示的环节还可以改变一些学生因为性格内向，不敢主动发表意见的情况。特别对于初中学生而言，学生已经开始关注自我言行产生的影响。积极发表观点现象越来越少，这样的情况会影响学生的思维能力，制约其深度探究英语阅读内容的水平，所以教师需要利用阅读圈改正这一问题。

四、结语

初中英语阅读能力的培养，应当在教学中引起足够的重视。教师根据学生的英语阅读实际，激发学生的兴趣，并引导学生找到合适的应用技巧。通过阅读圈的打造，学生在合作和任务对答中体会英语阅读的各个步骤，从而提升自己的英语阅读能力。这种教学方式在当前也是行之有效的，当然，仍需要教师根据实际教学成果加以改进和创新，不断提升学生英语阅读能力。

参考文献

[1] 沈益春. 试析核心素养体系下初中生英语阅读能力的培养策略[J]. 校园英语，2020（50）：163-164.

[2] 贺雯. 试析核心素养体系下初中生英语阅读能力的培养策略[J]. 考试周刊，2020（87）：96-97.

[3] 罗明娟. 谈培养初中生英语阅读兴趣和能力的策略[J]. 华夏教师，2019（08）：11-12.

教师简介：

于仕珍，中学高级教师，区级骨干教师。从教 20 年来曾多次在市、区、校组织的各类评优课、教案评比的活动中荣获各类奖项。

阅读圈在英语主题阅读教学中的运用分析

张晏博

摘　要： 为了更好地实践素质教育的教学理念，在实际教学过程中，教师必须不断地反省，提高自己的教学能力，借助先进的教学理念和教学知识，提高教学的内涵和有效性。在听说读写的能力中，阅读能力的提高可以通过学生互助演绎的方式，从不同知识结构的思想出发，并构知识，形成一个良性的"读书圈"，就是我们常说的阅读圈。阅读圈基于英语学习能力的提高效果，应用于中学英语阅读教育中，具有一定的实践价值和操作性。文章对阅读圈的内涵和应用原则进行探究分析，研究了中学英语教育中应该如何通过阅读圈提高教学效果。运用"读书圈"的学习方式，学生理解多题材的阅读文本，掌握与主题意义相关的词汇，借助文章结构的整理和文本内容，用英语表达自己的真实感受。

关键词： 阅读圈运用　项目式教学　阅读教学理论　教学应用实际

想象一下，三十年前，每个人都可能仍在学习和培训胶片照片处理技术，但是现在这项技术已无立足之地。同理，教育创新势在必行。教育创新是思想的更新，是积累的永无止境的反复。它只有一个方向，那就是更合理地整合各种教学方法，引入更合适的学习内容和资源，从而使孩子们在这个日益发展的世界中提升现实的和面向未来的逻辑思维和工作能力。

如果我们能把我们学到的东西教给别人，我们就能把它变得更牢固。因为要教人时，我们必须把过去因被动所得的知识，以自己的理论和自己的语言重新组合，这是一知半解的知识和理解所不能达到的。

"项目教学法"最明显的特点是"新项目是主要指导，老师是正确指导，学生是主要参与者"。它改变了"教师说，学生听"的被动教学方式，创造了学生主动参与、自主合作、自主创新探索的新教学方式。因此，如果以前，教师的关键工作是传授学生专业知识。那么如今，基于项目的教学就是教给他们为什么需要获得专业知识、如何获得专业知识以及如何使用专业知识，其关键是独立探索。

英语方面的独立探索有很多，涉及听说读写各个领域。说写更强调输出，更容易引发学生思考并实践。然而听读教学是以输入为主，教学环节的设置容易偏向于被动。因此如何让学生真正地主动思辨，积极参与并分析讨论，是锻炼孩子高阶思维能力的要旨。我们以读为切入口，重点讲讲怎么去读，以何种方式去读，并进行过程分析和效果评价。

王蔷教授在《以核心读写能力为背景的阅读》一书中，以核心读写能力为背景，指出了阅读应遵循的三个原则。这要求读者接触大量不同题材和问题的英语阅读材料，拓宽思路，提高高阶思维能力。教师不仅要选择教育和学习教材，还要选择与学生的认知能力和课外阅读水平相适应的书籍。

一、阅读圈的内涵

（一）阅读圈的作用构成

阅读圈（Reading Circle）简单来说，是围绕读书活动形成的教育圈，其主要作用是培养学生享受读书的兴趣和良好的阅读习惯。孩子们自觉形成阅读链，共同讨论并分担，进而形成组别。阅读圈的角色分工不同，各司其职：第一，总括者（Summarizer），总括者是全体读书活动的领导者，主要参加读书活动的各方面，客观地控制读书活动的整体流程。第二，提问者（Question Raiser），提问者的作用是引出阅读中存在的问题和阅读的主要想法。第三，单词掌握者（Word Master），我们不仅要通过阅读来锻炼学生的阅读能力，还要培养学生的词汇应用能力。因此，在实际的教育过程中，教师需要追踪阅读材料中的重点词汇和重点句子。第四，链接者（Connector），它的作用是将学生和读书材料之间结合起来，是在学生和读书材料之间建立紧密联系。第五，思辨者（Passage Person），它是指从阅读中获得知识和启迪的人。五种角色分工明确，互为联动，从不同角度出发，完善主线和支线情节。

（二）阅读圈理论的基础

阅读圈是教师、学生与阅读材料之间建立的紧密结合的关系，主要应用于阅读教育，在中学英语教育中具有很深的应用价值，其理论的基础主要有两个部分。

1. 自主学习理论

被动阅读为主动阅读准备了某种氛围或条件，但要转化为主动阅读，还需要取舍把握，这取决于你是否确立了属于你自己的生活兴趣和人生选择。通俗地讲，你是按照旧有的惯性生活还是开辟自己的新生活，你要想做你生活和身体的主人，就必须具备新的精神素质。真正的主动阅读是人的内心产生新的精神渴望，原有的阅读已不能满足它，需要寻求带有新质的文本，即使一个人也能营造主动阅读的环境。只有通过积极的阅读，人们才能提高自己的精神境界，老是停留在被动阅读，容易缺乏内在的精神活力。一个作家只有经过持续性的主动阅读，才能提高文化修养，所写作品才有超凡的精神境界。

2. 合作学习理论

在以往的阅读教学中，小组合作往往都是作为课堂教学环节的一部分，我们可以通过小组合作表演绘本故事中的一个片段，也可以对教师布置的任务单进行讨论并共同完成。在"读书圈"活动中，教师给出 5 分钟，先让学生思考自己的任务，然后小组进行讨论，如果有词的发音不准确或者理由不充分，组员之间可以帮助纠正。调查问卷显示，学生大多数很喜欢小组合作这个环节，也愿意帮助其他组员共同完成任务。小组合作学习不再是一种形式，它可以给学生更多的参与空间，有效地培养学生的自主学习能力和合作能力。

（三）阅读圈是基于项目的学习

项目式教学法被认为是面向未来的一种教育方式，因为它着重于激发和探索精神实质，促进专业知识与日常生活的融合。在整个过程中，教师的角色将不再是服务的提供者，而是激励者。它的总体目标通常是二元的。对于学生来说，根据变化的教学方法，在积极主动的学习环境中，可以激发好奇心和想象力，并具有分析和处理特定问题的能力。对于教师而言，根据对学生文化和教育意识的具体指导，已从简单的专业知识传递者变为发起人、计划者和儿童学习指引者。高校则需要创建新升级的课程概念，改善学校的办学理念和办学的总体目标，并探索组织结构、活动主题、管理方法特征、评估系统和支持点标准，根据项目教学方法的实施进行创新，不断完善和重新整合高等学校的课程设置。

在基于项目的教学中，我们要重视非正规评估，让学生表达和思考他们所学到的知识，并向学生清楚地表达整个评估过程和制度。我们还可以让学生选择空间评估法，并确保学生理解、应用甚至掌握评估方法。教师除了教授全面的知识外，还要确保对学生的关键专业技能进行评估，并高度评价产出性评估，为学生提供改善其作用的机会。最后，教师不是唯一的评估者。其他同学、外部权威专家、父母等人都可以成为评估者。让学生从不同角度听取反馈，这样更合理。

二、基于阅读圈教育原理的中学英语阅读教育设计

在阅读圈的教育模式中，我们需要由各小组的 4 至 6 名学生构成一个完整的"读书圈"。在这个"读书圈"中，学生通过自主学习完成各个目标任务，通过合作分享来体会教材带来的读书体验。小组内不同角色的任务可以帮助学生实现对文本的学习理解、运用实践和迁移创新，将语言、文化、思维融合起来，在提高英语学习能力和运用能力的同时，培养高阶思维能力，提升核心素养。

（一）引入作用，通过整体阅读，理解文本的主要内容

在课程开展之前，大家以 free talk 的形式分析文章的内容，确定讨论的主体和问题的研究文本；使用 skimming 的方法，可以略读文本，根据自己和小组成员的理解找出文章的结构，叙述各部分的主旨和大意。Word Master 收集有助于分析文本中文章结构的语句，Passage Person 和 Word Master 合作理解并分析段落，Summarizer 记录并总结。

（二）分担职能，学生在小组内具有自主权，成员之间可以发挥各自优势并互为协作。

初期的主要任务是分析文章的主旨，明确文章的具体结构，根据学生的语言水平组织语言框架。例如，The story tells+文章的大致内容... They are my summaries. So what do you want to add？Summarizer 发言结束后，自己组或其他组的 Question Raiser 可以对此提出问题：I still have 2 questions for you. The first one is…，the second one…其他的任务也可以基于此分析制定，教师可以为不同的学生制定特定的读书教育卡。

（三）再读一遍课文，完成每个人不同的任务

在阅读教育中，我们可以采用竞争教育模式。教师成为问题的发现者，不同组别的学生，角色不同，同时也能成为问题的发现者，提出问题并解决问题，可以提高学生对教材的理解能力。Word Master 在精读文本的同时，进一步搜索文本的主题词汇。英语教师须认真进行教学指导，以本课的教育重点为基础，设计和精读文章，帮助学生通过有目的的阅读，更好地了解文章的细节。针对教师提出的问题，学生可以用机智问答的方法加分，这样更能激发学生的自主参与性。

（四）组长组织学生在小组中进行有针对性的讨论

重新探讨问题，系统统一全班观点，进行有效教育。用"读书圈"学习法进行小组讨论，学习文本中的重点词汇，提出问题，总结段落。Discussion Leader 在保证讨论顺利进行的同时，提出 1~2 个问题来引导组员的思考和讨论，Summarizer 进行记录和总结。

（五）老师组织学生进行课堂讨论

教师要认真指导教育，组织学生在班里开展小组 PK，通过小组间提出的思考来共同解决问题，引导并启发学生思维，进而提升教育的效果。为了引导学生更好地开展教育，还是以主题研究课为例，教师可以在这一环节开展图像教育，通过一些事例中常见的小知识图片，激发学生的学习积极性，同时给学生提供发言的参考，避免学生由于紧张等因素而产生的思考局限性问题。Culture Connector 将文本的文化观点与成员共享，为下一次展示打下基础。

（六）收集阅读循环任务卡，分析研究循环教育的效果

在下课之前，教师必须好好总结功课。通过学习这本教材，教师有必要引导学生掌握一定的小技能。课后，教师要回收读书任务卡。学生在进行读书圈教育时，必须分析研究其自身的教育圈任务是否完成，分析未实现的情况和未实现的原因，并提出不恰当的问题，从而优化阅读圈教学模式。

三、结束语

"如果我们用过去的方法来教育今天的学生，那么我们会剥夺他们的未来。"在这项创新的能力改革中，基于项目的学习为当前和未来指明了一个方向。在观察和帮助学生的整个过程中，老师拓宽了视野，提高了技术和专业水平。可以说，项目教学法是师生在新项目中相互配合，不断进步的教学策略。

在教学中，教师有必要将启发、引导和教育贯彻其中，提高教育人的效果。在实际教育过程中，教师应重视，引导和加强教学反思。这样，才能最大限度地发挥阅读圈在中学英语阅读教学中的作用。

参考文献

[1] 黄玉群. 农村中学生提高英语阅读能力的方法[J]. 科学大众：科学教育，2020（05）：6-10.

[2] 苏西博斯、约翰拉尔默. 项目式教学[J]. 中国人民大学，2020（11）：144-165.

[3] 陈则航. 英语阅读与思维培养[J]. 英语分级阅读教学指南，2021（01）：19-30.

[4] 邓文忠. 中学英语阅读教育中学生的文化品格提高[J]. 科技风，2020（13）：96-97.

[5] 王呈祥. 有机融合：中学英语阅读与写作深度"邂逅"[J]. 英语教师，2020（08）：81-85.

[6] 陈则航、李翠. 阅读圈在英语阅读教学中的应用[J]. 英语分级阅读教学指南，2021（01）：20-31.

[7] 肖利蓉、吴智敏. 基于英语学习活动观的中学英语教育教学实践[J]. 英语教师，2020，20（08）：98-106.

教师简介：

张晏博，1987年10月7日出生，一级教师，毕业于江西师范大学英语专业，研究生学历，北京市农村英语教师教学能力"优秀学员"，荣获国际书法中国组委会国际书法大赛优秀辅导教师奖，带领学生获得该比赛一等奖，荣获怀柔区政府外事办公室英语演讲比赛一等奖。

基于英语学科核心素养的高中英语单元整体作业设计

——以北师大高中英语必修二第五单元 Humans and Nature 为例

金玥瑄

摘　要：《普通高中英语课程标准（2017 年版 2020 年修订）》倡导指向英语学科核心素养发展的英语学习活动观。作为教师，我们应将培养核心素养的目标落实到日常教学过程中，推动教学设计大单元设计。而作业作为教学与学习中的重要环节，发挥着重要的作用。因此，进行单元整体作业设计也是在单元教学过程中发展落实学生核心素养的重要途径。本论文以北师大高中英语必修二第五单元 Humans and Nature 为例，探讨了单元整体作业设计在教学中的可能性。

关键词：核心素养　英语学习活动观　大单元　作业设计

一、设计理念

《普通高中英语课程标准（2017 年版 2020 年修订）》倡导指向英语学科核心素养发展的英语学习活动观和自主学习、合作学习、探究学习等学习方式。教师应设计具有综合性、关联性和实践性特点的英语学习活动，使学生通过学习理解、应用实践、迁移创新等一系列融语言、文化、思维为一体的活动，获取、阐释和评价语篇意义，表达个人观点、意图和情感态度，分析中外文化异同，发展多元思维和批判性思维，提高英语学习能力和运用能力。其中英语学习活动观将学习活动分成学习理解、应用实践和迁移创新三类。学习理解类活动包括感知与注意、获取与梳理、概括与整合；应用实践类活动包括描述与阐释、分析与批判、内化与运用；迁移创新类活动包括推理与论证、批判与评价、想象与创新等。

在学生的学习过程中，我们要将核心素养的培养落实到实际的教学过程实践中，而"学科核心素养的出台倒逼教学设计的变革，即教学设计要从设计一个知识点或课时转变成设计一个大单元。"，大单元整体教学设计与传统教育不同，它打破了教材流程和课时的束缚，避免了教材知识碎片化，更关注主题意义下不同零碎分支的联系与整合，对知识点进行全局性把握与整理。而在单元教学环节中，作业是体现核心素养的重要载体之一。作业作为教师教学工作的基本环节和学生学习的基本任务之一，在教学和学习过程中发挥着重要的作用。因此，进行单元整体作业设计也是在单元教学过程中发展落实学生核心素养的重要途径。

二、设计实践

本文以北师大高中英语必修二第五单元 Humans and Nature 为例,论述在主题语境引领下如何将英语学习活动观融入单元活动作业设计。本单元属于"人与自然"主题语境,主题群包括环境保护、灾害防范与宇宙探索,要求学生通过本单元的学习认知、敬畏、探索、保护自然。

(一)学习理解类活动作业

学习理解类活动主要包括感知与注意、获取与梳理、概括与整合等依托主题语篇的学习活动。为了达成对新知识或新信息的学习和理解,学生在这类活动中的主要任务是从宏观上厘清语篇结构,明确主题意义,从微观上感知作者情感,明晰写作意图。

作业内容:

Lesson 3 Race to the Pole 中,学生通过阅读,完成思维导图,并准备次日课上根据思维导图进行故事复述。

完成时间:20 分钟

学生将通过此作业,获取并梳理两个探险队的经历过程,整合生成时间线,通过复述介绍两队的不同经历,内化运用相关语言。

(二)应用实践类活动作业

应用实践类活动是在学习理解的基础上,引导学生围绕主题基于新形成的知识结构开展交流活动,逐步内化语言和文化知识,巩固新知识结构。应用实践类活动包括描述与阐释、分析与批判、内化与运用。

作业内容:Topic Talk 听说课中,学生利用课上搭建的框架和语言素材,联系自身实际,描写身边的自然环境,完成语段写作。

完成时间:15 分钟

学生能够在整体的语境中整合性地运用已有语言知识,有效地使用书面语表达意义。

(三)迁移创新类活动作业

迁移创新类活动包括推理和论证、批判和评价、想象和创造等超越语篇的活动,也就是学生将所学的知识和能力迁移到新的生活情境中,理性地表达个人的观点,如写作、海报制作、项目活动等,促进能力转化为素养。

作业内容:Lesson 2 听说课中,学生以小组为单位,以听力课语料为基础,合作编写并录制关于保持、打断和结束交谈的英文对话表演。

完成时间:30 分钟

学生通过自主、合作的学习方式,综合运用语言技能,创造性地促进能力向素养的转化。

三、设计心得体会

从英语学科角度出发，英语学习本质为语言的学习。英语作为学习最广泛的第二语言和国际通用语言，在许多地区和专业的环境下有一定的主导地位，因此英语学习在高中学习中的重要性不言而喻。《普通高中英语课程标准（2017 年版 2020 年修订）》中也明确提出，高中英语课程的基本理念指向了发展英语学科核心素养，外语学习除培养学生核心素养外还可以开拓学生眼界，培养学生的国际视野和跨文化沟通能力，也充分展现了英语学习重要的育人功能。

因此，在语言实践活动中，教师要培养学生的语境意识，结合他们的认知水平和生活经验，设计既有意义又贴近其生活经验的作业活动，设计符合其认知水平又有利于开阔其眼界的作业活动，使其能够将活动与自身生活经历结合，在实践活动中激发对生活的热情。教师要引导学生从习得碎片化知识转向建构、应用结构性知识，内化知识结构，从而提升其解决问题的能力。

教师在单元作业设计中应体现英语学习活动观层次的层层递进，结合学生的个体差异和学习特点，合理设置难度和任务量，可包含个人独立完成作业及小组合作作业，丰富作业形式，并进一步落实作业的多元评价，保证作业有效完成。

参考文献

[1] 章卫飞. 高中英语单元作业设计：理解·实践·创新：以 Unit 1 Festivals and Celebrations 为例[J]. 英语教师，2022，22（23）：109-114，118.

[2] 崔允漷. 学科核心素养呼唤大单元教学设计[J]. 上海教育科研，2019（04）：1.

[3] 梅德明，王蔷. 改什么？如何教？怎样考？：高中英语新课标解析[M]. 北京：外语教学与研究出版社，2018.

教师简介：

金玥瑄，英国诺丁汉大学硕士研究生，雅思听力阅读双满分。教学案例 *Race to the Pole* 参加北京师范大学促进学生关键能力和核心素养发展的教学改进项目，指导多名学生在英文演讲比赛中获得市级及区级一等奖。

基于英语学习活动观的高中英语单元作业设计

赵 盼

摘 要：英语学习活动观是落实学科核心素养和变革学习方式的重要途径。基于英语学习活动观的单元作业设计，可分为学习理解类、应用实践类和迁移创新类，这不仅体现了作业设计的实践性、关联性、综合性，有助于巩固并内化语言知识，还促进了语言能力向语言素养的转化。

关键词：高中英语 学习活动观 单元作业设计

《普通高中英语课程标准（2017年版）》（以下简称《新课程标准》）明确提出活动是英语学习的基本形式，英语学习活动具有由低到高的层次性。英语学习活动观明确了落实课程目标的主要形式，是落实学科核心素养和变革学习方式的重要途径。英语学习活动观已广泛应用在阅读教学、听说教学、写作教学、词汇教学中，且已被实践证实可以有效培养学生的英语学科核心素养。同时，英语学习活动观也可以有效指导英语作业设计。本文将针对目前高中英语作业存在的问题，将英语学习活动观的理念贯穿在单元作业设计中，基于单元主题，依托不同的作业类型，帮助学生在活动中夯实语言能力，提升思维品质，培养学生的英语学科核心素养。

一、高中英语作业存在的主要问题

（一）作业类型单一

英语教师习惯布置单词短语默写、句子作文背诵、题海练习类作业，这样的方式不仅加重了学生学习负担，长期下来不利于培养学生的学习兴趣，同时学习效果也往往事倍功半。

（二）作业不分层

由于对作业布置思考不足，教师通常布置给全班学生同样的作业，不能有效调动全体学生学习积极性。日积月累，英语能力较强的同学觉得任务轻、"吃不饱"，中等生觉得作业多、耗时久，后进生觉得作业难、看不懂，这种"一刀切"的形式不利于学生在自己的"最近发展区"得到充分发展。

（三）评价方式单一

由于每天批改学生作业的工作量大，教师更多关注的是结果对错而不是过程评价，有悖于高中英语课程改革初衷。教师单一的作业评价形式太片面，缺乏人文关怀，不利于学生的综合发展，且不利于建立良好的师生关系。

二、英语学习活动观的含义

《新课程标准》指出："英语学习活动是英语课堂教学的基本组织形式，是落实课程目标的主要途径。"根据认知水平及活动目标，英语学习活动可被分为学习理解类活动、应用实践类活动和迁移创新类活动。英语学习活动观是指学生在主题意义引领下，通过学习理解、应用实践、迁移创新等一系列体现综合性、关联性和实践性等特点的英语学习活动，基于已有的知识，依托不同类型的语篇，在分析问题和解决问题的过程中，促进自身语言知识学习、语言技能发展、文化内涵理解、多元思维发展、价值取向判断和学习策略运用。这一过程既是语言知识与语言技能整合发展的过程，也是文化意识不断增强、思维品质不断提升、学习能力不断提高的过程。

三、英语学习活动观下的单元作业设计实践

单元是一个相对完整的学习单位，承载主题意义，与主题相关的文本语篇、语言知识、文化知识、语言技能和学习策略，给学生提供英语学科核心素养形成与发展的重要框架。因此本研究重点关注单元主题意义下的输入输出结合型的作业设计。

（一）学习理解类活动作业

学习理解类活动包括感知与注意、获取与梳理，概括与整合三种基于语篇的语言学习活动。该类教学活动的目标是让学生在基于话题的已知信息中，通过新的文本学习，加深对主题意义的认识和理解。

第三课时作业：同主题文章"Internet"拓展阅读，绘制思维导图，梳理文章结构。设计意图：（1）借助思维导图梳理文章的结构和内容，使学生对文章的逻辑有较直观的理解。（2）高中英语新课标强调"以主题为引领"的同主题拓展阅读。依托多维度、多角度的语篇，不仅可以扩展学生同主题下的词汇和表达积累，更有助于进一步探究主题意义。

（二）应用实践类活动作业

应用实践类活动是指教师引导学生围绕主题，对新形成的知识结构开展描述、阐释、分析、判断等交流活动，逐步实现对语言知识和文化知识的内化，助力学生将知识转化为能力。

第四课时作业：（1）小组作业：15个含一般过去时的例句，改错。"Is it appropriate to use the past future tense here?"（2）作文：50词左右，用过去将来时描述自己儿时的梦想。设计意图：（1）学生在独立完成语法找错之后，小组讨论语法错误，既巩固了所学语法知识，又使学生认识到在实际运用中语言形式为语用功能服务。（2）作文内容贴近实际生活，将所学知识运用到实际生活中，极大地增强了学生的成就感，培养学生英语学习的兴趣。

（三）迁移创新类活动作业

迁移创新类活动就是指教师要引导学生去针对语篇思想背后包含的社会价值取向或作者态度等进行一些推理论证、批判与评价、想象创造等一些超越了语篇的探索类学习性活动。

第一课时作业：If your foreign friend Peter is going to come to your city, please write an e-mail to recommend him some apps you find useful and tell him the problems he should be aware of. 设计意图：创设真实语境，学生能够积极主动地在特定情境中运用和巩固知识，提升实际运用能力。

第二课时作业：必做作业：If you are able to develop an app to solve a real-world problem, what would you like to solve? And how? 选做作业：If you are a manager of a company of Information Technology, what aspects would you consider when promoting an app? And why? 设计意图：（1）设计必做和选做作业，给各层次学生提供练习的平台，既能降低基础较差学生的焦虑感，又能激发综合技能较强学生的潜能，从而尽可能地促进各层次学生的最大发展。（2）引导学生运用英语思维多角度思考、解决问题，提高学生的思维品质能力。

四、启示与建议

（一）作业设计要始终围绕单元主题

基于主题意义的单元作业设计，有利于激发学生完成作业的兴趣，使学生能够将作业与自身的生活经历结合，体现活动作业的实践性。学生在完成作业中，提升分析、解决问题的能力，能创造性地表达个人情感、观点和态度。

（二）作业设计应分层

从低阶到高阶的过渡性作业设计既反映了纵向的认知水平的发展，又反映了横向的语言水平的差异。教师在设计活动时，要将作业的复杂度和难易度分为三个有关联的层级，让学生阶梯式地完成作业。另外，分层作业使得不同语言水平的学生在处理有关联的层级作业时，能较出色地完成符合自己语言水平的作业。

（三）作业设计突出小组合作

学生在小组合作中完成作业，体现了作业过程的从静到动，从全部独立到部分合作。在这样的设计中学生动起来了，不仅是查阅资料、动手实验这种外在的动，更重要的是思维的动。小组活动还有助于培养学生的团队合作交流能力。

（四）作业设计以素养导向为评价标准

在作业试题的设计中，我们认为评价一道作业题是否优质，其标准应是：能否帮助促进学生在巩固理解知识的基础上，形成能力、培育品格。只有当对人的评价的标准、教与学的目标发生了大转变我们设计的作业才有用武之地。

五、结语

作业是课堂教学的巩固和延伸，是学生学习成果的检测和迁移。英语学科核心素养是英语学科的育人价值，英语学习活动观是发展学生英语学科核心素养的根本途径。为提高作业的针对性，我们在设计英语作业体系时要考虑始终贯彻以加强学生核心素养意识的整体培养过程为中心引领，以落实英语学习活动观为理念，从单元教学目标入手，厘清教学要求，设定明确的作业目标，加强作业任务的综合性、关联性和实践性，从而有效提高学生的学习能力，落实英语学科核心素养。

参考文献

[1] 陈世克. 基于英语学习活动观的高中英语阅读教学实践[J]. 基础教育课程，2019（07）：50-56.

[2] 程晓堂. 基于主题意义探究的英语教学理论与实践[J]. 中小学外语教学（中学篇），2018（10）：1-7.

[3] 高洪德. 英语学习活动观的理念与实践探讨[J]. 中小学外语教学（中学篇），2018（04）：1-6.

[4] 冀小婷. 基于英语学习活动观的词汇活动设计[J]. 天津师范大学学报（基础教育版），2019（02）：6-10.

[5] 李彩燕. 英语学习活动观指导下的高中英语写作教学策略[J]. 中小学英语教学与研究，2019（07）：38-41.

[6] 梅德明，王蔷. 普通高中英语课程标准（2017年版）解读[M]. 北京：高等教育出版社，2018.

[7] 王蔷.《普通高中英语课程标准（2017年版）》六大变化之解析[J]. 中国外语教育，2018（02）：11-19.

[8] 严婉华. 英语学习活动观在初中英语单元听说教学中的实践[J]. 中小学英语教学与研究，2019（07）：38-41.

[9] 中华人民共和国教育部. 普通高中英语课程标准（2017年版）[S]. 北京：人民教育出版社，2018.

教师简介：

赵盼，高中英语教师，研究方向为单元作业设计和阅读圈教学。任教期间参加北京师范大学的教学改进课题研究并完成教学案例、承担了北京市怀柔区教育科学"十四五"规划课题，并在怀柔区多次教学设计评比中获得一等奖。

基于"阅读圈教学"提高初中生口语能力的行动研究

邓若晨

摘　要:培养初中生口语能力是初中英语教学激发学生英语兴趣的关键途径。然而,在现实英语教学中,初中生的口语能力存在碎片化以及读音不准、词难达意的问题。本文采用行动研究的方法,基于阅读圈和系统功能语言学视域下的语篇分析理论,探讨了提升初二中等学生口语能力的教学模式和方法。

关键词:阅读圈　口语能力

一、研究背景

(一)研究对象

本研究的对象是北京市某中学初二(七)班(八)班的 B 层 42 名学生。学生综合能力处于本区中等水平,思维偏理科,无尖子生,有基础非常薄弱的英语"学困生"。就口语能力而言,其中绝大部分学生可以听懂教师简单的教学指令,可以和老师进行简单的英语互动,主动性较高,但是上台表达欲望不强。

(二)问题的发现

《普通高中英语课程标准(2017 年版)》(以下简称"新课程标准")中明确提出对学生表达性技能的要求,即要求学生可以根据交际要求发起谈话并进行交谈,清楚地描述事件的过程,同时可以用口语描述个人经历和事物特征,能在口头表达中借助连接性词语、指示代词、词汇衔接等语言手段建立逻辑关系;此外,还能正确选择词汇和语法结构以及区分正式语和非正式语,同时借助语调和重音突出需要强调的意义。由此可见,口语能力是学生英语学习中必备的一项能力。然而,在现实的英语教学中,我们发现,部分初中生的口语能力状况不容乐观。

为了解目前学生口语能力的现状,笔者通过课堂教学进行了一系列研究和分析,发现主要存在以下问题:学生容易受中式思维影响,无法进行语言迁移,在进行口头表达时,无法正确使用已学过的句型进行意义表达;容易出现只说单词的情况,情急之下,常常用中文代替;语篇中的连接性词语、指示代词、词汇衔接等不能恰当使用。此外,语调容易受方言的影响,拖沓,同时重音不明显,无法通过语调和重音体现出自己要着重表达的意义。

（三）问题的假设

对于初二的学生而言，加强口语能力是提升学生英语学习兴趣的必由之路，学生只有突破了口语这一关，才能真正地体会语言之美，真正地体会到学习英语的乐趣。针对学生出现的这些口语问题，笔者作出了如下假设：

1. 部分学生从前缺乏口语训练，教师只重视书面作业，很少注重口语练习。

2. 部分学生缺乏高质量的英文输入，学生输入不够，自然不会输出。

3. 学生应试思维严重，只重视得分的训练，不重视口语。

4. 部分口语活动流于形式，教师在开发活动时，缺乏足够的支架，让学生难以输出。

二、问题的调查和分析

根据之前对学生口语能力现状的研究假设，我对参与研究的42名学生进行了有关口语能力的问卷调查，共收回有效问卷42份。

调查结果显示，约21%的学生认为自己的口语能力非常好，基本没有什么问题。约30%的学生认为自己的口语能力不错，能基本正确回答问题，在流利性和准确性上稍有瑕疵。约39%的学生认为自己的口语能力一般，能回答出问题的关键词，但流利性和准确性欠佳。还有约10%的学生认为自己根本就不会用英语表达。由此可见，本行动研究选择口语能力作为研究的突破点具有非常重要的现实意义。

在学生常见的问题中，约90%的学生会出现人称用错、单复数用错、主谓不一致等形式类口误。约70%的学生会出现单词重音以及句子重音的问题，语调奇怪。约55%的学生认为自己中式英语的痕迹重，难以使用丰富的词汇和句型表达，衔接手段的使用欠佳。此外，学生们认为自己口语能力欠佳的主要原因在于：（1）原版英文输入太少，脑子空空如也；（2）没有迁移意识；（3）没有自信，不敢说英语，也没有说英语的契机。

三、问题的确认

调查结果表明学生缺乏大量原版语言的输入以及缺乏迁移意识是现阶段学生在口语能力方面面临的突出问题，具体问题表现为以下几点：

（一）班级学生并不缺乏阅读英语原版读物的机会，但是由于基础较为薄弱，且书中内容涉及大量学生比较陌生的生活词汇，引发学生畏难心理，无法坚持成为学生阅读英文原版读物拦路虎。

（二）基本词汇和句型是提升口语能力的基石，是形成迁移能力的基础。在进行口语活动时，大部分学生会出现头脑空白的情况，根本想不起来任何词汇和句型。教师平时教学缺乏真实语境的设计和带入，在口语活动的设计上，搭建的语言支架不够，学生难以在生活中或是课堂上发生迁移和套用，造成"开口难"现象。

（三）目前英语教学应试频繁，但初中阶段缺乏互动式、即兴式的口语考试活动，导致学生在这方面不重视，因此学生口语能力方面长期欠缺。由于缺乏原汁原味英语的输入，学生难以靠识记掌握重音、语调，课本教学由于七年级难度太低，缺乏长篇英语的输入，所以学生在语音方面也存在问题。

四、行动研究方案的设计

本次研究的目的是在有限的时间内，针对学生的需要和现有水平，把设计合理的英语学习活动作为进行有效输出的突破口，基于"阅读圈教学法"以及系统功能视域下的语篇分析理论，教授《阳光英语》分级阅读，来持续观测学生在口语能力方面的提升。在本次行动研究中，我们将口语能力界定如下：1. 学生用口语描述事实的能力；2. 学生用口语概括事实的能力；3. 学生运用非语言手段表达事实的能力；4. 学生运用语调、语气、节奏提高表达能力的意义。此次行动研究方案分为三个阶段进行，共 12 周，每一阶段一个月，时间为四课时，共十二课时。

（一）研究方案的理论依据

1. 阅读圈（Reading Circles）

阅读圈（Reading Circles）也被叫为"文学圈（Literature Circles）"，是用于阅读教学的一项活动。这一活动要求学生在小组内，就阅读的材料进行分角色阅读，阅读后进行分享，也可按照 *Bookworms Club Bronze: Stories for Reading Circles* 提供的六个阅读圈角色分工进行，具体角色分为讨论组长（Discussion Leader）、总结者（Summarizer）、文化收集者（Culture Collector）、生活联系者（Connector）、单词大师（Word Master）以及文段解读者（Passage Person）。

2. 语篇分析（Discourse Analysis）

基于系统功能语言学的语言观，Fang 和 Schleppegrell 提出的功能语言分析（Functional Language Analysis）主张在阅读教学中对语篇的内容（与概念意义对应）、文体（与人际意义对应）和组织（与语篇意义对应）进行语言分析。为了避免晦涩的术语和抽象的理论，教师在设计语篇教学活动时可以结合英语学科核心素养目标，将概念意义、人际意义和语篇意义分别替换为主题内容、作者态度和语篇结构。任何语篇都包含主题内容、作者态度和语篇结构三个方面，因此可以把内容分析者（Content Analyst）、态度分析者（Attitude Analyst）和结构分析者（Structure Analyst）作为三个必不可少的任务角色，分别负责分析语篇的主题内容、作者态度和语篇结构。

（二）研究具体方案

本研究具体方案，实施如下：

新课程标准提出，学生应通过大量的专项和综合性语言实践活动，发展语言技能，为真实语言交际打基础。因此在设计阅读圈实验课的相关教学活动时，我们应充分考虑学生的全面参与。每次实验课，我们将学生分为 7 个小组，每组 6 个人。根据阅读圈活动的教学原则，以及系统功能语言学视域下的语篇分析理论，学生角色分配如下：Summarizer（总结者）、Construct Analyst（结构分析者）、Content Analyst（内容分析者）、Attitude Analyst（态度分析者）、Connector（联系者）、Word Master（单词大师）。

下面我以最近一次教学案例 *The Sloppy Tiger and the Tiger* 为例，具体阐述如何通过阅读圈实验课，提高学生口语能力。

1. 设置综合性复述（Integrative Retelling）活动，由阅读圈角色 Summarizer 口述。这一活动符合新课程标准中要求中学生能用英语进行口头描述和概括经历和事实。例如：

Step 1: Summarizer! Read this story, which character impresses you a lot? Share with us!		
Sloppy Tiger	Chart（表格）/Mind Map（思维导图）/ Line Chart（折线图）	Group（123456）
Jim（Jim's feeling）		
Jim's mother		
I		

这一活动要求学生能够运用相关工具，通过阅读全文将本剧三大主人公的情绪展现出来，这一活动作为复述活动的"支架（scaffolding）"，在具体的教学活动中收获了非常好的效果。也就是说，教师必须在设计综合性复述活动中搭好支架。学生通过自己写的表格，画的思维导图，或者是折线图，就可以轻而易举地完成口语活动中主要信息的获取，如此一来，学生在说的时候不会出现"开口难"的现象。

2. 每个角色均设置口语展示活动。且对于本研究最重要的三个角色 Construct Analyst（结构分析者）、Content Analyst（内容分析者）、Attitude Analyst（态度分析者）来说，每个角色，教师都要根据原文，为他们逐一设计任务，搭好支架。比如：

Construct Analyst Show time!

1. How many parts does this story have? Tell us how you divided it?

2. How many events in this story?

3. How are these events organized?

You can begin like this:

We can see the sentences on Page（   ）. I think the writer use these sentences to（   ）and make the readers understand better.

对于口语能力不太强的同学来说，该活动可以让他们有勇气表达，有利于激发学生口语表达的欲望。

3. 在整节课最后，笔者还会再设计一项戏剧表演的综合性活动。由于这一阶段的学生活泼好动，表演欲旺盛，根据绘本设计舞台表演是一项利于培养学生英语学习兴趣的活动。同时，学生的重音和语调都将在反复排练中得到改变，教师还会进行指导，引导学生如何进行发音。

4. 设计利于学生锻炼口语能力的学习活动是本次研究的重中之重。每次实验课之前我们都会进行反复修改，课后会进行继续反思，思考如何能激发学生用英语表达的愿望。此外，我们还会积极收集学生在梳理绘本原文脉络时用到的思维辅助器，同时每节课后，我们都会找学生进行访谈和调查问卷，结合学生自身的感受，再次调整教学活动的设计。

五、数据分析

（一）访谈结果

经过为期三个月十二课时的实验课，通过和多名学困生、中等生以及多名优等生进行访谈，研究结果整理如下：

"……通过这一节课，我积累了许多生词，老师讲课时绘声绘色，我更喜欢老师为我们解读故事的部分，同时我感觉任务刚开始看比较难，但完成几次后，就没那么难了。我一次比一次明白老师的套路，所以就越来越敢于用英语表达，因为上课氛围也很好，所以即使说错了，也不觉得难为情……"（来自优等生小卢）

"……这种实验课我很感兴趣，它包括了更广阔的知识，与生活现实接轨，引发了我对英语学习的兴趣。我最喜欢的是 Busy Baby。因为贴近生活，所以我更敢说了，即使不会，也可以说中文，就是有得说……"（来自中等生小王）

"……课堂氛围轻松愉悦，这样我就被带动起来了。不知不觉我就学了很多表达，老师还会给一些可以帮助我表达观点的句子，我觉得很好，我也可以向他们一样，站在台上去谈了……"（来自学困生小李）

（二）问卷结果

经过对调查问卷的统计，有 70%的学生认为自己的口语能力有了提升，在语音、语调以及衔接词的使用上有了改善。

六、研究结论及反思

通过学生的访谈内容以及调查问卷，我们可以得出如下结论：

（一）英文绘本阅读读物，不仅输入了原汁原味的语言，更激发了班级幽默轻松的氛围，其中，轻松的氛围是学生打破"开口难"的关键。教师应致力于打造班级轻松幽默的良好互动氛围。

（二）模仿绘本中的人物发音，对学生的语调和重音以及对句子意义的理解和表达都是非常有意义的。

（三）搭建合适的互动支架是帮助学生张开嘴的第一步，学生通过多次训练，会形成轻车熟路的感觉，从而更容易增加信心，有了信心更容易开口，形成良性循环。

参考文献

[1] Fang, Z. & Schleppegrell, M. J. Reading in Secondary Content Areas: A Language-Based Pedagogy [M]. Ann Arbor, MI: University of Michigan Press，2008.

[2] 中华人民共和国教育部. 普通高中英语课程标准（2017 年版）[S]. 北京：人民教育出版社，2018.

[3] 罗少茜，李红梅. 阅读的力量和热情：通过 "阅读圈"燃起学生对英语阅读的热爱[J]. 中小学课堂教学研究，2016（21）：12-16.

[4] 苗兴伟，罗少茜. 基于语篇分析的阅读圈活动设计与实施[J]. 中小学外语教学（中学篇），2020，43（09）：1-5.

教师简介：

邓若晨，北京外国语大学英语语言学硕士研究生毕业，二级教师，曾获区基本功大赛二等奖、北京市教育科研优秀论文二等奖等。

浅表化·单一化·碎片化：基于主题意义建构的高中英语课内外阅读融合教学

孙 越

摘 要：在英语教学中，阅读是提高学生语言能力、思维能力及跨文化交流能力的重要途径。然而，当前高中英语阅读教学存在着浅表化、单一化、碎片化的问题，导致学生阅读体验不足、阅读理解能力有限。这些问题导致学生无法深入理解阅读材料的深层含义，进而影响他们英语学科核心素养的综合发展。为了解决这些问题，我们提倡基于主题意义建构的高中英语课内外阅读融合教学，这种教学方法将课内语篇阅读与课外整本书阅读紧密结合，旨在促进学生对主题意义的深入探索和自主建构。我们期望能够深化学生对主题意义的探究，促进他们在英语学科核心素养方面的全面发展。同时，这种教学方法也有助于提高高中英语阅读教学的效果和质量。

关键词：高中英语 阅读教学 课内外融合 主题意义

一、引言

在高中英语教学中，如何引导学生进行深度阅读，培养他们的跨文化交流能力和批判性思维，成为亟待解决的问题。基于主题意义建构的高中英语课内外阅读融合教学，正是解决这一问题的有效途径。这一教学理念强调以主题为核心，将课内外的阅读材料有机融合，使学生在多元化的语境中深入探究某一主题，培养他们的跨文化意识和批判性思维。它克服了传统教学中浅表化、单一化、碎片化的弊端，使学生的阅读体验更加丰富、深入和连贯。通过主题意义建构，学生能够在阅读中形成自己的观点和见解，提高语言运用能力和思维能力。同时，这种教学方式还能够培养学生的跨文化交流能力，使他们更好地适应全球化的时代背景。为了实现这一教学理念，教师需要精心选择课内外阅读材料，设计有意义的阅读任务，并引导学生进行深度思考和讨论。此外，教师还需要关注学生的个体差异和需求，为他们提供个性化的指导和支持，我们期待这一教学理念能够在未来的教育实践中得到更广泛的应用和推广。

二、主题意义与课内外阅读融合教学的重要性

（一）深化学生对主题的理解

传统的英语教学往往注重词汇、语法等基础知识的传授，而忽视了对主题的深入探

讨。学生虽然能够理解文章中的句子，但难以把握文章的主旨和深层含义。基于主题意义建构的教学方式，强调从主题入手，引导学生深入挖掘文章的中心思想，培养他们的思辨能力和批判性思维。同时，通过课内外阅读的融合，学生能够接触到多元化的观点和语境，进一步拓宽视野，增强对不同文化的理解和包容。

（二）提高学生的跨文化交流能力

英语作为一门国际语言，其学习不仅仅是为了应对考试，更是为了跨文化交流。在传统的教学中，学生往往只关注语言知识本身，而忽略了语言背后的文化内涵。我们基于主题意义建构的教学方式，通过引入与主题相关的跨文化内容，使学生在学习语言的同时，能够深入了解不同文化的特点和价值观。这种教学方式有助于培养学生的跨文化意识和敏感性，提高他们在全球化背景下的交流能力。

（三）培养学生的自主学习能力

基于主题意义建构的高中英语课内外阅读融合教学，注重学生的主体地位和自主学习能力的培养。教师作为引导者，通过设计有意义的阅读任务和活动，激发学生的学习兴趣和动力。学生在完成任务的过程中，需要主动寻找、筛选、整合信息。这种教学方式培养了他们的信息素养和自主学习能力。同时，这种教学方式还鼓励学生之间的合作与交流，有助于培养他们的团队协作精神和沟通能力。

三、基于主题意义建构的课内外阅读融合教学实践

（一）分析语篇内容，生成目标主题链

课内外阅读融合教学需要以主题意义为引导，通过整合课程内容，引导学生积极参与、思考和探究，从而实现学科素养和关键能力的提升。通过设计不同层次的阅读活动，引导学生理解语篇的主题意义，并在与文本互动的过程中提升学生的阅读素养。同时，利用课外资源，如补充阅读材料、视频、音频等，可以丰富学生的阅读体验，加深对主题意义的理解。比如，我们选用北师大版普通高中教科书《英语》必修一 Unit 1 LIFE CHOICES 中的语篇 "My Choice of Career" 和 "The Importance of Decision-Making" 为课内阅读文本，对于课内阅读篇章，这两篇文章都直接涉及人生的选择与决策，与单元主题紧密相关。对于课外阅读篇章，我推荐选择 "The Power of Choice"，这篇文章进一步探讨了人生选择的力量和影响，作为整本书阅读的素材，可以帮助学生更全面地理解人生选择的主题。基于这三篇文章在人生选择主题上的内在联系，我们可以构建出整体化的主题目标链，帮助学生深入理解人生的选择与决策，如表 1 所示。

表1　基于人生选择主题的课内外阅读篇章整合

语篇	语篇类型	语篇内容	语篇主题	主题目标
My Choice of Career	记叙文	描述作者如何选择自己的职业路径，涉及对兴趣、能力和未来规划的思考。	人生选择与职业规划	引导学生思考自己的职业倾向，了解职业选择的重要性和影响因素。
The Importance of Decision-Making	议论文	探讨决策在人生各个阶段的重要性，以及如何做出明智的决策。	决策在人生选择中的作用	帮助学生理解决策的重要性，培养批判性思维和决策能力。
The Power of Choice	议论性散文	深入分析人生选择的力量和影响，包括对个人成长、命运和社会的影响。	人生选择的力量和影响	拓展学生对人生选择深远影响的认识，激励他们积极面对和把握生活中的选择。

　　为了更深入地理解并探索人生的选择与决策，我们构建了一个目标主题链。以北师大版《英语》必修一 Unit 1 LIFE CHOICES 中两篇课内阅读篇章和一篇推荐课外阅读篇章的整合情况为例，三篇文章都以"人生的选择与决策"为主线，通过不同的语篇类型和内容，共同构建了一个整体化的主题目标链。首先，我们深入挖掘"My Choice of Career"这篇记叙文，通过作者的亲身经历，理解人生选择背后的权衡与决策过程。接着，通过"The Importance of Decision-Making"这篇议论文，我们更全面地了解决策在人生中的关键作用，培养自己的决策能力。最后，整本书阅读素材"The Power of Choice"为我们展现了人生选择的深远影响，激发我们对未来选择的积极态度和信心。通过这一系列的目标主题链，我们旨在引导学生逐步深入探究主题，从个人的职业选择到决策的重要性，再到人生选择的力量和影响。通过这样的学习路径，学生不仅能够提升语言技能，更能够在思考和情感层面上对人生选择与决策有更深入的理解和体验。

（二）基于主题关联，设置课时目标

　　受应试教育的影响，高中英语课内外阅读往往处于相互独立的状态，缺乏有效的联系和整合。为了更好地发挥课内外阅读的协同效应，一方面，教师应该对课内外阅读语篇进行深入分析，了解其内容、主题和特点，并根据学生的实际情况和学习需求，进行整体化的安排。教师需要明确课内外阅读语篇的主题目标和意义，并根据这些目标设计层层递进、前后关联的课时目标。这些目标应该关注学生的语言能力、思维能力和文化意识等方面的培养，同时还要考虑如何引导学生进行主题探究和意义建构。另一方面，教师关注课内外阅读语篇的类型和特点，根据不同类型的语篇采用不同的教学方法和策略。最后，教师需要设计丰富多样的教学活动，促使学生积极参与课内外阅读活动，包括小组讨论、角色扮演、写作练习、制作海报等形式多样的活动，通过这些活动，可以激发学生的学习兴趣和主动性，提高他们的阅读能力和文化素养。我们基于所选课内外阅读语篇的语篇类型和主题目标关联设置课时目标，如表2所示。

表 2　课内外阅读融合课时目标

语篇	课型	主题目标	课时目标
My Choice of Career	精读课	探索职业选择背后的动机与考量	1.学生能够理解文章中的职业选择过程； 2.学生能够分析作者对职业选择的看法； 3.通过讨论，学生能够反思自己的职业倾向。
The Importance of Decision-Making	泛读课	理解决策在人生中的关键作用	1.学生能够概括文章中的主要观点； 2.学生能够讨论并评价决策对个人和社会的影响； 3.学生能够应用所学知识，制定自己的决策框架。
The Power of Choice	整本书阅读	深化对人生选择力量和影响的认识	1.学生能够阅读并理解整篇文章的内容； 2.学生能够分析文章中的关键观点和论证； 3.通过反思和讨论，学生能够加深对人生选择重要性的理解，并思考如何作出积极的选择。

（三）实施教学活动，探索主题意义

由于应试考试的制约，我国高中英语课内外的阅读教学呈现出各自独立的特点，教学内容与教学目标之间缺少有效的联系，难以实现二者之间的有效衔接。为此，我们要对课内、课外的文本进行细致的解析，并结合学生的实际情况与学习需要，对课内、课外的阅读进行统筹规划；并且，按照课题研究的逻辑过程以及课内、课外的不同特征，对课程的各个阶段进行了系统性的设计，形成了层层递进的、前后相关的课程目标，从而促进了有组织的意义的构建，从而丰富和加深了学生对课题的认识。

我们从英语教学的主体含义出发，提出了构建综合性、关联性、实践性的英语学习模式，使其在自主、协作的基础上，积极地开展具有学科内涵的研究性学习。我们根据三节课内、课外的阅读资料的主体意思之间的逻辑联系，从多个方面进行了一套完整的阅读课程，包括：读说技能课、读写结合课、整本读书演示课。同时，还对课堂进行了合理的设计，使三节课形成了一个整体。在读说技能课上，学生首先通过独立阅读"My Choice of Career"来了解文章的主题和作者的观点。随后，他们进行小组讨论，分享自己的职业选择和决策经验，并尝试用英语表达自己的想法。在读写结合课上，学生首先阅读"The Importance of Decision-Making"，了解决策在人生中的重要作用。然后，他们结合实际进行小组讨论，分享自己的决策经历和感受。在讨论的基础上，学生进一步通过写作练习来巩固和深化对决策重要性的理解。在整本书阅读展示课上，学生通过阅读"The Power of Choice"整本书，深入了解人生选择的重要性和影响。他们独立阅读并记录关键信息和个人感悟，随后进行小组讨论，分享各自的阅读心得。每组学生选择一个与书中内容相关的主题进行深入研究，准备展示材料。最后，通过展示和分享研究成果，全班共享学习成果。总之，基于选定的课内外阅读语篇，通过设计具有关联性和实践性的英语学习活动，引导学生主动和合作学习，探究人生选择的主题意义。我们通过三节课的课堂教学过程，实现课内外阅读融合教学的密切联系，帮助学生全面理解旅行的意义和价值，培养人文素养。同时，我们通过设置问题链，如表3所示，承上启下，勾连课时目标，实现课内外阅读与教学的融合，助力结构化主题意义建构的发生。

表3　课内外阅读融合教学的问题链

问题序号	问题内容	设计意图
1	"My Choice of Career"与"The Importance of Decision-Making"两篇文章中都提到了决策的重要性，对比两篇文章对于决策重要性的表述，你有何感想？	引导学生对比课内外阅读材料，理解并深入思考决策在人生中的重要作用。
2	"My Choice of Career"和"The Power of Choice"两篇文章都涉及了职业选择的话题，你认为这两篇文章对于职业选择有何异同点？	引导学生比较两篇文章在职业选择主题上的不同角度和观点，促进批判性思维的培养。
3	"The Importance of Decision-making"和"The Power of Choice"两篇文章都强调了选择的力量，你认为这两篇文章在阐述选择的重要性上有何不同？	引导学生对比两篇文章在阐述选择重要性上的不同角度和深度，进一步深化对主题的理解。
4	"My Choice of Career" "The Importance of Decision-making"和"The Power of Choice"三篇文章在主题上有何联系？它们如何共同探讨人生选择和决策的重要性？	引导学生总结三篇文章的主题联系，培养他们的总结归纳能力，加深对人生选择和决策重要性的理解。
5	你认为这三篇语篇在人生选择主题上有何启示或意义？	鼓励学生表达对人生选择主题的见解，培养批判性思维。

四、结语

在面对浅表化、单一化和碎片化的高中英语阅读教学现状时，我们强调基于主题意义建构的课内外阅读融合教学的重要性。这种教学方式旨在引导学生深入挖掘文本内涵，拓宽阅读视野，形成结构化的知识体系。通过整合课内外阅读资源，我们努力打破传统教学模式的局限，为学生提供更具挑战性和丰富性的学习材料。在这个过程中，学生不仅能提高语言技能，更能在思维、情感和文化层面上得到全面发展。让我们共同努力，实现高中英语阅读教学的深化与拓展，培养出更具全球视野和跨文化交际能力的学生。

参考文献

[1] 于弟，袁汉邦. 基于主题意义建构的高中英语课内外阅读融合教学实践[J]. 教学月刊·中学版（外语教学），2023（09）：70-75.

[2] 刘菊梅. 高中英语课内外阅读探究[J]. 英语画刊（高中版），2022（13）：67-69.

[3] 邓立. 基于单元主题意义建构语境，创设课堂立体交往的高中英语语法教学[J]. 校园英语，2021（46）：61-63.

[4] 郑佳，杨孝融. 单元主题意义建构的多模态分析：以人教版高中英语教材（2019年版）为例[J]. 中小学外语教学（中学篇），2021，44（06）：13-19.

[5] 易少峰. 刍议高中英语课堂内外渗透传统文化的途径[J]. 考试周刊，2020（02）：108-109.

教师简介：

孙越，一级教师，曾多次承担区级公开课；荣获区级说课大赛一等奖；选择性必修一 Unit 2 的单元整体教学设计的市级说课一等奖；荣获区级中学教师基本功大赛一等奖；选择性必修三 Unit 9 Lesson1 被评为北京市优秀课例；并在京师新课标英语平台上做课例展示；曾多次发表论文。

《理解权利义务》复习课教学案例

陈　红

摘　要： 初中阶段，需要进一步深化宪法教育，包括了解国家尊重和保障人权的意义，加深对公民基本权利和义务的认识。学生需要初步理解程序正义在法治建设中的作用，建立依法处理纠纷、理性维护权利的意识，强化法律责任意识，巩固守法观念。

关键词： 法治意识　权利　义务　程序正义

一、单元教学设计说明

初中法治教育的核心是宪法教育，公民的基本权利和义务是宪法的核心内容。本单元重在帮助学生养成和增强公民意识。现阶段是学生公民意识形成的关键时期，对权利和义务的思考增多，需要通过生活实践诠释公民权利、义务及其相互关系，帮助学生增强公民意识及权利义务意识。

本单元依据宪法，立足学生生活，讲解与学生生活息息相关的基本权利和义务，阐明权利与义务的辩证统一关系，明确如何履行义务，强调权利的边界，明确必须依法行使权利。对学生进行权利边界意识和程序意识教育，有助于学生形成法治思维，通过法律途径解决问题。

教学设计依据：

1. 中国学生发展核心素养

社会参与——责任担当

社会参与：能明辨是非，具有规则与法治意识，积极履行公民义务，理性行使公民权利。

2. 道德与法治课程核心素养

责任意识——有序参与；法治观念——权利义务相统一；道德修养——社会公德。

3. 《义务教育道德与法治课程标准》（2022 年版）

第四学段（7—9 年级）法治教育学习主题的内容要求有懂得公民的基本权利和义务，正确行使公民权利，自觉履行公民义务；对应的教学提示是以"权利与义务相统一"为议题，探讨权利与义务的关系。

4. 《青少年法治教育大纲》（2016 年）

工作要求：以宪法教育为核心，以权利义务教育为本位。将权利义务教育贯穿始终，使青少年牢固树立有权利就有义务、有权力就有责任的观念。

分学段教学内容与要求：在初中阶段，进一步深化宪法教育，包括认知国家尊重和保障人权的意义，加深对公民基本权利和义务的认识。初步理解程序正义在实现法治中的作用，建立依法处理纠纷，理性维护权利的意识。强化法律责任意识，巩固守法观念。

二、单元学习目标与重点难点

（一）单元学习目标

通过本单元复习，引导学生掌握公民的基本权利和基本义务，全面准确地了解权利与义务的关系；引导学生理解如何正确行使权利，如何坚持权利与义务相统一。

（二）重点难点

重点：公民的基本权利和基本义务，理解权利义务相统一，如何正确行使权利和履行义务。

难点：公民的基本权利和基本义务。

三、课时教学设计

（一）教学内容分析

《义务教育道德与法治课程标准》（2022年版）第四学段（7—9年级）法治教育学习主题的内容要求：懂得公民的基本权利和义务，正确行使公民权利，自觉履行公民义务。《青少年法治教育大纲》（2016年）工作要求：以宪法教育为核心，以权利义务教育为本位。将权利义务教育贯穿始终，使青少年牢固树立有权利就有义务、有权力就有责任的观念。分学段教学内容与要求：加深对公民基本权利和义务的认识。初步理解程序正义在实现法治中的作用，建立依法处理纠纷，理性维护权利的意识。

（二）学习者分析

课前利用"调查问卷"和一对一分析试卷的形式了解学生对于权利与义务这一部分知识掌握的具体情况。经过上学期期末前对这部分内容的复习，班级中已经有一部分同学对于这部分重难点知识掌握比较扎实，但是一部分同学还是不能够在情境中识别公民的基本权利和义务，对于权利与义务关系的表述也不够准确。因此，结合该部分同学目前的掌握情况，本次教学进行了分层设计，能够让该部分掌握不够扎实的同学得到突破。

（三）学习目标确定

知识目标：能够掌握公民的基本权利和基本义务有哪些。知道权利与义务关系。

能力目标：能够在具体情境中，准确理解和识别公民基本权利和义务。通过情境分析，提升运用权利与义务的观点分析解决问题的能力。

情感态度与价值观目标：基于对公民权利与义务的学习，明确我国宪法规定了公民的基本权利和义务，知道权利与义务要相统一，在日常生活中能够积极维权并正确行使权利、履行义务。

（四）学习评价设计

通过填写课前知识梳理单、学生课堂表现、课后拓展成果等对比学生课前和课后的掌握情况，从可量化、智慧化的角度出发，构建教师评价、学生互评、学生自评等多元评价体系。

通过课堂完成学案、课后作业反馈，收集学生学习成果，了解本课学习目标达成情况。

（五）学习活动设计

教师活动：

导入：借助中考题，明确考点。学生独立思考，分析考点发言。

1.（2020·北京中考）某班同学运用法律知识对生活中的现象进行分析。下列观点正确的是

A. 进行宪法宣誓，是在行使政治权利

B. 努力完成学业，是享有劳动权的体现

C. 主动申报纳税，是自觉履行基本义务

D. 破坏文物古迹，均属一般违法行为

2.（2022·北京中考）"国家通过各种途径，创造劳动就业条件，加强劳动保护，改善劳动条件，并在发展生产的基础上，提高劳动报酬和福利待遇。""劳动是一切有劳动能力的公民的光荣职责。"我国宪法的这些规定说明

A. 应先行使权利后履行义务

B. 放弃权利就可以不履行义务

C. 权利和义务是完全对等的

D. 有的权利同时也是义务

3.（2022·北京中考）公民权利受到损害，要依照法定程序维护权利。诉讼是处理纠纷和应对侵害最正规、最权威的手段，是维护合法权益的最后屏障。下列属于诉讼的是

A. 张某向消费者协会投诉某商场产品存在质量问题

B. 市民王某向环保部门反映某企业的违法排污行为

C. 某企业因拖欠员工工资被劳动保障行政部门调查

D. 人民法院就郑某某侵害他人名誉权一案进行审理

活动意图说明：

分析中考题考点，了解近几年北京中考对理解权利义务这部分内容的考查方向。

总结考点，引导学生找到这部分知识复习的重点和逻辑，为整节课的学习做好铺垫。

环节一：是什么——公民的基本权利与义务

教师活动1：

依据中考题呈现的中考考点，首先突破第一个考点——公民的基本权利与义务是什么。根据学生课前完成的知识梳理单，进行知识梳理。

学生活动1：

发言并改正知识梳理单中的错误。

教师活动2：

根据以下情境，判断所涉及的权利或义务。（填写序号，可多选）

1. 选举权和被选举权；2. 人身自由；3. 受教育权；4. 政治权利；5. 依法服兵役；6. 物质帮助权；7. 人格尊严权；8. 通信自由和通信秘密受法律保护；9. 监督权；10. 文化权利；11. 财产权；12. 依法纳税；13. 维护国家安全；14. 劳动权；15. 维护国家利益。

大学生小王毕业后找到了一份满意的工作。（　　　）

某网络主播经查逃税6亿多元。（　　　）

某初中生利用视频软件恶意编辑同学照片并配以侮辱性文字发布在朋友圈。（　　　）

晓燕的爸爸参加了新一届区人大代表的选举。（　　　）

公民举报国家工作人员违法失职。（　　　）

李某将自己的房屋出租。（　　　）

小琴通过自媒体制作家乡传统美食的宣传片。（　　　）

王某将自己手机里存储的大量国家经济机密文件高价卖给国外某组织。（　　　）

国家制定资助政策，不让学生因家庭经济困难而失学。（　　　）

在北京大学预定新兵入伍欢送会上，李明光荣地成为一名军人。（　　　）

小刘的奶奶退休后每月领取养老金。（　　　）

某公司在未经员工同意的情况下私自查阅员工个人邮件。（　　　）

九年级小华在道德与法治课上认真学习有关国家安全的知识。（　　　）

学生活动2：

根据情境，判断所涉及的权利或义务，完成活动并发言。

活动意图说明：

梳理公民基本权利与义务知识单，引导学生全面了解公民有哪些基本权利和义务。在具体情境中，引导学生识别公民基本权利与义务的应用，使学生能够在具体情境中识别公民的权利与义务。

环节二：为什么——权利与义务的关系

教师活动3：

提问：权利与义务的关系。

结合教材 P54 探究与分享：如何理解权利与义务的关系？就以下两种观点说明你的看法。

第一种：权利与义务如影随形，没有无义务的权利，也没有无权利的义务。

第二种：权利与义务是完全对等的，我享受了多少权利，就应履行多少义务。

学生活动 3：

思考并回答。

活动意图说明：

回归课本，引导学生重视教材中的探究与分享，通过齐读的方式，使学生明确权利与义务关系的准确表述。

环节三：怎么做——正确行使权利

教师活动 4：

北京房山区某小区居民张某和王某同住一层，中间留有一米宽左右的公共夹道，也是消防通道。从 2023 年起，张某在此夹道上放置了一个鞋柜和孩子的平衡车，王某看到虽心中不悦，但是想到都是邻居就忍下去了。2024 年张某突然将自家的狗笼放在了公共夹道处，并在旁边放着一个装满水的小铁碗，狗笼一面侧门呈打开状态，狗笼附近的地上小狗小便过的痕迹清晰可见。更让人伤脑筋的是，有时听见脚步声，这条狗还会乱叫。王某几次敲门劝说张某将狗笼搬回自己家中，但是张某始终没有行动。于是王某拍下了张某在公共区域放置狗笼的图片，将其和张某的住址发布在了小区的微信群里。内容一经发布，微信群里一片谴责声，甚至有热心人士准备亲自清理张某家的狗笼。

请你评析张某和王某的行为，并说明理由。

学生活动 4：

独立思考问题，完成活动或小组合作共同解决问题。

活动意图说明：

通过真实情境，引导学生思考如何正确行使权利，让学生们意识到行使权利有界限、维护权利守程序，明确在日常生活中如何坚持权利与义务相统一。

环节四：课后拓展

请针对社区不文明行为，写一份"文明社区建设"倡议书。（题目自拟）

等级水平	等级描述
水平 4 优秀	知识运用恰当，能够联系实际，从两个角度以上提出倡议，条理清晰，表达流畅。
水平 3 良好	知识运用较为恰当，能够从单一角度提出倡议，条理较为清晰。
水平 2 合格	知识运用不恰当，从一个角度提出倡议，条理性差。
水平 1 不合格	没有完成，或者倡议与主题无关。

（六）板书设计

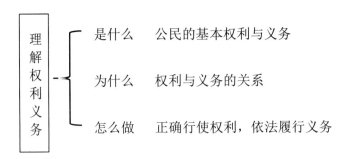

四、教学反思

这节课加深了学生对公民基本权利和义务的认识，学生初步理解了程序正义在法治建设中的作用，建立依法处理纠纷，理性维护权利的意识，基本上完成了教学任务。这节复习课，不仅仅是对过去知识的复习，更重要的是提高学生利用这些知识分析和解决问题的能力。在解决问题的过程中，学生不断强化法治意识，做到依法行使权利，自觉履行义务。

教师简介：

陈红，中国政法大学硕士研究生，中学政治教师。曾获得北京市教师基本功大赛二等奖。爱钻研，讲创新，课堂有新意，受学生欢迎，始终尊重学生个性，用心引领学生成长，是学生们的良师益友。

道德与法治核心素养视域下大概念课程的构建

单丽娟

摘　要：道德与法治核心素养背景下，大概念的教学有助于提高教师的教学效果、学生学习知识的效率，特别是大概念有利于学生对知识的持续理解和对未来问题的迁移。本文具体分析了大概念与道德与法治核心素养的关系、大概念的不同表达视角和构建教学课程的方法与思路。

关键词：大概念教学　道德与法治　核心素养

教育家杜威曾经提到过三种水平的教师。第一种水平的教师把一节课就当一节课来教，也就是把每堂课当作一个独立的个体。第二种水平的教师会关注学科内知识的融会贯通，也就是能够将旧知识与新知识结合起来教学，让学生学会在学科内迁移知识。第三种水平的教师能够联系真实生活，情境化地进行教学，实现对未来问题的迁移。杜威总结的三种水平的教师符合"三维目标"中的知识与技能维度，融入不同学习方法，而第三种正与当今所推行的核心素养下"大概念"理念的教学相契合。

一、大概念在教学中的重要地位

"大概念"的教学思想其实很早就在国际上达成了共识，后来很多教育家经过不断地实践与探索，完成了比较成熟的围绕"大概念"的教育体系、课程的建构和教学模型等。为了使学科核心素养在教学中更加具体化，我们的课标中进一步精选了学科内容，将知识结构化、课程单元化、课堂情境化。以"大概念"为抓手，才能更好地落实核心素养，培养学生在问题中实现对知识的持续学习和迁移，这奠定了大概念在课程教学中的地位。

二、培育核心素养的大概念教学模型的实践解析

新时代新课程实施大概念教学具有鲜明的时代特征。从实践看，培育核心素养的大概念教学模型有广泛的应用前景。具体来说，教师应当认识到核心素养培育的重要性，在教学中要以大概念教学为主线，由此产生新的教学理念、教学设计和教学实施，为培育核心素养提供新的方案。下面以统编教材道德与法治七年级上册第四单元"生命的思考"为例进行探讨。

（一）单元立意

近年来，国内外有关青少年问题的研究表明，青少年心理健康问题层出不穷。例如，面对挫折不懂得如何有效地进行自我调节，情感的匮乏、多种生命体验的缺失，导致他们往往不知道如何处理生活中的各种关系，缺少处理道德冲突的种种道德智慧。当青少年面对冲突不能进行自我缓解、释放，或者得不到及时的疏导时，冲突往往会演变成心理上或交流上的障碍，造成生命意义的缺失，导致他们对生命价值产生困惑，而采取伤害自己或他人生命的种种极端行为，引发一场场人间悲剧，给家人和朋友造成巨大的痛苦，给社会造成无法弥补的损失。这些情况的发生，在一定程度上反映了学校生命教育的缺失，也提醒我们实施生命教育的迫切性。课程是实施生命教育的主要载体，是影响生命教育成效的关键要素。基于此，在七年级上册教材设置"生命的思考"这一单元，对初中学生开展比较系统的生命教育，有着强烈的现实意义和深远的教育价值。

（二）学习主题

本部分以《义务教育道德与法治课程标准（2022年版）》第四学段"生命安全与健康教育"为导向。具体来说，包括正确认识顺境和逆境的关系，学会情绪调控，能够正确看待生活中的挫折，具备迎接挑战的能力；树立正确的人生观和价值观，尊重和敬畏生命，热爱生活，追求生命高度，成就幸福人生。

（三）过程阐述

本单元就是针对中学生这种特定的生理、心理特点和认知规律来设计教学内容和知识体系的。通过教与学、活动与体验等，培养学生的生命意识和情怀，使学生从认识生命到敬畏生命，从守护生命、增强生命的韧性到探究生命的意义、提升生命的品质，帮助学生形成科学的生命价值观，实现知、情、意、行的全面发展。

本单元在七年级上册教材体系中居于核心地位，既是本册书前三个单元的价值升华，也为学生一生的健康成长打好生命的底色。在课程设置上，虽然只是作为一单元内容来呈现，但是教师在教学过程中，对初中学生生命教育的关切，应作为道德与法治学科的核心理念之一，要贯穿学科教学的全程。

三、大概念的表达视角

（一）跨学科大概念（上位）

跨学科的大概念包含下位的学科大概念，如图所示。

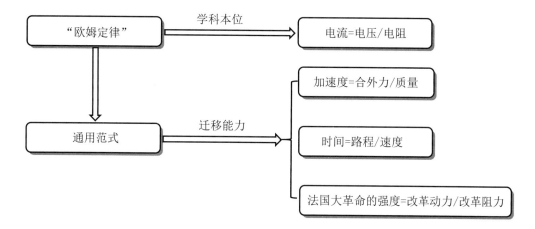

上图展示了知识在学科之间的运用和迁移。

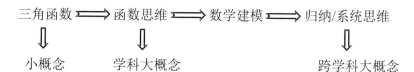

上图中用数学的函数作为例子，大体说明了学科大概念与跨学科大概念的异同。

（二）"文化理解"引领的学科大概念（高位）

教育心理学家布鲁纳曾说："学习结构的目的在于当记忆部分丧失时，会有线索把一件件事情重新组织起来。"这个线索就应该是学科核心素养中文化理解的大概念，它是一种高位的学科大概念，时刻以文化素养立意，而不是以知识和技能立意。

四、道德与法治课程构建大概念的方法和思路

（一）逆向教学设计：

逆向教学设计的逻辑图示

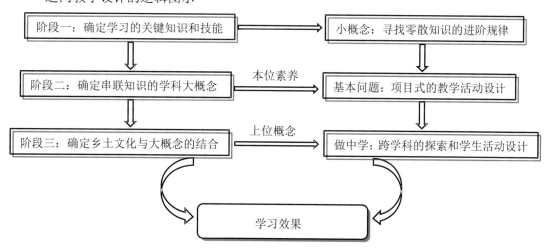

这样的教学设计是部分教师经常用到的,更加适合知识比较零散的课程设计。它的基本过程就是先确定本单元的重点知识,然后将知识串联起来形成学科大概念,最后形成上位的跨学科大概念。

(二)正向教学设计:

步骤 1:创建单元主题。可以选取教材中的单元主题,也可以根据自己的整理分类和特长选取单元主题。主题要贴合学生生活,拉近与学生的距离,将所传授的知识尽量放在情境中,实现学生自我主动深度学习的目标。

步骤 2:确定学科的概念。这有助于明确学习内容和学习目标。

步骤 3:结合道德与法治的学科核心素养植入大概念,模糊学科边界,形成跨学科的大概念。

步骤 4:对基本问题、任务驱动、核心概念、小概念等进行确立,并且将其有序地串联起来,融合在整体的大概念里面,以此设计单元学习目标、核心问题、驱动式任务、学习评价等。其中,核心问题要具有开放性、探究性、趣味性,依赖驱动式任务将其解决。(下图为正向教学设计的示意图)

正向教学设计中还可以以学科大概念为核心向上和向下进行扩散思考。

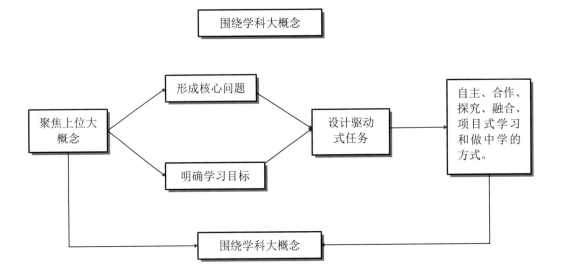

五、结语

虽然"大概念"教学近些年在全国大面积铺开,但各地理解程度各异,标准也不尽相同,将学科核心素养与大概念相混淆的情况也很常见。鉴于大概念教学的可持续性和迁移性,教师应该具备在课堂教学中持续理解大概念教学的思维,帮助学生培养适应未来社会发展的必备品格和关键能力。

参考文献

[1] 王喜斌. 学科"大概念"的内涵、意义及获取途径[J]. 教学与管理，2018（24）：86-88.

[2] 刘徽. 大概念教学：素养导向的单元整体设计[M]. 北京：教育科学出版社，2022.

[3] 徐洁. 基于大概念的教学设计优化[M]. 上海：华东师范大学出版社，2021.

[4] 林恩·埃里克森，洛伊斯·兰宁. 以概念为本的课程与教学：培养核心素养的绝佳实践[M]. 鲁效孔，译. 上海：华东师范大学出版社，2018.

教师简介：

单丽娟，道德与法治学科教师。教学期间曾获得北京市基础教育课程建设优秀成果三等奖，怀柔区指导教师一等奖等多项市级和区级荣誉。撰写多篇论文发表于省级刊物。参与怀柔区区级课题《史地政学科教学与中华优秀传统文化教育研究》，成果显著。

关于更好发挥怀柔科学城科学教育区文化功能的模拟政协提案

——高一年级教学实践活动成果展示

李婉君

摘　要： 全国宣传思想文化工作会议于 2023 年 10 月 7 日至 8 日在京召开，会议首次提出了习近平文化思想。必须推动宣传思想文化工作高质量发展。要聚焦做好新时代宣传思想文化工作，必须充分运用现有的各种宝贵资源。我们发现，怀柔区目前还存在着尚未充分利用怀柔科学城科技文化资源向人民群众进行科普宣传等未充分发挥其文化功能的问题。针对以上问题，我们深刻剖析了原因，提出立足怀柔科学城，发挥其独特优势的相关建议，从而为怀柔科学城未来发展、建设美丽智慧科技怀柔、在全社会范围内营造良好科技文化氛围贡献力量。

关键词： 怀柔科学城　文化功能　科普工作

一、背景和目的

（一）背景

文化自信是一个国家、一个民族发展中更基本、更深沉、更持久的力量。全国宣传思想文化工作会议于 2023 年 10 月 7 日至 8 日在京召开，会议首次提出了习近平文化思想。其中强调，聚焦做好新时代宣传思想文化工作，要充分运用中华优秀传统文化的宝贵资源，明确"举旗帜、聚民心、育新人、兴文化、展形象"的使命任务，在广阔的文化空间中探索面向未来的理论和制度创新。怀柔科学城坐落于北京市怀柔区。目前，其以高点定位、开放合作、全面改革、内涵发展的基本原则，正在完善重大科技基础设施集聚区、高端科技人才聚集区以及绿色生态智慧人文科学城的建设，并以大科学装置集群和前沿科技交叉研究平台为核心。怀柔科学城蕴含着丰富的科技文化，其中的科学教育区主要依托中国科学院大学建设。怀柔科学城包含各大研究所，具有得天独厚的文化氛围，是科技与智慧的集合体。

（二）目的

本提案旨在促进怀柔区依托科学城现有的科技成果发挥文化功能，使科技文化成为助推怀柔区发展的精神动力，提升人民群众的精神面貌。笔者认为，应立足怀柔科学城这个大科学装置集群和前沿科技交叉研究平台，发挥其最大优势和特色，推动怀柔特色科技文化融入普通居民大众生活走深走实，充分发挥科技文化在振奋民族精神、增强国家认同、促进经济社会发展和人的全面发展等方面的重要作用，筑牢怀柔区科技文化群众基础，从而为怀柔科学城未来发展、建设美丽智慧科技怀柔、在全社会范围内营造良好科技文化氛围贡献力量。

二、存在问题

经过团队成员对媒体平台的数据检索、相关人员的采访、在怀柔区相关文化中心的实地走访调研，我们发现还存在着尚未充分利用怀柔科学城科技文化资源向人民群众进行科普宣传等未充分发挥其文化功能的问题。主要体现在以下方面：

（一）关于科技知识和活动的宣传效果不佳。首先，我们在"怀柔科学城"公众号上搜索"科学文化活动"，发现怀柔科学城目前发布了科普展、科普日等活动通知，也对活动有相应的报道，但总体来说较少，且活动大多是 2022 年及以前开展的，点击阅读量也不够高。其次，通过随机采访怀柔科学城工作人员、中国科学院大学工作人员、普通市民和怀柔大中小学学生及其家长发现，他们对于科学城对外开放的活动知晓度不高。如科学城内部相关工作人员认为科学城的活动大多是与大学生相关，与怀柔老百姓关系尚不密切；怀柔中学生家长和老师对此类活动消息较少知道，除学校有时组织外很少参与。

（二）科学文化活动与区域文化场所联动较少。首先，通过社会实践和走访图书馆、学管中心等文化教育基地，我们发现这些地方与科学城合办的相关活动规模较小，相关资源不够丰富和系统。如图书馆虽设置了科普图书借阅室，但其与少儿图书借阅室合在一起，且科普书目仅有三排，数量较少。其次，根据各个媒体平台、网站发现怀柔科学城开展的活动如科学论坛等大部分面向研究者和科学家，面向大众开展的此类活动较少。

三、原因分析

出现以上问题的原因可能有以下几点：

（一）在落实推动怀柔科学城关于科技文化功能发展的政策方面尚未走深走实。 2023 年 7 月，在北京市人民政府新闻办公室召开"北京市贯彻落实党的二十大精神"系列主题新闻发布会中怀柔区委书记表示，要全面推进怀柔科学城统领"生态涵养、科技创新、会议会展、影视文化"等功能要素融合发展，引领怀柔从生态涵养区跃升为首都"四个中心"功能建设重要承载地。因此，落实北京市委、怀柔区委相关政策，把怀柔科学城大科学知识的优势辐射到怀柔区普通民众之中，是目前需要走深走实和长足发展的一项任务。

（二）相关部门对于科技知识的宣传方式有待多样化。 首先，我们通过采访高一年级同学发现，大部分同学认为区内关于科技文化知识的宣传海报较少，人们对于科学城举行的大型活动认知也较少。其次，经过团队调查，目前关于怀柔区科技文化的宣传大多是在公众号或者官方网站发布文章，在全国科普日举办游园或展览活动。但是我们通过采访身边的同学发现，他们对于阅读公众号或者官方网站并不热衷，并且得知可以参与游园或展览活动的渠道不畅通。由此可知，目前对于科技知识的宣传方式有待拓展，应多采用群众喜闻乐见的方式来开展。

（三）科技文化知识宣传科普对象的范围有待拓宽。 怀柔科学城多次举办青年论坛、学者会议，吸引了众多研究者和科学家，但普通民众或非专业领域人士并不是其针对对象。因此，科技文化知识宣传科普对象的范围有待拓宽。

四、建议措施

（一）丰富学生科学文化类社会实践活动。 学管中心可联合怀柔科学城科学教育区举办更宽领域、更多角度的科技节和科学知识竞赛，安排大中小学学生广泛参与，并设定丰厚的奖励，以吸引和培养青少年对科学的兴趣。青少年了解科学知识、知晓科研成果、提高科学素养是建设科技强国的重要因素。

（二）**更新社会科学文化资源。**建议把怀柔区图书馆四层少儿室中的三排科普类书籍迁出，新建科技与创新类书籍专区，并分层设置科普类读物和学术专业书籍，使之能够满足不同年龄、不同类型的受众群体需求，能够响应党的二十大报告中指出的"科技是第一生产力、人才是第一资源、创新是第一动力"，促进教育、科技、人才的发展。

（三）**拓宽大众科学文化普及范围。**可利用滨湖公园（万米公园）受众范围极广的优势，把该公园的展板上一部分内容定期替换为科技文化类内容，如怀柔科学城新研发成果、科学内容宣传等。这有助于全民了解科学文化，拓宽大众科学文化普及范围。

（四）**与高校联合制作科学文化新产物。**如让中国科学院大学与北京电影学院合作，联合制作以科技为主题的微电影。这样做既锻炼了高校大学生的工作能力，其成果又为崭新便捷的宣传方式增添色彩，且符合了大众偏爱视觉效果的心理，更能吸引到社会各界人士尤其年轻一代的关注，从而提高科学文化知识的传播度。

（五）**加强科学文化网络宣传。**利用社交媒体传播科技活动通知、科技文化建设进度、科技成果，达到一种使民众在"无意间"就了解到科学文化知识的效果。

五、意义

怀柔科学城具有独特的科学文化优势，应发挥好自身特色，推动怀柔特色科技文化融入普通大众的生活。以怀柔科学城为依托，在怀柔区深入开展科技文化宣传活动，在个人、社会和国家层面有重要意义。

（一）**个人层面**

在怀柔区深入开展科技文化宣传活动，有利于群众获取丰富的科学文化知识，体验多种科技活动，了解最新科研成果，拓宽视野，培养其对于科学的浓厚兴趣，完善人格，增强文化素养。

（二）**社会层面**

作为三大科学城之一的怀柔科学城应发挥科学城文化功能，带动形成尊重崇尚科学的社会氛围，是为了更好地服务国家提出的《"十四五"国家科学技术普及发展规划》和《关于新时代进一步加强科学技术普及工作的意见》等政策，更好地实现社会化、专业化、信息化、国际化的现代化"大科普"新格局。

（三）**国家层面**

带动更多科技工作者支持、参与科普事业，将为促进全民科学素质提升、加快实现高水平科技自立自强作出更大贡献，为建设科技强国打下坚实基础。习近平总书记对宣传思想文化工作作出重要指示指出，……坚定文化自信，秉持开放包容，坚持守正创新……为全面建设社会主义现代化国家、全面推进中华民族伟大复兴提供坚强思想保证、强大精神力量、有利文化条件。

六、结语

在党和国家、北京市及怀柔区的各项大政方针、规划的指导下，怀柔科学城正以惊人的速度蓬勃发展。经了解，对于建成一个拥有高端科技的人文科学城，充分发挥科学城优势，吸引普通大众参与，形成良好的科技社会氛围，区内做了各项努力，取得了各项成就。但本团队在调研过程中发现仍存在一些问题，需要进一步完善。本团队尝试给出了一些建议，希望各位专家批评指正。另外由于本团队调研时间较为紧张，本次采取的调研方式是数据检索、随机对于区内文化场所和不同领域的相关人员进行走访调查，后续将尝试设计调查问卷，扩大采访和调研范围，以提高本提案的可信度与实效性。

参考文献

[1] 马宇罡，莫小丹，苑楠，等. 中国特色现代科技馆体系建设：历史、现状、未来[J]. 科技导报，2021，39（10）：34-47.

[2] 分享科技新成果　打造视听新体验："首届科普电影文化周（展）"成功举办[J]. 当代电影，2014（12）：195.

[3] 陈欢庆，陈立先. 论科技教育文化价值的思考与实践[J]. 科技通报，2014，30（06）：243-246.

[4] 文兴吾. 文化兴国：加强科技文化普及工作的思考[J]. 中华文化论坛，2011，6（06）：11-16.

[5] 陶丽君. 关于公共图书馆搞好科普工作的思考[J]. 图书馆建设，2001（01）：41-42.

教师简介：

李婉君，硕士研究生，毕业于中国地质大学（北京）。指导学生荣获"北京市优秀模拟政协提案作品"荣誉称号。曾获第六届全国高校大学生讲思政课公开课全国三等奖，2021年北京高校师生服务首都"四个中心"功能建设"双百行动计划""新时代高校生态文明教育困境与对策研究"优秀示范项目称号。

将"红船精神"融入中学生思想政治教育

张 杰

摘 要：嘉兴南湖红船，是中国共产党梦想起航的地方。"红船精神"，作为中国革命精神的源头代代传承。中学生是未来实现中华民族复兴的主力军，应该正确感悟"红船精神"，坚定红色信仰。探究如何更好地将"红船精神"赋予时代意义，融入中学生思想政治教育工作中去，从而培养更加具有信仰的时代新人，对于实现中华民族伟大复兴的中国梦具有重要意义。

关键词：中国共产党 红船精神 中学生 思想政治教育

习近平总书记在带领中共中央政治局常委瞻仰浙江嘉兴南湖红船时曾指出："小小红船承载千钧，播下了中国革命的火种，开启了中国共产党的跨世纪航程。"因此，嘉兴南湖红船，堪称我们党的根脉，是我们党百余年来发展的航向标，是我们党梦想起航的地方。我们党从那艘小小的红船诞生，从那里出征走向民族复兴。

新时代，我们重温"红船精神"，既是对党史的回顾，也是对未来的迈进。我们不仅将"红船"的"红"解读为中国共产党人的初心和使命，也将其视为无数中华儿女心中的精神血脉。新时代开启新征程，新使命呼唤新作为。习近平总书记对于青少年寄予厚望，他在党的十九大上曾提出："青年兴则国家兴，青年强则国家强。青年一代有理想、有本领、有担当，国家就有前途，民族就有希望。"因此，我们将"红船精神"赋予新的时代内涵，融入中学生思想政治教育工作中去，正是在新时代青少年的心中镌刻出一座座不朽的红色丰碑，要求青少年始终铭记革命先辈的牺牲精神，不忘理想与初心，不忘脚踏实地与求真务实。

一、将"红船精神"融入中学生思想政治教育的必要性

（一）是中学生"不忘初心，牢记使命"的必然要求

初心就是情怀，使命就是担当。初心和使命是我们党和国家不断前进的重要动力。在科技日新月异、社会飞速发展的时代，中学生思想政治教育工作的开展有必要围绕"不忘初心，牢记使命"的主题，这是提升中学生思想道德水平、坚定理想信念、永葆青春活力的重要保障，是正确树立当代中学生群体世界观、人生观、价值观的关键举措。"红船精神"作为中国革命精神的源头，在时代的浪潮中展现出了开天辟地、敢为人先的首创精神；坚定理想、百折不挠的奋斗精神；立党为公、忠诚为民的奉献精神。中国共产

党之所以能够由小变大、由弱变强，在历史的腥风血雨中能够一次次绝地重生，不断地取得一个又一个成就，根本原因就在于始终坚持为中国人民谋幸福、为中华民族谋复兴的初心和使命。而"红船精神"承载的不仅仅是中国共产党人的初心和使命，更是每一个中华儿女对中华民族的满腔热血与无悔信仰。将"红船精神"融入中学生思想政治教育能帮助中学生群体更好地回顾党史、了解党史，让中学生透过党史，看到一个又一个为民族独立而抛头颅洒热血的仁人志士，为人民解放和民族觉醒而无畏牺牲的革命先辈。"红船精神"的那一抹红，是鲜血染成的悲壮红，更是无数中华儿女心中的信仰红。"中国梦是历史的、现实的，也是未来的；是我们这一代的，更是青年一代的"，所以作为中学生群体，有责任亦有义务去了解那部红色建党史，去体悟这 100 多年来中国共产党团结带领人民取得的一个又一个举世瞩目的伟大成就。前进的征途中，我们为中国人民谋幸福的初心不能有丝毫动摇。理想指引人生方向，信念决定事业成败。作为新时代青少年，唯有不忘初心、牢记使命，方可告慰历史、祭奠先辈，方可赢得民心、引航时代，方可勇往直前、复兴中华。

（二）是坚定中学生文化自信，建设社会主义文化强国的必然要求

习近平总书记在中国共产党第十九次全国代表大会上曾指出："中国特色社会主义文化，源自于中华民族五千多年文明历史所孕育的中华优秀传统文化，熔铸于党领导人民在革命、建设、改革中创造的革命文化和社会主义先进文化，植根于中国特色社会主义伟大实践。"中国革命文化是中国特色社会主义文化的重要组成部分，"红船精神"作为中国革命文化的源头活水，将其融入当代中学生思想政治教育工作中，对于当代中学生培育正确的文化价值观，坚定中国特色社会主义文化自信，增强文化认同感具有无法替代的作用。

1921 年的中华民族正值内忧外患、风雨飘摇之际。彼时在嘉兴南湖上，中国共产党的"红船"正缓缓驶出。航行伊始，"红船"之上依旧震荡，但我们始终坚信，这座"红船"是中华民族的希望，它前进的航向就是中国的未来。"红船精神"作为爱国主义精神的重要组成部分，百年来激励着无数中华儿女为民族复兴而努力。爱国，是一个人存于世最本真、最自然、最持久、最深厚的情感流露。战争年代，爱国是杨靖宇的"国既不国，家何能存？"；和平年代，爱国是黄大年作别康河的水草，归来做祖国的栋梁，在七年中争分夺秒，透支生命，首次推动我国快速移动平台探测技术装备研发，突破国外的技术封锁。我们的哲学导师高清海，他以哲学改革和观念变革的方式参与和推动了我国社会主义改革的伟大事业，他生前发表的最后一篇文章"中华民族的未来发展需要有自己的哲学理论"，是他对祖国最真挚的期盼。爱国，是一种气节和品格，是任何时候都应该放在第一位的。作为青年学生，通过接受"红船精神"的思想政治教育，走进中华民族的历史，了解镌刻在"红船精神"之上的中华民族基因，增强民族文化自信心和自豪感，意识到自己的前途命运与祖国的前途命运紧紧相依，为建设社会主义文化强国作出青年贡献。

（三）是实现中华民族伟大复兴的中国梦的必然要求

中国梦是国家的梦、民族的梦，也是每一个中华儿女的梦。中国特色社会主义是我们党带领人民历经千辛万苦才找到的实现中华民族伟大复兴的正确道路，也是广大中学生应该牢固树立的人生信念。"红船精神"是无数先烈为实现中国梦铸就的，昭示的是中国梦的航向。通过将"红船精神"融入中学生思想政治教育工作中，让中学生群体更加深刻地了解到历史总是要不断地向前的，要想达到理想的彼岸，我们就要沿着确定的道路不断地向前走。每一代人都有每一代人的长征路，我们这一代人的长征路就是通过我们自己的努力，实现第二个百年奋斗目标，实现中华民族伟大复兴的中国梦。

青少年是富有朝气、富有梦想，也是富有使命和担当的一代，青少年工作抓住的是当下，传承的是根脉，面向的是未来。因此，需要通过思想政治教育工作的开展加强对中学生的政治引领。将"红船精神"融入中学生思想政治教育工作中，也就是引领中学生高举红色旗帜坚定跟党走，相信党旗所指就是团旗所向；要求广大中学生真正做到在举旗定向的基础上达成人民至上的目标，在攻坚克难的过程中实现强国之路。追梦需要激情和理想，圆梦需要奋斗和奉献。中学生是实现伟大复兴中国梦道路上的追梦者，也将是一代圆梦人，青少年有理想、有本领、有担当，国家就有前途，民族就有希望。将"红船精神"融入中学生思想政治教育工作中，也是为了更好地关心和爱护青少年，支持和鼓励青少年。中华民族伟大复兴终将在广大青少年的奋斗中变为现实，但需要社会各界，尤其是教师群体为中学生实现出彩人生搭建广阔的舞台。作为中学生，也应该在奋斗中释放少年激情，追逐青春理想，以少年之我、奋斗之我，为实现中华民族伟大复兴的中国梦铺路架桥，为祖国建设添砖加瓦。

二、将"红船精神"融入中学生思想政治教育的现实做法

"红船精神"作为中国革命精神的源头，在思想政治教育工作的具体开展中发挥着重要作用。但随着时代的进步，对于"红船精神"的宣传也需要不断创新。将"红船精神"赋予新的时代内涵融入中学生思想政治教育工作中，更有利于青年学生敢于有梦、勇于追梦、勤于圆梦。

（一）抓牢中学思想政治教育诉求，建设好"红船精神"培养阵地

从思政课角度探讨将"红船精神"融入中学生思想政治教育，首先需要明确"红船精神"在整个中学思想政治教育体系中的重要位置，只有抓牢中学思想政治教育诉求，才能真正建设好"红船精神"的人才培养阵地。中学思想政治教育的核心诉求是中学利用一定教学资源和教学方法把科学理论传授给学生，对中学生进行世界观、人生观和价值观的引导、教育。"红船精神"作为中国革命精神的重要组成部分，充分体现中国特

色社会主义文化内涵，以"红船精神"为依托开展思政课教学，让中学生在理论学习与实践感悟中树立正确的文化观和信仰观。在中学校园建设好"红船精神"人才培养阵地，坚持以马克思主义理论为指导，坚持以学生为导向，有利于提升中学生对于红色革命文化的认识，增强中学生群体对于民族文化的认同感和自信心，把新时代"红船精神"的理念融入思想政治教育工作的始终。建设好"红船精神"培养阵地，在对中学生进行思想政治教育时，把"红船精神"教育作为教学的素材内容，使学生对于革命文化乃至中国优秀传统文化的学习和理解更加具象，帮助学生把握正确的政治方向，从而在实践活动中实现人生理想。

（二）以"红船精神"创新思政教育方法，全方位开展立体式教学

习近平总书记指出，推动思想政治理论课改革创新，要不断增强思政课的思想性、理论性和亲和力、针对性。所以，在中学全方位开展立体式教学非常重要。以"红船精神"来创新思想政治教育方法，全方位开展立体式教学，可以让学生通过多种途径了解到"红船精神"。各个中学应该创新教育手段，多增加教育平台，创新教学模式，多利用新媒体、实践育人等手段开展"新式教学"，充分利用"红船精神"的正向舆论导向作用，多维度引导青少年形成正确的价值观。

（三）丰富"红船精神"教育活动，建构稳定和谐的思想政治教育环境

美国教育家杜威指出，成人有意识地控制未成熟者所受教育的唯一方法是控制他们的环境。马克思认为，人总是生活在一定的环境中，并受到环境影响，但与此同时，人不是消极被动地接受环境的影响，而在实践中能动地改变着环境，并且在改变环境的同时改变着自己。因此，丰富"红船精神"教育活动，建构稳定和谐的思想政治教育环境，具有重要的实践价值。如，在校园内开展"学党史、守初心、勇担当"等系列活动；在学校举行"学四史、守初心"的演讲比赛、征文活动等。通过构建更加稳定和谐的思想政治教育环境，方便中学生更加专注、全面地了解"红船精神"，践行"红船精神"。稳定和谐的思想政治教育环境能够充分调动青少年群体的爱国情怀、民族自豪感和政治责任感，强化青少年爱国、爱党教育的有效性。在经济全球化的背景下，应该加强马克思主义的指导作用，从政治、经济、文化、科技等方面优化环境，大力宣传以"红船精神"为代表的红色精神，为学生营造良好社会环境，多方联动，形成"个体性和社会性相结合，'红船精神'教育的政治性与公共性相结合"的全方位育人模式。

三、结语

我们党的全部历史是从中共一大开启的，那艘小小的"红船"见证了我们党发展的百余年历史。习近平总书记指出："一切向前走，都不能忘记走过的路；走得再远、走到再光辉的未来，也不能忘记走过的过去，不能忘记为什么出发。"对于新时代青少年来说，他们的人生之路才刚刚开始，在教育教学过程中，作为一名思政课教师，我会始

终鼓励他们面向未来，鼓励他们面对再多的挑战，都要始终不忘初心，记住自己的出发点；以"红船精神"为杆，加强中学生思想政治教育，通过厚植党的理论优势，宣扬党的光荣历史，让中学生坚定中国特色社会主义共同理想，牢记共产主义的远大理想。

参考文献

[1] 习近平. 论中国共产党历史[M]. 北京：中央文献出版社，2021.

[2] 习近平. 决胜全面建成小康社会 夺取新时代中国特色社会主义伟大胜利[M]. 北京：人民出版社，2017：41.

教师简介：

张杰，中共党员，吉林大学硕士研究生，中学政治教师。曾带学生参加怀柔区第一届中学生模拟法庭大赛，荣获优秀辅导教师，案例"骆丞故意伤害案"荣获怀柔区一等奖。

核心素养视域下思维导图应用的探索与实践

郭新闽

　　摘　要： 随着我国教育事业的不断发展，人们越来越重视高中地理教学。对高中生来说，地理教学不仅能提高其地理核心素养，还可以陶冶学生的情操，并使其在地理知识的积累上有所提升。教师应当积极探寻有效的教学策略，而思维导图作为一种图形化的思维模式，能将深层次的内容变得更加简单、容易理解。教师若将思维导图应用到高中地理教学中，可以提高地理教学质量。基于此，本篇文章对高中地理教学中应用思维导图的探索与实践进行研究，以供参考。

　　关键词： 高中地理教学　思维导图　实践对策

　　思维导图，能够通过直观式的图式呈现深层次的教学内容，便于学生们整体掌握。在高中地理教师开展实际教学活动过程中，思维导图不管是对于地理教师的教学设计，还是对于学生实际问题的应用等方面都产生了很大的影响。以往的传统教学模式既不利于学生学习效率的提升，也不利于教师的教学设计，因此，需要把思维导图科学有效地应用到实际的地理教学活动中，以此来提升整体的教学水平。

一、思维导图的概念及特征

　　思维导图是一种思维工具，能够帮助学生实现思维可视化。自该理念被提出以来，一直有很多学者在对此进行研究。有些学者认为思维导图能够锻炼人的理解力、创新思考能力以及记忆能力，有些学者则认为它能够帮助学习障碍者提高学习能力，还有学者认为思维导图是一种能够将放射性思考具体化的方法。由此可以发现，思维导图并不是简单的教学方法，它更是一种理念，它能够在教学中发挥重要作用，实现教学创新。思维导图具有四种主要特征，正是因为这些特征，奠定了它在教育中的地位。其一，最重要的知识清晰地集中在整个图形的中间，能够让人第一时间发现，并了解导图的主要内容。其二，整个导图呈放射状，能够充分展示主干与其他内容的关系。其三，导图能够通过不同的图形或者文字区分出重点及非重点。其四，导图大多以树状结构出现，各个分支都有明确的连接节点。由此可以看出，思维导图与认知结构建构之间有着一定的联系，教师可以从思维导图的特征出发寻找它与认知结构相类似的部分，并结合类似内容引导学生从更直观的角度了解什么是认知结构。

二、新课改背景下高中地理教学的现状

自从新课程改革以来，我国高中地理课堂发生了多种变化。但在新课程改革推进的过程中，依然存在一系列问题，需要教师加强重视。第一，部分教师思维陈旧，没有及时转变教学思路，依然采用传统的教学方式，未能与时俱进，对新课程改革这一方针理解不够透彻，"惯性教学"痕迹明显。具体表现在：备课时注重知识而忽略学生主体、学科每个阶段的教学特点把握不够准确、在教学过程中不能突出重点内容、知识的讲解不够全面等。这些表现都是在新课改背景下部分教师出现的问题。第二，课堂教学中依然存在部分教师一味地采取灌输式教学，忽略学生作为学习主体的存在等问题。学生自主性学习是教改目标之一，忽略了学生的主体地位，将难以增加学生的学习动力，更无法提升学习效果。还存在部分教师因为担心无法掌控课堂气氛，从而较少应用小组合作探讨等学习方式。新课改背景下，个别教师没有重视学生的个性化发展，在备课的过程中没有结合学生的实际情况进行教学设计，使学生的个性化需求难以得到满足。这些现状都影响了高中地理课堂的教学质量，拖缓了高效课堂构建的步伐。

三、在高中地理教学中应用思维导图的探索与实践

（一）绘制思维导图，促进学生形成完整的知识体系

大部分高中生都会觉得地理学科的学习难度比较大，如果想要满足学科的学习任务和教学目标，学生不仅需要掌握教材中介绍的自然和人文知识，还需要基于所学的知识进行举一反三。单纯死记硬背记住知识远远达不到素质教育的要求，为了使学生更加系统化、结构化地掌握高中地理知识，教师可以在课堂上尝试使用思维导图的教学方法，用结构和逻辑清晰的思维导图完整清晰地展现出地理教材的内容，并使学生在课堂学习以及课后复习时都能高效利用思维导图。思维导图的方法十分适用于高中地理教学，因为高中地理每一个版本教材的内容编排都具有极强的关联性，思维导图可以帮助学生厘清地理知识之间的逻辑。教师甚至可以基于思维导图对课堂教学内容进行适当的拓展延伸。为了更加充分发挥思维导图学习方法的价值，教师可以鼓励学生在课后学习的过程中自主进行思维导图的绘制。因为新高考背景下的地理考试的范围发生了变化，考查范围不仅仅局限于学生学习的地理教材，还包括了部分延伸内容。教师可以借助思维导图帮助学生形成完整的知识体系，结构化的知识也便于学生进行课后复习和记忆，以及基于思维导图内容进行适当的思维发散和知识拓展。例如，在学习人教版高中地理必修3教材中《区域经济发展》第一节的内容时，重点是分析东北地区的自然条件。首先教师需要引导学生复习一下关于东北地区的知识，例如，东北地区的气候、人口分布情况以及经济状况等，然后顺势导出东北地区农业发展的话题。教师可以绘制出东北地区自然条件和人口分布的关系思维导图，并且与该地区的自然条件以及农业发展情况进行综合

联系和分析。在课堂中，为了让学生对区域经济发展知识有更加深入的理解，教师还可以与学生一起对其他区域的经济发展情况进行探讨。丰富的课堂内容和情境可以有效调动学生思考的积极性，而且这种课堂模式还可以帮助学生复习已学的知识。

（二）课前运用思维导图，提升备课效率

为了有效提高学生的学习效率，教师可以组织学生开展课前预习。而在预习阶段，思维导图的应用价值便有所体现。在预习时，教师可以鼓励学生以思维导图的形式明确教学内容中的基础知识点、重要知识点以及自己认为的难点。而后在思维导图的辅助下，分模块进行预习，提高预习的针对性。之后，学生需要针对其中的难点以及重要知识点进行进一步的学习，从而在课堂上更有针对性地跟随教师的思路。这样既减轻了学习压力，也提高了学习质量。以《中国黄土高原水土流失的治理》教学为例。在预习阶段，许多学生会将重点以及难点放在水土流失的治理方面，当教师讲到这部分内容时，学生便会集中注意力，也会因为提前预习过而大概了解了教材中的信息，对于教师所讲述的内容能够很快接受，从而夯实学习基础。例如，高中地理教师在教学《能源资源的开发——以我国山西省为例》这部分内容时，可以利用思维导图对山西省的地理特点以及地貌特征进行分析，再分析归纳我国山西省近几年的新型能源拓展情况，让学生们带着这两个角度的问题学习具体的知识点，进一步掌握地理因素对于资源开发的重要性，以及了解资源开发转型的必要途径。思维导图除了可以使学生对地理基础知识有一个循序渐进了解的过程之外，还可以增加学生对地理知识之间的内在逻辑联系的理解，从而不断巩固学生记忆。

（三）课后运用思维导图，提升学习能力

首先，在复习课中，学生可以根据教学流程，尝试性地绘制思维导图，通过这一方式梳理知识框架，明确知识要点。或者根据教材中的大标题、小标题，生成完整的思维导图，并根据思维导图中的各个信息点回忆与之相对应的知识内容，针对自己存在记忆模糊或者根本想不起来的信息点做好标记，在后续的复习中有针对性地复习巩固，进而有效提升复习效率，培养良好的复习习惯。除此之外，在完成地理练习之后，学生也可以利用思维导图进行错题分析。在思维导图中明确标出自己产生错误的原因以及正确的解题方法，从而加深对知识的理解以及对知识结构的把控，培养核心素养。

综上所述，思维导图不仅能够促进学生们基本素质的综合发展，还能够通过结合自身的兴趣爱好，把兴趣与基础知识充分结合，创建出较为完整的知识结构体系。在实际开展教学活动过程中，思维导图的有效应用能够帮助广大教师有效解决学生理解困难的问题，并且在预习过程中也能适当地减轻教师的工作量。思维导图能够清晰地概括出不同章节之间的逻辑关系以及知识内容，给予学生一定的帮助，培养他们良好的学习习惯，提升他们的学习效率，使得他们成长为符合新时代要求的素质型人才。

参考文献

[1] 马学忠. 高中地理教学中运用思维导图促进学生认知结构建构的研究[J]. 中学课程辅导（教师通讯），2021（10）：15-16.

[2] 宁亚莉. 高中地理教学中思维导图的应用研究[J]. 科学咨询（教育科研），2021，（05）：240-241.

[3] 邢志飞. 思维导图在高中地理教学中的实践探究[J]. 家长，2021（14）：139-140.

[4] 孔小凤. 浅析思维导图在高中地理课堂教学中的运用[J]. 试题与研究，2021（13）：1-2.

[5] 卞业宏. 思维导图在高中地理教学中的探索与实践分析[J]. 高考，2020（15）：28.

教师简介：

郭新闻，中学高级教师，民革党员，中国地理学会会员，原山东省教育厅特级教师工作坊成员；曾获怀柔区教育系统优秀班主任、菏泽市教学能手、市骨干教师、市兼职教研员、民革市委模范党员等荣誉称号；出版个人专著一部，主编地理辅导教材多部。

初高中地理教学衔接现状及对策研究

柳国营

摘　要：地理学科在初高中教育中扮演着重要的角色，既承载了培养学生地理核心素养的责任，也是培养学生综合素质的一个重要途径。然而，初中和高中地理教学之间存在一定的学科衔接问题，例如如何明确学习定位做好初高中地理教学目标的衔接，已成为当前地理教学亟待解决的问题。本文从当前初高中地理教学衔接现状出发，在已有研究的基础上讨论了初高中地理教学衔接的必要性，并从教学目标、教学内容、教学方法等方面提出了一些建议。

关键词：初高中地理　教学衔接　现状与对策

引言

随着我国教育水平的不断提升，学生从小学到中学的一体化培养模式已经成为深入讨论的话题。《义务教育课程方案和课程标准（2022 年版）》明确提出新课程标准要更加注重学段衔接，强调了义务教育阶段须了解高中阶段学科特点。2023 年 9 月，北京市教育委员会发布《北京市教育委员会关于深入推进高中阶段学校考试招生改革的实施意见》（京教计〔2023〕44 号），明确将地理列入考查科目，并指出要注重结合高中阶段学校多样化发展，推动人才培养贯通衔接。可见，对初高中地理课程教学衔接问题的深入思考至关重要，这不仅影响地理课程教学内容的连续性，也影响初高中地理课程教学的实际成效。因此，如何有效解决初高中地理课程教学衔接问题，帮助学生更快更有效地适应初高中地理课程在内容、目标、方法以及学业评价等方面的差异，解决教学脱节问题，提升教学成效，是每位中学地理教师都需要认真思考的问题。

一、初高中地理课程教学衔接现状

（一）学生知识结构出现"断层"，衔接性不够

长久以来我国初高中课程虽相互关注和参考，但仍缺乏衔接和贯通。目前我国大多数地区中学地理课程设置模式为"初二以会考方式结业，初三暂歇，阔别一年后，高中再学习地理"，北京地区更是将地理列为考查科目，被学生定义为"副科"，在此模式下，学生容易遗忘初中地理知识，从而影响高中地理教学活动的有效开展。另外，初高中地理教学各自为政，学生之间、教师之间缺乏有效交流，使得高中地理教师只能以补充知识漏洞的形式进行衔接，较大程度上阻碍了地理课程教学效率的提升。

（二）初高中学习过程存在较大差异，学生难以适应高中学习节奏

高中地理学习内容并不仅仅是初中的延续，而是在初中区域认知的基础上综合学习各地理要素及其相互作用的规律。初中以"认识"地理事物和现象为主，重点是让学生建立对地理基本概念的认知，而高中则注重对地理事物和现象的分析，需要学生进一步深化这些概念，并将其运用到实际问题中，这背后是能力的提升和地理思想的深入渗透，是由具体向抽象的转变，这种转变过程对于刚进入高中的学生而言存在一定挑战。受传统应试教育的影响，由于初中地理仅为考查科目，容易引起学校、教师、学生的忽视，学校课程缩减、教师照本宣科，难以使学生形成良好的地理核心素养。另外，高中学生可能是来自不同文化背景或特殊背景下的初中毕业生，学生之间思维能力和认知水平具有明显差异，有的学生难以适应高中快节奏的教学模式，比如高中地理选择性必修1自然地理基础中《地球的运动》涉及昼夜长短、正午太阳高度、地球的自转和公转等需要抽象思维的内容，学生普遍感到不太适应，难以接受、想象与理解，甚至影响学生的地理学习兴趣，使学生的自信心受到打击。

二、初高中地理教学衔接的必要性

（一）教学衔接的必要性

人的身心发展具有顺序性和阶段性的特点，学生智力与思维发展自然也是按照从低级到高级的顺序的，在每一个教学阶段都有其相应的发展目标。教学阶段根据规定有明确的界限划分，但学生的发展阶段却没有明确的界限，因此在教学中需要注重教学衔接，为学生发展提供良好的过渡纽带，确保学生在教学阶段突然改变时在发展上仍然循序渐进，不会受"断层"影响出现衔接问题。做好初高中的地理教学衔接，一方面有利于学生尽快进入高中快节奏的学习状态，掌握正确的学习方法，提升获取、解读、处理地理知识的能力，构建完整的地理知识体系；另一方面，教师通过对初中地理内容的回顾和梳理，可以优化教学过程，提升教学质量，促进自身专业能力的发展。

（二）初高中地理知识内容一脉相承

地理学科作为一门综合性的科学，具有严谨的学科体系和逻辑架构，不同阶段对于学生培养的目标也不尽相同。小学阶段虽未开设地理课程，但在科学类的学科中对地球有关知识也有所涉及，这些知识以启蒙为主；初中地理课程主要以地图、地球知识为基础，来"认识世界""认识中国"，引导学生认识和学习与实际生活有关的地理知识，具有较强的感性色彩；高中地理知识是在初中地理学习的基础上进行的，主要从自然和人文的角度对地理事物和现象进行分析，注重地理学科核心素养的培育，具有较强的逻辑性。因此，教师要注重初高中地理课程教学衔接，逐步加深地理学习深度、扩展知识广度，引导学生对初中所积累的地理知识进行解构与重构，使学生能够建构更为系统的知识体系，提升地理学习效率。

（三）初高中学生认知差异较大

学生在初高中阶段的记忆力、想象力、创造力存在较大差异。在初中阶段，学生更容易接受的是有趣的、富有感性色彩的地理知识内容，此阶段学生的逻辑思维能力不足，而高中地理对学生的逻辑思维能力、空间想象能力提出了更高的要求，难免会引起学生的不适应，因此，教师需要通过教学衔接帮助学生实现认知方式的转变。

三、初高中地理课程教学衔接的策略

（一）深入研究教材，做好教学内容衔接

初中地理教学内容以区域地理为主，主要是"认识中国""认识世界"等，地球与地图则是辅助内容。高中地理学习则以自然地理、人文地理和区域地理为主题。初高中地理教学是一个完整的教学体系，学生对高中地理内容的学习是学生对初中地理内容的内化和提升过程，因此教师不能简单地对知识点进行罗列。为最大限度避免出现学习"断层"现象，教师需要对初高中地理教材以及新课程标准内容进行深入研究和分析，确保初高中教师了解彼此的地理教材内容和课程标准，并将两者进行有机结合，还要结合实际情况进行拓展，最终形成一个完整的教学体系。以高中阶段地球科学概论部分内容为例（2019 人教版教材），地理必修第一册《宇宙中的地球》和地理选择性必修 1《地球的运动》均与初中地理《地球的运动》部分密切相关，学生在初中阶段已经对"经纬网""地球运动特点"有了初步认识，但时间周期过长，多数学生已存在遗忘现象，因此对于这部分内容，初高中教师可采用实际观测或者动画演示的方法，并结合生活中的实例进行教学，在学生理解的基础上引入地球运动的地理意义，帮助学生构建完整的知识体系。

（二）明确学科定位，做好教学目标衔接

初中地理课程通常侧重于培养学生对地理基础知识的理解，帮助他们建立对地球、自然环境和人类活动的初步认识；而高中地理课程则更注重深化学生对地理学科的理解，培养他们运用地理知识解决实际问题的能力。面对这一差异，教师需要引导学生建立系统的地理学科知识体系，形成科学的地理思维方式。在此基础上，教师也应着重关注初高中地理教学目标的衔接，这一衔接不仅仅是知识层面的延伸，更是学科素养和方法论的逐步培养。在初中阶段，我们可以通过生动有趣的案例和实地考察，激发学生对地理学科的浓厚兴趣，通过培养学生对地球表面特征的观察和分析能力，为他们未来深入学习奠定坚实基础；而在高中阶段，我们需要引导学生深入挖掘地理学科的核心概念，培养他们对地球系统、环境问题、社会地理等方面的深层次理解，通过开展综合性的项目研究和实践活动，让学生学会运用地理知识解决实际问题，提高他们的综合素养。此外，我们还要注重培养学生的地理思维方式，引导他们形成科学的分析和判断能力，为他们未来深入地理专业学科打下坚实基础。

（三）创设教学情境，做好教学方法衔接

初高中地理课程由于教学内容和目标不同，学生对于知识的接受程度也有所差异，部分学生将地理列为"副科"，因此必须关注教学方法的衔接，坚持内容整体性原则、课标主导性原则、循序渐进原则，充分借助 Google earth、Sketch up 等地图处理软件，将一些地理内容三维化、具象化，并结合实际生活，创设教学情境，将地理知识生动、直观、形象地展示给学生，激发学生对地理学习的兴趣，促进学生空间思维能力的提升，

使学生更好地理解抽象化的地理知识。初高中两个阶段学生对于知识的理解能力存在差异，教师的教学方式也应有所差异，特别是在高中伊始阶段可采用与初中教师相似的教学方法，帮助学生顺利完成过渡期。以《地球的运动》为例，初中阶段教师有可能采用与生活实际结合的教学方法，因此高中教师既应结合生活实际，又应该在此基础上有所拔高，如可采用动画演示的方式进行教学，同时又分析其地理意义。

（四）建立科学的评价体系，关注学生发展

为了更好地衔接初高中地理教学目标，我们需要建立科学的评价体系。评价不仅要关注学生对地理知识的掌握程度，还应关注他们的地理思维能力、解决问题的能力以及跨学科应用地理知识的能力，通过多元化的评价方式，全面了解学生的学科发展水平，为他们更好地适应高中地理学科的学习提供支持。

（五）密切关注学科发展状况，更新教学观念

地理学科是一个不断发展的学科，新的理论、方法和研究成果不断涌现。为了使学生紧跟学科发展步伐，地理老师需要不断更新学科教学观念，及时调整和优化教学内容，引导学生了解最新的地理研究动态，激发他们的好奇心和求知欲。在这一过程中，教师的不断创新至关重要，只有与时俱进，才能更好地引导学生迈向更高层次的地理学科学习。

四、结语

初高中地理教学目标的衔接是地理教学领域亟待解决的问题，但也是一个充满挑战和机遇的领域。通过明确学习定位、创新教学方法、建立科学的评价体系，我们可以更好地引导学生顺利过渡，使他们在高中地理学科中能够更好地发挥自己的潜能。希望在未来的地理教育中，我们能够更好地解决初高中地理教学目标衔接的问题，为学生的全面发展提供更好的支持。

参考文献

[1] 赵静雨. 初高中区域地理教学衔接问题及对策探讨[J]. 中学教学参考，2021（04）：95-96.

[2] 曹艳，王健，钱伟，等. 初高中地理教学内容衔接策略探讨[J]. 中学地理教学参考，2022（14）：36-39.

[3] 雷喆，王文治. 初高中地理课程教学的有效衔接[J]. 学园，2022，15（34）：44-47.

教师简介：

柳国营，中共党员，现任高中地理教师。教育理念：兴趣是学生最好的老师，创新是激发学生兴趣的最好方式。

"'鱼米之乡'——长江三角洲地区"教学设计

田洪涛

摘要： 本次教学设计首先认识长江三角洲地区地理位置的优越性，通过探究长江三角洲地区被称为"鱼米之乡"的原因，了解长江三角洲地区的自然环境特征和社会环境特征；接着进行知识迁移，通过分析怀柔被称为"板栗之乡"的自然和社会原因，了解分析区域的农业发展要从自然环境特征和社会环境特征两个方面入手；最后，分析长江在长江三角洲地区社会经济发展中产生的有利和不利影响。通过本次教学，学生掌握了分析、探究长江三角洲位置和农业发展优势的方法，知道了河流对区域的影响分为有利影响和不利影响，并使其在以后遇到类似问题时能学会运用辩证思维方式解决问题。

关键词： 鱼米之乡　长江三角洲地区　长江的作用　怀柔板栗

一、教材版本

人教版教材地理八年级下册第七章第二节《"鱼米之乡"——长江三角洲地区》。

二、课标要求与分析

1. 运用地图和相关资料，说出某区域的地理位置。对应本条教学目标，学生要能够运用长江三角洲地区的地图评价长江三角洲地区地理位置的优越性。

2. 运用地图和相关资料，说出某区域的自然地理特征，说明自然条件对该区域经济社会发展的影响，认识因地制宜的重要性。对应本条教学目标，学生要能够说出长江三角洲地区的地形、气候和河流特征，说明长江在长江三角洲地区经济发展中的作用。

三、教材和学情分析

本节教学内容是人教版八年级下册第七章第二节《"鱼米之乡"——长江三角洲地区》。教材课文重点描述了长江三角洲地区地理位置的优越性，重点突出了长江三角洲地区地处江海交汇之地的便利交通条件，重点探究了长江对长江三角洲地区社会经济发展的作用。具体信息见本节课教学内容结构图。

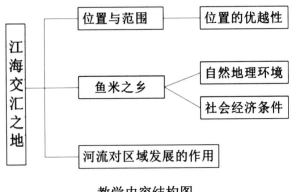

教学内容结构图

经过一段时间中国分区地理的学习，大部分学生已经初步掌握了一定的学习方法，具备了一定的读图和用图能力，一定的思维、分析和总结能力，一定的搜集和加工信息的能力，但这些能力还不完善，需要提高的空间还很大，教师在课堂上仍须进一步引导和强化。

四、教学目标

1. 总目标

（1）知道认识一个区域、分析一个区域的农业发展的原因要从自然环境特征和社会环境特征两个方面入手，自然环境特征又包括地形、气候、河流等要素，社会环境特征包括交通、劳动力、市场、政策、科技等要素。

（2）知道河流对一个区域的影响包含有利影响和不利影响。

2. 子目标

（1）学生能够运用长江三角洲地区的地图明确长江三角洲地区位于江海交汇之地，海陆位置十分优越。

（2）运用地图和相关资料，学生能够说出长江三角洲地区的地形、气候和河流特征，能够解释长江三角洲地区被称为"鱼米之乡"的自然和社会原因。

（3）知识迁移，能够解释怀柔被称为"板栗之乡"的自然和社会原因。

（4）学生能够辩证地看待长江对长江三角洲地区经济发展的有利影响和不利影响。

五、教学重难点

1. 教学重点

（1）运用地图评价长江三角洲地区地理位置的优越性。

（2）运用所学的地理知识，以长江三角洲地区为例，说出河流在区域发展中的作用。

2. 教学难点

对比成都平原和长江三角洲地区河流对区域发展的影响。

六、核心问题与问题链

1. 核心问题

河流对区域经济社会发展的影响。

2. 问题链

（1）长江三角洲地区海陆位置的优越性体现在哪里？

（2）长江三角洲地区被称为"鱼米之乡"的自然原因和社会原因分别是什么？

（3）怀柔被称为"板栗之乡"的自然原因和社会原因分别是什么？

（4）长江在长江三角洲地区发展中的有利影响和不利影响分别是什么？

七、教学设计

1. 了解长江三角洲地区的位置和范围

教师：请同学们回忆一下在电视、网络或日常生活中见到的苏州园林，思考一下苏州园林的建筑有什么特点，并思考为什么会有这种建筑特点。

学生：苏州园林建筑屋顶倾斜程度大，说明此地降水较多。窗户较大，是因为该地气温高，窗户较大有利于通风散热。

教师：看来大家都能看出苏州园林的建筑特点与自然环境特征息息相关。我们的题目是""鱼米之乡"——长江三角洲地区"，那么长江三角洲地区为什么被称为"鱼米之乡"？今天我们就深入地学习一下此地的自然环境特征，探究其原因。

教师：认识一个区域，首先要认识这个区域的地理位置和范围，那么长江三角洲地区的纬度位置、海陆位置分别是什么呢？范围包括哪些地方呢？请同学们思考一下，一会儿找同学回答。

学生：长江三角洲地区纬度较低，濒临黄海和东海。范围主要包括上海市、江苏省南部和浙江省北部地区。

教师（总结）：从纬度位置上看，长江三角洲地区被北纬31°纬线穿过，属于中低纬度。从海陆位置上看，长江三角洲地区位于我国东部、太平洋西岸，东临黄海和东海。那么从河流位置看呢，长江三角洲地区位于长江的下游地区。总结归纳一下就是长江三角洲地区位于我国东部，长江下游地区，濒临黄海和东海，地处江海交汇之地。

【承转】接下来请同学们继续读图说出长江三角洲地区海陆位置有哪些优越性。

学生：长江三角洲地区东临黄海和东海，有利于发展海洋贸易。位于长江下游，能够发展长江航运。

教师（总结）：从地理位置上看，长江三角洲地区位于长江的下游地区，对内可依托长江"黄金水道"干支流发达的水运来沟通沿海与内陆地区，同时它又是我国南北海上航运的中枢，对外通过远洋航线通往世界的主要港口。所以长江三角洲地区海陆位置的优越性可以总结为8个字：江海交汇，水运便利。如果把长江比作"箭"，把东部沿海地区比作"弓"，那么长江三角洲地区就位于箭头的位置。

2. 探究长江三角洲地区被称为"鱼米之乡"的自然和社会优势条件

【承转】教师：从这些图上，大家可以看到哪些农业生产类型？

学生：种植业、渔业和畜牧业。

教师：长江三角洲地区不仅位置优越，而且农业历史悠久，古代有"苏湖熟，天下足"的说法。我们这节课的题目也是"'鱼米之乡'——长江三角洲地区"，那么长江三角洲地区为什么农业发达，能成为有名的"鱼米之乡"呢？大家分析一下它的原因。在这儿老师给大家说一下，分析一个区域通常从自然环境特征和社会环境特征两个方面出发，自然环境又包括地形、气候、河流等要素，社会环境包括交通、劳动力、市场、政策、科技等要素。

请同学们按照我们刚才的分析思路，自己思考，之后进行小组讨论，一会儿我找同学回答。

【活动1】读材料及课本第50页图7.13，说出长江三角洲地区被称为"鱼米之乡"的自然和社会优势条件。

材料一：

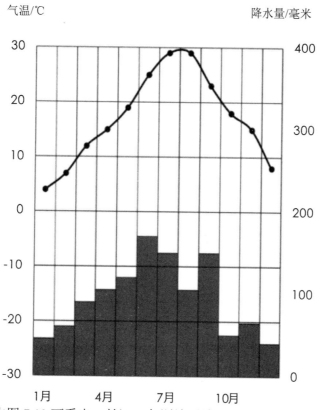

气温/℃ 降水量/毫米

学生：从课本图 7.13 可看出，长江三角洲地区地形以平原为主，适宜发展种植业；长江三角洲地区有长江、钱塘江、京杭运河和太湖等，水资源丰富。从材料一可看出，长江三角洲地区属于亚热带季风气候，雨热同期。

教师（总结）：首先，地形方面，我们一起来看一看，长江三角洲地区的海拔多在 200 米以下，地势起伏小，地形以平原为主，地势低平，便于农耕。然后，气候方面，长江三角洲地区位于中低纬度，气温较高，同时靠近海洋，夏季受海洋湿润气流影响，降水较多，属于亚热带季风气候，雨热同期，水热资源丰富，利于农作物生长。曾经这里是我国粮食的主要产区之一。最后看这里的河流、湖泊，由于降水较多，这里河湖密布，河流有长江、京杭运河、钱塘江等，湖泊有太湖等，水资源丰富，可为农作物提供充足的灌溉水源。同时这里是我国著名的淡水渔场和海洋渔场，渔业较发达。

但同学们也要看到，数量众多的河流、湖泊也在分割耕地，使当地的水田分布破碎，不利于发展大型机械化农业。

【承转】长江三角洲地区的自然特征我们分析完了，请同学们结合人教版课本八年级地理上第 13 页图 1.13 及第 87 页图 4.4，接着从交通、劳动力、市场、政策、科技 5 个角度，思考并小组讨论长江三角洲地区发展农业的优势社会经济条件。

材料二：

江苏无锡今年将在大力推进"三园"（区级科技园、镇级产业园、村级特色园）建设的同时，扎实推进江苏省农科院无锡分院建设，支持打造"太湖三白"种质资源保护与利用创新中心等创新载体，努力培育长三角一流的市级农业科研机构，以科技为引导，持续提高农业综合生产能力。

上海市提出建设农业智能化生产基地，打造10万亩粮食生产无人农场，打造一批智能化菜（果）园，建设2万亩高标准蔬菜绿色生产基地，并提出建立农业种质资源保护体系，加大地方特色种质资源保护与开发力度，同时支持基础好的种业企业开展商业化育种，鼓励种业企业开展国际战略合作。

学生：从人教版课本八年级地理上第13页图1.13及第87页图4.4可以看出，我国人口密度大，劳动力资源丰富，市场广阔，交通便利。从材料二可以看出，政府对农业的政策支持和我国农业现代化水平正在提高。

教师（总结）：我们回忆一下上学期学过的人口分布图，我国人口空间分布以"黑河—腾冲"一线为界，东部多、西部少，长江三角洲地区位于东部沿海地区，人口稠密，那么人口稠密意味着什么呢？意味着劳动力丰富。那还意味着什么呢？人的生产生活，离不开消费，所以人口稠密也意味着市场广阔。同时，交通便利也有利于开拓国内外市场。从江苏省政府提出建设产业园等可以看出政府对农业的支持。我们还能看到无人农场等科技在农业上的应用，这说明科技叠加农业，科学技术保障农业生产，促进农业生产现代化。

【承转】长江三角洲地区被称为"鱼米之乡"，怀柔被称为"板栗之乡"。

3. 探究怀柔被称为"板栗之乡"的自然和社会优势条件

怀柔板栗以其含糖量高、蛋白质丰富、味道香甜可口而闻名，是板栗中的珍品。2020年2月，怀柔被农业农村部等评为"中国特色农产品优势区"。

【活动2】那么怀柔为什么会成为"板栗之乡"呢？请同学们根据材料，按照我们刚刚的分析思路，从自然和社会特征两个方面分析一下怀柔种植板栗的优势条件。

材料三：

怀柔板栗以其含糖量高、蛋白质丰富、香甜可口而闻名，是板栗中的珍品。2019年底，怀柔被农业农村部评为"中国特色农产品优势区"。

板栗常栽培于海拔100～2500米的低山丘陵地带。板栗喜欢生长在阳光充足、气候湿润的地区，属于阳性树种。

材料四：

怀柔境内多山，全区山区面积占总面积的89%。境内绵延起伏的群山中，有名称的山峰有500座，其中海拔在1000米以上的有24座。

怀柔区属于温带季风气候，全年日照时数约 2800 小时，年平均气温 9～13℃，无霜期约 170～200 天，年平均降水量在 600～700 毫米，降水主要集中在 6—8 月份。

怀柔区河湖众多，水资源丰富，水质优良。区内有远近闻名的雁栖湖，有属于潮白河、北运河两个水系的白河、汤河、天河、琉璃河、怀沙河、怀九河、雁栖河、白浪河等 4 级以上河流 17 条。

怀柔 2023 年末常住人口 44.00 万人，北京市 2023 年末常住人口 2185.8 万人。

北京市作为我国首都，是著名的交通枢纽，公路、铁路、航空运输线路密集。怀柔区内有高铁站、城铁站、高速路，交通非常发达。

为开拓销售模式，发挥产业带动作用，怀柔区开始围绕古栗树做文章，通过建成栗花沟、举办板栗文化节等方式，积极探索开发农旅结合的旅游体验活动。

怀柔构建的栗园智能水肥一体化管理系统，能够实现精准灌溉、节水灌溉，不仅可以有效避免水资源浪费，而且可以确保每棵栗树的营养供给。基于这种考虑，近年来，老栗树种植专业合作社始终秉承"科技创新、效益为重"的创新发展理念，以现有板栗种植园为基础，打造板栗科技示范田，通过创新驱动实现板栗高质量发展。

学生：怀柔区以山地为主，适宜发展林业。气候以温带季风气候为主，气温较高、降水较多。区域内水资源丰富。社会条件有劳动力资源丰富、市场广阔、交通便利、政策支持和科技助农。

教师（总结）：结合材料，怀柔地形以山地为主，适宜林业发展，利于板栗种植。气候属于温带季风气候，夏季高温多雨，水热条件好，适宜板栗生长。怀柔区内河流、湖泊众多，水资源丰富。社会优势条件有劳动力丰富，且消费市场广阔，交通发达。同时，区政府致力拓宽销售渠道、打造怀柔板栗品牌，这说明有政府政策的支持。板栗园内构建智能化管理系统，说明现代科技助力怀柔板栗机械化、智能化生产。由以上分析可以看出，正是得天独厚的自然条件和优越的社会条件，使怀柔称为"板栗之乡"。

教师（总结）：通过上边的两个例子，大家不难发现，我们在认识一个区域、分析一个区域的农业发展特征时，要从自然环境特征和社会环境特征两个方面考虑。大家在以后的学习当中，要学会这种分析方法。

【承转】刚才的分析都是从微观角度分析一个区域的地理特征，现在我们把尺度拉大，从宏观角度分析该区域的地理特征。长江三角洲地区位于长江的下游，那么长江对长江三角洲地区的影响有哪些呢？我们一起来看一下。

4. 长江对长江三角洲地区的影响

【活动 3】思考长江对长江三角洲地区的有利影响。

学生：长江为长江三角洲地区发展提供灌溉水源，长江三角洲地区通过长江可以发展航运。

教师（总结）：对于长江三角洲地区而言，长江可以为该地区农业提供充足的灌溉水源，还能为该地区提供工业生产和居民生活用水。同时，长江三角洲地区地形平坦、降水量较大，长江流经此地时流速减慢，利于航运，成为"黄金水道"，所以在交通上长江还能为该地区提供便利的水运条件。

河流对地区经济的影响包括有利影响和不利影响，刚才我们分析长江对长江三角洲地区的影响的时候，只说了它的有利影响，请同学们思考一下，长江对长江三角洲地区的不利影响。

学生：容易发生洪涝灾害。

教师（总结）：长江对长江三角洲地区经济发展的不利影响是该地属于亚热带季风气候，夏季风不稳定。当夏季风强的时候，降水较多，众多的水汇聚到河流里，容易发生洪灾；当夏季风较弱时，降水少，容易发生干旱灾害。

教师（课堂总结）：同学们，通过本节课的学习，我们认识了长江三角洲地区地理位置的优越性，知道了长江三角洲地区地势平坦、气候适宜、水源充足、土壤肥沃等自然环境特征和劳动力资源丰富、消费市场广阔、交通便利等社会环境特征造就了"鱼米之乡"。接着进行知识迁移，分析怀柔区被称为"板栗之乡"的原因，总结了分析区域的农业发展要从自然环境特征和社会环境特征两个方面入手。最后，分析长江在长江三角洲地区社会经济发展中产生的有利影响和不利影响，了解到河流对区域的影响分为有利影响和不利影响，在以后分析时，要学会辩证地分析。

八、教学反思

本节课的教学，是在中国地理分区"北方地区"之后进行的。在此之前，学生通过几节课的学习已经对中国分区地理的学习特点和学习内容有了大致的了解，所以在学习的时候不像初学者，而是有了一定的基础，这是一个好的起点。

学生在教师的引导下，掌握了分析、探究长江三角洲地区位置和农业发展优势的方法，知道了河流对区域的影响分为有利影响和不利影响，在分析时要学会辩证分析。

在教学过程中也存在一定问题，鉴于此，在以后的课题上要增加与学生之间的互动，在教学的设计中要充分为学而教，以学生如何有效获取知识、提高潜力的标准来设计教学。

参考文献

张钧，蔡文伯."海陆的变迁"教学设计[J].中学地理教学参考，2023（30）：51-54.

教师简介：

田洪涛，二级教师，曾获北京教育学员 2021 年"启航计划"教学设计优秀成果奖，曾主持北京市教育学会课题 1 项、怀柔区课题 1 项。

以生为本，给学生更多的机会

王俊蓉

摘　要：以学生为本，从学生熟悉的地理事物入手，开展乡土地理学习，激发学生的学习兴趣；以学生为本，给学生充分展示自我的机会，学生将还给我们一份惊喜；以学生为本，在充分了解学生的基础上展开教学，让课堂学习真正发生。

关键词：学生为本　地理学习　课堂学习　展示自我

一、以学生为本，从学生熟悉的地理事物入手，开展乡土地理学习

2022年版地理课程标准更加凸显综合育人的要求，新增加了跨学科主题学习，旨在加强学科间的相互联系，带动课程综合化实施，培养学生的综合素养。新版课程标准还更加突出实践性。为了落实新课标要求，我带领学生对开放性和实践性较强的"乡土地理"进行初探性学习。家乡是学生最熟悉的地方，乡土地理的学习能够调动他们的生活经验，鼓励学生走出课堂进行课外实践，使学生在认识家乡的过程中增强热爱家乡的情感，提高分析和解决问题的能力，全面提升核心素养。

在"以学生为本"的教育理念和"学习对生活有用的地理"课程理念的指导下，我认识到，"认识家乡就要从学生熟悉的家乡事物入手，充分利用地理实践活动，通过自己的亲身体验，感知家乡的环境特点"。没有调查，就没有话语权。于是我利用课间与学生闲聊："孩子们，你们最熟悉的家乡特色事物有哪些呢？"学生们众说纷纭："雁栖湖、怀柔科学城、怀柔板栗、红肖梨……"通过孩子们的回答，我确定了这节课的主题为：品家乡特色，析地理环境。

二、以学生为本，给学生充分展示自己的机会，学生将还给我们一份惊喜

以特色产品——怀柔板栗为例，分析家乡的地理环境。怀柔板栗从何而来？这个问题是老师留给同学们的课前作业，同学们通过查阅资料、访谈家长等方式获得了答案，并了解了关于怀柔板栗的历史来源还有一个动人的传说，几位同学想用历史剧的形式给大家表演，这样同学们就会对此记忆深刻。小演员们纷纷上场，伴随着旁白的解读声，扮演秦王嬴政的学生挺直腰背，威严地坐在教室前面的椅子上，扮演各国使臣的学生，在两旁弯腰恭候，等着秦王发话。秦王看着礼单，嫌弃地问道："这燕山板栗是什么东西啊？"燕国使臣一听急了："大王，我们燕国的板栗和秦、楚、韩、赵各国的不同，

产自渔阳郡的燕山之上。北方湿寒，生长时间长，味道甘甜可口，不信您尝尝。"秦王不屑品尝，宰相吕不韦搭话解围，替秦王品尝了燕山板栗，因此，秦王才知道燕山板栗的美味和独特之处，并对其进行保护，使其成为王朝的贡品。时代跨越到明朝。扮演明永乐帝的学生，在教室里游走，出城视察渤海所。栗树园里老者的扮演者，弯腰拄拐，缓慢地迎面走来，给永乐帝品尝怀柔板栗。扮演太监的学生发旨道："将燕山板栗作为今后皇陵（十三陵）的主要祭品，并在怀柔设立几处栗园。"该学生用尖细的娘娘腔调模仿太监的声音，引得在座的师生哄堂大笑，随后响起热烈的掌声。时代跨越到清朝。扮演慈禧太后的学生，手指上戴着长长的护甲，正襟危坐在椅子上，一手搭在腿上，另一只手扶椅子边框。扮演御厨、太监的学生纷纷站在太后旁边对话，为慈禧太后做栗子面小窝头……整个表演过程，演员们很投入，听课的学生们时而大笑、时而赞许、时而思考……

这段精彩表演可以说是学生们的设计成果，我最初的设计只是让学生查阅关于怀柔板栗的历史来源，我的预想结果也就是学生能够梳理清楚怀柔板栗的来源，并将其用PPT给大家讲解展示。查到这段资料的刘同学，课下兴奋地来找我说："老师，你看这段关于怀柔板栗历史来源的资料很有意思，我想把它演出来。"我接过来看了一遍，内容确实很新颖，而且里面涉及很多历史人物，适合用历史剧的形式表演出来，这样既能吸引学生，使学生对怀柔板栗的历史来源记忆深刻，又能活跃课堂气氛。我对刘同学的材料和想法给予了极大的表扬和肯定，并把演练历史剧的任务交给了他，同时告知他历史剧在这节课中的重要性，要求他认真对待。剧中的任务角色，也让他自己选合适的学生表演，因为学生之间的相互了解甚至要比老师对学生的了解更多，所以，我觉得这个历史剧任务就由刘同学负责到底再合适不过了，他信心满满地答应了。果然，从结果来看，我的决定是正确的，这个历史剧表演得很成功，每个学生都把自己的角色表演得淋漓尽致。给学生一次机会，学生将还给我一份惊喜。

三、以学生为本，在充分了解学生的基础上展开教学，让课堂学习真正发生

本节课，最后一个环节是"赏创意，赞怀柔板栗"。对于这一环节，我最初的设计是和美术学科融合，为了宣传家乡特色产品——怀柔板栗，让学生设计关于板栗的创意作品，突出怀柔特色。为此，我也请教了学校的美术老师，学生们在美术老师的建议和指导下完成了怀柔板栗的创意作品。很快，班里的每位同学都上交了一份精美的作业，我开始逐份挑选，打算把比较出色的作业当堂展示。但是，结果让我比较失望，学生们画的只有板栗，而且画得非常精美，为了凸显它是怀柔板栗，学生们用各种艺术形式把"怀柔"两个字标在画上，但是没有一个学生的画是符合我的要求的。为此，我陷入了

困惑："这个课堂环节怎么办呢？没有能拿得出手的作品进行展示。"甚至，我还抱怨学生没有灵性，不能领悟老师的意思。于是，我叫来了班里的几位优秀的学生询问："如果没有怀柔两个字，你知道这是怀柔板栗吗？"学生答："不知道。"我接着问："为什么不把怀柔特色元素添加进去，让人一看就知道是怀柔板栗呢？"学生答："怀柔有什么能和板栗结合的特色元素啊，老师，我不知道，我也画不出来。"学生走后，我思考了学生的回答，突然醒悟，学生们还没有学习这节课，不知道到底是什么样的地理环境才孕育了如此美味的怀柔板栗，也不知道怀柔板栗从何而来，所以，他们肯定也画不出来。我思考出现这种问题的原因有两个：一是我对学生的了解不够深刻，我潜意识里认为家乡是学生最熟悉的地方，他们应该很了解怀柔，但是我忽略了他们的年龄和认知水平；二是忽略了课堂生成的内容，这才是学生在课堂上真正学到的知识。学生还没有学习怀柔地理与板栗的关系，怎么就能提前画出来呢？应该是学生学习本节课之后，再根据所学的知识去完成这样的作品。那就将错就错吧，学生也为我提供了一个更好的思路，这个环节的设计，我依旧让学生展示自己美术课上的那幅作品，然后学完本节课之后，让学生们利用本节课所学的地理知识，修改和完善自己的作品，添加地理的元素，使它更具有怀柔味道。在最后的这个环节，学生们在课堂上纷纷表达自己的想法。有学生说："我想把我画的这两个拥有栗子样头像的小朋友的衣服改成古装，因为，怀柔板栗的历史悠久。"有学生说："我想在我这幅画的背景中添加一些怀柔水库、雁栖湖，还有怀柔的山，因为是怀柔的好山好水孕育了怀柔特色板栗，画中山、水、人合一，体现政通人和之意。"上完这节课，孩子们的思路被打开了，那么这节课的教学目标也达到了。课堂中以学生为本，我的学生再一次给了我惊喜，也使得这节课更加完善。

我的学生让我惊喜不断，我也很庆幸自己放开手，给学生更多的机会去尝试。通过这次展示，我认识到了学生们的潜力是无穷的，每一个学生都是一个鲜活的生命，每一个学生都是一幅生动的画，课堂中我们应该以学生为本，给学生展示自己的机会，他们才能体会生命的主动性和丰富性，我们的课堂也因此不会枯燥无味，反而会更加吸引学生参与课堂，提高学习效率。教师把探究和展示的机会给学生，学生就能在学习的过程中展示出他们的思想、他们的创意、他们丰富多彩的内心世界，给我们带来无限的惊喜。

以学生为本，关注学生，给学生提供更多发挥、展示和创造的机会，拉近师生之间的关系，使学生能在快乐中学习，学生的学习状态也会从被动吸收转化为主动探究，学习才会真正发生在课堂上。学生的思维是丰富多样的，可以让学生参与到课程的设计中，在教师与学生的交流中碰撞出思维的火花。教与学是紧密联系、相互促进的，学生的想法和学习成果，也会激发教师的灵感，达到教学相长的效果。

在新课标的指引下，教师要认真贯彻"以生为本"的教育理念，切实转换教学方式，顺应学习方式的变革，给予学生充分展示自己的机会，学生也会还给我们一份惊喜，我们的课堂也会充满活力与智慧。

参考文献

[1] 赖英慧. 关注学生，给学生更多的机会[J]. 华夏教师，2019（27）：18.

[2] 文雪琴. 给学生一个机会，他还你一分惊喜[J]. 新课程学习：上，2012（03）：164.

[3] 梅志刚. 以生为本 给学生充分的探究机会[J]. 中学课程辅导（教师教育），2019（21）：76.

教师简介：

王俊蓉，硕士研究生，中学一级教师，怀柔区骨干教师；曾多次开展区级展示课，获得市、区级优秀作业设计和优秀教学设计奖；曾多次辅导学生参加中小学生气象知识大赛，获得国家级二等奖一次、北京市一等奖两次。

纵览海陆分布的"前世今生"

肖 睿

摘 要：教学中体现学生主体性、拓展学生实践创新能力、彰显学生个性是当今教育亟待解决的课题。新课改强调"以人为本"，就是应尊重学生的个性发展。在教学中体现学生是学习的主人，是教学的重要目标。该主题以人教版教材七年级上册第二章为核心，将海陆分布、海陆变迁等相关内容用教学逻辑和认知逻辑创编整合，通过时空转化的视角，初步实现由区域认知到综合思维的能力提升，同时实现教材的有效重组和合理优化。

关键词：板块运动 大陆漂移 海陆变迁 综合思维

主题教学是以核心素养为目标，具有一定主题的、结构化的单元学习。基于《纵览海陆分布的"前世今生"》这一主题，变"碎片学习"为"整体学习"，变"教材内容"为"主题式学习"，将"海陆的分布"与"海陆的变迁"融合，实现主题学习的系统性与高效性。

一、主题教学背景分析

1. 教学内容分析

该主题主要介绍世界的海陆分布、海陆变迁以及如何以地理视角解释海陆变迁现象。这部分是学生学习世界地理的基础，也是初中世界地理的重要内容。为落实该主题共编排了 3 课时内容。第 1 课时：地理眼"看"海陆今生。"大洲、大洋的位置和分布特点"，是学生建立全球海陆空间分布架构的基础。第 2 课时：地理眼"析"海陆前世。"海陆变迁"，这部分是在让学生以静止的视角认识全球的海陆面貌后，从历史的长河中以动态的视角认识地球表面海陆的运动和变化。后者将是前者的深化与延续。第 3 课时：地理眼"探"海陆来世，则是选择自然界中真实存在的由于海陆变迁造成的地理现象作为案例，引导学生利用所学，从地理视角出发，对现象进行解释。

主题内容在选择上，图像占比较大，并设计安排了学生角色扮演，意在实现对学生的读图、填图和绘图能力的训练，同时结合实际海陆变迁案例，逐步展开，要求也不断具体、深入，力求使学生能够把海陆分布架构具体落实在地图上，并能运用所学合理解释生活中的海陆变迁现象，实现"学习对生活有用的地理"这一目标。各部分内容环环相扣并紧扣主题，由静态到动态，了解"海陆的前世今生"。

2. 学生情况分析

七年级学生年龄较小，思维活跃，想象力丰富，对未知世界和新鲜事物有好奇心，他们喜欢灵活多变的教学方法和让他们产生新鲜感的材料以及富含感情色彩的内容，容易接收具体的、直观的事物和现象，所以第一部分通过一段"神舟火箭发射"视频导入新课。学生发言积极踊跃，愿意参与到课堂中来，因此设计了识图、填图、绘图以及角色扮演等环节。但学生归纳总结能力差，空间概念不强，认知水平有限，所以在第3课时，教师呈现自然界中真实的由于海陆变迁造成的现象，以真实案例激发学生兴趣，达到学以致用的目的。在教学中教师加以引导，充分利用多媒体等教具增加教学的直观性；通过问题链接的形式，引发学生的交流与讨论，通过对问题、现象的层层分析，培养学生用地理眼光分析问题的意识。

二、主题教学目标设计

整体教学目标：结合实例，说明海洋和陆地处于不断变化中。说出板块构造的基本观点，并解释世界火山、地震带的分布与板块运动的关系。

第1课时教学目标：

1. 通过绘图、观察动态课件和动手拼图，掌握七大洲、四大洋的空间分布，培养学生的观察力和空间思维能力。

2. 通过动态课件展现七大洲、四大洋的分布特点，培养学生读图、识图，提取信息的能力。

3. 学会"发现问题—探究问题—解决问题—验证问题"的学习方法，培养动手操作、读图析图、总结验证的能力。

第2课时教学目标：

1. 运用实例说明海陆变迁，树立"海陆不断运动、变化"的辩证唯物主义观点。

2. 知道大陆漂移说和板块构造学说的基本观点，并利用板块构造学说解释世界主要山系以及火山、地震带的形成原因。

3. 通过"大陆漂移说—板块构造学说"的发展过程，对学生进行科学史教育以及科学兴趣、科学方法和探究精神的培养。

第3课时教学目标：

以多媒体教学手段为基础，插入相关案例材料，达到"它山之石，可以攻玉"的效果。这样既给学生以丰富的感知，又引领学生初步学会分析海陆变迁的方法。

三、教学示例

主题教学内容框架

	第1课时	地理眼"看"海陆今生	大洲、大洋的轮廓及位置	
纵览海陆分布的"前世今生"			海陆分布特点及面积比	
	第2课时	地理眼"析"海陆前世	海洋和陆地的变迁	
			大陆漂移说和板块构造学说	
			世界著名山系及火山、地震带分布	
	第3课时	地理眼"探"海陆来世	案例	喜马拉雅山脉：我还在长个子！
				红海：我的未来值得期待！
				地中海：我要珍惜当下！

第1课时 地理眼"看"海陆今生 教学设计

重点与难点

重点：七大洲、四大洋的名称、位置以及分布特点。

难点：引导学生通过绘图、拼图归纳出海陆分布特点。

教材分析

"大洲和大洋"一节主要介绍了世界的海陆分布。从传统意义上讲，初中从本主题开始才进入了世界地理的教学。七大洲和四大洋的知识，既是世界地理的重要基础知识，又是学生学习世界地理必须具备的知识，特别是七大洲、四大洋的位置和分布特点，是学生建立海陆空间分布架构的基础。本次教学内容的选择、图像安排、活动设计均围绕这一目标进行。为了达成这一目标，教学过程中尤为注重读图、填图和绘图训练，无论是叙述式课程还是活动式课程，都从观察地球仪或阅读世界地图开始，逐步展开，要求也不断具体、深入，力求使学生能够把海陆分布架构具体落实在地图上。

教学过程设计

教学环节	教师指导	学生活动	设计意图
情境导入联想绘图	课程开始，我先带领大家回顾一段激动人心的时刻，播放神舟六号成功发射的视频。	观看视频 思考问题	从身边的事实出发，寻找学生感兴趣的话题，创设情境，使学生联想，导入今天的课题——大洲和大洋。
分析讨论自主学习	1. 你是否见过这激动人心的一幕？ 2. 假如你遨游太空，你会看到地球的全貌吗？ 3. 海洋和陆地是如何分布的？	——	——

教学环节	教师指导	学生活动	设计意图
观察落实 趣味反馈	课件展示：从太空中拍摄到的地球卫星影像图。 你知道图中不同的颜色分别代表什么吗？（蓝色——海洋、绿色——陆地）所以，你发现我们整个地球上是只有一块陆地或只有一片海洋吗？	绘图活动：发挥丰富的想象力，任选一块陆地或海洋，用简单的几何图形画出来并展示给大家。	七年级学生喜欢动手，通过尝试绘图，激发学生学习兴趣，并培养学生的动手能力。通过动手绘图，可以从实践中发现问题。
活动激趣 认识分布	在图上我们发现，全球陆地被海洋包围，并被海洋分割成面积、形状不等的若干块。 介绍概念：陆地、岛屿、海峡。 教师引领：观察课本第32页图2.5，陆地除了包含大陆还有哪些？ 分别介绍"岛屿、半岛、海峡、大洲"的概念。全球可以划分为几大洲？（七大洲）	——	本环节从细微处入手，将概念讲解清楚，为后面的学习奠定基础。 教学评价：学生对此环节的讲解很容易接受，此环节的学习有助于他们对后面知识的理解与把握。
角色扮演 身临其境	课件呈现"世界地图空白图"。 七大洲号称七兄弟，居住在地球村。我们首先有请大部分位于东半球的四位兄弟登场，为大家介绍他们自己。	学生活动：七大洲的自白。 学生上台讲述，课件配合展示，学生边讲述边指图说明。 学生活动：在图中描出5条重要纬线并回忆南北半球、东西半球是如何划分的。	——
角色扮演 身临其境	感谢四位兄弟向我们介绍他们自己，现在让我们进一步了解他们的关系。请大家打开"世界地形图"观察。（介绍洲界符号） 教师引领：亚欧两大洲的分界线是什么？ 亚非两大洲的分界线是什么运河？ 教师：下面有请其他三位兄弟上台为我们作自我介绍。	（课件配合展示，学生指图陈述）	——

续表

教学环节	教师指导	学生活动	设计意图
分析讨论　自主学习	教师引领： 1. 北美洲与亚洲的分界线在哪里？ 2. 北美洲与南美洲的分界线是什么运河？ 3. 跨经度最广的大洲是哪一个？ 提问：在这幅图中，我们看到的是南极洲的全貌吗？如何看到它的全貌呢？ 补充：我们刚刚看到的南极洲并不是它的全貌，想要看到南极洲的全貌，就要站在南极点的上空俯视整个地球。课件展示南半球示意图。	学生体会南极洲跨经度最广。	——
猜图游戏　你来指画我来猜	根据形状猜出大洲的名称。 师生双边活动： 刚刚听了七位兄弟的自我介绍，我们对他们都有了一定的了解，现在考考大家，是否还记得他们的样貌？	认识大洲轮廓。 猜大洲：教师任意展示一个大洲的轮廓图，学生说出大洲的名称。完成学案图说地理。	通过师生双边活动，加强学生对各大洲形状的认识，为后续大洲简图打下基础。 教学评价：对于判断大洲形状、根据形状猜名称这一游戏学生很感兴趣，教学效果显著。
动手操作　排序活动	给七大洲的面积排序。 教师引领：七大洲像七兄弟，它们自称"老大、老二……"，你知道为什么吗？请你按照面积大小，给它们排排序。	学生：面积大小不一样。 学生活动：请学生到大屏幕前按面积大小给七大洲排序。由七兄弟自己核对是否正确。	通过活动和顺口溜儿使学生轻松记住七大洲的面积大小顺序。 教学评价：总结七大洲的面积大小可以用一句顺口溜儿来记忆：亚非北南美，南极欧大洋。
动手实践　拼图游戏	教师引领：请你帮七大洲在空白图上找一找家。	学生活动：拼图游戏。 课件完成拼图前与拼图后对比。	这一环节的设计充分发挥了多媒体的强大功能，加深学生对大洲轮廓、形状及位置的认识，帮助学生在不知不觉中掌握知识。 通过拼图游戏，使学生在游戏中记住七大洲的位置，调动学生的学习积极性。 教学评价：通过学生听、看、说，充分调动学生各个器官，激发学生的学习兴趣。七年级学生喜欢动手操作，拼图作为一种游戏和学习的方法，很受学生欢迎。

教学环节	教师指导	学生活动	设计意图
观察落实 趣味反馈	七大洲亲如七兄弟，它们是否紧密地连在一起？中间被谁分开了？ 教师提问：（巩固落实） 1. 我国位于哪个大洲？东面濒临哪个大洋？ 2. 我国大陆和太平洋之间还有四个海，是哪四个海？（渤海、黄海、东海、南海） 海和洋有什么区别？ （学生在活动过程中，教师利用课件配合，每说出一个大洋，出示其周围的大洲）	学生活动：在图中找到各大洋的分布位置（是有两个大西洋吗？），指图说出大洋周围的大洲。 总结： 四大洋面积大小规律：太大印北，四洋贯通	发挥多媒体的直观性，通过课件、学生指图方式加深学生对大洲、大洋相对位置的认识。 教学评价：通过层层设问的形式，适当穿插基本概念和实例，并配上相关图片，便于学生理解和记忆。
总结验证 归纳特点	课件展示"三分陆地，七分海洋"： 1. 请同学们计算陆地总面积是多少？海洋总面积是多少？ 2. 通过计算，陆地面积大还是海洋面积大？ 3. 地球表面积是多少？ 4. 陆地和海洋分别占总面积的百分比是多少？	计算海陆总面积，得出海陆所占比例。 学生：计算海陆面积，得出结论。	通过层层设问，引导学生通过读图、计算，最终归纳出海陆分布的特点。
动手操作 两笔画世界	通过这节课的学习，我们知道全球被划分为七大洲、四大洋，它们的分布特点是三分陆地、七分海洋（指板书复习）其实这个世界很简单，我们用简单两笔就可以完成。 教师在屏幕上展示两笔画世界的过程，播放几遍，让学生学会。	思考：七大洲、四大洋为什么会这样分布呢？它们自古就是这样吗？七兄弟原本是住在一起的吗？	通过学习用笔画世界，教会学生绘制海陆分布图的简便方法，以便用于今后的学习生活。最后提出问题以激发学生的求知欲。 教学评价：通过画世界，使学生意识到画世界地图并不难，从而增强学生学习的自信心。

第 2 课时　地理眼"析"海陆前世　教学设计

教学过程设计			
教学环节	教师活动	学生活动	设计意图
列举实例感受变迁	教师引领:"沧海桑田"是什么意思?你还知道哪里曾发生过"沧海桑田"的变化吗? 材料一:欧洲的荷兰是世界著名的"低地国",全国约有四分之一的陆地低于海平面。13 世纪以来共围垦约 7100 多平方千米的土地,相当于全国陆地面积的五分之一。 材料二:在我国东海海域的海底,人们发现了古河道的遗迹,为什么? 材料三:1692 年,一场巨大的地震将被称作"海盗之都"的牙买加皇家港口震成一片废墟。该城市的三分之二沉入海湾。 教师总结:海陆变迁的原因主要有几种,它们有什么不同呢?(自然原因、人为原因)	学生活动一:交流讨论。 学生活动二:小组合作阅读材料,了解海陆变迁的实例,分析海陆变迁的原因。	课堂评价:列举分析海陆变迁的实例,使学生初步感悟到地球表面海洋和陆地处在不断变化之中,并使其学会由某些自然界中的现象准确推测出此地曾发生过海陆变迁。在小组合作学习中,不仅要关注小组整体的速度和准确度,还要关注个体的参与度。学生应能够主动提出自己的意见、互相听取意见并大胆质疑。
科学探究漂移学说	教师引领: 1. 关于地球上海陆轮廓的争论你同意哪一种看法? 2. 观察非洲西岸与南美洲东岸的轮廓线,你有什么发现?有没有什么大胆的猜想? 3. 历史上,是谁首先发现这两个大陆的轮廓能够拼合在一起的?他提出了怎样的观点?发现这一现象后他是怎么做的? 4. 阅读课本 39 页:大陆漂移说认为,从两亿年前至今,地球海陆分布经历了一个怎样的过程?	学生:阅读课本第 39 页"关于地球上海陆轮廓的争论";阅读课本第 41 页"从地图上得到的启示",从魏格纳事件中,思考得到了什么启示。 学生: 大陆漂移说认为,在两亿年前,地球上各大洲是相互连接的一块大陆,它的周围是一片汪洋。后来,原始大陆才分裂成几块大陆,缓慢地漂移分离,逐渐形成了今天七大洲、四大洋的分布状况。	——
学以致用寻找证据	教师引领:你能否根据大陆漂移说,对图中现象作出解释?	学生思考。	——

教学过程设计			
教学环节	教师活动	学生活动	设计意图
板块运动揭秘现象	教师引领： 1. 全球大致划分为几大板块？它们的名字分别是什么？是根据什么命名的？ 2. 各大板块是静止的还是处在不断运动之中？相邻的两个板块之间的方向运动有哪两种形式？	学生活动一：阅读课本第42页"六大板块分布示意"图，了解板块构造学说。 学生活动二：由实验探究板块运动产生的现象。 实验过程：把两本书平放在桌子上，用两只手推动书本做相对运动。 原理运用：如果是两个板块发生相对或相离运动会产生什么现象？依据阿尔卑斯—喜马拉雅山系、科迪勒拉山系所处位置思考其形成原因。	——
分析总结自主学习	教师总结：板块发生碰撞挤压，海洋缩小或形成山脉；板块发生张裂，常常形成裂谷或海洋。 教师引领：对比板块分布图，世界火山和地震带的分布与板块的运动有什么内在的关系吗？	总结：板块与板块交界地带，地壳活跃，多火山、地震。	——
课外延伸拓宽视野	请你预测一下，未来的海陆分布可能会发生怎样的变化，并为自己的推断寻找证据。		课堂评价：熟练阅读"六大板块分布示意"图，正确描述板块构造学说的内容，形成完整的认知结构；运动包括碰撞挤压和张裂运动；板块与板块交界的地带，地壳比较活跃，多火山、地震；积极主动地进行演示实验，并能进行原理运用，能够条理清晰地表述。
板书设计梳理归纳			

第 3 课时 地理眼"探"海陆来世 教学设计

教学目标

举例说明地球表面的海陆处在不断运动和变化之中；知道大陆漂移和板块构造学说的基本观点；说出世界著名山系及火山、地震分布与板块运动的关系；通过列举海陆变迁的证据，树立海陆不断变化的辩证唯物主义科学观点。

教学思路

课标指出，地理课程应引导学生以地理的视角思考问题，关注自然与社会，使学生逐步形成人地协调与可持续发展的观点，为培养具有良好地理素养的公民打好基础。虽然地理教材中呈现的案例有限，但学生生活的空间是广阔无垠的。因此，在本节课的教学中，插入相关案例材料，既给学生以丰富的感知，又引领学生初步学会分析海陆变迁的方法。

教学反思

纵览海陆分布的"前世今生"主题教学内容设计共计 3 课时。

创新之处：

1. 课程设计最显著的特点是发挥了多媒体的强大功能，充分调动了学生的学习兴趣，努力做到寓乐于学。

2. 从教学思路上来说，课程设计打破了常规的教学模式，重在培养学生学会"发现问题—自主探究问题—参与解决问题—总结验证问题"的学习方法。

七年级学生思维活跃、动手能力强，我认为应引导性地调动起学生的积极性，让学生在愉快活跃的气氛中完成学习，培养学生的学习兴趣，建立高效课堂。该主题内容知识点较简单，理解性的知识少，识记的内容比较多。既然简单，就把主动权交给学生，让学生学得生动有趣。所以在课程的设计中，我力求改变传统的以教师讲授为主的教学模式，注重培养学生独立思考、合作探究、动手动脑、语言表达等方面的能力，尽量突出一个"趣"字。学生是主体，课堂才是有效的，课堂的大部分时间给了学生，从动画讲授新知，到动手绘图、拼图、角色扮演，尽量达到"课已尽，趣犹存"。

今后努力的方向：

通过教学实践的观察和体验以及科组老师们的探讨，我发现，当授课内容结合生活实际时，学生的兴趣最为浓厚，对某个知识点的掌握也最为牢固。因此，我希望在今后的教学中努力做到将课本知识与生活实际相结合，教会学生学以致用。学好地理不仅可以丰富知识，拓宽见识，更重要的是，地理还是一门十分有用的学科，地理知识在我们的日常生活中无处不在。只有我们地理老师细心发现、善于搜集整理、记录生活点滴，并将它们运用到地理课堂中去，让地理知识不再局限于书本，让学生感受到生活中处处有地理，让学生"学习对生活有用的地理"，这样我们的地理教学才会落到实处，才会受学生欢迎。

教学资源目录

序号	内容	用途	来源
1	导入的视频	导入新课，帮助学生从不同视角观察地球海陆分布状况	央视影音 新闻栏下载
2	"岛屿、半岛、海峡、大洲"概念解析	引导学生紧扣教材内容，理清学习思路，不脱离课本	黄沛沾，陈慧芳.合作探究在高中地理教学中的应用研究[J].中学地理教学参考，2018（04）：15-16.
3	世界地图空白图	课上辅助学生认清七大洲、四大洋的分布位置以及相对位置	陈华春.刍议高中地理教学中学生地理思维能力的培养[J].中学教学参考，2018（31）：91-92.
4	"三分陆地，七分海洋"面积求算	利用数字更加直观地向学生展示地球海陆面积分布状况	李强.高中地理实验教学影响因素与优化策略研究[D].陕西师范大学，2018.

教师简介：

肖睿，任教 5 年，担任初中地理教师及备课组长，并担任 4 年班主任；一直以来潜心教学，关爱学生，勇于创新，积极参与课改，致力于打造适合班级教学的高效活力课堂；多次开设校级、区级公开课，课堂上擅于调动学生的内驱力，帮助学生感受求知的快乐。

历史教学导入新课中整体性原则的教学思考

梁李斯

摘　要： 在课堂教学中，导入的作用不可忽视。一次好的导入，能起到承上启下的作用，既帮助学生回忆之前的知识，又能引发学生对新知识的兴趣与思考；同时激发学生的内部动力，提升学生对历史学习的热情，推动课程教学顺利进行。教学导入环节通过师生之间的互动，能够提高学生参与课堂活动的积极性，有助于学生明确教学目标。

关键词： 历史教学　新课导入环节　整体性原则

一、学术背景

《新编历史教学论》中对导入新课这样定义：导入技能是讲解新课题时，运用建立问题情境的教学方式引起学生注意，激发其学习兴趣，使其明确学习目标，形成学习动机，建立知识间联系的一类教学行为。

特级教师于漪曾说："在课堂教学中，培养、激发学生的学习兴趣，首先应抓住导入课文的环节，一开课就把学生牢牢地吸引住。课的开始好比提琴上弦、歌唱家定调，第一个音定准了，就为演奏或歌唱奠定了基础。上课也是如此，第一锤就应敲在学生的心灵上，像磁铁一样把学生牢牢吸引住。"

鉴于此，笔者将依据现有的研究成果，并结合自己的教学实践，就导入新课应当遵循的基本原则之一的整体性原则进行一些探索，以就教于方家。

二、导入内容的不可分割

导入是课堂教学的起始环节，与讲解、提问、板书、结语等一起构成整个教学过程。从这个意义上来说，导入新课是课堂教学必不可少的环节之一，属于课堂教学不可分割的一部分。无论是否承认导入新课的重要性，也无论是否精心设计新课导入环节，任何老师只要上课，总归有一个开始，哪怕开门见山直接点明这节课的学习内容，同样属于导入新课的过程。

但是，很多导入环节忽略了导入新课的内容同样从属于课堂整体这一重要原则。整体性原则意味着，导入新课的内容本身就是这节课要学习的内容，导入新课所提出的疑问本身就是这节课要解决的疑问，导入新课所要培养的素养本身就是这节课要培养的素养。

比如有老师在教学北师大版七年级下册《和同为一家》一课时，先是用多媒体播放《爱我中华》这首歌，在背景音乐的烘托下，依次出示藏族、维吾尔族、满族、彝族、白族等少数民族服饰的图片，然后提问"我国是一个统一的多民族国家，同学们知道这些各是哪一少数民族的服饰吗？"在同学们得知答案的基础上进一步设问"唐朝时与这些少数民族的关系如何？"且不说如此导入能否调动起学生的探究欲望，仅就其内容而言，《爱我中华》这首歌，区分藏族、维吾尔族、满族、彝族、白族的服饰与这节课的所学内容无任何必要的联系。这节课要学习的是唐代的民族关系，导入新课的内容同样应当是有关唐代民族关系的材料，而非与之无关的材料。

笔者在教学《国家出路的探索与列强侵略的加剧》这一课时，则是从洪秀全的籍贯出发，引导学生回忆出洪秀全是广东人并且在广东创立了拜上帝会。在此基础上，笔者提醒学生太平天国运动的起点——金田起义爆发的地点是在广西，由此使学生自然而然生出一个疑问，那就是广东人洪秀全在广东创立的拜上帝会，为什么不在广东而要去广西发动起义呢？从而顺利导入新课的学习。在这个案例中，无论是洪秀全、拜上帝会还是金田起义，都是这节课本身要学习的内容，太平天国起义首先在广西爆发的原因也是本课要探究的问题，这一问题所要培养的时空观念、唯物史观与历史解释等素养也正是本课要重点培养学生的核心素养。

又比如笔者在讲授《欧洲的思想解放运动》一课时，就是以15世纪的一位尼德兰地区的画家创作的画作《愚人船》作为导入环节，学生们通过感受画中的修士修女都是沉溺于吃喝玩乐的无耻之徒，意识到作者是在批判这些教士以及他们背后的天主教会，同时提醒学生，那一时期包括尼德兰在内的西欧各地区的民众基本上都是十分虔诚的天主教徒，包括画家本人，由此学生自然而然生出一个疑问："既然是虔诚的教徒，那就应该对教士和教会十分恭敬才对，为什么不去赞美教士和教会，反而讽刺和挖苦教士和教会呢？"人们对教会腐败的批判本身正是这节课要学习的内容，人们对教会不满的原因正是本课要探究的内容，借助图像史料获取历史信息能够培养学生的史料实证与历史解释素养。

三、导入与结语的前后呼应

按照系统论的观点，任何事物都处于一定的系统当中。所谓系统是由若干要素组成的具有稳定结构和一定功能的有机整体，组成系统的不同要素相互联系、共同作用。如果我们把课堂教学视为一个系统，那么导入新课和其他要素，特别是课堂结语这个要素就应当相互联系，前后呼应，从而发挥合力取得最大的教学效果。课堂教学不仅是一个整体或者系统，作为一种实践活动，它也是一门高超的艺术，"是一种把一切事物交给一切人类的全部艺术"。从这个意义上讲，课堂教学的设计与实施无疑就是艺术作品的创作与呈现。而艺术作品，特别是一部完美的艺术作品需要做到"中心突出、层次分明、首尾呼应"。亚里士多德特别强调完美的艺术作品要"有头、有身、有尾，这样它才能像一个完整的活东西，给我们一种特别的快感"。刘勰的《文心雕龙》也主张好的艺术作品应当"首尾圆合，条贯统序"，也就是要首尾呼应。

这种首尾呼应可以体现在形式上。比如笔者在《从隋唐盛世到五代十国》一课的教学中，就是以唐代张萱的画作《虢国夫人游春图》开始的，通过画中虢国夫人女扮男装使学生生出疑问，从而引出这节课的学习。这个导入所体现的唐代的社会开放和文明进步，正是这节课要学习的主要内容，而在这节课结束前，通过呈现宋代砖雕《妇人启门图》帮助学生感受唐宋期间女性地位的变化，从而突出开放进取才能推动华夏文明发展进步这一中心主旨。这个案例中导入和结语均使用了有关女性地位的美术作品，做到了首尾呼应，主题突出。

首尾呼应也可以体现在内容上。比如笔者在《两宋的政治和军事》一课的教学过程中，以宋高宗明知岳飞是忠君爱国之臣却仍要杀死岳飞这一矛盾心理唤起学生内心的疑问，从而引出这节课的学习。岳飞之死及其背后宋代的"祖宗之法"本身就是这节课要学习的内容。而在这节课结束前，则介绍明代于谦"实有功"却仍被明英宗以莫须有的谋反之名杀害，于谦死后葬在杭州西湖南面的三台山麓，刚好与葬于西湖北面栖霞岭的岳飞墓遥相呼应。岳飞与于谦的悲剧源于他们所处的时代与制度，从而引出严复的"制无美恶，期于适时，变无迟速，要在当可"。在这个案例中，导入与结语的内容都是忠良之臣遇害，前后呼应，突出主题——良好的制度应当适应时代变迁并不断变化。

同样，如果在内容和形式上都能做到首尾呼应就更好，当然其难度也更大。比如笔者在《三国至隋唐的文化》一课的讲授时，以哪吒题材的动画电影为导入。众所周知哪吒为道教神话中的战神，但学生不知的是哪吒本是佛教神话中的战神，以哪吒身份的转变激起学生的好奇心，从而引入新课。同时本节课以动画电影《花木兰》作为结尾，前后呼应。动画电影是形式上的呼应；两部电影都是讲主人公对命运的抗争和对个性（自由）的追求，这是内容上的呼应。前者是走进来被改造，后者是走出去被改造，说明中华文化有极大的包容性、创造性与影响力，从而突出了本课的主题——文化开放与文化自信。

课堂导入不单单是为了激起学生兴趣、顺利引入新课，更重要的是为适应和促进学生的发展，这也是任何学习都必须追求的目标，不能适应和促进学生发展的教学过程是毫无意义的。因而，教师在设计课堂导入时，除了要使学生产生思考和探索的欲望、充分激发学生的求知欲和好奇心，还要重视适应和促进学生的发展，以达到课堂教学的目的。这就要求我们在设计导入时，要充分考虑到学生的年龄、认知特点以及历史学科的学科特征，抓住学生的心理，创设符合学情的学习情境，不断激发学生求知欲望。

教师简介：

梁李斯，首都师范大学历史学硕士，北京市一〇一中怀柔校区历史教研组二级教师，优秀的青年教师，热爱学生，勇敢坚强，积极向上，是学校的栋梁，参与撰写《京西论"道"》一书。

高中历史教学中时空观念的培养与渗透

——以"近代早期的世界"时期教学为例

牛露萱

摘　要：时空观念作为历史学科五大核心素养之一，在高中历史教学中发挥着重要的作用。掌握这一核心素养，学生的历史学习能力也将得到相应的提升。本文以《中外历史纲要（下）》中"近代早期的世界"这一时期为例，解读这一时期的时空观念，以及时空观念的落实。

关键词：高中历史　历史核心素养　时空观念

在进行历史教学的过程中，教师多运用时间轴来帮助学生梳理历史事件的时序，明确历史事件发生的逻辑顺序等重要信息，如全球航路开辟后，资本主义世界市场的形成过程等等。同时，教师也会通过历史地图来明确历史事件发生的地理位置，强化学生对空间的感知。如在《新航路的开辟示意图》中，描绘了几条重要的航行路线，通过示意图，学生能清楚地看出"全球联系不断加强"这一重要变化，地图的重要性不言而喻。将时空观念整理在一起，自然会有许多问题引发学生的思考。为什么15—16世纪要开辟新航路？哪里是旧航路？新航路开辟之后的世界有哪些变化呢？在时空观念这一核心素养的培育下，学生眼中的历史不再是一个个单独的历史事件，其内部的逻辑随着时空的梳理逐渐清晰，学生的独立思考能力和独立解决问题的能力也在不知不觉间得到了提高。本文将以"近代早期的世界"这一时期为例，探讨教学中时空观念的培养与渗透。

一、近代早期世界的时间联系与空间联系

据钱乘旦在《新世界史纲要》中的时期划分，近代早期的世界大约在15—16世纪左右，即《中外历史纲要（下）》中的第三单元以及第四单元的一部分。时空观念的培育不仅仅局限于同一时期同一区域的历史发展之中，更代表着纵向的时序联系及横向的空间联系，串起了历史发展的脉络。从纵向的时序联系来看，历史以时间为线索在不断发展。例如，15世纪之前，贸易中心在地中海流域，东西贸易往来频繁，意大利的资本主义萌芽发展最快，这也是文艺复兴发端于意大利的根本原因。随着文艺复兴的不断发展与传播，宗教改革、启蒙运动相继兴起，推动了后期资产阶级革命和资本主义制度的建立，而资本主义制度的建立也体现着启蒙运动的理念。从横向的空间联系来看，重要历史事件的发生，不仅会在它发生的区域产生影响，甚至会在全球范围内产生影响，例如

新航路开辟对中国的影响。这里也需要学生从全球的角度，将中国历史与世界历史联系起来。即使是在同一时期，历史事件也会在不同的空间产生不同的影响。例如在15—16世纪，西方与中国都出现了对海洋的探索，但新航路开辟与明朝时期的郑和下西洋却有很大的不同。学生要在学习中以这些差异性为切入点，进一步探索历史事件的前因后果，逐渐把握历史发展线索。

二、近代早期世界中时空观念的落实

学生在这一时期的学习中，难免会出现无法充分联系所学知识、无法多角度思考历史事件等问题。针对这些问题，教师需要在教学中落实时空观念，通过对时间轴的梳理来厘清时间，同时也需要通过对历史地图的观察，提高对历史知识的把握。历史地图中包含的信息量非常大，清晰直观的历史地图能够帮助学生独立思考、加深理解。例如在第6课《全球航路的开辟》中，学生就能通过地图中新、旧航线的对比，直观地看出当时新航路开辟的直接原因是奥斯曼帝国阻碍了东西方贸易；从《新航路的开辟示意图》及《其他航路的开辟示意图》中，也能看出全球联系的初步建立。通过第7课导入环节中15、16世纪两幅世界地图的对比，也能看出时人对世界的了解愈发全面、科学，从而更好地学习第7课的内容。第7课《全球联系的初步建立与世界格局的演变》作为新航路开辟的影响，是学生学习的难点，同样需要运用历史地图与一定的地理知识。学生将地图与教材联系起来，不仅能将空间观念渗入其中，清晰明了地学习知识，更能依照时序为此后的学习作好铺垫，明白资本主义世界市场与资本主义世界殖民体系的建立过程。时间与空间结合，共同构成了历史学科的本质——时空观念。在时空观念落实的过程中，学生的主体地位得到进一步发挥。

三、总结

历史学科的五大核心素养在教学中无法分割，时空观念作为其中之一，发挥着重要的作用。在日常教学中，教师要注重对学生时空观念的培养与渗透，多用时间轴与历史地图，鼓励学生梳理历史发展的脉络，拓宽学生的历史视野，达到立德树人的目的。在教师的引导下，学生的知识体系和知识结构将不断完善，时空观念将得到培养与提升，历史学习能力也将不断增强。

参考文献

钱乘旦. 新世界史纲要[M]. 北京：北京大学出版社，2023.

教师简介：

牛露萱，历史学硕士，北京市一〇一中怀柔校区历史教研组二级教师，为人积极向上，关爱学生。

"双新"背景下高中历史美育教育的实践

陶新颖

摘 要：历史学科是一门具有高度综合性、系统性的学科，其间蕴含着丰富的美育资源。因此对于历史教师来说，提高学生的审美乐趣、培养学生的审美情操，不仅仅是历史学科的一项重要功能和任务，也是全面推行"五育并举"育人要求的路径之一。

关键词：历史之美　美育

2019 年，《国务院办公厅关于新时代推进普通高中育人方式改革的指导意见》提出了"五育并举"的育人要求，强调要"培养德智体美劳全面发展的社会主义建设者和接班人"，努力构建德智体美劳全面培养的教育体系，形成更高水平的人才培养体系。在中学阶段各学科的教学过程中，教师通过渗透美育，使学生对教学内容和形式产生浓厚兴趣，从而让学生在学习的过程中受到美的熏陶，以美激情、以美求真、以美育人，使得学习过程变得更加有趣味、富有实效。

那么，什么是美育呢？历史学科的美育又该如何实现呢？美育是审美教学与美感教学的结合，通过美育教育提升学生认识美、欣赏美、体验美、感受美和创造美的能力，使学生具有美的理想、美的情操、美的品格和美的素养，在"立德树人"方面发挥独特的、不可替代的作用。本文将在新教材新课程的背景下，讲述笔者在高中历史教学中对学生实施美育的初步探索和思考。

从一般意义上讲，美育包括艺术美，即以音乐、舞蹈、绘画、影视剧等为审美对象所感受和体验到的美；自然美，即以大自然为审美对象所感受和体验到的美；社会美，即以社会生活中美好的人和事为对象而感受和体验到的美；科学美，即以科学的内容和形式为对象所感受和体验到的美。历史学科具备这些常规范围上的美育功能。在高中的历史教学实践中，教师应注重从以下几个角度，激发学生的学习兴趣，从而让学生在高中历史学习中受到史学之美的熏陶，美育素养得到培养。

一、展现历史的艺术之美

艺术美是指各种艺术作品所显现的美，是艺术家按照美的法则，运用先进的审美观点、审美理想创造出来的，蕴含着社会生活的本质规律、人们的理想愿望，并能给人以美的享受的艺术形象。历史教学中不乏艺术美的素材。建筑被誉为"凝固的艺术"，富丽庄严的北京故宫、天坛等古建筑，还有雄伟壮阔、气势磅礴的万里长城，使学生可以清晰地了解我国古代较为完整的木质结构建筑以及长城石雕砖刻制作技术的复杂精细与艺术才华。厚重典雅的司母戊鼎、奇巧富丽的四羊方尊，充分说明我国古代青铜铸造不仅规模宏大，而且组织严密、分工细致，显示出了中国高超的铸造水平和高度发达的青铜文化。被称为"世界第八大奇迹"的秦始皇陵兵马俑，从整体上看场面宏大、队列整齐，展现了秦军的编制、武器的装备和古代战争的阵法，从微观上看古代工匠们没有采用任何夸张变形的艺术手法，而是细致精微地塑造了逼真朴素、面目各异、个性不同的兵马形象。文学、书法、绘画等作品都能给人以美的感动和丰富的历史美学价值。课堂上教师还会和同学们一起欣赏唐诗、宋词、元曲中蕴含的都市生活的丰富多彩，品读达·芬奇《最后的晚餐》的精细入微、惟妙惟肖。这些艺术作品无时无刻不再诉说着岁月与变迁，清晰生动地反映了艺术家们的审美理想和思想情感，它们以其独特的美感，不仅激发了学生的学习兴趣，而且使学生对先人的勤劳智慧产生深深的敬仰。从新课程的角度出发，历史教师还会带着学生挖掘艺术作品的时代背景，运用历史唯物主义的基本原理对作家、作品作出恰如其分的评价，在提高学生审美情趣的同时培养学生的历史核心素养和历史思维能力，使历史教学中的美育探索成为全面推行"五育并举"育人要求的路径之一。

二、展现历史的自然之美

历史的自然美，既包括人类赖以生存的自然环境的美，也包括千百年来人类利用自然和改造自然创造的人文景观融入自然中体现出来的"天人合一"的历史自然美。比如历史教师会组织学生在社会大课堂的实践中参观北京市房山区的周口店北京人遗址，看着北京人曾经生活过的自然环境，凝视着出土的人类化石和石器以及大量的用火遗迹，伫立在人类化石宝库和古人类学、考古学、古生物学、地层学、年代学、环境学及岩溶学等多学科综合研究基地上，学生能够深深地感受到古人类进化的震撼。教师在讲授统编教材《中外历史纲要（上）》第2课《诸侯纷争与变法运动》一课时，学生通过欣赏都江堰这一水利工程的全景图，看到了李冰父子以不破坏自然资源为理念，充分利用自然资源为人类服务，使人、地、水三者高度和谐统一。鱼嘴分水堤、飞沙堰泄洪道、宝瓶口引水口等主体工程，它们相互依赖、功能互补、巧妙配合、浑然一体，形成布局合理的系统工程，发挥了分流分沙、泄洪排沙、引水疏沙的重要作用。都江堰的三大部分，科学地解决了江水自动分流、自动排沙、控制进水流量等问题，消除了水患，学生能够感受到都江堰是一个科学、完整、极其庞大的水利工程体系，并了解到它是世界迄今为止仅存的一项伟大的"生态工程"。暑假研学时，学生参观都江堰，看到了人、地、水三者高度和谐统一，这种直观的视觉冲击，学生的感受最深，受到的震撼最大，记忆最深刻而持久。

三、展现历史的社会之美

社会美也叫生活美，是指社会生活存在的美的形态。它包括人格美、劳动与生活过程的美以及环境美。历史教学在展现社会之美方面有得天独厚的优势，具体来说可以用历史人物的形象之美展现出精神之美。通过教师的讲授，学生能感受到岳飞"光复失地，还我河山"的雄心；当教师解读《红军长征路线示意图》时，学生能够感受到中国共产党人及其领导的人民军队所展现出的中华民族自强不息的民族品格和以爱国主义为核心的民族精神；城市里的红色资源（抗日战争时期的战斗遗址、烈士陵园等资源），记载着先辈们不惧生死、保家卫国的英勇事迹；改革开放时期敢想敢闯敢干的奋斗故事记录着人民群众建设祖国干事创业的热情；新时代涌现出的时代楷模、好人好事诉说着中华儿女千百年来流淌不息的家国情怀和奉献精神；等等。在学习历史人物的过程中，人物形象在学生眼中仿佛由抽象到具体、由模糊到真切，历史人物的精神力量同样激励、振奋着学生。通过社会美进行审美教育，凝聚了作为社会主体的人的精神力量，使学生的心灵得到触动、精神得到振奋、理想得到升华，达到提升学生审美能力和历史思维能力的育人目标。

四、展现历史的科学之美

科学美是指存在于人类创造性的科学发明和科学活动中的美。在统编教材《历史选择性必修3》第2课《中华文化的世界意义》一课中，学生学习到火药、造纸术、印刷术、指南针等中国古代最有代表性的四大科学技术成就传播到世界各地，促进了世界文明的发展，展示出中华文化的世界意义。正如马克思在《机器、自然力和科学的应用》里所说："火药、指南针、印刷术——这是预告资产阶级社会到来的三大发明。火药把骑士阶层炸得粉碎，指南针打开了世界市场并建立殖民地，而印刷术则变成新教的工具，总的来说变成科学复兴的手段，变成对精神发展创造必要前提的最强大的杠杆。"学生的历史审美意识和历史思维在历史学习的过程中慢慢地被激发出来，在体验历史中生成历史认识：中华文化作为世界主要文化之一，源远流长，博大精深，经过数千年的连续发展，中华文化不仅在过去为人类文明发展作出了重大贡献，也为当今世界文明的发展作出了自己的贡献。

在学习16—17世纪近代科学兴起时，学生学习到哥白尼根据行星运动遵循简单而和谐的关系的原则提出日心说，哈维根据"宇宙和谐"观念提出血液循环论，门捷列夫提出元素周期律。在科学家的研究工作中，其对美的追求与憧憬成了一个不可缺少的原动力，美激励着科学家进行科学研究。所以，严肃、冷静的科学研究会形成重视经验和事实的理性化思维方式，以及通过观察、实验、分析、归纳和综合等基本途径发现自然规律的科学方法，它会使人充满激情，同时充满丰富的想象力和创造力。

"史之所存，美之所在"，美存在于历史教学中的各个层面，历史为我们提供了丰富的物质文明和精神文明的瑰宝。"美育者，应用美学之理论于教育，以陶养感情为目的者也。人生无外乎意志，人与人相互关系，莫关乎行为，故教育之目的，在使人人有适当之行为，即以德育为中心是也。"作为一名高中历史教师，要加强"双新"背景下对高中历史教学美育功能的认识，充分发掘和利用美育元素，正如俄国著名文学评论家别林斯基所说"美和道德是亲姊妹"，把历史学科内在丰富的美育资源转化成学生对美的追求，使中华民族的传统美德在学生中得到继承并发扬光大，这样一来，我们的历史课堂就会增添无限乐趣，就会延展历史学科内涵的价值，学生也能够在轻松愉快的氛围中接受和体会丰富灿烂的中华历史文明！

参考文献

[1] 楼建军. 论中学历史教学中美育功能的发挥[J]. 时代经贸，2010（166）：261-262.
[2] 蔡元培. 美育与人生[M]. 济南：山东文艺出版社，2020.

教师简介：

陶新颖，中共党员，高级教师，骨干教师，北京市优秀辅导员，北京市高考优秀阅卷员，曾在人民教育出版社、《人民日报》、《中小学教育》等发表多篇文章。

以大概念为核心的知识结构化尝试

——以世界近代史为例

杨坤余

摘　要：2022 年教育部制定并颁布的《义务教育历史课程标准》强调"运用大概念对教学内容进行整合"，以"学科大概念"为核心的教学是落实核心素养的重要抓手。本文以世界近代史板块教学为例，通过提炼大概念、建构概念结构以落实历史学科核心素养。

关键词：世界近代史　大概念　结构　核心素养

一、背景

随着信息技术及现代科技的发展，一方面学科知识的容量得到扩充，另一方面学生获取知识的途径逐渐多元化。如何处理爆炸式增长的知识？如何避免知识碎片化？"大概念"应运而生。

《义务教育历史课程标准（2022 年版）》提出，以核心素养为导向整合教学内容，强调运用大概念对教学内容进行整合，引领学生构建合理的知识结构，避免碎片化，促进学生掌握探究历史的方法和路径，拓展学生认识历史的视野。2022 年初中历史新课标的颁布，为初中历史如何进行大概念教学提出了新的要求与思考。

什么是大概念教学？初中历史教学如何提炼历史学科大概念？如何根据大概念建构学习内容的框架？如何基于大概念落实核心素养？这些是值得我们广大历史学科教育工作者思考的问题。

本文以世界近代史为例，以《义务教育历史课程标准（2022 年版）》为依据，从课程教材出发，梳理明确世界近代史大概念、单元大概念，对大概念及其统摄下的知识结构与思维方法进行分析，帮助学生建立知识层级结构，用大概念架起连接学科知识与核心素养的桥梁，促进学生建立结构化的认知体系和理解体系，促进学生思维的发展。

二、学科大概念

（一）定义

"大概念"一词属于西方舶来品。西方学者克拉克将大概念视作学习者认知与理解的结构，在这种结构下能将一些更小的观念连接起来。克拉克所认为的大概念实质上是一种形成结构的方式，用一个更宽泛的概念包容细碎的概念。

《义务教育历史课程标准（2022 年版）》指出，大概念是指那些能够将分散的知识、技能、观念等联结成为整体，并且赋予它们意义的概念、观念。近年来，我国学界对大概念的研究方兴未艾，有学者进一步提出了"学科大概念"。方美玲指出"学科大概念应当具有如下特征：从地位看，居于跨学科大概念和学科核心概念之间，位于学科顶层，是学科观念；从数量看，数量很少且高度抽象，可以用一个概念解释所有的事物；从功能看，采用适当水平的大概念，可以更好地实现学科教育目标"。陈新民、韩文杰认为，学科大概念需要具备以下特征：（1）抽象性，大概念是从众多具体史实或概念中抽象概括出来的具有普遍解释力的概念或原理；（2）统摄性，大概念应该具有统摄相关具体史实或小概念的功能；（3）迁移性，大概念可以迁移到新的学习内容或学习情境之中；（4）意义性，大概念应该是一个有意义和价值关联的概念、命题或原理。

基于以上学术研究，笔者认为，历史学科大概念是历史学科知识背后更为本质、更为核心的概念或思想，它建立了不同历史概念间的横纵联系，同时能够打通学科内和学科间的学习，打通学校教育与真实世界的路径。

（二）提炼历史学科大概念

如何提炼历史学科大概念？《义务教育历史课程标准（2022 年版）》指出，历史教学中的大概念可以从多层面进行整合和提炼，一是能够统领整个学习板块的大概念，二是学习单元中的概念，三是每课中的概念。同时，笔者认为，提炼学科大概念，是依据学科内容，聚焦核心素养，对知识进行本质提炼，梳理高度凝练的学科核心概念及核心概念之间的关系，最后总结出上位的大概念。依据此方法，笔者对初中世界近代史的核心知识与观念进行分类整理，并依据课标要求，提炼出世界近代史板块的学科大概念、单元概念，并将大概念吸附的核心概念列表如下。

学科大概念	单元概念	核心概念
资本主义发展	资本主义经济形成	手工工场、租地农场 新航路开辟 早期殖民掠夺
资本主义发展	资本主义制度初步确立	英国资产阶级革命 美国独立战争和 1787 年宪法 法国大革命和拿破仑帝国

学科大概念	单元概念	核心概念
资本主义发展	资本主义制度扩展	俄国改革
		美国内战
		日本明治维新
	资本主义经济发展	第一次工业革命
		第二次工业革命
社会主义运动	国际共产主义运动	马克思主义诞生
		第一国际
		巴黎公社运动
民族解放运动	殖民地人民的反抗斗争	印度民族大起义
		拉丁美洲独立运动

三、建构大概念统摄下的知识层级结构，落实核心素养

核心素养的落实不能仅仅靠单一课时里的几个重要概念，这样很容易造成学科核心素养和学习内容之间的断层，学生的学习系统中容易出现知识零散、缺乏深刻理解等问题。因此，笔者认为，大概念统摄下的知识层级结构有严格的学科逻辑框架，它能串联相关知识，使之成为一个整体，学习者更容易把握学习内容的整体性，落实核心素养。

笔者以世界近代史为例，依托学科大概念，帮助学生建立学科逻辑的框架，完成学科知识的建构，落实历史学科核心素养。

（一）学科大概念间的知识结构与核心素养的落实

笔者将世界近代史提炼出三个学科大概念，分别是资本主义发展、社会主义运动和民族解放运动。三者逻辑关系如图所示。

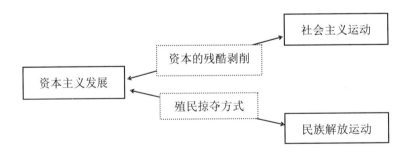

资本的残酷剥削使得资产阶级和无产阶级的阶级矛盾空前激化，工人运动蓬勃发展，在这一背景下，马克思主义的诞生为社会主义运动指明了方向。西方列强的殖民掠夺使西方列强与殖民地半殖民地国家的民族矛盾空前激化，民族解放运动蓬勃发展。通过建构世界近代史三个学科大概念的结构，使学生认识到资本主义发展的局限性、野蛮性、

残酷性和扩张性；认识到无产阶级革命和殖民地半殖民地人民反抗斗争的曲折、艰苦过程，理解其正义性，并树立正义必胜的信心；了解人类社会形态从低级到高级的发展趋势，掌握历史发展规律，认识社会主义制度的进步性和优越性，从而培养学生的唯物史观、历史解释、家国情怀三大核心素养。

（二）学科大概念统摄下的单元大概念结构与核心素养的落实

世界近代史的学科大概念"资本主义发展"下含 4 个单元概念，依次为：资本主义经济形成、资本主义制度初步确立、资本主义制度扩展、资本主义经济发展。这四个单元概念的结构建构如下图所示。

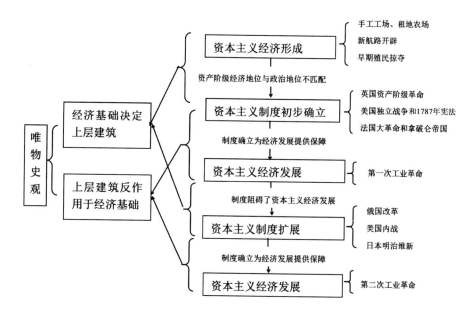

依据范围和大小的不同，不同概念呈现出一定的层级结构。从基本史实、技能到学科一般概念，进而凝练和升华为学科大概念，最终上升至哲学观点，这个过程是学生不断完善认知结构的过程。知识学习往往从低层次到高层次，是一个不断抽象概括的过程。

以世界近代史为例，最底层的是学科核心概念，即课时学习内容中的诸多小概念；第二层是基于学科知识整合的单元概念；第三层是学科大概念，围绕着学科大概念可以构建具有逻辑内聚力的知识结构层级；最顶层是统摄学科的核心素养。如上图所示，架构学科大概念统摄下的单元概念，有利于学生结构化掌握世界近代史知识，使学生在掌握历史事实的时候避免时序混乱。更重要的是，学生学习世界近代史后，知道生产力发展的重要性，了解生产力和生产关系的矛盾运动、经济基础和上层建筑的矛盾运动是社会历史发展的根本动力，这有利于学生核心素养的培养。之后，学生可以将这一认知迁移到其他学科与社会生活中。这一过程不仅使学生历史学科唯物史观这一核心素养得到落实，还有利于其跨学科知识的迁移。

学生对大概念的理解过程，是学生逐渐逼近学科核心素养的过程。学生基于大概念理解知识框架，在联系旧知识、激活具体经验的过程中，不断嵌入新知识，不断走向深入学习，最终建构健全的、有意义的知识结构，如此思维得到发展，并逐渐形成核心素养。

教师简介：

杨坤余，北京市一〇一中怀柔校区历史教研组教师，初三历史备课组组长，优秀的青年教师，曾获怀柔区青年教师比武一等奖、怀柔区中学教学基本功大赛二等奖、怀柔区微课一等奖等多项荣誉。

基于 PBL 教学模式的初中历史教学

——以《经济体制改革》一课为例

苑欣悦

摘　要：《义务教育历史课程标准（2022 年版）》提出："学生的核心素养是在解决问题的过程中发展的""教师在分析教学内容的基础上，要以问题为引领开展教学""结合教学过程的逻辑层次，设置需要解决的问题，并形成递进性的问题链，构成教学过程的逻辑层次，使学生在解决问题的过程中掌握知识，发展思维，形成新的迁移，获得新的认识。教师不仅要在教学设计中注重探究问题的设置，而且要将教学过程的实际操作转化为学生解决问题的活动过程"。新课标中提出的"解决问题"，要求一线教师探索相应的教学模式和手段并在课堂中进行落实。在初中历史课堂中有效利用 PBL 教学模式（基于问题的学习）进行教学，"以问题为基础，以学生为主体，以教师为导向的启发式教育，以培养学生的能力为教学目标"，能使学生处于问题的情境下进行主动学习，在问题情境中掌握知识、形成批判性思维。以统编教材《中国历史》八年级下册第 8 课《经济体制改革》为例，就如何在初中历史教学中运用 PBL 教学模式进行探索。

关键词：PBL 教学模式　初中历史

一、PBL 教学模式的内涵解读

PBL 教学模式要求教师给学生提供问题情境，然后学生在教师的指导下围绕问题进行探究。在解决问题的过程中，激发学生的学习兴趣，引导学生掌握合作探究与自主探究的要领，并学习背后的历史知识，从而学会用历史知识解决实际问题。PBL 教学模式应具备以下三个特点：

（一）问题性

问题是 PBL 教学模式的核心。在 PBL 教学模式中，学生能够运用历史课堂上学到的知识和技能灵活解决情境问题，使历史知识内化为学生应具备的历史核心素养。

（二）主体性

学生在 PBL 教学模式下是问题的解决者，需要主动学习知识，学会怎样学习，结合已有的知识，解决问题情境。"以学生为中心，让学生成为课堂的主人"，这就需要教师从学生角度出发，了解学生的能力水平和学习需求，创设能够引起学生探索兴趣的问题情境，由此，情境中出现的问题才会吸引学生主动探索。

（三）合作性

PBL教学模式下设置的问题情境过于复杂，依靠学生独立解决具有一定难度，所以鼓励以小组合作的方式进行探究。在合作探究中，小组成员的思维发生碰撞，从不同角度对问题情境进行探究。

二、PBL教学模式在初中历史课堂中应用的教学策略

（一）创设情境，激发兴趣

1. 问题设计要符合初中生的认知

PBL教学模式下，需要学生在面对问题时，能够充分调动自己的知识储备。教师将新课内容与旧知识联系，建构完整的知识结构，为后面的教学作好铺垫；在导入过程中采用创设问题情境的方法，激起学生探究经济体制改革如何进行的兴趣，为教学提供良好开端。

【导入】中共十一届三中全会后，国家的工作中心转移到经济建设上来，实行改革开放的历史性决策。那么国家的经济体制改革具体是如何进行的呢？

2. 问题设计要层层递进

历史学习是按照学习的难易程度层层递进的。教师在进行问题情境设计时首先要掌握本节课的整体知识层次，认真分析知识之间的联系，根据知识的层次设计问题情境，将教学难点逐个击破，由表及里层层深入，使学生透过历史知识的表象看本质，建构完整的知识体系。教师将本课知识进行整合并根据学生的认知结构设置三个问题情境：敢为人先开新路、改革春风吹满地和体制建立创新篇，即从农村改革到城市改革再到体制建立的过程。情境一从农村改革的历史事件出发，在教师的指导下进行小组合作探究，帮助学生理解农村经济体制改革的方式。

教师出示小岗村村民签订的"生死契约"。

材料 我们分田到户，每户户主鉴（签）字盖章，如以后能干，每户保证完成每户的全年上交和公粮，不在（再）向国家伸手要钱要粮。如不成，我们干部作（坐）牢刹（杀）头也干（甘）心，大家社员也保证把我们的小孩养活到十八岁。

——摘编自何卓恩、夏勇《辉煌的转轨——经济建设与体制改革》

结合材料进行小组合作，从这份协议中，分析农村改革的方式、责任、利益，并将小岗村村民做法补充到对应表格上。

项目	人民公社	问题	小岗村
经营方式	统一经营	缺少生产自主权	
分配制度	统一分配	缺乏生产积极性	
所有制	集体所有	—	

以真实的历史案例作为问题情境吸引学生，通过对史料的分析运用，启发学生思考，让学生整体感知小岗村村民改革的基本内容，涵育史料实证素养。教师借助探究分析、填充表格活动，设置探究阶梯，以层层递进的方式促进学生深度体验小岗村的改革方法。八年级学生可以对材料进行提取，从材料中找到农村改革的方式、责任和利益，但可能转述能力欠缺，无法精准概括，教师要进行适当指导，得出"经营方式从统一经营转为分户经营，分配制度从统一分配改为按劳分配，所有制仍是集体所有。农民有了生产自主权，生产积极性大大提高，农村现存问题得到解决"。

初中学生往往能力较弱，无法进行完全独立自主的探究，因此在情境一中，教师要对学生的情境探究进行具体的指导。在这样的教学模式下，学生不再是被动接受知识的机器，而是知识的探究者，该模式还为后面解决情境二中城市经济体制改革的问题情境奠定基础。

有了情境一中的探究铺垫，在情境二中，学生可以运用已经掌握的知识和技能进行自主探究，形成比较完整的认识。从学生已经掌握的认知结构出发创设情境，教师展示以下材料。

材料1 上海的天气很热，企业为了不影响生产，采取降温的措施。当时的降温措施主要是使用风扇、鼓风机，但是企业即使采取这样的措施也没有主动权，要经过层层报批。当时要经过11个部门的审批，要盖11个图章，等最后的图章盖完，夏天已经过去了。

——摘编自《广州日报》

材料2 上班八点钟来，九点钟走人，十点钟时，随便往厂区大院里扔一个手榴弹也炸不死人。

——摘编自林赛编《商儒张瑞敏》

材料3 直到1978年，中国境内所有的企业都为国营或集体所有制企业，所有的物资生产和分配全由国家来调控……

——摘编自吴晓波《激荡三十年》

材料4 企业吃国家"大锅饭"、职工吃企业"大锅饭"……

——《中共中央关于经济体制改革的决定》

学生阅读教材并结合材料，小组合作找出国有企业存在的问题，补充任务单。

项目	改革前	问题	改革后
管理体制	政企不分		
分配制度	平均主义		
所有制	单一公有制经济		

学生在情境一的基础上对改革内容有了一定的了解，运用已经掌握的知识去研究新的未知问题，使学生在提出问题、思考问题、解决问题的动态过程中学习。结合教材内

容可以对材料进行精准概括：管理体制上政企不分，政府管得太多导致企业缺乏生产经营自主权，限制了企业的发展，使企业不能最大限度地创造财富；分配制度上缺乏激励机制，工人缺乏生产积极性；所有制是单一公有制，经济效益低下，影响了国家财政收入。

在情境三"体制建立创新篇"中，涉及抽象难懂的经济概念，八年级学生往往抽象能力不足，无法独立理解晦涩难懂的经济概念，但在前两个问题情境的铺垫下，学生已经有了一些浅层理解，此部分仍需要教师释义。教师把经济发展比作前行的火车，将国家和市场在经济发展中起到的作用进行生动比喻，深入浅出揭示生僻历史概念背后的深层关系。国家控制经济发展的大方向，而具体资源配置、社会的生产和消费由市场来进行调节，就像一列前进的火车，火车往哪个方向开由国家控制，具体每个车厢装什么则根据市场来调节。

（二）自主探究，培养能力

创设历史情境后，教师在课堂上要留给学生足够的学习空间，让学生在独立思考的基础上去主动探究，引导学生多角度分析，从而找到正确结论，培养学生自主探究能力。

例如在情境一"敢为人先开新路"中，通过呈现两则材料和问题引导学生思考农村改革前存在的问题。根据材料分析可以得出，人民公社时期集中劳动，统一分配，缺少生产自主权；吃大锅饭，农民缺乏生产积极性。八年级学生虽然具备一定的分析能力，可以得出解决问题的关键在于给予生产自主权和调动农民生产积极性，但通常无法深入探究寻得具体的解决方法。吊足学生胃口后，教师再进行揭秘，从而激发学生的学习兴趣。

材料1 农村改革以前，农村人民公社实行政社合一，统一经营，集中劳动，统一分配，吃"大锅饭"。农民缺少生产自主权，辛辛苦苦干一年活，到年终结算，收入不多，因此生产积极性不高。

——摘编自李皋《基层治理七十年》

材料2 男劳力上工带扑克，女劳力上工带纳鞋，头遍哨子不买账，二遍哨子伸头望，三遍哨子慢慢晃。

——摘编自杨思懋《红日照耀中国：中国共产党辉煌历程纪实》

提出问题：以上两则材料反映了人民公社时期农村出现了什么问题？将找到的问题补充到任务单对应位置。

项目	人民公社	问题
经营方式	统一经营	
分配制度	统一分配	
所有制	集体所有	

（三）小组合作，突破难点

PBL 教学模式鼓励合作学习，通过呈现的材料和问题引导学生小组合作。在情境二"改革春风吹满地"中以漯河肉联厂改革为例创设仿真的历史情境，小组合作讨论使学生获得体验性学习，引导学生深入理解城市经济体制改革的内容，调动学生的学习主动性。学生不仅掌握了知识，更善于以史为鉴，将历史知识应用于实际生活当中。补充表格，在管理体制上，对国有企业实行政企分开，逐步扩大企业的生产经营自主权，实行经营责任制；在分配制度上，实行以按劳分配为主体、多种分配方式并存的制度；在所有制上，把原来单一的公有制经济，变为以公有制为主体、多种所有制经济共同发展。学生在具体情境下开展合作探究，思维进行碰撞，充分调动了学生的好奇心，拉近学生与历史之间的距离。在小组合作探究的过程中，教师要有针对性地进行小组指导，关注每位成员，并不断纠正问题方向。

材料 1984 年 7 月万某当选为改革试点的漯河肉联厂厂长。通过改革，他拿到"人财物产供销"的管理支配权。通过提高收购生猪价格，解决了工厂长期无米下锅的难题。他率先打破"铁饭碗"和"铁工资"，实行多劳多得的浮动工资制度。一系列的改革措施，增强了企业的活力，当年就实现盈利，结束了 26 年的亏损历史。

1992 年 2 月，第一支某品牌火腿肠问世。

1994 年 8 月，以漯河肉联厂为核心组建并成立某集团。

——摘编自某集团官网

依据材料并结合教材城市经济体制改革的内容，小组合作填写表格。

项目	改革前	问题	改革后
管理体制	政企不分	企业缺乏生产经营自主权	
分配制度	平均主义	工人缺乏生产积极性	
所有制	单一公有制经济	经济效益低下	

（四）深化理解历史知识

根据 PBL 教学模式主体性的特点，教师的教学不能是单纯的灌输，而是让学生通过对本课的探究学习，以及对有价值的史料的运用来形成历史认识。例如城市经济体制改革的影响，通过引导学生对比改革前后漯河肉联厂的变化，使学生自然而然得出城市经济体制改革的效果，即调动了企业、职工的积极性，增强了企业的活力。PBL 教学模式使历史学习不再是简单地接受和记忆现成的知识点。

三、PBL 教学模式评价

从整体上看，本节课采用 PBL 教学模式进行讲授，充分发挥了教师的引导性和学生的主动性，在教学中抓住了八年级学生的生理和心理特点——精力充沛、思维比较活跃、有一定的鉴别能力和分析比较问题的能力；爱发表见解、爱表现自己、希望得到老师的表扬等。因此，教师一方面运用生动的案例，激发学生的学习兴趣，使学生积极参与课堂学习；另一方面通过预设一些情境和问题，启发学生发表见解，引导学生发挥学习的主动性。

PBL 教学模式应用于初中历史教学，有利于学生主动参与课堂，在合作探究中相互借鉴，从中更深刻地理解教学内容。在一个个情境的探究中，学生更具象地感知历史，加深体验，在情境中完成知识建构，以正确的视角去观察历史、分析历史，提升历史思维能力。在 PBL 教学模式下，还应加入完整的成果汇报和评价环节，但因课堂容量有限，本课旨在探索课堂教学过程中 PBL 教学模式的运用。

参考文献

[1] 中华人民共和国教育部. 义务教育历史课程标准（2022 年版）[M]. 北京：北京师范大学出版社，2022.

[2] 张潆心,刘芳. 高中历史课中应用 PBL 教学模式的思考[J]. 科教导刊,2016(18)：140-141.

[3] 张潆心. 初中历史教学中 PBL 教学模式应用研究[D]. 锦州：渤海大学，2017.

教师简介：

苑欣悦，优秀的青年教师，中学历史一级教师，北京市紫金杯优秀班主任，曾获青年教师基本功大赛一等奖。

第三篇

格物致知

关于高中常见几何问题解决策略的思考

何本胜　姚　晶

平面几何问题在高中阶段主要是研究长度、角度以及几何要素之间的位置关系等。处理这类问题的常用策略有三种：

一、平面几何处理

主要运用平面几何中的相关定理与性质，特别是解三角形时运用到的正弦定理、余弦定理，来解决长度、角度和位置关系等问题。

二、向量几何处理

平面向量是研究平面几何的重要工具，在平面向量中，可以借助平面向量的数量积运算求模和向量夹角，来实现求长度与角度；通过研究向量与向量之间的位置关系研究相应几何要素之间的位置关系。

如设直线 a，b 的方向向量分别为 $\boldsymbol{u}$，$\boldsymbol{v}$，

① $a // b \Leftrightarrow \boldsymbol{u} // \boldsymbol{v} \Leftrightarrow \boldsymbol{u} = \lambda \boldsymbol{v}$；

② $a \perp b \Leftrightarrow \boldsymbol{u} \perp \boldsymbol{v} \Leftrightarrow \boldsymbol{u} \cdot \boldsymbol{v} = 0$.

求线段 AB 的长度可以转化为求向量 $\overrightarrow{AB}$ 的模，

③ $|\overrightarrow{AB}| = \sqrt{\overrightarrow{AB}^2}$.

求直线 a，b 的夹角 θ 可以转化为 $\boldsymbol{u}$，$\boldsymbol{v}$ 的所成角问题，

④ $\cos < \boldsymbol{u}, \boldsymbol{v} > = \dfrac{\boldsymbol{u} \cdot \boldsymbol{v}}{|\boldsymbol{u}||\boldsymbol{v}|}$.

三、解析几何处理

在解析几何中，点以坐标形式出现，曲线以曲线上的点的横纵坐标的二元方程形式出现，所以解析几何是用坐标法来研究平面几何问题，即用代数方法来研究几何问题。

如直线 a，b 的位置关系：平行与垂直.

设直线 a，b 的斜率为 k_1，k_2，

$$a // b \Leftrightarrow k_1 = k_2 ,$$

$$a \perp b \Leftrightarrow k_1 \cdot k_2 = -1 .$$

上述三种策略都可以处理平面几何问题，只是采用的方式方法不一样而已。所以在处理平面几何问题时，要根据所给条件灵活选择处理策略，这样才能达到事半功倍的效果。下面通过典型例题来阐述三种策略，体验它们在处理平面几何问题时的不同效果。

例 1 已知 $\triangle ABC$ 满足 $AB = 6$，$AC = 4$，$\angle BAC = \dfrac{\pi}{3}$，求 BC 边中线 AD 的长。

解：法一　平面几何方向

延长 AD 至 E，使得 $DE = AD$，连接 BE，

易知 $\triangle BDE \cong \triangle CDA$，

所以 $BE // AC$ 且 $BE = AC$。

在 $\triangle ABE$ 中，$AB = 6$，$BE = 4$，$\angle ABE = \dfrac{2\pi}{3}$，

由余弦定理知 $AE^2 = AB^2 + BE^2 - 2AB \cdot BE \cdot \cos \angle ABE$，

所以 $AE = 2\sqrt{19}$，即 $AD = \sqrt{19}$。

法二　向量几何方向

以 $\overrightarrow{AB}$，$\overrightarrow{AC}$ 为基向量，则

$$AD = |\overrightarrow{AD}| = \frac{1}{2}(\overrightarrow{AB} + \overrightarrow{AC}) = \frac{1}{2}\sqrt{\overrightarrow{AB}^2 + \overrightarrow{AC}^2 - 2\overrightarrow{AB} \cdot \overrightarrow{AC} \cos \angle BAC}$$

即 $AD = \sqrt{19}$。

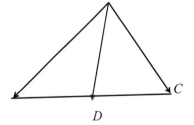

法三　解析几何方向

如图所示建立平面直角坐标系，

则 $A(0,0)$，$B(6,0)$，$C(2,2\sqrt{3})$，

所以 BC 的中点 $D(4,\sqrt{3})$，

所以 $|AD| = \sqrt{4^2 + (\sqrt{3})^2} = \sqrt{19}$。

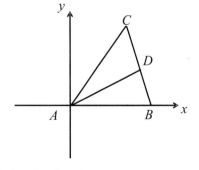

点评： 例 1 是高中阶段一个很典型的平面几何问题，常规做法就是法一通过解三角形来求 AD，但是整个过程想要提高效率需要作辅助线，思维上有一定难度；如果不作辅助线，计算比较复杂，效率更低。与法一有明显对比的法二、法三，从向量几何与解

析几何角度来处理，思维难度小，计算量小，反而效率更高。

例 2 已知 $\triangle ABC$ 满足 $AB = \sqrt{2}AC$，$BC = 2$，则 $\triangle ABC$ 的面积最大值为_____。

分析：例 2 是江苏省的高考真题，考查的是解三角形中的最值问题。常规做法就是从平面几何的角度利用正余弦定理以及面积公式得到面积的表示，求最值。

解：**法一** 设 $AC = x$，则 $\cos A = \dfrac{AB^2 + AC^2 - BC^2}{2AB \cdot AC} = \dfrac{3x^2 - 4}{2\sqrt{2}x^2}$，

$\therefore \sin A = \sqrt{1 - \cos^2 A} = \sqrt{1 - (\dfrac{3x^2 - 4}{2\sqrt{2}x^2})^2}$。

$\therefore S_{\triangle ABC} = \dfrac{1}{2}AB \cdot AC \cdot \sin A = \dfrac{\sqrt{2}}{2}x^2 \sin A = \dfrac{1}{4}\sqrt{-x^4 + 24x^2 - 16}$

$= \dfrac{1}{4}\sqrt{-(x^2 - 12)^2 + 128}$，

当 $x^2 = 12$ 时，$S_{\triangle ABC}$ 取最大值为 $2\sqrt{2}$。

分析：如果从另一个面积的公式出发，要研究面积的最大值在底边固定的情况下只需要找到点 A 的轨迹，就能找到点 A 到底边的最大距离，所以本题可以考虑从解析几何方向出发研究点 A 的轨迹，来寻找面积的最大值。

法二 解析几何方向

如图所示建立平面直角坐标系，

由已知 $B(0,0)$，$C(2,0)$，设点 $A(x,y)$，

则由 $AB = \sqrt{2}AC$，得 $\sqrt{x^2 + y^2} = \sqrt{2} \cdot \sqrt{(x-2)^2 + y^2}$

即 $x^2 + y^2 - 8x + 8 = 0$，

所以 $(x-4)^2 + y^2 = 8$，

所以点 A 的轨迹为以 $(4,0)$ 为圆心、半径为 $2\sqrt{2}$ 的圆，

所以 $S_{\triangle ABC}$ 的最大值为 $\dfrac{1}{2}|BC| r = \dfrac{1}{2} \times 2 \times 2\sqrt{2} = 2\sqrt{2}$。

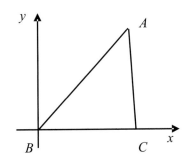

点评：法二对于整个问题的处理相对于法一更加简捷高效。问量几何方向在研究面积时没有太简捷的转换方式，所以这个方向的处理就没有解析几何方向处理的优势了。

学无定式，教无定法。同样道理，解题有法，但无定法。在高中的平面几何问题中，想要高效解决相关问题，需要根据具体的题目条件，仔细辨析三种解题方向对于条件使用的差异，研究这种差异带来解题的不同，从而选择对于解题最有效的方法，不局限于一招一式。

同时因为平面几何问题可以用解析几何与向量几何来解决，所以平面几何问题、平面向量问题、解析几何问题三者之间可以根据研究问题的需要进行相互转化。

下面给出两道经常考查的问题供读者尝试，感受这三种解题方向在解题时的不同与三种问题之间的相互转化。

1. 已知 $\odot O: x^2 + y^2 = 4$，点 P 在直线 $l: y = x + 4$ 上，过点 P 作直线交 $\odot O$ 于 A, B 两点，则 $|PA| \cdot |PB|$ 的最小值为_____。

2. 在 $\triangle ABC$ 中，$AB = 4$，$AC = 3$，$\angle BAC = 90°$，点 D 在边 BC 上，延长 AD 至 P，使得 $AP = 9$，若 $\overrightarrow{PA} = m\overrightarrow{PB} + \left(\dfrac{3}{2} - m\right)\overrightarrow{PC}$，则 CD 的长度是_____。

教师简介：

何本胜，中学高级教师，怀柔区骨干教师，获得卓越教练员，奥林匹克高级教练员，市优秀教师，市青年教学能手，校优秀班主任等荣誉称号。教学成绩优异，学生有多人考入清华、北大，竞赛辅导成绩优异，多人获奖。

姚晶，高级教师，怀柔区引进人才、怀柔区骨干教师。入选省"卓越教师"培养计划，曾获奥数优秀教练员、市劳动模范、市建功立业巾帼标兵、市头雁工程首批教学能手、市骨干教师、市骨干班主任、市优秀班主任、市数学学科专家组成员、市职称评审专家等荣誉称号并享受市政府津贴。曾获得北京市"示范性教研活动"授课一等奖、怀柔区教师基本功大赛纸笔测试一等奖，参与编写著作两本，多篇文章公开发表。

"一题多解"是成功还是败笔

——由一道圆锥曲线题引发的教学反思

马 冲

摘 要：一题多解一直以来都是一种备受推崇的教学手段，但为什么要一题多解？怎样一题多解？一题多解后怎么办？学生通过一题多解有哪些收获？似乎更值得我们思考。

关键词：一题多解 思考 反思

近年来，素质教育和新课改观念逐渐从一种理念变为现实，促进了教师教学思想的转变。为了提高教学效率，发散学生思维，早就有人提出了"一题多解"的教学思路，让学生从多个角度对同一问题进行深入和透彻的思考，提高学生对问题理解的深度和全面程度。从不同的角度着手解决同一个问题，既可以发散学生的思维，也能够减少学生对数学"一成不变"的感觉，提高教学效率，改善教学效果。但是如何利用"一题多解"切实培养学生的思维能力，尤其是发散思维和收敛思维的能力，是教师在教学中需要研究的问题。

课堂片段：已知点 B 与点 A（$-1,1$）关于原点 O 对称，P 是动点，且直线 AP 与 BP 的斜率之积等于 $-\dfrac{1}{3}$。

（1）求动点 P 的轨迹方程。

（2）设直线 AP 和 BP 分别与直线 $x=3$ 交于点 M，N，问：是否存在点 P 使得△PAB 和△PMN 的面积相等？若存在，求出点 P 的坐标；若不存在，说明理由。

第二问：方法1：（图1）

设 $P(x_0, y_0), M(3, y_M), N(3, y_N)$，

则 AP：$y - 1 = \dfrac{y_0 - 1}{x_0 + 1}(x + 1)$，

BP：$y + 1 = \dfrac{y_0 + 1}{x_0 - 1}(x - 1)$，

令 $x=3$，则 $y_M = \dfrac{4y_0 + x_0 - 3}{x_0 + 1}$，$y_M = \dfrac{2y_0 - x_0 + 3}{x_0 - 1}$，

于是 $S_{\triangle PMN} = \dfrac{1}{2}|y_M - y_N|(3 - x_0) = \dfrac{|x_0 + y_0|(3 - x_0)^2}{|x_0^2 - 1|}$，

又直线 AB 的方程：$x + y = 0, |AB| = 2\sqrt{2}$，

于是 $S_{\triangle PAB} = \dfrac{1}{2}|AB|d = |x_0 + y_0|$，

当 $S_{\triangle PAB} = S_{\triangle PMN}$ 时，$|x_0 + y_0| = \dfrac{|x_0 + y_0|(3 - x_0)^2}{|x_0^2 - 1|}$，

又 $|x_0 + y_0| \neq 0, \therefore (3 - x_0)^2 = |x_0^2 - 1|$，解得 $x_0 = \dfrac{5}{3}$。

$\because x_0^2 + 3y_0^2 = 4, \therefore y_0 = \pm\dfrac{\sqrt{33}}{9}$。

故存在点 P，使得 $S_{\triangle PAB} = S_{\triangle PMN}$，此时点 P 的坐标为 $\left(\dfrac{5}{3}, \pm\dfrac{\sqrt{33}}{9}\right)$。

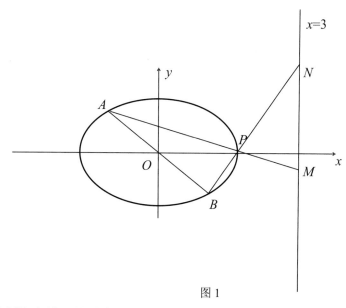

图 1

【分析】方法 1 是学生最熟悉的解题思路，学生几乎都是利用这个思路尝试解决此题，所以方法 1 的讲解过程比较顺畅，学生的课堂反馈比较好。

方法 2：

设点 P（x_0，y_0），由 $S_{\triangle PAB}=S_{\triangle PMN}$，得

$$\frac{1}{2}|PA|\cdot|PB|\sin\angle APB=\frac{1}{2}|PM|\cdot|PN|\sin\angle MPN。$$

$\because \sin\angle APB=\sin\angle MPN$，$\therefore \dfrac{|PA|}{|PM|}=\dfrac{|PN|}{|PB|}$，故 $\dfrac{|x_0+1|}{|3-x_0|}=\dfrac{|3-x_0|}{|x_0-1|}$。

即 $(3-x_0)^2=|x_0^2-1|$，解得 $x_0=\dfrac{5}{3}$。

$\because x_0^2+3y_0^2=4,\therefore y_0=\pm\dfrac{\sqrt{33}}{9}$。

故存在点 P，使得 $S_{\triangle PAB}=S_{\triangle PMN}$，此时 $P\left(\dfrac{5}{3},\pm\dfrac{\sqrt{33}}{9}\right)$。

【分析】方法 2 利用图像中对顶三角形的特性，借助正弦定理面积公式，思路比较新颖，学生兴趣很高，学生有收获。

方法 3：

延长 AB 交直线 $x=3$ 于点 G（如图 2）。则 G（3,-3），

$|AB|=|BG|=2\sqrt{2}$。

由 $S_{\triangle PAB}=S_{\triangle PMN}$ 得到 $\overrightarrow{BM}//\overrightarrow{AN}$，

所以 $|GN|=2|GM|$，同方法 1，

$$y_M=\frac{4y_0+x_0-3}{x_0+1},y_N=\frac{2y_0-x_0+3}{x_0-1}。$$

代入解得 $\left(\dfrac{5}{3},\pm\dfrac{\sqrt{33}}{9}\right)$。

故存在点 P，使得 $S_{\triangle PAB}=S_{\triangle PMN}$，

此时点 P 的坐标为 $\left(\dfrac{5}{3},\pm\dfrac{\sqrt{33}}{9}\right)$。

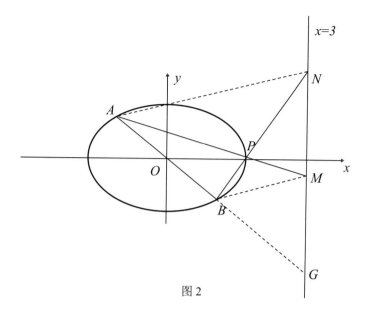

图 2

【分析】方法 3 实质上是方法 1 的变形，计算量没有减少，学生收获不大。

方法 4：

延长 AB，交直线 $x=3$ 于点 G，连接 AN（如图 3）。

若存在点 P，使得 $S_{\triangle PAB}=S_{\triangle PMN}$，则 $S_{\triangle GAM}=S_{\triangle GBN}$

因为 $S_{\triangle GAM}=\dfrac{1}{2}|GM|\cdot(3-x_A)=2|GM|=S_{\triangle GBN}=\dfrac{1}{2}|GN|\cdot(3-x_B)=|GN|$，

所以 $|GN|=2|GM|$，所以 M 是 NG 的中点，

又 B 是 AG 的中点，所以 BN，AM 是 $\triangle AGN$ 的两条中线，故 P 是 $\triangle AGN$ 的重心，

所以 $x_P=\dfrac{x_A+x_G+x_N}{3}=\dfrac{-1+3+3}{3}=\dfrac{5}{3}$，代入椭圆方程得 $y_P=\pm\dfrac{\sqrt{33}}{9}$。

故存在点 P，使得 $S_{\triangle PAB}=S_{\triangle PMN}$，此时 $P\left(\dfrac{5}{3},\pm\dfrac{\sqrt{33}}{9}\right)$。

【分析】方法4是利用了本题图像的特殊性，对于学生而言思路较难想到，应用范围有一定的局限性。

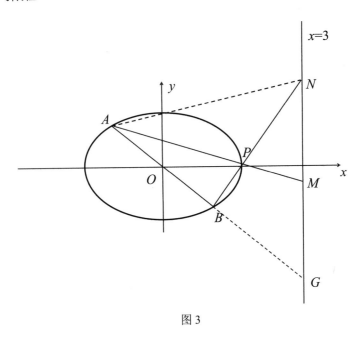

图3

方法5：

过点 B 作 $BT // y$ 轴，交 AP 于点 T，则 $\triangle PBT \backsim \triangle PNM$，所以

$$\frac{S_{\triangle PNM}}{S_{\triangle PBT}} = \left(\frac{|PN|}{|PB|}\right)^2 = \left(\frac{x_N - x_P}{x_B - x_P}\right)^2，而 \frac{S_{\triangle PAB}}{S_{\triangle PBT}} = \frac{|PA|}{|PT|} = \frac{x_P - x_A}{x_P - x_T} = \frac{x_P - x_A}{x_P - x_B}，$$

若存在点 P，使 $S_{\triangle PAB} = S_{\triangle PMN}$，则 $\left(\dfrac{x_N - x_P}{x_B - x_P}\right)^2 = \dfrac{x_P - x_A}{x_P - x_B}$，

即 $\left(x_P - 3\right)^2 = \left(x_P + 1\right)\left(x_P - 1\right)\dfrac{5}{3}$，

代入椭圆方程，得 $y_P = \pm\dfrac{\sqrt{33}}{9}$，

故存在点 P，使得 $S_{\triangle PAB} = S_{\triangle PMN}$，此时 $P\left(\dfrac{5}{3}, \pm\dfrac{\sqrt{33}}{9}\right)$。

【分析】方法 5 作 y 轴的平行线，利用面积比与边长比的关系，此方法在解决长度比时应用较多，学生应该熟悉。

　　课后笔者与其他教师进行了交流，他们都认为本节课教学思路清晰，在学生现有的知识基础上极大程度地引导学生发散思维，是一节好课。可是笔者在与学生交流中，不少学生反映听得天花乱坠，自己做的时候反而不知道到底应该选择哪种方法来解决问题。以本题为例，方法 1 基本上是通性通法，学生容易理解和掌握，第 2 种方法，利用正弦定理的面积公式，学生还能接受，方法 3 和 4 利用了图像的特殊性，方法 5 构造相似三角形。纵观本班学生，可以掌握方法 1，掌握方法 2 的时候就比较勉强，到方法 3 时很多学生反映已经跟不上了，反而方法 5 是学生应用过的方法，但是此时学生已经进入思维疲劳状态，没有达到应有的效果，故应该充分考虑学生的实际情况，加强方法 1 的练习，适当拓展方法 2 和方法 5，而不是让一题多解成为教师的解题秀。

　　一题多解主张用多种解题方法解决同一问题，目的是拓宽学生视野，如果授课老师过度地追求所谓的一题多解，过分强调一个题目的多种解答必然对学生的解题思路造成干扰，所以教师在使用"一题多解"来讲题时，不仅要考虑题目本身有几种解法，更应该关注学生的实际情况，哪些解法是学生自己能想到的，哪些是必须掌握的，哪些解法学生理解起来比较困难，都是在教学设计阶段必须思考清楚的，这样才能让学生最终在一题多解中真正受益。

参考文献

[1] 张艳玉. 是"亮点"，还是"败笔"——由一道"一题多解"数学题教学引发的思考.数学教学通讯（教师版）2011（15）.

[2] 陈建江. 给高中数学"一题多解"的教学提个醒[J]. 数理化学习，2008（10）：26-28.

教师简介：

　　马冲，男，中学高级教师。曾获得怀柔区"青年岗位能手"、怀柔区教师基本功竞赛一等奖、怀柔区数学学科骨干教师、民盟北京市先进个人、怀柔区师德标兵等荣誉。

我为高考设计题目

郝明泉

题目 已知函数 $f(x) = e^x - 2x - 1 + k\ln(x+1)$。

（Ⅰ）当 $k=1$ 时，求证：$f'(x) \geqslant 0$。

（Ⅱ）若函数 $f(x)$ 在区间 $(-1,0)$，$(0,+\infty)$ 上各恰有一个零点，求实数 k 的取值范围。

（可直接使用结论：当 $x>0$ 时，$e^x > x$；当 $x>0$ 时，$\ln x \leqslant x-1$，当且仅当 $x=1$ 时取到等号）

（Ⅰ）证明：方法 1　当 $k=1$ 时，$f(x) = e^x - 2x - 1 + \ln(x+1)$，定义域为 $(-1,+\infty)$，

$$f'(x) = e^{x-2} + \frac{1}{x+1},$$

设 $g(x) = e^{x-2} + \dfrac{1}{x+1}\,(x>-1)$，则 $g'(x) = e^x - \dfrac{1}{(x+1)^2}$，$g''(x) = e^x + \dfrac{2}{(x+1)^3}$，

当 $x \in (-1,+\infty)$ 时，$g''(x) > 0$，$g'(x)$ 在 $(-1,+\infty)$ 上单调递增，又 $g'(0) = 0$，所以当 $x \in (-1,0)$ 时，$g'(x) < 0$，$g(x)$ 在 $(-1,0)$ 上单调递减，当 $x \in (0,+\infty)$ 时，$g'(x) > 0$，$g(x)$ 在 $(0,+\infty)$ 上单调递增，当 $x=0$ 时，$g(x)$ 有最小值 $g(0)$，又 $g(0) = 0$，故 $g(x) \geqslant 0$，即 $f'(x) \geqslant 0$。

方法 2　当 $k=1$ 时，$f(x) = e^x - 2x - 1 + \ln(x+1)$，定义域为 $(-1,+\infty)$，

$f'(x) = e^{x-2} + \dfrac{1}{x+1}$，证 $f'(x) \geqslant 0$，即证 $e^{x-2} + \dfrac{1}{x+1} \geqslant 0$，

即证 $(x+1)e^x - 2x - 1 \geqslant 0$，

设 $g(x) = (x+1)e^x - 2x - 1(x > -1)$，则 $g'(x) = (x+2)e^x - 2$，$g''(x) = (x+3)e^x$，

当 $x \in (-1, +\infty)$ 时，$x+3 > 0$，$g''(x) > 0$，$g'(x)$ 在 $(-1, +\infty)$ 上单调递增，又 $g'(0) = 0$，

所以当 $x \in (-1, 0)$ 时，$g'(x) < 0$，$g(x)$ 在 $(-1, 0)$ 上单调递减，当 $x \in (0, +\infty)$ 时，

$g'(x) > 0$，$g(x)$ 在 $(0, +\infty)$ 上单调递增，当 $x = 0$ 时，$g(x)$ 有最小值 $g(0)$，又 $g(0) = 0$，

故 $g(x) \geqslant 0$，即 $f'(x) \geqslant 0$。

（Ⅱ）解：方法 1　$f(x)$ 的定义域为 $(-1, +\infty)$，

$$f'(x) = e^x - 2 + \frac{k}{x+1} = \frac{(x+1)(e^x - 2) + k}{x+1}。$$

（1）若 $k \geqslant 1$，由（Ⅰ）知当 $x > -1$ 时，$e^x - 2 + \dfrac{1}{x+1} \geqslant 0$，

故当 $x \in (0, +\infty)$ 时，$x + 1 > 0$，$\dfrac{k}{x+1} \geqslant \dfrac{1}{x+1}$，

故 $f'(x) = e^x - 2 + \dfrac{k}{x+1} \geqslant e^x - 2 + \dfrac{1}{x+1} \geqslant 0$，$f(x)$ 在 $(0, +\infty)$ 上单调递增，又

$f(0) = 0$，故 $f(x) > 0$，则 $f(x)$ 在 $(0, +\infty)$ 上无零点，此时不符合题意；

（2）若 $k \leqslant 0$，当 $x \in (-1, 0)$ 时，$e^x - 2 < 0$，$x + 1 > 0$，

$(x+1)(e^x - 2) + k \leqslant (x+1)(e^x - 2) < 0$，即 $f'(x) < 0$，$f(x)$ 在 $(-1, 0]$ 上单调递减，

$f(x) > f(0) = 0$，即 $f(x) > 0$，此时 $f(x)$ 在区间 $(-1, 0)$ 上没有零点，不符合题意；

（3）若 $0 < k < 1$，设 $h(x) = (x+1)(e^x - 2) + k(x \geqslant -1)$，则 $h'(x) = (x+2)e^x - 2$，

$h''(x) = (x+3)e^x$，

当 $x \in (-1, +\infty)$ 时，$h''(x) > 0$，$h'(x)$ 在 $(-1, +\infty)$ 上单调递增，又 $h'(0) = 0$，所

以当 $x \in (-1, 0)$ 时，$h'(x) < 0$，$h(x)$ 在 $(-1, 0)$ 上单调递减，当 $x \in (0, +\infty)$ 时，

$h'(x) > 0$，$h(x)$ 在 $(0, +\infty)$ 上单调递增，且 $h(0) = k - 1 < 0$，

又 $-1 < \dfrac{k}{2} - 1 < 0$，$h\left(\dfrac{k}{2} - 1\right) = \dfrac{k}{2} e^{\frac{k}{2} - 1} > 0$，故存在 $m \in \left(\dfrac{k}{2} - 1, 0\right)$，使得 $h(m) = 0$，

又 $h(1) = 2(e - 2) + k > 0$，故存在 $n \in (0, 1)$，使得 $h(n) = 0$，

故当 $x \in (-1, m)$ 时，$h(x) > 0$，$f'(x) > 0$，当 $x \in (m, n)$ 时，$h(x) < 0$，$f'(x) < 0$，

当 $x \in (n, +\infty)$ 时，$h(x) > 0$，$f'(x) > 0$，从而可知 $f(x)$ 在 $(-1, m)$ 上单调递增，在

(m, n) 上单调递减，在 $(n, +\infty)$ 上单调递增，又 $f(0) = 0$，故当 $x \in (m, 0)$ 时，$f(x) > 0$，

当 $x \in (0, n)$ 时，$f(x) < 0$，故 $f(x)$ 在区间 $(m, 0)$，$(0, n)$ 上无零点，且 $f(m) > 0$，

$f(n) < 0$；

考查函数 $\varphi(x) = x e^{x+1}$，则 $\varphi'(x) = (x+1) e^x$，当 $x \in (-\infty, -1)$ 时，$\varphi'(x) < 0$，当

$x \in (-1, +\infty)$ 时，$\varphi'(x) > 0$，$\varphi(x)$ 在 $(-\infty, -1)$ 上单调递减，在 $(-1, +\infty)$ 上单调递增，

当 $x = -1$ 时，$\varphi(x)$ 取得最小值 $\varphi(-1)$，又 $\varphi(-1) = 1 - \dfrac{1}{e} > 0$，故 $\varphi(x) > 0$.

因为 $0 < k < 1$，$\left(e^{-\frac{2}{k}} - 1\right) - \left(\dfrac{k}{2} - 1\right) = e^{-\frac{2}{k}} - \dfrac{k}{2} = \dfrac{\left(-\dfrac{k}{2}\right) e^{-\frac{2}{k}} + 1}{-\dfrac{k}{2}} < 0$，故 $e^{-\frac{2}{k}} - 1 < \dfrac{k}{2} - 1$，

考查函数 $\omega(t) = e^t - 2t - 3 \,(-1 \leqslant t \leqslant 0)$，$\omega'(t) = e^t - 2$，当 $-1 < t < 0$ 时，

$\omega'(t) < 0$，$\omega(t)$ 在 $[-1, 0]$ 上单调递减，当 $-1 < t < 0$ 时，$\omega(t) < \omega(-1)$，

又 $\omega(-1) = \dfrac{1}{e} - 1 < 0$，故 $\omega(t) < 0$，

$f\left(e^{-\frac{2}{k}} - 1\right) = e^{e^{-\frac{2}{k}} - 1} - 2\left(e^{-\frac{2}{k}} - 1\right) - 1 + k \ln\left(e^{-\frac{2}{k}} - 1 + 1\right) = e^{e^{-\frac{2}{k}} - 1} - 2\left(e^{-\frac{2}{k}} - 1\right) - 3 = \omega\left(e^{-\frac{2}{k}} - 1\right) < 0$，

故存在 $x_1 \in \left(e - \dfrac{2}{k} - 1, m \right)$，使得 $f(x_1) = 0$，$f(x)$ 在 $(-1, m)$ 存在唯一零点 x_1，

即 $f(x)$ 在 $(-1, 0)$ 上有唯一零点 x_1；

又 $n < 1 < 3$，$f(3) = e^3 - 7 + k \ln 4 > e^3 - 7 > 2^3 - 7 > 0$，故存在 $x_2 \in (n, 3)$，使

得 $f(x_2) = 0$，$f(x)$ 在 $(n, +\infty)$ 存在唯一零点 x_2，即 $f(x)$ 在 $(0, +\infty)$ 上有唯一零点 x_2。

综上所述，所求实数 k 的取值范围为 $(0, 1)$.

方法 2　$f(x)$ 的定义域为 $(-1, +\infty)$，$f'(x) = e^x - 2 + \dfrac{k}{x+1}$，

（1）若 $k \geqslant 1$，由（1）知当 $x > -1$ 时，$e^x - 2 + \dfrac{1}{x+1} \geqslant 0$，故当 $x \in (0, +\infty)$ 时，$x + 1 > 0$，

$\dfrac{k}{x+1} \geqslant \dfrac{1}{x+1}$，

故 $f'(x) = e^x - 2 + \dfrac{k}{x+1} \geqslant e^x - 2 + \dfrac{1}{x+1} \geqslant 0$，$f(x)$ 在 $(0, +\infty)$ 上单调递增，又

$f(0) = 0$，故 $f(x) > 0$，此时 $f(x)$ 在 $(0, +\infty)$ 上无零点，不符合题意；

（2）若 $k \leqslant 0$，当 $x \in (-1, 0)$ 时，令 $h(x) = e^x - 2x - 1$，则 $h'(x) = e^x - 2 < 0$，$h(x)$

在 $(-1, 0)$ 上单调递减，又 $h(0) = 0$，所以 $h(x) > 0$ 在 $x \in (-1, 0)$ 时恒成立，又当

$x \in (-1, 0)$ 时，$k \ln(x+1) \geqslant 0$，所以 $f(x) = h(x) + k \ln(x+1) > 0$，故此时 $f(x)$ 在

$(-1, 0)$ 上无零点，不符合题意。

（3）若 $0 < k < 1$，$f'(x) = e^x - 2 + \dfrac{k}{(x+1)}$，$f''(x) = e^x - \dfrac{k}{(x+1)^2}$，

$f'''(x) = e^x + \dfrac{2k}{(x+1)^3} > 0$，所以 $f''(x)$ 在 $(-1, +\infty)$ 上单调递增，

又 $0 < k < 1$，$\sqrt{k} - 1 < 0$，$f''(\sqrt{k} - 1) = e^{\sqrt{k}-1} - 1 < 0$，$f''(0) = 1 - k > 0$，故存在 $s \in (\sqrt{k} - 1, 0)$，使得 $f''(s) = 0$，当 $x \in (-1, s)$ 时，$f''(x) < 0$，$f'(x)$ 在 $(-1, s)$ 上单调递减，当 $x \in (s, +\infty)$ 时，$f''(x) > 0$，$f'(x)$ 在 $(s, +\infty)$ 上单调递增，又因为 $f'(0) = k - 1 < 0$，所以 $f'(s) < 0$，

又 $f'(\frac{k}{2} - 1) = e^{\frac{k}{2}-1} - 2 + 2 > 0$，且 $\frac{k}{2} - 1 < \sqrt{k} - 1 < s$，故存在 $P \in (\frac{k}{2} - 1, s)$，使得 $f'(P) = 0$，

因为 $f'(s) < 0$，又 $f'(1) = e - 2 + \frac{k}{2} > 0$，故存在 $q \in (s, 1)$，使得 $f'(q) = 0$，

从而可知当 $x \in (-1, p)$ 时，$f'(x) > 0$，当 $x \in (p, q)$ 时，$f'(x) < 0$，当 $x \in (q, +\infty)$ 时，$f'(x) > 0$，即 $f(x)$ 在 $(-1, p)$ 上单调递增，在 (p, q) 上单调递减，在 $(q, +\infty)$ 上单调递增，其中 $p < 0 < q < 1$，

因为 $f(0) = 0$，所以当 $x \in (p, 0)$ 时，$f(x) > 0$，当 $x \in (0, q)$ 时，$f(x) < 0$，且 $f(p) > 0$，$f(q) < 0$，

由当 $x > 1$ 时，$\ln x < x$ 可知 $\ln \frac{2}{k} < \frac{2}{k}$，所以 $-\frac{2}{k} < -\ln \frac{2}{k} = \ln \frac{k}{2}$，

故 $e^{-\frac{2}{k}} < e^{\ln \frac{k}{2}} = \frac{k}{2}$，所以 $-1 < e^{-\frac{2}{k}} - 1 < \frac{k}{2} - 1 < 0$，

$f\left(e^{-\frac{2}{k}} - 1\right) = e^{e^{-\frac{2}{k}}-1} - 2\left(e^{-\frac{2}{k}} - 1\right) - 1 - 2 < 1 + 2 - 1 - 2 = 0$，

故存在 $x_1 \in (-1, p)$，使得 $f(x_1) = 0$，即 $f(x)$ 在 $(-1, 0)$ 上有唯一零点 x_1，

又因为 $f(2) = e^2 - 5 + k\ln 3 > 0$，故存在 $x_2 \in (q, +\infty)$，使得 $f(x_2) = 0$，

即函数 $f(x)$ 在 $(0,+\infty)$ 上有唯一零点 x_2，

综上所述，所求实数 k 的取值范围为 $(0,1)$。

教师简介：

郝明泉，中共党员，中学一级教师，共有十多篇文章在数学核心期刊上发表。

二元最值问题的常用处理策略

姚 晶

摘 要：最值问题是高中数学问题中一类非常重要的问题，在各类大型考试以及高考中频繁出现。而二元最值问题是其中一种难度较大的问题，经常让学生苦无对策。本文就是要通过实例来剖析总结这类问题的常用处理策略。

关键词：二元 最值

最值问题是高中数学问题中一类非常重要的问题，在各类大型考试以及高考中频繁出现。而二元最值问题是其中一种难度较大的问题，经常让学生苦无对策。本文就是要通过实例来剖析总结这类问题的常用处理策略。

一、函数思想

二元最值问题因为问题含有两个变量，导致学生无法使用高中熟悉的函数工具来解决问题，如果可以结合条件找出两变量间的关系，将两变量转化为单变量，那么函数就有用武之地了。显然此类问题的关键是利用条件进行变量的转化。若两变量的关系是不等关系，则需验证等号能否同时成立。

例 1. 端点为 A，B，圆心角为 $120°$，半径为 1 扇形的弧上有一点 C 满足 $\overrightarrow{OC} = x\overrightarrow{OA} + y\overrightarrow{OB}$，求 $x + y$ 的最大值。

分析 1：利用求模公式的平方，找到变量 x, y 的二次表达式，可以通过配方，模仿圆锥曲线的参数方程进行三角变换实现二元变一元。

解法 1：将 $\overrightarrow{OC} = x\overrightarrow{OA} + y\overrightarrow{OB}$ 平方，易得 $x^2 - xy + y^2 = 1$，

由已知得 $(x - \dfrac{y}{2})^2 + \dfrac{3}{4}y^2 = 1$，

所以 $\begin{cases} x - \dfrac{y}{2} = \cos\theta, \\ \dfrac{\sqrt{3}}{2}y = \sin\theta, \end{cases} \theta \in \left[0, \dfrac{2}{3}\pi\right]$，即 $\begin{cases} x = \cos\theta + \dfrac{\sqrt{3}}{3}\sin\theta, \\ y = \dfrac{2\sqrt{3}}{3}\sin\theta, \end{cases} \theta \in \left[0, \dfrac{2}{3}\pi\right]$，

所以 $x + y = \cos\theta + \sqrt{3}\sin\theta = 2\sin(\theta + \dfrac{\pi}{6})$，$\theta \in \left[0, \dfrac{2}{3}\pi\right]$，

故 $x + y$ 的最大值为 2。

点评：本解法通过多元变少元的思想，将两个变元的问题转化为一个元的问题，本题是通过第三个量（三角变换）进行消元，转化为三角函数问题进行求解。

分析 2：本题考查的内容是向量，向量中平面向量基本定理也可以建立变量 x, y 的关系。

解法 2：连接 AB 交 OC 于 D 点，

因为 $\overrightarrow{OD} // \overrightarrow{OC}$，所以 $\overrightarrow{OD} = \lambda\overrightarrow{OC}\left(\dfrac{1}{2} \leqslant \lambda \leqslant 1\right)$，

又 B，D，A 三点共线，有 $\overrightarrow{OD} = \mu\overrightarrow{OA} + (1 - \mu)\overrightarrow{OB}$，

而且 $\overrightarrow{OC} = x\overrightarrow{OA} + y\overrightarrow{OB}$，

所以 $\mu\overrightarrow{OA} + (1 - \mu)\overrightarrow{OB} = \lambda(x\overrightarrow{OA} + y\overrightarrow{OB})$，

所以 $\begin{cases} \mu = \lambda x \\ 1 - \mu = \lambda y \end{cases}$，即 $\begin{cases} x = \dfrac{1}{\lambda}\mu \\ y = \dfrac{1}{\lambda}(1 - \mu) \end{cases}$，

所以 $x + y = \dfrac{1}{\lambda}$，而 $\dfrac{1}{2} \leqslant \lambda \leqslant 1$，

故 $x + y$ 的最大值为 2。

点评：本解法通过向量本身特有的条件，将变量 x, y 都转化为关于单个变量的表达式，实现二元最值问题转化为熟悉的单变量函数问题，简化了问题，实现了问题由未知到已知的转化。

例 2.（2012 全国高考）已知函数 $f(x)$ 满足 $f(x) = f'(1)e^{x-1} - f(0)x + \dfrac{1}{2}x^2$。

（1）略；（2）若 $f(x) \geqslant \dfrac{1}{2}x^2 + ax + b$，求 $(a + 1)b$ 的最大值。

（2）分析：寻找 a, b 间的关系，实现变量化归。由已知和（1）中的结果得

$e^x - (a+1)x \geqslant b$，易得 $b \leqslant (a+1) - (a+1)\ln(a+1)$，

所以 $(a+1)b \leqslant (a+1)^2 - (a+1)^2 \ln(a+1)$。

这样就可将问题转化为求 $(a+1)^2 - (a+1)^2 \ln(a+1)$ 的最大值，最后需要检验等号能否同时成立。

二、均值不等式

若条件与目标都含有和、积、倒数和以及平方和等表达形式，可以考虑使用均值不等式建立关于目标的不等式来解决问题。

分析 3：在例 1 中得到 $x^2 - xy + y^2 = 1$，因为目标 $x + y$ 为和，而条件含有平方和与积这些均值不等式使用的特征，所以可以考虑使用均值不等式求 $x + y$ 的最大值。

解法 3：由 $x^2 - xy + y^2 = 1$ 得 $(x+y)^2 - 1 = 3xy$，

而 $xy \leqslant \left(\dfrac{x+y}{2} \right)^2$，所以 $(x+y)^2 - 1 \leqslant 3\left(\dfrac{x+y}{2} \right)^2$，

即 $(x+y)^2 \leqslant 4$，所以 $x + y \leqslant 2$，

故 $x + y$ 的最大值为 2。

点评：借助均值不等式将条件和目标巧妙地联系起来建立关于目标不等式是解决问题的关键。本题鉴于两变量之间有明显的等量关系，可以用第一种策略来解决问题。

三、数形结合

分析 4：令 $z = x + y$，则 $y = -x + z$，想到 z 为直线 $y = -x + z$ 的截距，而 $x^2 - xy + y^2 = 1$ 在平面直角坐标系中表示的图形为椭圆，所以 z 的最大值在椭圆的切线处取到。

将 $y = -x + z$ 代入 $x^2 - xy + y^2 = 1$，得 $3x^2 - 3xz + z^2 - 1 = 0$，

由 $\Delta = 0$，得 $z = \pm 2$，

所以 z 的最大值为 2，即 $x + y$ 的最大值为 2。

点评：本题的关键是发现目标 $x + y$ 与直线的截距有关，同时条件亦可以转化为相

关图形，这样就将代数问题几何化，很好地利用几何性质解决了问题。显然要想使用数形结合方法来解决此类问题，目标必须具备几何意义，且条件能提供一个可研究的几何图形，如例题中因为条件对应图形为椭圆，而目标几何意义又与截距有关，所以也可用数形结合方法解决，即把求 $x+y$ 的最大值转化为求椭圆的切线的截距。

目标常见形式及其几何意义：

目标	几何意义
$ax+by$	与直线的截距有关
$(x-a)^2+(y-b)^2$	表示点 (x,y) 到定点 (a,b) 的距离的平方和
$\dfrac{y-b}{x-a}$	点 (x,y) 到定点 (a,b) 连线的斜率
$\mid ax+by+c \mid$	与点 (x,y) 到直线 $ax+by+c=0$ 的距离有关

纵观以上数种解法，不难看出在高中阶段解决二元最值问题的难点在于剖析条件和目标，发现它们之间的联系，发现它们与高中阶段知识、思想的联系。至于如何分析，选择方法，完全因题而异，而通过一定的解题实践，一定量的经验积累，对于二元最值问题分析和解决就会做得更快更好。

有兴趣的读者可以尝试着解决下面的问题：

1. 若正实数 x,y 满足 $2x+y+6=xy$，求 xy 的最小值。

2. 已知函数 $f(x)=\dfrac{1}{3}ax^3-bx^2+(2-b)x+1$ 在 $x=x_1$ 处取得极大值，在 $x=x_2$ 处取得极小值，且 $0<x_1<1<x_2<2$，求 $a+2b$ 的最大值。

教师简介：

姚晶，高级教师，怀柔区引进人才，怀柔区骨干教师。入选省"卓越教师"培养计划，曾获奥数优秀教练员、市劳动模范、市建功立业巾帼标兵、市头雁工程首批教学能手、市骨干教师、市骨干班主任、市优秀班主任、市数学学科专家组成员、市职称评审专家等荣誉称号。

对化学习题课教学的理性思考

唐先红

摘　要：习题课是实现知识迁移、运用和拓展的重要环节，也是培养学生解题方法、提高学生解题能力的主要途径。习题课教学需要精心设计、方法得当，要走出重"讲解"轻"练习"、重"知识"轻"能力"、重"教师"轻"学生"、重"复述"轻"整合"的教学误区，真正发挥习题课教学的教学诊断与评价功能。

关键词：习题课　教学策略　理性思考

毋庸置疑，在我们的课堂教学中，习题课是除新授课外所用课时最多的一类课型。习题课是实现知识迁移、运用、拓展的重要环节，也是培养学生解题方法、提高学生解题能力的主要途径。习题课可以培养学生面对困难与挫折的勇气，也同样担负着实现立德树人的根本任务。静下心来，反思习题课教学，我们不禁要问：怎样才能上好习题课？

一、习题课的教学功能

1. 知识的整合与存储

学生在做习题的过程中会将已有的知识在头脑中再现、重组，教师在讲评习题时要及时纠正学生在理解上的偏差，帮助学生巩固课本基础知识，通过适当的训练实现消化理解并能灵活运用知识。在教师的引导下，通过加工、整合，学生能将知识点进行有序联结和存储记忆，形成知识网络，这是习题课教学的基本功能。

2. 学习的评价与诊断

新课程标准倡导基于"教、学、评"一致性的教学实践，习题课教学正是实现教学评价的重要环节。习题课对学生的评价和诊断可以从学习常规、态度责任、合作交流、思维品质、问题解决等不同的维度进行。比如学习常规可以从学生听课的专注程度，书写、表达习惯等进行评价；而思维品质可以从学生思维的有序性、严谨性、逻辑性、开放性等角度进行评价。课堂评价是习题课教学的"导航系统"，它不断检测学生的学习结果，让教师不断调整教学的方法和策略。对学习的评价和诊断是习题课教学的目标功能。

3. 方法的形成与创新

学生有了知识并不一定就能解决问题，解决问题需要分析题目的条件、信息，找到已知条件与要解决的问题之间的关联，再思考需要运用哪些已有知识，选择怎样的方法来解决问题。习题课教学能够帮助学生形成科学的思维方法，养成良好的思维习惯和创新品质，这些高于知识层面的就是学生的学科素养，这是习题课教学要达到的核心功能。

二、习题课的教学策略

1. 分析习题课的教学目的

习题课教学首先要明确教什么。哪些知识点是学生难以掌握的，哪些内容是学生难以理解的，哪些解题技能是学生没有熟练掌握的，要先了解清楚。教师对学生的学情做到了心中有数，选择习题时才能了然于胸，拓展题目时才能明确方向。比如元素周期律的习题课，教学的目标就是以典型的金属——碱金属和典型的非金属——卤族元素为例，使学生理解同主族元素的性质随着原子结构的周期性变化规律；以第三周期为例，使学生理解同周期元素性质的周期性变化规律，并理解元素性质的周期变化与原子结构的关系。

2. 设计习题课的教学方法

习题课教学同样讲究方法。不同的教学内容、不同的教学阶段，习题课的上法也是不一样的。一节新课之后的习题课主要是对已学知识点的再现或简单重组，难度不宜太大，综合性不宜太强；在一章或一个模块之后的习题课就要有一定的综合性，知识上有整合、迁移，解题方法上趋于灵活多样，思维上有深度和广度。因此，在上习题课时一定要从学生学情出发，精选习题，设计合理的教学方法，确保习题课教学目标的达成。比如有机物中的同分异构体的习题教学，需要通过三个阶段的逐层递进来达成学习目的。第一阶段，在"烷烃"一节重点训练有机物的碳架异构，熟悉碳架异构的各种情况，避免重复和漏写。第二阶段，在"羧酸、酯"一节重点训练官能团的位置异构和官能团的类别异构，形成类别观念，训练书写顺序。第三阶段，在有机物知识的小结阶段主要训练限定条件的同分异构体书写，可以结合近几年高考题中同分异构体考查方式，精讲精练。这种具有延续性，难度递进的习题课设计，有利于提高学生分析问题、解决问题的能力。

3. 检验习题课的教学成果

并非一节习题课上完了，学生的问题就随之解决了。学生对知识的掌握是需要不断重复和强化的，尤其是一些理论性强、理解起来比较困难的知识点；学生的解题能力也不是一朝一夕就形成的，比如关于物质的量计算的教学，虽然已经上过习题课了，但还是有不少同学仍然习惯用质量进行计算，这就需要教师刻意引导，使学生的思维方法逐渐转变为以物质的量为中心的计算。因此，习题课上完之后一定要通过各种渠道检验教学成果，发现不足，及时弥补，为以后的教学调整和改进作必要的准备。

三、走出习题课教学的误区

1. 重"讲解"轻"练习"

习题课通常都是学生事先做好题教师再讲，课堂上教师就学生的困惑进行讲解。教师认为不会做的题经教师讲过以后学生就能掌握，但那只是教师美好的愿望。对于学生在解题方法、知识点上存在的问题，如果在教师讲过之后学生就及时练习，那将是最好的"热身训练"。教师一定要利用同类习题强化训练，帮助学生突破障碍。在离子方程式的习题教学中，有这样一题。

下列离子方程式书写正确的是（　　　）

A. NaHSO₄溶液与Ba(OH)₂溶液混合后溶液呈中性：

$H^+ + SO_4^{2-} + Ba^{2+} + OH^- == BaSO_4\downarrow + H_2O$

B. 标准状况下将112 mL 氯气通入 10 mL 1 mol/L 的碘化亚铁溶液中：

$3Cl_2 + 2Fe^{2+} + 4I^- == 6Cl^- + 2Fe^{3+} + 2I_2$

C. 用硫化亚铁与稀硝酸反应制 H₂S 气体：

$FeS + 2H^+ == Fe^{2+} + H_2S\uparrow$

D. 向澄清石灰水中加入过量的碳酸氢钠溶液：

$Ca^{2+} + 2OH^- + 2HCO_3^- == CaCO_3\downarrow + 2H_2O + CO_3^{2-}$

这是一道学生错误较多的题，如果简单讲解就过去了，那么学生下次遇到类似的问题依然会出错，因此需要趁热打铁，将这道题探究到底。分析选项可知，A、B、D 三个选项都与反应物用量有关，其中 B 选项还涉及还原性强弱的比较。对于学生出错较多的B、D 两个选项，要有跟进训练，例如 D 选项的跟进训练有：①少量 NaOH 溶液与足量Ca(HCO₃)₂溶液反应；②少量 Ca(HCO₃)₂溶液与足量 NaOH 溶液反应；③明矾与Ba(OH)₂溶液反应至 Al^{3+} 沉淀完全；④NaHSO₄溶液与 Ba(OH)₂溶液混合后至 SO_4^{2-} 沉淀完全。跟进的目的是要归纳出与用量有关的离子方程式书写方法。

2. 重"知识"轻"能力"

习题课不仅要解决学生知识上的不足，还要帮助学生在解题的过程中提升能力。知识点上的疏漏可以通过自己查阅资料解决，而能力的提升则需要教师"授之以渔"。因此，习题课的教学不能只是告诉学生"是什么"，而是要多问学生"为什么"，不能只是告诉学生怎么做，而是要问学生怎么想。比如"原电池"习题课教学，面对形形色色、复杂多样的新型电源，学生很容易理不清头绪，其实，再复杂的原电池，它的工作原理和课本上的铜锌原电池是一样的，只需要用好铜锌原电池这个"模型"，复杂的问题就可以迎刃而解，这个过程就是培养学生对"模型"认知和运用的能力。

3. 重"教师"轻"学生"

习题课教学是解决学生"学"的问题不是解决教师"教"的问题，要把目光聚焦在学生身上，多倾听学生的想法，围绕学生的问题开展教学才有实效。例如，一节习题课可以首先让学生提出需要解决的问题，然后给学生大约 10 分钟的时间互相讨论，看看这些问题中哪些能够解决，再对学生无法解决的问题进行集中讲解（约25分钟），最后是进行课堂反思，教师分析学生错题的原因，学生归纳解题的方法和思路，也可以就讲解中没听懂的地方再次提问（约 10 分钟）。事实证明，课堂上给学生的关注越多、对学生的了解越多，学生的收获就越多，教学效果就越好。

4. 重"复述"轻"整合"

习题课除了引导学生将已有的知识回忆、再现外，还有一个重要任务，就是将知识点和解题方法进行有效整合。如果习题课教学中只是陈述而缺乏整合，学生的知识点和解题方法仍然处于零散状态，就难以有效提升学生的解题能力。例如在"元素化合物"的习题教学时，可以先通过"价-类"二维图建立知识框架，再去评讲习题。又如对于文字表述类的物质检验、鉴别题，一般表述为"实验操作→实验现象→实验结论"；对于气密性检查题，一般表述为"形成密闭体系的操作→微热法或液差法的操作→现象及结论"；对于从溶液中获取晶体的操作，一般程序是"加热蒸发→冷却结晶→过滤→洗涤→干燥→称重（定量实验）"。整合是对知识和方法主动建构的过程，学生在头脑中会形成清晰的知识体系，解题时就不会思路混乱。

四、结束语

反思以往的习题课教学，我们按部就班讲题目的时候多，思考教学目标的时候少；对题目本身关注得多，对学生关注得少；对解题结果关注得多，对过程评价关注得少。这就造成很多学生会因为习题课的枯燥而失去学习的兴趣。其实，每一节习题课和新授课都应该目标清晰、方法得当、生动有趣。试想，质量不高、让人倦怠的习题课，将会耽误多少同学的宝贵时间，为师者，能不慎乎！

教师简介：

唐先红，教育硕士，高级教师，安徽省教师资格认定专家库成员。

以核心素养为导向的化学美育教学实践

高 慧

摘 要： 本文以化学核心素养为导向，对化学学科之美进行阐释，将化学之美分为物质与能量之美、平衡与守恒之美、实验与探究之美。同时结合审美教育要求和青少年心理特点浅谈如何进行化学美育教学实践。

关键词： 核心素养 化学教学 审美教育

2016 年《中国学生发展核心素养》文件发布，其中结合各科目自身的学科特点，指明了各科的核心素养。核心素养体系被置于深化课程改革、落实立德树人目标的基础地位，成为下一步深化工作的"关键"因素和未来基础教育改革的灵魂。2019 年《国务院办公厅关于新时代推进普通高中育人方式改革的指导意见》提出了五育并举的育人要求，强调"培养德智体美劳全面发展的社会主义建设者和接班人"。我们发现核心素养的要求与五育并举的育人要求不谋而合，结合不同学科的特点，以不同学科内容为桥梁，以能力和素养培养为导向，培养人格美且全面发展的、极具文化自信的社会主义建设者是我们教育工作者需要持续探索的主题。

一、论化学之美

我国当代美育研究代表学者曾繁仁先生对美育内容的描述是"运用自然美、社会美与艺术美的手段给人们以情感的熏陶，根本目的是按照美的规律塑造广大人民、特别是青年一代的美好心灵，培养一代又一代社会主义新人"。美育的主要任务是培养审美力，是心理结构的重要组成部分，也是人们智力结构的重要组成部分。同时著名教育家杜威先生认为：美育具备强化学校教育的素质教育方向，在素质教育中居于基础性地位，能够培养学生的创新精神。那么如何结合化学学科特色，通过教学活动让学生感受到化学之美，提升综合素质呢？

基于《普通高中化学课程标准（2017 年版 2020 年修订）》首次提出的五个方面的化学学科核心素养，即"宏观辨识与微观探析""变化观念与平衡思想""证据推理与模型认知""科学探究与创新意识"和"科学态度与社会责任"，我们可以将化学之美分为物质与能量之美、平衡与守恒之美、实验与探究之美。

1. 物质与能量之美

化学是在原子、分子水平上研究物质的组成、结构、性质、转化及其应用的基础自然科学，从字面上来看，化学是研究物质变化的科学。物质由于自身独特的结构，呈现了不同的性质，带给人类不同的直观感受，继而了解物质性质后，人们对不同物质有了不同方向的应用。例如由于红磷有可燃性，人们就利用摩擦生的热引燃红磷，从而可以随时获得火种，并利用红磷燃烧产生的能量完成一系列生活、生产活动。自人类文明产生，就伴随着对自然界物质的大量开发利用，在利用物质之初往往没有经验可谈，一切都源于不断的尝试。通过不同个体经验的积累，人们慢慢得到了研究物质性质的规律与方法，研究手段也随着人类文明的发展有了飞跃式进步。在火作为人类可熟练掌握的主要能量时，研究者往往采取燃烧物质的方式研究物质的性质与组成，如贝歇尔和施塔尔共同创立的燃素说；后来随着电气时代的到来，我们用电解的方式研究物质的组成，如通过电解水了解水的微观组成；再后来人类又掌握了控制射线的技术，获得了物质的红外光谱、核磁共振氢谱，并巧用 X 射线衍射等方式研究物质的微观结构，即有效地利用能量从更深层角度去了解物质的微观结构之美，如苯等物质呈现的高度对称的结构。我们又可以利用某类物质具有的结构特性，从微观角度操纵分子和原子，从而去创造新的物质，如 2016 年获得诺贝尔化学奖的分子机器项目，就是让一个个纳米级的分子，根据外界刺激，依照人类的意愿做机械运动，对外施力做功，完成一些医疗上从未有过的创举。在初中阶段，通过原子结构示意图学生可以体会原子结构之美，教师通过选取部分适宜此阶段学生观看的媒体素材使学生对于物质的认识角度得到丰富；在高中阶段，往往通过球棍模型搭建不同的有机化合物分子结构、离子晶体的晶胞、原子晶体的立体结构，学生可以切身体会化学的结构之美，感受物质及能量的巧用，并了解二者与人类文明发展的密切联系。

2. 平衡与守恒之美

化学是研究变化的科学，在化学反应中伴随着物质与能量变化。有些变化从外界来看是静止的，已经结束，但是殊不知，反应仍在进行，只是存在着正向与逆向的差异。对于可逆反应来说，当正反应速率等于逆反应速率时，此反应就达到了平衡状态，呈现了所谓的"静止"状态。动中有静，静中有动，不可能截然分开，这就呈现了一种辩证统一之美，充满了哲学意味。1958 年，化学家别洛索夫和扎鲍廷斯基首次发现了 B-Z 振荡反应，反应中以金属铈为催化剂，柠檬酸在酸性条件下被溴酸钾氧化时可呈现化学振荡现象：溶液在无色和淡黄色两种状态间进行着规则的周期振荡，在反应容器中不同部位出现空间有序结构，展现出同心圆形或旋转螺旋状的卷曲花纹波。如此奇妙的现象呈现了一种处在介稳态的变化之美。在这个过程中，现象是周期性变化的，物质却是守恒的。在观察振荡反应实验现象时，学生能充分体会到化学的变化与守恒之美，由无序走向有序，熵增熵减，循环往复，却又可以被一些数学公式所解释，体现了变化与规律的辩证关系。除了利用实验现象的直观冲击外，在教学过程中教师也可以利用钟乳石的形成等化学平衡在自然界的实例，帮助学生脱离冰冷的知识，建立化学平衡之美的直观联想，培养学生学科思维与审美能力。

3. 实验与探究之美

化学离不开实验，而实验之美不只是实验现象带来的感官冲击，更离不开探究思维的逻辑之美与实验装置的精妙之美。在初中启蒙阶段我们就着重培养学生控制变量与设计实验的能力，在众多变量之中，抽丝剥茧，排除层层干扰，找到充分实验证据，得出最本质的自变量与因变量之间的关系。在这个过程中不仅培养了学生的证据意识，还帮助他们真实地参与了科学探究过程，体会了严谨的思维逻辑之美。这种能力不仅贯穿初高中的化学学习过程，在生活中，学生也可以运用这种思维方式解决各种实际问题。实验装置是为达成实验目的而设计的，学生完全有能力参与实验装置的设计与组装过程，当带着目的自主选择仪器时，学生更能体会到看似简单的仪器是如此精妙，不同的组装设计，达到的实验效果竟也是如此不同。

二、关于化学美育的教学建议

如何在实际教学时结合学生的认知特点，充分展现化学之美，对美育教学我有以下建议。

1. 结合学生生活经验，提供真实情境素材

根据皮亚杰的认知心理学理论，我们知道学生的认知与经验密切相关，所以，离开了学生的切身经验，学生就很难对审美对象进行审美判断和产生美感。苏霍姆林斯基在《给教师的建议》中提到，让学生体验到一种自己在亲身参与掌握知识的情感，乃是唤起少年特有的对知识的兴趣的重要条件。一个人在认识世界的同时，还能认识自我的时候，就能形成兴趣。没有这种自我肯定的体验，就不可能有对知识的真正兴趣。在进行化学美育教学时，我们一定要善用、巧用生活中的例子，例如我们可以以馒头在口腔中甘甜的感受去帮助学生体会淀粉的水解，用"稻花香里说丰年"的嗅觉体验去帮助学生体会分子在不断运动的性质。通过联想这些生活中切身体会过的感官体验，学生自然而然就会将这种美好的感受移情到化学学科之中，认为化学学科是绚丽多彩的，是能带给人们美好体验的科学。

2. 多角度辩证分析化学社会性议题，培养肯定性审美认知模式

就美育而言，教育方要引导受教育方根据审美对象的内质，看它对人们的生存、生活和发展是有利的还是有害的，进而用这种认知指导受教育方的审美活动。只有那些有利的、无害的对象才可能引发审美主体的肯定性功利认知，进而成为审美对象，这些对象所承载的功利性信息也会被整合到审美认知模式中，成为审美认知模式的重要标准。

在这个信息横流的时代，刚刚接触化学的青少年，由于社交媒体和不良商家的误导，往往将化学与"有毒""有害"联系起来，认为有化学物质就是不好的，同时由于环境污染问题如某地氯乙烯的泄漏，让还未真正了解化学的学生们片面地认为化学是有害的。

在这种还未有化学老师干预的背景下，学生很难对化学产生肯定性功利认知，继而引发抵触心理，不利于科学素养的培养，更难以体会化学的美感。对于这种情况，特别是在学生处于化学启蒙阶段时，教师应该多多开展关于此类社会性议题的讨论，帮助学生辩证地看待污染问题，既要看到化学给人类带来的便利，也要看到因人类的失误而引发的问题，并讨论出用化学知识解决此问题的方案。例如在必修阶段学习二氧化硫的性质时，可以设计如何防止酸雨，如何建造科学合理的硫酸厂等社会科学性议题的研讨环节，增强学生参与感的同时，也提高学生辩证看待问题的能力，培养肯定性审美认知模式。

3. 结合化学发展史实，感受科学发展的逻辑之美

根据皮亚杰的发生认识论，我们知道青少年阶段，学生具有去除自我、追求纯客观化的理性化色彩。正是由于此阶段学生具有了不掺杂自身情感因素，能够客观分析事物的能力，他们往往能从人类科学研究的过程中抽离出一般的思路方法，甚至得出研究某类问题的认知模型。比如在学习原子结构版块的知识内容时，教师可以提供大量的科学史实：从道尔顿的实心球模型到汤姆孙的"枣糕"模型，到卢瑟福的原子模型，再到玻尔的线性轨道模型，电子云模型。通过介绍人类对原子结构模型认识的发展过程，学生可以独立地表达对科学发展规律的感受：科学发展是螺旋上升式的，为了解释问题我们建立模型，当模型与事实存在矛盾时，我们不断修正模型，解决矛盾，直至模型合理。伴随着人类科技的进步，得到的解释更接近真理。

著名哲学家雅斯贝尔斯那说过："真正的教育，是一棵树撼动另一棵树，一片云推动另一片云，一个灵魂唤醒另一个灵魂。"真正让学生感受到化学之美还是需要老师对化学充满热爱，用对学科的热爱与激情去唤醒另一个沉睡的灵魂。关于化学的美育教学永远是我们值得探索的主题。

参考文献

[1] 曾繁仁. 试论美育的本质[J]. 文史哲，1985（1）：53-56.

[2] 杜卫. 论美育在学校教育中的作用[J]. 美育学刊，2011（4）：57-63.

[3] 于建玮. 认知科学视阈下的美育研究[D]. 长春：吉林大学，2016.

[4] 林崇德. 发展心理学[M]. 北京：人民教育出版社，2009.

教师简介：

高慧，二级教师，曾在"全国基础教育化学新课程实施成果"中被评为"精品成果"，还获得北京市"义务教育阶段优秀作业案例及作业设计征集与展示"一等奖等奖项，参与多个国家级、市级课题。

影响中学线上直播课教学效果的主要因素

张梦瑶

摘　要：在当前时代的背景下线上直播教学迅速普及，已经成为越来越不可忽视的一种教学方式。目前线上网络教学平台还处于初期发展阶段，以线上教学替代线下教学尚缺乏直观、生动等的课堂氛围，教学质量与效果不够理想。本文通过关注学生线上学习过程，尝试分析影响中学线上直播课教学效果的主要因素，基于反馈思考学生在什么状态下能取得更好的学习效果，提出了发展线上教学平台的若干建议，以期能为中学线上教学提供参考。

关键词：线上教学　直播教学　教学效果

线上教学不仅仅能够实现优质教学资源的共享，更能在一些突发情况下解决传统教学方式所带来的地域限制和时间限制，已经成为保证正常教学进度的一种重要手段。即便是在学生在校的期间，随着教育信息化发展的需要，线上直播教学仍是各中小学可以积极利用的。诚然，无论网络教学有多少优势，其也无法完全取代面对面的传统授课模式。教学效果是由教学活动而产生的结果，其结果是促进学生掌握知识与技能，提升素养与品质。教学效果评估是根据教学目标的要求，按一定的规则对教学效果作出描述和确定，是教学各环节中必不可少的一环，它的目的是检查和促进教与学。根据采用线上直播课程以来，对学生学习情况的观察和思考，主要提出以下四点影响教学效果的因素。

一、线上直播课教学常规落实情况

网络教学的教学过程中，由于教师使用了大量的信息平台，因此在教学过程中会产生大量的数据，比如预习率、线上自学完成率、作业完成率、作业正确率、互动参与率等数据。对这些数据进行采集和分析，既可以对全班学生的情况作总体分析，也可以随时了解每个学生的学习参与度、知识掌握情况和面临的问题等，甚至通过对这些数据的分析和挖掘，可以随时掌握学生的学习情况，评估教学效果，并及时进行调整。

通过大数据分析技术，教师可以为每位学生在线生成精确的学情诊断报告。学生根据报告不仅可以查询自己的考试成绩，还能看到自己在知识与能力方面存在的问题及产生的原因，并得到教师的指导建议。单次的大数据分析可以帮助学生了解知识掌握情况，而多次的数据积累就可以帮助学生了解学科知识链条的衔接度和连续度。尤其是高中化学学科知识点以教材为独立单元，单次考试的内容不可能覆盖所有考点。通过大数据技术，我们可以将学生在线学习的多次考试数据进行技术整合，对错误率较高的试题进行归因分析，并在知识链条中进行标注，通过个性化查缺补漏，切实做到对标整改。

此外，大数据分析的最大优势是问题指向清楚，生成速度快，精确的诊断报告使知识点、能力点等各项素养指标得以量化，改变了传统化学教学效果只能简单依靠分数和经验的片面呈现模式。教师可以根据诊断报告反映出的各种问题迅速制订精准的教学策略，对教学内容、方法、思路进行反思，对教学目标的确定、教学方法的选取进行修正，对教学环节的设计、实施进行研判。教师在教学实践中，还可以依据个性诊断报告为学生生成电子错题本，实行"同错同题，同错不同题"精准推送，并根据每个学生的差异制订个性化作业，让学生进行整理和回顾，切实做到有的放矢。

二、线上教学资源的优质性、适应性

在线上直播教学中，首先保证要选择优质的线上教学资源。关键是线上部分的内容是否紧贴整个教学目标，是否是线下教学内容的延伸，是否能够对线下教学产生预学习的作用。为此，教学设计要围绕教师主导活动与学生主体参与活动、课堂教学与在线学习学习环境、教学媒体和教学资源、自主学习和协作学习方式等几个方面开展。教学设计的核心是强调教师的主导作用和学生主体地位的有机统一，始终关注两者的自主性、创造性。教师在教学中，根据不同情境、不同问题、不同要求，采用不同的方式方法来解决问题，从而有效地提高教学效果。教学设计一般需要对课程各教学单元进行教学目标分析，根据不同知识类型（概念、逻辑、元认知等）做不同设计，包括教学资源设计、学生学习活动设计及教学评价设计等。

三、线上讨论和课堂互动的情况

无论是线上教学还是线下教学，教师都应该始终坚持以学生为中心的教学观念，引导学生养成独立思考的习惯，并以培养学生的创新能力作为教学的最终目标。为此，教师应在教学过程中注重培养学生的学习兴趣与学习能力。线上教学应首先确保学生能够积极参与教学过程，让学生从被动学习变为主动学习，培养和提高学生的学习能力，激发学生对自主学习的兴趣。

线上教学主要的形式包括线上讨论和课堂互动两种。线上讨论的形式是教师提问，学生通过回复的形式参与讨论，是短而快的语言书面口语化表达练习。线上讨论参与的人数和发言踊跃度比线下讨论都要高很多。课堂互动包括选择同学回答问题、课堂问卷小调查等课堂互动活动，目的是改变课堂教学节奏活跃课堂气氛，吸引学生的注意力。

就化学学科而言，教师可以借助多媒体，将本堂课所涉及的知识主线进行串讲，组织学生针对课前反馈的学习问题及课中易错题中的知识点进行重点讨论。这样可以直击学生的学习难点、疑惑点，解决学生的课前学习问题和课中易错题，满足学生的学习愿望，提升学生的课堂参与度与积极性。教师还应该适时让学生分享与所学内容密切相关的经典案例、科技前沿的最新研究成果及科学家们的鲜活小故事，再次激发学生学习兴趣及动力，使学生明确自己所学知识不是脱离实际、枯燥无味的，而是有价值的、经典且实用的。

四、科学合理地设定过程性考核标准及方式

线上直播教学的开展,为课程教学和过程性考核的有机融合提供了极为便利的条件。过程性评价可充分借助在线教学辅助工具中的量化打分功能。通过科学、规范化的成绩考评系统和机制,真实、有效地监督和管理学生的学习动态,科学、公平地考评学生的学习效果,让学生参与学习的整个过程得到量化。过程性评价覆盖课前、课中、课后三个部分,课前,借助在线智慧教学工具,可从课前学习任务单中的学习自测、课件学习、微课学习,以及课前问题反馈等方面进行量化考核。课中,从考勤签到、综合问题探究展示等方面进行量化考核。课后,从课后学习任务单、知识思维导图等方面进行量化考核。

此外,教师可以针对不同的教学内容,设计出阶段性考核的具体方式,包括重点知识的掌握、基础理论的运用、能力的拓展提升等,并围绕这几个方面不断完善线上课程题库建设,为过程性考核的实施提供便利和保障。学生课前课后完成线上布置的相关考核任务,在线平台将学生学习的整个过程和完成状态自动进行了量化、统计及记录分析,为实现过程性考核及客观考核提供了依据。教学过程中,依据教学设计,合理运用信息化手段,使用学习通、雨课堂等软件进行签到、抢答、选人及课后作业发布及评价等。教师通过建立主客观结合、过程性评价与总结性评价结合、过程考核与期末考核结合的多元考评方式,促进学生对基本知识、理论与实践结合的反思,培养学生自主探索、协作学习的思维习惯。

参考文献

[1] 汤颖梅,吴宇虹,沈沁源. 如何建立合理的教学质量评估体系:以南京农业大学为例[J]. 苏州市职业大学学报,2018(1):81-83.

[2] 马鹤. 信息化课堂教学绩效评价体系研究[D]. 长春:东北师范大学,2009.

[3] 王玲玲,梁勇,雷军委. 线上线下混合式教学效果评估指标体系研究[J]. 高教学刊,2022(27):62-66.

[4] 卫齐. 基于大数据的高中政治线上教学效果诊断与优化策略[J]. 辽宁教育,2020(21):14-18.

[5] 张冲,吴冠豪. 工程专业混合式教学设计与实践研究:以清华大学"光电仪器设计"课程为例[J]. 电化教育研究,2020(5):104-111.

[6] 李腾,任宗伟. 基于SPOC的物流类实验翻转课堂课程考核评价方法研究[J]. 教育现代化,2019(94):195-196,199.

教师简介:

张梦瑶,研究生学历,毕业于东北师范大学,曾获北京市怀柔区"启航杯"青年教师风采展示活动二等奖、怀柔区教师基本功大赛纸笔测试一等奖、怀柔区"优秀班主任",曾参与北京师范大学"高端备课"活动,并通过教研网面向全国进行直播。

宏微结合提升化学核心素养

——以粗盐中可溶性杂质的去除为例

叶 禹

摘 要： 在离子反应这一节的学习中，多数教学设计都是侧重电解质的电离、离子方程式的书写等具体的知识，很少有教学设计侧重从微观角度看待粗盐中可溶性杂质的去除。本文从真实情境出发，引导学生通过微观角度分析粗盐中真正的杂质，了解除杂方法和设计除杂方案，培养学生宏微结合理解电离和离子反应的核心概念，让学生形成多种杂质存在的情况下除去杂质的思路，并加强在真实情境中解决实际问题的能力。

关键词： 宏微结合 离子反应的应用 粗盐提纯

一、教学现状

粗盐中可溶性杂质的去除是鲁科版普通高中教科书 化学 必修第一册第 2 章"元素与物质世界"中的第 2 节"电解质的电离 离子反应"中活动•探究中的学生必做实验"食盐的精制"中的内容。

对《普通高中化学课程标准（2017 年版 2020 年修订）》中"主题 2：常见的无机物及其应用"的"2.3 电离与离子反应"进行了解。"2.3 电离与离子反应"具体要求为"认识酸、碱、盐等电解质在水溶液中或熔融状态下能发生电离。通过实验事实认识离子反应及其发生的条件，了解常见离子的检验方法"。电离和离子反应是两个核心概念，前者指向电解质进入溶液后发生的变化与存在状态，后者指向多种电解质在溶液中反应的微观本质与条件。"2.3 电离与离子反应"中提到"了解常见离子的检验方法"，而在"2.7 学生必做实验"中还提到了"用化学沉淀法去除粗盐中的杂质离子"，可见离子检验与物质分离是这两个核心概念的重要应用。

高中化学学科核心素养包括"宏观辨识与微观探析"（简称"宏微结合"）"变化观念与平衡思想""证据推理与模型认知""科学探究与创新意识""科学态度与社会责任"五个方面。"宏微结合"作为化学学科核心素养的重要组成内容，体现了化学从分子、原子层次研究物质的学科特点，彰显了化学有别于其他学科最具特征的观察视角。这就要求教师在授课的时候要注重宏观反应和微观本质的联系和统一，这样就能加深学生对化学学科的思考和理解，更好地发展学生的核心素养，从而更好地落实立德树人的根本任务。学生自从初三学习化学以来，大部分的学习都是从宏观物质的角度来思考问题，学生对于微观化学的了解仅仅停留在物质是由原子、分子、离子等微粒构成的，对于酸碱具有相似的性质的微观实质不是很了解。目前的常规教学中存在着很大的弊端：第一，对于水溶液中的电离行为的探究只停留在表面，侧重对不同溶液导电性的探究，弱化不同溶液中的微观实质，使得学生的迁移能力没有得到训练；第二，侧重从宏观角度来学习化学方程式的书写，没有体现离子方程式的微观实质；第三，在离子反应的应用过程中，只要求掌握常见的离子的检验，并没有深刻地剖析离子检验的实质。

二、教学主题的确立与分析

"粗盐中可溶性杂质的去除"以真实情境为例展开教学，利用学生必做实验为这节课的载体，设计了一系列驱动型的问题："粗盐中真正的杂质是什么？""如何除掉粗盐中的杂质？""如何合理地选取除杂试剂和加入试剂的顺序？"。该教学以"离子反应"为核心概念，以食盐的精制为真实情境下的主线任务，先让学生从微观角度认识粗盐中真正的杂质离子，加深电解质电离的微观过程，再让学生自主设计实验除去杂质离子，加强了从微观视角探究离子反应的本质，构建"宏微结合"的思维方式和除去多种杂质离子的思路方法。

三、教学目标确立

（一）以"盐"字的由来引入教学，先通过白板与磁力扣模拟含单一杂质的粗盐在水中存在哪些微粒，再加大难度模拟含多种杂质的粗盐溶解在水中时存在的微粒，明确粗盐中真正的杂质离子。培养"宏观辨识与微观探析"核心素养，重新认识溶液中的微粒组成。

（二）先提出驱动型问题"含单一杂质（Ca^{2+}）的粗盐应选择什么试剂除掉 Ca^{2+}"，然后通过白板与磁力扣模拟粗盐溶液中加入碳酸钠溶液后溶液中微粒种类和数量的变化，并结合宏观的实验来理解溶液中离子间的相互反应，建立离子反应的概念，最后设计实验方案除去多种杂质离子。学生能基于复杂离子反应设计粗盐精制方案，明确试剂种类、加入量和顺序等，能实施方案并检验除杂效果。

（三）通过自己设计实验总结复杂体系中离子除杂的一般思路，能从成本、除杂效果和安全性等方面评价和优化实验方案，能理解并分析工业上粗盐精制的方案；认识历史上盐和制盐技术的重要地位，以及我国在制盐方面的成就。

四、教学实录

（一）"盐"字的由来

【情境】教师展示小篆体的"盐"字，说明本节课的主题是围绕着盐展开的。

【教师】询问学生这个字是什么字，结合古代制盐工艺流程和历史地位解释这个小篆体的"盐"有什么含义。

【学生】"盐"字中：

"臣"代表大臣（盐的生产是由国家管控的）；

"人"代表制盐的工人；

"卤"代表制盐的卤水；

"皿"代表制盐所用的器皿。

【过渡】《说文解字》中提到"卤也，天生曰卤，人生曰盐"。这个字就是古人根据当时的制盐的工艺流程造出来的字。提供资料，让学生了解古代制盐的工艺流程，并引导学生思考：古法制得的盐能否直接食用？有没有别的杂质存在？

【学生】不能直接食用，古法制得的盐还含有氯化镁、氯化钙和硫酸钠等可溶性杂质。

【教师】我们之前学的是从宏观物质的角度来看待粗盐中的杂质，现在我们学习了离子反应，因此我们需要从微观粒子角度来看待杂质，重新研究粗盐中可溶性杂质的去除。

【教师】布置任务：这节课的最后，通过了解造字方法和粗盐精制过程以及盐对人类生活的重要意义，写出你心中的"盐"字。

（二）从微观角度思考粗盐中真正的杂质

【教师】粗盐中真正的杂质是什么？

【学生1】氯化钙、氯化镁、硫酸钠。

【学生2】有钙离子、镁离子和硫酸根离子。

【教师】肯定两位同学的回答，不作评价。表明要明确杂质是什么，就要了解溶液中有什么。首先展示 PPT，含单一杂质（氯化钙）的粗盐溶液中有哪些微粒存在？这些微粒是否存在数量关系？此时溶液中的杂质是什么？

【学生】含有钠离子、氯离子和钙离子。一个钠离子需要配对一个氯离子，一个钙离子需要配对两个氯离子。氯化钙电离出来的氯离子不是杂质，此时溶液的杂质应该是钙离子。

【教师】以小组为单位，思考含多种杂质的粗盐溶液中有哪些微粒存在，并用白板和磁力扣模拟溶液中的微粒，思考粗盐中真正的杂质是什么。

【学生】展示模拟图，并阐述电离过程以及涉及微粒的种类和数量。真正的杂质是钙离子、镁离子和硫酸根离子。

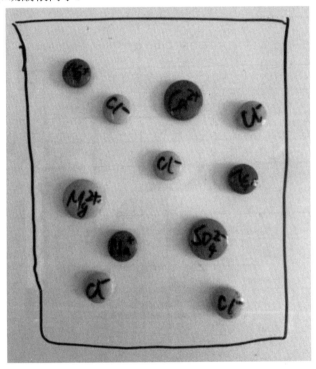

（三）如何除去粗盐中的杂质离子

【教师】如何除掉含氯化钙杂质的粗盐溶液中的钙离子？

【学生】可以选择碳酸钠溶液将其除去。

【教师追问】选择碳酸钠溶液作为除杂试剂的原因。

【学生讨论并回答】碳酸钠电离出的碳酸根离子能和钙离子结合生成碳酸钙沉淀，通过这个方法除去粗盐中的钙离子，同时电离出来的钠离子不是杂质。

【教师】肯定学生的想法，并布置小组任务，用磁力扣和白板模拟含氯化钙的粗盐溶液加入碳酸钠溶液后微粒的种类和数量的变化。并写出离子方程式。

【学生】展示模拟图。

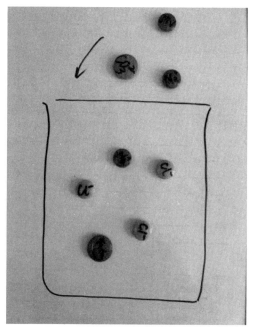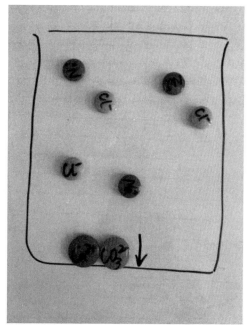

【学生】展示离子方程式。

$$Ca^{2+}+CO_3^{2-}=\!\!=\!\!=CaCO_3\downarrow$$

【教师】总结选取除杂试剂的一般思路。

【学生】确定除杂的思路就是将杂质离子变成沉淀或者气体，这样方便从溶液中分离出来，另外在选择除杂试剂时尽量不要引入新杂质。

【教师】点评学生的思路非常具有条理性，并追问：如何选择除杂试剂除掉另外两种杂质离子？

【学生】除掉镁离子可以选择加入氢氧化钠，氢氧化钠电离出来的氢氧根离子可以和镁离子结合形成氢氧化镁沉淀，且钠离子不是杂质。除掉硫酸根离子可以选择氯化钡，氯化钡电离出来的钡离子可以和硫酸根离子结合生成硫酸钡沉淀，且氯离子不是杂质。

（四）设计方案除掉复杂体系中的杂质离子

【教师】为了确保杂质离子彻底除干净，除杂试剂一般会过量。在粗盐溶液中加入过量的碳酸钠溶液之后离子种类和数量会如何变化？请小组讨论并用白板和磁力扣模拟溶液中的微观过程。

【学生】给大家展示摆放结果并阐述向粗盐溶液中加入过量的碳酸钠溶液后的微观过程，明确表示加入过量的碳酸钠溶液之后会引入新的杂质离子碳酸根离子。

【教师追问】过量的碳酸根离子如何除去？如何选出除杂试剂？

【学生】可以将碳酸根离子变成气体从体系中分离出去。除杂试剂可以选择稀盐酸，其中氢离子和碳酸根离子反应生成水和二氧化碳，剩下的氯离子不属于杂质。

【教师追问】过量的氢离子如何除去？过量的钡离子和氢氧根离子如何除去？

【学生】加入氢氧化钠除去氢离子，碳酸钠除去钡离子，稀盐酸除去氢氧根离子。

【教师追问】能否通过调整试剂的加入顺序和操作顺序来简化实验步骤？请学生以小组为单位设计实验方案并写明实验流程，写出每个步骤发生的离子方程式。

【学生】展示除杂方案。

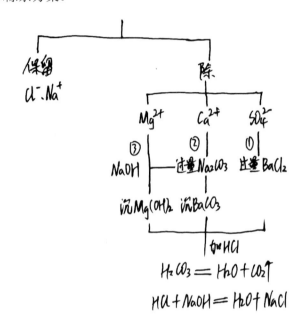

【教师】肯定每个小组同学的方案，并总结粗盐提纯过程中需要注意的事项：①碳酸钠需要在氯化钡之后加入；②稀盐酸需要在最终过滤后加入。随后请同学以小组为单位进行实验。

【分组活动】学生以小组为单位进行实验。

（五）如何确定杂质离子除尽

【教师】提出问题：如何验证杂质离子完全除尽？

【学生】检验镁离子是否除尽可以选择加入氢氧化钠，观察是否有白色沉淀生成。钙离子和硫酸根离子也能分别选择碳酸钠和氯化钡来检验。

【教师】肯定学生的想法，并询问稀盐酸的量怎么控制。

【学生1】方案一：可以加酸至溶液不再继续冒气泡。

【学生2】方案二：可以用 pH 试纸控制溶液的 pH，当 pH 等于 7 的时候说明已经除尽碳酸根离子和氢氧根离子。

【教师】询问其他学生上述两个方案哪个方案比较好。

【学生】讨论后明确方案二能更精准地控制稀盐酸的量。

（六）总结复杂体系中除去杂质离子的一般思路

【学生】分析组成，确定杂质离子→明确各离子间的差异→选择除杂试剂→考虑新杂质如何除去→确定操作顺序和实验步骤。

（七）设计心目中的"盐"字

【教师】介绍古代造字六法，通过本节课的学习设计出自己心目中的"盐"字。

【学生】作品展示。

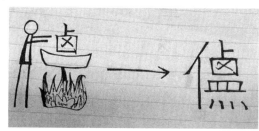

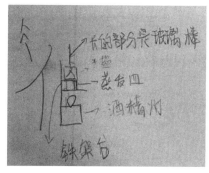

五、板书设计

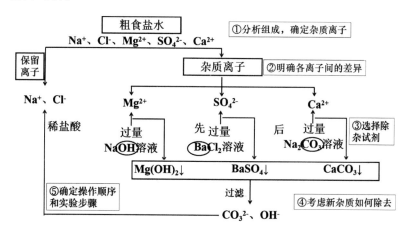

六、教学效果与反思

结合上课时对学生的观察以及教学前后的测试,了解到利用磁力扣和白板来模拟水溶液中的电离行为能帮助学生更好地理解电离概念,学生对离子反应的实质也更加清楚。建立起了宏微结合的思维模型。另外在真实情境下解决问题的思路方面,学生通过自主设计实验提纯粗盐的过程,能够形成多角度系统化的思维。同时本节课融合了中国传统文化,在学习的过程中让学生体会到盐对人体健康、社会发展的重要性,认识历史上盐和制盐技术的重要地位,以及我国在制盐方面的成就,这更加落实了立德树人的根本任务。

参考文献

[1] 中华人民共和国教育部. 普通高中化学课程标准(2017 年版 2020 年修订)[S]. 北京:人民教育出版社,2020.

[2] 杨梅,莫尊理,张英,等. 从证据推理视角对"离子反应"教学案例的分析及其启示[J]. 化学教育(中英文),2020(17):60-65.

[3] 胡久华,王磊,支瑶,等. 促进学生认识发展的"电离和离子反应"专题的单元整体教学研究[J]. 化学教育(中英文),2013(4):44-49.

[4] 王云生. 关于电解质溶液教学若干问题的探讨[J]. 化学教学,2017(10):40-43.

[5] 何彩霞,杨艳红. 学生对离子反应概念的认识研究[J]. 化学教育,2012(4):19-22.

[6] 胡久华. 深度学习:走向核心素养(学科教学指南·初中化学)[M]. 北京:教育科学出版社,2019.

教师简介:

叶禹,女,2022 年 6 月博士毕业于吉林大学无机化学专业。工作期间承担两次高端备课项目和一次区级公开课。《我们一起去野炊——燃烧和灭火》大单元教学被收录于《在线教学管理与课堂实践》中。

物体做圆周运动问题的处理技巧

刘海城

摘 要：学生在处理物体做圆周运动问题时应用几何技巧有些困难。本文重点让学生理解运动中的能量问题，提高学生解决实际应用能力。

关键词：物块 能量守恒 动量守恒

如图 1 所示，粗糙水平面上 A、B 两点相距 0.4 m，右端连接一半径 0.6 m 的开口的光滑圆轨道，圆轨道左下方有一扇电磁门，电磁门关闭圆轨道立刻封闭成一个完整的光滑圆轨道，物块 1 和物块 2 粘在一起向右以速度 v_0 经过 A 点，由于外界的干扰夹在物块 1 和物块 2 之间的少量炸药突然爆炸，爆炸后物块 1 向左运动，物块 2 向右运动，当物块 2 进入右侧圆轨道后，电磁门立刻关闭，物块 2 在圆轨道内恰好能完成完整的圆周运动。已知物块 1 和物块 2 运动过程中相距最大距离为 1.6 m，物块 1 质量为 1 kg，物块 1 与水平面间动摩擦因数 μ_1=0.5，物块 2 质量为 3 kg，物块 2 与水平面间动摩擦因数 μ_2=0.75。两物块可看作质点，重力加速度 g=10 m/s²。

（1）假设炸药爆炸过程中释放的化学能全部转化成动能，求炸药爆炸过程中释放的化学能。

（2）物块 1 和物块 2 运动过程中相距最大距离时，物块 2 对轨道压力多大？

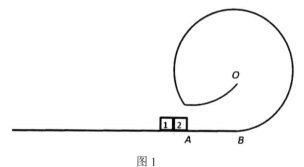

图 1

解：（1）设圆轨道最高点为 D，在 D 点对物块 2 有

$$m_2 g = m_2 \frac{v_D^2}{R},$$

对物块 2 由 A 到 D 应用动能定理得

$$-\mu_2 m_2 g x_{AB} - 2m_2 gR = \frac{1}{2}m_2 v_D^2 - \frac{1}{2}m_2 v_2^2,$$

解得 $v_2 = 6\,\mathrm{m/s}$。

设物块 1 和物块 2 运动过程中相距最大距离时，物块 1 停止运动的位置为点 E，连接 E、O 并延长交圆轨道于 C 点，由几何关系可得

$$R^2 + x_{BE}^2 = \left(x_{CE} - R\right)^2,$$

解得 $x_{BE} = 0.8\,\mathrm{m}$，$x_{BE} = x_{AB} + x_{AE}$，则 $x_{AE} = 0.4\,\mathrm{m}$，

爆炸后物块 1 向左做匀减速运动，有

$$-2\mu_1 g x_{AE} = 0 - v_1^2，\quad v_1 = 2\,\mathrm{m/s}。$$

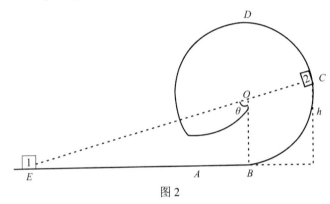

图 2

对物块 1 和物块 2 之间少量炸药爆炸过程，由动量守恒得

$$\left(m_1 + m_2\right)v_0 = -m_1 v_1 + m_2 v_2，$$

解得 $v_0 = 4\,\mathrm{m/s}$

由能量守恒得

$$E + \frac{1}{2}\left(m_1 + m_2\right)v_0^2 = \frac{1}{2}m_1 v_1^2 + \frac{1}{2}m_2 v_2^2，$$

得 $E = 24\,\mathrm{J}$。

（2）由相似得 $\dfrac{OB}{OE} = \dfrac{h}{CE}$，

解得 $h = 0.96\,\mathrm{m}$，

由 A 到 C 应用动能定理得

$$\frac{1}{2}m_2 v_C^2 - \frac{1}{2}m_2 v_2^2 = -m_2 gh - \mu_2 m_2 g x_{AB}，$$

$$\cos\theta = \frac{OB}{OE} = 0.6，$$

$$m_2 g \cos\theta + F_C = m_2 \frac{v_C^2}{R} ,$$

解得 $F_C = 36\,\text{N}$，

由牛顿第三定律得

$$F_C = F_C^{'} = 36\,\text{N}。$$

参考文献

[1] 沈晨. 更高更妙的物理[M]. 杭州：浙江大学出版社，2017.

[2] 张大同. 物理习题详解[M]. 上海：上海教育出版社，2021.

[3] 黄冠. 以"板块模型"为进阶主线的"摩擦力"教学[J]. 中学物理教学参考，2023（11）：12-15.

教师简介：

刘海城，高级教师，承担班主任和物理竞赛指导工作，先后共有 6 名学生考入清华、北大，获得大庆市优秀班主任、大庆市骨干教师、大庆市师德师风先进个人、大庆市优秀共产党员、怀柔区物理竞赛优秀指导教师等荣誉称号。主持北京市级课题一项，并参与多项省、市级课题研究。

浅谈高中物理与大学物理衔接教学

——以两道气体压强影响因素题为例

韩智卿

摘　要：进行高中物理和大学物理知识衔接教学有助于帮助学生更好地过渡到大学学习中，本文将以两道气体压强影响因素题为例，探讨高中与大学知识间的衔接。高中物理教材中指出气体压强是单位面积器壁受到的压力，这个压力来源于大量气体分子对器壁产生的连续、均匀的撞击力。对于同种气体分子，这个压力的影响因素有两个：气体分子的平均速率、气体分子的数密度。在实际做题中关于分子数密度的描述有两种方式：单位体积内的分子数量 n（又称为体密度），单位时间与单位面积器壁碰撞的分子数 N。高中教材对此内容的讲解是定性推导，而大学物理教材中则通过引入玻尔兹曼分布定律进行定量分析。本文将通过高中物理与大学物理衔接教学的方式具体讲解压强与这两种分子数密度的关系。

关键词：压强　分子数密度　衔接教学

进行高中物理与大学物理衔接教学的好处是多方面的，不仅有助于学生更好地理解物理概念和原理，还能帮助他们顺利过渡到大学水平的学习。

1. 知识的连贯性： 衔接教学可以确保学生从高中到大学所学习的内容是连贯的，避免了知识上的断层，使学生能够在一个更加顺畅的学习路径上前进。

2. 深度与广度的扩展： 大学物理在深度和广度上都有所增加，衔接教学可以帮助学生逐步适应这种变化，为更复杂的概念打下坚实的基础。

3. 学习方法的过渡： 高中与大学的学习方法有很大差异。衔接教学可以帮助学生逐步从被动学习转向主动探索，培养学生批判性思维和解决问题的能力。

4. 减少学习挫折： 如果学生突然进入一个完全陌生的学习环境，可能会感到不适应和挫败。衔接教学可以减少这种不适感，帮助学生建立自信。

5. 提高学习效率： 通过衔接教学，学生可以在高中阶段就开始接触一些大学物理的基础概念，这样在大学正式学习时，他们可以更快地理解和掌握这些概念。

6. 激发学习兴趣： 良好的衔接教学可以激发学生对物理学科的兴趣，让他们更加期待大学物理的学习，从而提高学习的积极性和主动性。

7. 培养研究能力： 大学物理更注重研究和对方法论的学习。衔接教学可以帮助学生具有初步的研究经验，使他们能够更好地适应大学中的研究项目和实验工作。

8. 促进教师交流：高中与大学的物理教师可以通过衔接教学项目进行交流与合作，共同提高教学质量和效果。

在高中物理教学中，气体压强通常被解释为是由于大量气体分子频繁撞击容器壁所产生的。这个解释强调了气体分子与容器壁的碰撞以及由此产生的平均力，但通常不会深入探讨气体分子的运动细节，如速度分布、能量分布等。而在大学物理中，气体压强的微观解释会更为详细和深入。大学物理会使用统计物理学的方法，引入理想气体模型，并考虑气体分子的速度分布和能量分布。在大学物理中，会介绍玻尔兹曼分布定律，该定律描述了气体分子在给定温度下速度分布的规律。此外，还会讨论麦克斯韦-玻尔兹曼分布，这是描述理想气体分子速度分布的规律。

在大学物理中，认为压强不仅仅与分子撞击容器壁的力有关，还会被认为与分子的空间密度和平均动能有关。具体来说，压强与分子的数密度 n（单位体积内的分子数）和分子的平均动能（宏观上与温度有关）有关。这些内容通常会在热力学和统计物理学的课程中进行详细讲解。

总结来说，高中物理对气体压强的解释较为直观和定性，而大学物理则提供了更为详细和定量的统计学解释，考虑了分子的速度分布和能量分布，并将压强与分子的空间密度和平均动能联系起来。

在高中物理教学中有这样两道例题，如下：

例 1. 正方体密闭容器中有大量运动粒子，每个粒子质量为 m，单位体积内粒子数量 n 为恒量。为简化问题，我们假定：粒子大小可以忽略；其速率均为 v，且与器壁各面碰撞的机会均等；与器壁碰撞前后瞬间，粒子速度方向都与器壁垂直，且速率不变。利用所学力学知识，导出器壁单位面积所受粒子压力大小为 f，则（BCD）

A.Δt 时间内粒子给面积为 S 的器壁冲量大小为 $\dfrac{nSv\Delta S}{3}$

B.器壁单位面积所受粒子压力大小为 $f = \dfrac{nmv^2}{3}$

C.器壁所受的压强大小为 $\dfrac{nmv^2}{3}$

D.气体对容器的压强是大量气体分子对容器壁频繁碰撞引起的

例 2. 对一定量的气体，若用 N 表示单位时间内与器壁单位面积碰撞的分子数，则（C）。

A.当体积减小时，N 必定增加

B.当温度升高时，N 必定增加

C.当压强不变而体积和温度变化时，N 必定变化

D.当压强不变而体积和温度变化时，N 可能不变

以上两个题目，如果能够结合大学物理的知识，就非常容易解决。在这类问题中，关于分子数密度的描述一般有两种方式：单位体积内的分子数量 n（又称为体密度），以及单位时间与器壁单位面积碰撞的分子数 N。以下将根据这两个概念建立相同的模型，求出压强与分子数密度的具体等式关系。

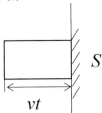

图中为气体撞击器壁的长方体模型，长方体底面积为 S，长度为速度与时间乘积 vt。

建构如图所示模型，选取水平向右为正方向。当一个分子撞击到右侧器壁 S 上时，器壁使得分子以等大的速率反向，分子受到器壁 $-2mv$ 的冲量，由牛顿第三定律可知，器壁会受到来自这个气体分子的 $2mv$ 的冲量。

长方体模型中共包含有 $nSvt$ 个气体分子，气体分子能够撞击到右侧器壁的概率为 $\frac{1}{6}$，则 t 时间内，能够撞击到右侧器壁的分子数目为 $\frac{1}{6}nSvt$，器壁受到的总冲量为 $\frac{1}{6}nSvt \times 2mv = \frac{1}{3}nmSv^2t$，器壁受到的总作用力为 $\frac{1}{3}nmSv^2$，器壁受到来自气体的压强为 $p = \frac{F}{S} = \frac{1}{3}nmv^2$①。

如果利用例2给出的 N 来进行计算，在这个气体长方体模型中能够撞击到右侧器壁的分子数目为 NSt，器壁受到的总冲量为 $NSt \times 2mv = 2NmSvt$，器壁受到的总作用力为 $2NmSv$，器壁受到来自气体的压强为 $p = \frac{F}{S} = 2Nmv$②。

①②式两个压强公式之间有一定联系，可以找到 N 与 n 之间的关系，可以由长方体模型中能够撞击到右侧器壁的气体分子数目相同，列出等式 $\frac{1}{6}nSvt = NSt$，即 $\frac{1}{6}nv = N$，通过此式，可以将①②式联系起来，即 $p = \frac{1}{3}nmv^2 = 2Nmv$，说明两公式具有等价性。$\frac{1}{6}nv = N$，这个结果对于高中学生来说理解起来很方便，但更精确的推导应该参考热学教材中的 $\frac{1}{4}nv = N$。

进一步分析两个公式：对于 $p = \frac{1}{3}nmv^2$，从微观上来看，压强由 mv^2（分子平均动能的2倍）及 n（单位体积内分子数）决定；从宏观上来看，压强由温度 T、体积 V 决定。对于 $p = 2Nmv$，从微观上来看，压强由 mv（分子平均动量）及 N（单位时间内与器壁

单位面积碰撞的分子数）决定；由于分子平均动量 mv 由动能和质量决定，本模型中气体分子质量是确定的，则分子平均动量取决于分子平均动能。所以，从宏观上来看，也能说明压强由温度 T、体积 V 决定。对于例 2，比较容易出错的是 C 选项，当压强不变而体积和温度变化时，根据 $p = 2Nmv$ 如果温度升高，则 mv 一定变大，N 一定变小，才能保证 p 不变。

本文从建构模型出发，对比分析了两种不同类型的分子数密度与压强的关系，并且建立了它们之间的等价关系。在常规高中物理教学中，不会这样开展，更不会给出具体的等式关系。这样简化的衔接教学方式有助于学生更好地理解物理概念和原理，还能帮助他们顺利过渡到大学水平的学习。因此，在高中教学中可以适当引入一些简化的大学知识。希望本文能够为一线教师在教学以及理解压强微观解释等方面提供借鉴。

参考文献

[1] 中华人民共和国教育部. 普通高中物理课程标准（2017年版）[M]. 北京: 人民教育出版社，2018.

[2] 张蝶，郝银萍，李红玉，等. 高中物理到大学物理的力学教学衔接探究[J].秦智，2024（4）：166-168.

教师简介：

韩智卿，一级教师，博士，区优秀青年教师，曾在核心期刊发表两篇论文。作为编委参与编写中学物理目标。多次开展市、区级研究课，并获奖。多次参与市级课题。

激发学生学习物理的兴趣

辛权利

摘　要：初中物理主要为学生解释基础的物理概念和生活中某些现象的原理，帮助学生形成正确的物理观念和建构物理学世界观。让学生了解物质的基本结构、物质状态变化、简单的运动规律以及物理学概念、测量方法、物理学实际应用，这些是从物理学视角认识世界的基础。

关键词：引导　兴趣　自主学习

初中物理课程注重知识与生活的联系，培养学生对物理学知识的应用能力。常言说道："寸有所长，尺有所短。"学生的差异必然存在，教师必须承认并尊重这种差异，初一的学生兴高采烈来到学校，而初二的一些学生由于成绩等原因，逐渐失去了学习信心，甚至放弃了物理学习。若任其发展下去，这部分学生很难适应社会的发展。物理习题应较多考查对简单生活现象的分析、对物理概念的理解以及对物理规律发现的实验探究过程，使学生学会运用物理语言描述生活现象并潜移默化地培养物理思维。初中物理课程注重基础知识的学习，并且强调灵活性应用，这使得初中物理问题与日常生活密切相关，同时学习过程中会发现习题千变万化，学生会遇到许多挑战。为此，我们必须对这些"学困生"进行激发学习兴趣的教育，结合本人多年教学实践，本人认为可从如下几方面做起。

一、上好"引言"课，激发"学困生"的学习兴趣

俗话说："良好的开端是成功的一半。"对初二学生来说，物理是一门新学科，他们带着浓厚的好奇心和求知欲来上课，如果处理不好，会使"学困生"失去学习物理的兴趣。教师上此课前应精心设计，要让课堂有一个良好的开端。在上第一节课时我就对学生说："物理对每一个学生来说都是启蒙学科，大家不存在什么基础差异，且与其他学科联系不大，就像百米赛跑一样，大家都在同一起跑线上，都是新学生，我对每一个学生都会一视同仁，平等对待。同一起点，同一教师，同样教学，我相信每一位学生都会努力争取成功。"举一些物理学得较好的学生的例子来鼓励学生，帮他们树立学习的信心。在上新课前采用几个典型的实验把学生带入学科的大门，比如在上课时对学生说我们先来看个魔术，然后拿出一个杯子和一张纸让学生检查一下是不是普通的杯子和纸，然后在杯子中装满水，把纸放到杯子上面，再问学生杯子倒过来后纸会不会落下，水会不会流出，学生讨论后，再做倒杯纸托水实验，此时学生都会发出赞叹声，感到一种从

未有过的惊异和喜悦，这些直观的演示，可激发"学困生"的好奇心、求知欲及带动学生高涨的情绪，为新课的讲授奠定了良好的基础。

二、以成功体验激发"学困生"的学习兴趣

成功的体验会形成良性循环，有兴趣才会主动，学习兴趣的持久与否取决于是否有成功的体验，一般说来，在学习物理的初期，学生参与学习的兴趣是很浓的，如果有了收获又得到自己和他人的好评更会使兴趣得到加强，而屡屡的失败却会销蚀原来的兴趣，因此在平时的测验中试题的难度尽量低一些，使学生能得到一个好分数，并且每次考试后不能纯看分数，只要看到进步都要进行表扬、鼓励；平时上课针对他们设计的问题应尽量简单些，如在讲长度测量时可向他们提问：长度的主要单位是什么？长度测量的工具是什么？2米等于多少分米？他们回答后告诉他们这些也是今后检测的内容，你们能回答出很不错，这些问题在中考中也会出现。让他们也能享受到成功的喜悦，品尝到学习的乐趣，建立起学好物理的信心。学生在初中阶段通常具备一定的抽象思维能力，并且具有良好的形象思维能力，但是注意力容易分散，所以在教学过程中，教师需要采取一些措施来提高学生的学习兴趣。例如，使用幽默的语言或者使用地方特色的方言来帮助学生理解物理知识。根据教育心理学我们知道，学生对学习的热情是非常重要的，它可以帮助学生克服各种困难，并最终将学习成果付诸实践。

三、用"肯定、承认和赞扬"激发学生的学习兴趣

改变用"一个标准"要求和衡量所有学生的方式，采用多元智力理论关注不同类型的学生，"多几把尺子"，开发学生多种发展潜能，在教学中努力地发现学生的优点、长处、能力等，适当地赞美"学困生"，这样不仅教师可以获得学生的好感，还可以使师生双方在心理和感情上靠拢，缩短彼此间的距离，马克•吐温说："我能为一句赞美之词不吃东西。"这话虽然有点儿夸张，却反映了人们普遍存在的心理状态。在现实生活中，几乎没有人不喜欢他人的肯定、承认和赞扬，只要不是过分吹捧，人们听了都会心花怒放，赞美之词如同照耀人们心灵的阳光，如在学生主动回答时答错了，受到同学的"嘘"声时，我会说："虽然他答错了，但说明他上课时很专心，他勇敢大胆，我们应向他学习。"这时同学们就会向他投去羡慕的目光，培养了他的自信心和主动性。教师应该重视学生对多媒体演示实验的观察，并引导学生思考问题，使学生能够在充分理解的基础上掌握知识，而不是死记硬背，同时在观察中培养学生的能力，重视思维训练，强调知识的实际应用，以提高学习效果。

例如有一次一名学生在室外出黑板报，上课时才匆匆收场，他是一个成绩较差但粉笔字写得很好的学生，我看了一会儿说："黑板字写得不错，比我写得还好，好好练将来一定会有出息的，行行出状元嘛。"后来这位学生开始认真学习起来，一个学期后成绩大有起色。慷慨地赞美学生，让学生开心，这并不是一件难事，只要时时提醒自己就

能做到。教师应通过分层作业的习题课，在深入挖掘教材知识体系的基础上，结合分类原则，构建由浅入深、由易到难的习题知识体系，用多样化的习题类型，激发学生的求知欲和兴趣。在提高习题课教学效率的同时，教师应充分引导学生，给学生创造优良的学习环境和氛围，让学生的主观能动性被充分调动，在教学中得到提高和升华，加深知识的积累。课堂讨论和回答问题往往因占用较多时间和影响教学秩序而不被教师采用，学生关注课堂的动力主要来自教师自身对课堂的把握，如引经据典的内容、幽默风趣的风格等，但这样的教学形式的效率并不稳定，也没有调动学生的主观能动性，长此以往还会让学生养成不积极思考的惰性。习题课堂中，如果提出远超学生能力范围的问题，可能不仅促进课堂活跃程度的目标不能达到，而且激发学生兴趣或竞争心态的目的也无法达成。因此教师要配合习题布置的分层情况，较为准确地把握学生对该知识点的掌握程度，使提出的问题在学生能力范围内。

四、以名人学习的曲折经历激发学生的学习兴趣

结合课本内容，向学生介绍一些科学家学习的曲折经历。平时我就注意收集学生较为熟悉的伟大科学家的学习历程，比如，著名发明家爱迪生曾被学校教师一致认为是一个"笨蛋"，智商太低，不是读书的料，他在班上读书不到三个月就经学校教师一致决定让他退学，他失学后通过自学最终成了发明大王。还有著名科学家爱因斯坦，小时候并不是一个聪明出众的孩子。他在学校里的成绩常常不尽如人意，甚至被老师认为是"笨学生"。但爱因斯坦并没有因此而气馁，他对自然界的奥秘充满了好奇，不断地自学和探索。他花费大量的时间思考问题，反复进行实验和研究，经历了无数次的失败和挫折。然而，正是这种不屈不挠的精神，让他最终提出了相对论，改变了人类对宇宙的认识。这两位科学家的学习也经历了曲折和失败，在学习过程中不管任何人都会遇到挫折，关键是要有百折不挠的精神。要告诉学生我们有些同学虽然现在不够优秀，但将来说不定你就是"爱迪生"和"爱因斯坦"，但是要想成功，是要付出艰苦努力的。

五、以知识在生产生活中的应用激发学生的学习兴趣

学习的目的在于应用，初中物理教材中的物理知识应用在生产生活中的实例不少，教师在生活中应注意收集和挖掘，在教学过程中理论联系实际，使学生既能学习物理知识，也能掌握生产技能，使"学困生"也能感觉到物理是有用的。如在讲授密度应用时，可通过计算水的质量从而引出农田喷雾器上 8 L、10 L、15 L 标识的含义，并提出问题：若要兑农药应怎样计算放药量。在讲扩散和温度关系时，可引入喷洒农药的时间选择，让学生知道若是熏杀类农药在中午喷洒效果较好的原因，若是触杀类农药在傍晚喷洒效果较好的原因。在学习影响蒸发快慢因素时，可引导学生分析农村地膜覆盖是怎样减慢蒸发的，什么时候盖膜，在使用地膜时也应注意当雨水过量时适时揭膜。

六、重视实验课教学，以一些典型有趣的实验激发学生的学习兴趣

物理是一门以实验为基础的学科，人们的许多物理知识是通过观察和实验认真总结得来的。在物理课的教学中，要引导学生多动手做实验，做一些有趣的实验，如在光学课前可布置学生做"插入水中的筷子""隔着水滴看字"等有趣的实验，插入水中的筷子，看上去是弯的，拿出水后，又是直的；把水滴放到透明塑料纸上，透过水滴看书上的小字，字会变大。学生看到这些奇异的现象后，即使是"学困生"也会怀有好奇心和追根究底的心情去看书，去找原因，想知道为什么。变被动学习为主动学习，这也是我们教师最愿看到的结果。在初步认识和了解实验的基础上，对实验原理进行解释，教会学生如何做实验，才是引导学生进行深入思考的正确方法。

七、精心创设学习情景，激发学生学习的兴趣

情景不仅是"一种刺激"，还是教学目标相对应的知识活动。与情景活动相结合的一种人为优化的场景有利于学生发展，在教师语言的启迪下，使学生置身于特定的场景，不仅能促使全班学生全神贯注地认真听课，而且能激发学生有情感地主动参与学习，如在讲摩擦力时可让学生回忆在家拉手推车时，同样重的车走在水泥路上和土路上的感觉、用力情况，找出用力不同的原因；分析拉重车和轻车的用力情况，找出用力不同的原因，从而引导学生分析出影响摩擦力大小的因素。用学生熟悉的场景即使"学困生"也会主动参与讨论，因为与生活紧密相关，现象直观，结果易得。

总之，兴趣属非智力因素的范畴，中学生的智力因素不可避免地存在着一些差异，因而应从挖掘智力因素、培养非智力因素入手，对学生进行兴趣教育。不仅能使学生产生强烈的求知欲望，更重要的是这种强烈的求知欲望一旦保持下去，就会使学生产生巨大的学习内在动力，应用这种动力足以克服学习中的各种困难和忍受各种挫折。"兴趣是最好的老师"，让学生在"兴趣"老师的培养教育下逐步得到发展，从而走向成功，这是我们教育者最愿看到的。

教师简介：

辛权利，2006年加入教育事业，参加十三五"'互联网教育'背景下数字科学家计划理论与实践研究"的子课题"探究教学模式下的物理重难点突破研究"，该项目被评为优秀等级。教育教学理念：为学生健康成长铺设好绿色通道。

基于 PBL 教学法的探究思维的培养

——以"探究酵母菌细胞呼吸的方式"为例

李海燕

摘　要：以"探究酵母菌细胞呼吸的方式"为例，学生通过实验设计、实施、分析、总结，在主动参与的学习经历中深入理解知识，发展探究思维等生物学学科核心素养。

关键词：PBL 教学法　酵母菌细胞呼吸的方式　核心素养

PBL 教学法，是以问题为导向的教学法，是基于现实世界的、以学生为中心的教育方式，是在教师的引导下，"以学生为中心，以问题为基础"，通过采用小组讨论的形式，学生围绕问题独立收集资料、发现问题、解决问题，培养学生自主学习的能力和创新能力。

《普通高中生物学课程标准（2017 年版 2020 年修订）》明确指出："科学探究"是指能够发现现实世界中的生物学问题，针对特定的生物学现象，进行观察、提问、实验设计、方案实施以及对结果的交流与讨论的能力。学生应在探究过程中，逐步增强对自然现象的好奇心和求知欲，掌握科学探究的基本思路和方法，提高实践能力；在探究中，乐于并善于团队合作，勇于创新。随着教育改革工作的持续推进，高中生物学教学更加重视突出学生的主体地位和培养学生的科学探究能力。因此，笔者尝试在高中生物学实验课堂中将培养科学探究、科学思维等生物学学科核心素养的理念融入 PBL 教学模式，期望能提高课堂教学效率。

一、教材分析与设计思路

"探究酵母菌细胞呼吸的方式"是人教版《普通高中教科书 生物学 必修 1 分子与细胞》第 5 章第 3 节"细胞呼吸的原理和应用"中"探究·实践"的内容。作为探究实践活动，由学生亲历实验设计、实施以及分析实验现象得出有氧和无氧两种条件下细胞呼吸的产物，构建细胞呼吸的概念，培养学生的科学探究与科学思维等学科核心素养，也为后续学习打下良好的知识基础。高一学生在初中阶段对绿色植物的细胞呼吸有一定认识，对酵母菌的应用也有一定的了解；在本节课之前完成过"比较过氧化氢在不同条件下的分解"等关于酶的作用与特性的实验，具备应用基本知识设计对照实验、控制自变量、平衡无关变量以及获取因变量等探究能力，但逻辑思维能力还不强，因此在探究活动中，教师需要给予适当引导，细化实验方案、规范实验操作等。

本节课结合面包的制作及酿酒等生活实例，引导学生提出问题，激发学生兴趣，以问题串作为驱动，引导学生设计实验方案并通过讨论与评价优化实验方案，然后在课堂上进行学生小组实验，分析实验现象，总结得出结论。在实际的教学中，因为教材实验装置连接复杂、实验耗时较长，以及实验操作难度较大等原因，学生实施实验较困难。笔者借鉴他人的经验"巧用 Y 形试管探究酵母菌细胞呼吸的方式"可以明显缩短反应时间，实验效果比较明显，有利于学生在一节课内完成实验。学生通过设计、优化有氧呼吸和无氧呼吸实验装置，完成实验操作，认同有氧呼吸和无氧呼吸的条件与产物，同时发展了生物学学科核心素养。

二、教学目标

基于课程标准的内容要求、学业要求和学业质量标准，并围绕培养学生学科核心素养的要求，制定了如下教学目标：

（1）生命观念：通过实验探究与分析，认同酵母菌有氧呼吸和无氧呼吸的产物，构建细胞呼吸的概念。

（2）科学思维：在选择实验材料与用具、设计和交流评价实验方案、分析实验结果过程中，培养学生科学思维。

（3）科学探究：探究酵母菌细胞的呼吸方式，设计并实施实验方案，进一步学会控制自变量、平衡无关变量、观察和检测因变量，形成科学探究能力。

（4）社会责任：通过分析酵母菌发酵在生产、生活中的应用，能够运用生物学的原理和方法参与公众事务的讨论和作出相关的个人决策。

三、教学过程

（一）设疑激趣，引出课题

教师展示发酵面团及面包图片，突出强调二者疏松多孔；展示啤酒和葡萄酒，突出展示标签说明。说明这些都是发酵的产物，引导学生提出：虽然这些都是利用酵母菌发酵而成的产品,但是它们在发酵条件和发酵产物等方面有什么区别？进而老师引出课题：酵母菌有氧呼吸和无氧呼吸的产物分别是什么？

设计意图：联系实际，创设生活情境，以真实情境导入教学，通过发现并提出问题，从而激发学生思考和探究的欲望。

（二）任务驱动，落实重难点

活动一　独立思考并组内合作，设计方案

教师准备好材料用具：有活性的酵母菌培养液，澄清的石灰水，质量分数为 0.1%溴麝香草酚蓝溶液，质量分数为 5%酸性的重铬酸钾溶液，质量分数为 10%的 NaOH 溶液，质量分数为 3%的 H_2O_2 溶液，质量分数为 3.5%的 $FeCl_3$ 溶液；Y 形试管，试管，烧杯，

100 mL 锥形瓶，直角玻璃管，橡胶管，气泵，棉塞，橡胶塞，注射器，吸管，充气泵等。

教师发放学案，以学案任务一中的问题为导向，驱动学生独立思考并解决问题。问题：①你作出的假设是什么？②自变量是什么？如何控制？③因变量有哪些？如何检测？④依据气体扩散原理，如何使用 Y 形试管？⑤无关变量有哪些？如何排除无关变量产生的干扰？⑥先独立思考写出实验步骤（或用画图的方式，结合必要的文字说明），然后进行组内交流，讨论出一套成熟的设计方案。

设计意图：教师提供多种材料供学生选择，充分调动学生的积极性和主动性；在问题串的驱动下，学生自主设计方案，再通过小组合作的方式，优化实验方案，细化实验步骤，培养学生的科学思维和科学探究以及提高团结协作意识与沟通交流能力。

活动二　小组展评，促进方案成熟

在各个小组讨论出成熟方案的基础上，小组代表投影展示并讲解自己小组的实验方案，其他小组可以提出疑问和评价。在小组互评中可以依据以下四个方面进行：①表述过程是否条理清晰？是否分组编号并设置对照组？②是否遵循单一变量原则？自变量的控制是否合理可行？③考虑了哪些无关变量？无关变量的控制是否合理可行？④因变量的检测指标有哪些？检测方法是否合理可行？教师适时适当进行点评。有的小组考虑到可以利用实验材料中过氧化氢溶液和氯化铁溶液制备不含二氧化碳的氧气，作为无氧组。利用注射器抽气控制无氧环境，教师可以适当点拨如何使用。

设计意图：通过组间质疑不足之处与对优秀方案的肯定，可以继续优化实验方案中的实验装置及产物检测手段，提高实验方案的科学性和可行性，提升学生批判性思维和创新能力，增加学生对实验原理、实验步骤的熟悉度，以便于下一步实验的实施。

活动三　实施实验，检验假设

在各个小组一一展评优化的基础上，学生按照优化后的小组实验方案，合理分工开展实验。每个小组内部划分为有氧组和无氧组，同时操作。对于有氧和无氧的控制，有两套方案。第一套方案是有氧组使用气泵充入空气，为排除空气中 CO_2 的干扰，需要先通过 NaOH 溶液和澄清的石灰水；而无氧组则是用注射器抽出 Y 形试管内的气体后用橡胶塞封口以隔绝空气。第二套方案是有氧组用注射器取 6 mL H_2O_2 溶液和极少量的 $FeCl_3$ 溶液，振荡制氧气并排出液体部分，将制取的氧气注入 Y 形试管后用棉塞封住试管口；而无氧组用注射器抽出 Y 形试管内的气体后用橡胶塞封住试管口以制造无氧环境。对于 CO_2 产生量的检测，有氧组取一支洁净的 Y 形试管，用带吸管的注射器将 8 mL 活化后的酵母菌培养液注入 Y 形试管的一侧，另一侧注入 3 mL 溴麝香草酚蓝溶液（或澄清的石灰水），再连接供氧装置，然后开始计时，观察试管内液体颜色变化。无氧组在 Y 形试管的两侧各注入与有氧组等量的酵母菌培养液和溴麝香草酚蓝溶液（或澄清的石灰水），控制无氧条件，然后开始计时，观察试管内液体颜色变化。对于酒精的检测，用带吸管的注射器将有氧组和无氧组酵母菌的培养液分别转移到小烧杯中进行过滤，各取

1 mL 滤液后，分别加入两支小试管中，再分别加入 1 mL 酸性重铬酸钾溶液，观察颜色变化。在学生实施实验过程中，教师巡视、规范学生实验操作和保证安全，并控制课堂时间，对学生的表现及时给予评价、鼓励、表扬。

设计意图：通过学生小组合作完成实验，掌握科学探究的思路和方法，锻炼学生实践与合作能力，培养了团结协作的精神以及科学探究等生物学学科核心素养。

活动四　收集结果，得出结论

各小组收集、整理本组的实验结果，对实验中发现的新问题进行整理、分析、讨论，并完成实验报告单的填写。有氧组，以气泵通氧组，溴麝香草酚蓝溶液变成黄色（或澄清的石灰水变浑浊）的时间约为 6 分钟；以 H_2O_2 制氧组，溴麝香草酚蓝溶液变成黄色（或澄清的石灰水变浑浊）的时间约为 5 分钟。无氧组，溴麝香草酚蓝溶液变成黄色（或澄清的石灰水变浑浊）的时间约为 12 分钟。酒精检测结果，无氧组对应的试管内呈现灰绿色，有氧组则无明显变化（也说明有氧组的葡萄糖基本消耗完）。根据结果，学生总结结论：有氧条件下，酵母菌进行有氧呼吸，产生大量的 CO_2；无氧条件下，酵母菌进行无氧呼吸，产生酒精和少量的 CO_2。

设计意图：通过对有氧和无氧条件两个对比实验的实验结果进行分析得出结论，培养学生基于生物学事实和证据总结酵母菌细胞呼吸的产物，从而发展其科学思维。

（三）系统归纳，聚焦大概念

教师创设情境：生活中在发面的时候，我们发现随着发面时间延长，面团会越来越稀，也就是含水量会不断增加，这是为什么呢？新收获的种子堆积后，种子堆内部的温度会越来越高，这是为什么呢？

请同学再结合本次实验探究的结果，总结细胞呼吸的概念。

设计意图：在学生完成探究实验、认同细胞呼吸产物的基础上，教师加以必要的引导，及时构建细胞呼吸的概念，也为第二课时的学习做好铺垫。

四、教学评价

本次课程采用学生自评、组长评价、小组互评、教师评价等多种方式相结合。既注重考查学生的学习结果，又关注了学生学习的过程，例如学生的学习态度、设计实验与实践能力、合作、交流和分享等方面，有意识地使评价的过程成为学生学习和知识建构的过程。学生自评部分是对自己独立制订的实验方案的反思和修正，组长评价在小组实验报告及评价量规部分完成，小组互评在课堂小组展评环节完成，教师评价表现在课堂进行时对学生主动思考、积极交流、规范操作等过程性评价以及批改学案的完成情况等终结性评价方面。考虑课堂时间有限，将本节课的"课堂小结"和"练习与应用"设计成学案的任务三和任务四，考查学生的归纳总结和拓展应用能力，作为本次课程的终结性评价。多种评价方式相结合，除为教学提供反馈信息外，还有助于激发学生的学习兴趣和培养学生自主学习的能力，促进其生物学学科核心素养的发展。

五、教学反思

本实验以 PBL 教学方法为依托，遵循探究实验的一般流程，先从真实的生活情境出发，学生观察现象，提出问题，依据初高中学过的知识作出假设，参考教材与教师提供的材料用具等资料，先独立设计并通过小组讨论交流优化实验方案，再通过小组合作完成实验并得出结论。在课程中，学生通过实验和动手活动，观察和获取一手数据，学生在主动参与的学习经历中深入理解知识，发展生物学学科核心素养。教师在课堂上需控制讨论与实验操作的进度，鼓励组长进行明确分工，如实验准备、实验操作、记录和整理实验数据、总结汇报等，提升学生的团队合作能力。

参考文献

[1] 中华人民共和国教育部. 普通高中生物学课程标准（2017 年版 2020 年修订）[S]. 北京：人民教育出版社，2020.

[2] 刘泽羽. 巧用 Y 形试管探究酵母菌细胞呼吸的方式[J]. 生物学通报，2023，（2）：53-54.

教师简介：

李海燕，高级教师，本科学历。从教 24 年，担任生物学教研组组长职务 6 年。承德市兼职教研员，承德市"三三三人才工程"生物学学科带头人、教学能手。参与省、市级课题各一项，撰写国家级论文 1 篇、省级论文 2 篇。所教学生多人考入 985、211 院校，3 人获全国生物竞赛二等奖、多人获三等奖。

现代教学技术在初中生物学课堂教学中的应用

于 蕾

摘 要：初中生物学课程是培养学生科学素养和自主学习能力的重要组成部分。本文旨在探讨现代教学技术在初中生物学课堂教学中的应用，并分析其对学生学习成绩和教育体验的影响。通过文献综述、实证研究和案例分析等方法，本文详细探讨了多种教育技术工具如何提升教学效果，促进学生积极参与和增强生物学课堂的互动性。最后结合现实情况，提出了一些教师和政策制定者应考虑的建议，以更好地推动现代教育技术在初中生物学课堂中的应用与发展。

关键词：现代教学技术 初中生物学 教学效果 学生参与 教育体验

一、现代教学技术的概述

现代教学技术就像一股清风，吹拂进初中生物学课堂，为传统的教学方式注入了新的活力和可能性。这些技术包括智能白板、在线学习平台和虚拟实验室等，让我们的教育不再局限于纸上讲课和黑板书写。现代教学技术为教师和学生创造了一个全新的教育环境，让生物学课堂变得更加生动、互动和引人入胜。

让我们先来谈谈智能白板。这个小小的装置却有着巨大的作用，它融合了传统黑板和现代投影仪的优点，使得教师不仅能够在白板上书写、绘制图表、展示多媒体内容，还能够与学生互动。在生物学课堂中，它可以将生物学概念以生动的动画和图像形式呈现，让那些抽象的生物学过程变得清晰易懂。学生们可以直观地观察生物学现象、理解生态系统的复杂性，而不仅仅是记住书本上的文字。

接下来要说的是在线学习平台。这些平台像是一个个虚拟的教室，教师和学生可以随时随地进行互动。教师可以轻松上传教材、布置作业，学生则可以提交作业、参与讨论，还能够进行在线测验。这种互联网技术的应用，不仅增加了学习的灵活性，也让学生能够更好地自主学习。而且，这还能够鼓励学生积极参与课堂活动，因为他们知道自己的声音和想法在虚拟教室中同样重要。

最后来说说虚拟实验室。生物学实验虽然令人兴奋，但有时候因实验设备不足或者实验环境存在安全隐患等，使得有些实验无法在现实世界中进行。虚拟实验室完美地解决了这些问题，让学生可以在虚拟环境中进行实验、观察生物学现象，而且不需要使用实际实验器材。这不仅提高了学生的实验技能，还降低了实验成本和风险。学生可以在虚拟实验室中安全地探索各种生物学过程，锻炼自己的科学思维。

二、现代教学技术在初中生物学课堂中的应用

现代教学技术如今已经不再是什么高不可攀的未来科技，而是我们生活中的一部分。在初中生物学课堂中，它们就像魔法一样，让教学变得更加生动活泼，充满互动与创新。让我们一起深入了解这些令人兴奋的技术如何在生物学课堂中催生了教育的新生机。我们有了神奇的智能白板，这个看似简单的设备，实际上是一种教学宝藏。教师可以在白板上书写、绘制图表、播放动画，甚至是展示多媒体内容。在生物学课堂中，它让教师有了更多的表现空间，可以生动地呈现细胞分裂的过程、生态系统的互动关系，甚至是人体器官的结构。学生们不再只是被动地听讲，而是能够亲身参与、观察、提问、讨论，这让整个课堂变得更加充实和有趣。

让我们谈谈在线学习平台。这些平台不仅让教师能够轻松上传教材和作业，还能够与学生进行实时互动。在生物学课堂上，教师可以通过在线平台分享生物学领域最新的研究成果和资源，激发学生对生物学学科的兴趣。学生们也可以在平台上提交作业、参与讨论，还能够进行在线测验。这种灵活性让他们更容易适应自己的学习节奏从而提高学习效率。

虚拟实验室，它仿佛带我们穿越到了未来。生物学实验通常需要大量的实验器材和材料，但虚拟实验室打破了这个限制。学生们可以在虚拟环境中进行各种实验、观察生物学现象等，而且无须担心实验器材的耗费和安全问题。这不仅提高了学生的实验技能，还培养了他们的科学思维和实验探究精神。

三、现代教学技术对初中生物学教育的影响

我们现在来深入探讨一下这些现代教学技术究竟如何改变了初中生物学教育的面貌，以及它们对学生和教师产生的积极影响。现代教学技术提高了教学效果，使得生物学课堂变得更具吸引力和实用性。通过运用智能白板，教师能够以更生动、直观的方式呈现生物学概念，让学生轻松理解抽象的生命现象。在线学习平台则为学生提供了更多学习资源，不仅有教材和作业，还有与同学和教师的实时互动，使他们能够更深入地探索生物学领域的知识。虚拟实验室则让学生能够在安全的环境中进行实验，锻炼实验技能，深化对生物学原理的理解。这些改进不仅提高了学生的学习能力，还激发了他们对生物学学科的兴趣。

现代教育技术增加了课堂的互动性，让学生积极参与到教学过程中。智能白板的使用让课堂变得生动有趣，学生们可以积极提问、展示自己的观点，与教师和同学互动交流。在线学习平台提供了一个虚拟的学习社区，学生可以分享资源、参与讨论，甚至在线合作完成项目。虚拟实验室则鼓励学生主动探究，提出假设并进行实验验证，培养了他们的科学思维和问题解决能力。这种互动性让学生在学习中变得更加积极主动，不再

是被动的知识接受者。现代教育技术不仅增强了教育体验，还提高了学生的学习自主性。在线学习平台为学生提供了灵活的学习时间和地点，让他们可以根据自己的节奏学习，不再受课堂时间和地点的限制。虚拟实验室让学生能够在虚拟环境中探索，培养了自主学习的能力，使他们更有信心面对未知的科学问题。这种自主学习的体验不仅提高了学生的学习成就，还为他们未来的职业和学习发展打下了坚实的基础。

四、结论

通过对现代教学技术在初中生物学课堂中的应用进行深入探讨，我们知道，现代教学技术可以有效提高初中生物学课堂的教学效果，使学生更容易理解和记忆生物学知识。这些技术可以促进学生的积极参与，增加课堂的互动性，提高学科参与度。学生通过现代教学技术可以获得更加丰富多样的教育体验，从而提高自主学习的能力。现代教学技术在初中生物学课堂中的应用对学生学习成绩和教育体验产生积极影响，应得到更广泛地推广和应用。教师和政策制定者应积极探索更多适合初中生物学课程的教学技术，并为其提供支持和培训，以促进教育不断发展和进步。

参考文献

[1] 陈泽芬. 新课程理念下现代信息技术在初中生物学教学中应用的研究与实践[J]. 生物技术世界，2013（7）：100.

[2] 卜红丽. 新课程理念下现代信息技术在初中生物学教学中应用的研究与实践[D]. 烟台：鲁东大学，2009.

教师简介：

于蕾，理学和教育学双硕士研究生。北京市植物栽培大赛优秀指导教师，北京市观鸟大赛优秀指导教师，获首都原创教学设计市级二等奖、起航杯区级二等奖、北京市实验说课大赛优秀参与奖。

"兴奋在神经元之间的传递"的教学设计与实施

任丽琦

摘　要：在"兴奋在神经元之间的传递"的教学中，通过引导学生设计实验，对一系列科学史资料进行分析和讨论，构建"突触"这一新的生物学概念，以及兴奋在突触处的传递过程，理解神经调节对于维持稳态的作用。在问题探讨中，鼓励学生基于实验结果大胆推测，培养生物学学科核心素养。

关键词：神经元　突触　稳态　概念构建

生物学是一门基于实验的科学，概念的构建离不开实验现象的支撑。教师可以为学生提供经典的实验素材，引导学生分析实验、设计实验，从而自主构建有关的生物学概念，提高学生的科学思维能力，促进学科核心素养的形成。

一、教学内容分析

"兴奋在神经元之间的传递"是人教版《普通高中教科书 生物学 选择性必修1 稳态与调节》第2章"神经调节"中第3节的重要内容。这一章从神经调节的角度探讨了稳态维持机制，突出体现了"稳态与平衡观"。迅速、精细的神经调节使得动物能够对刺激作出快速准确的反应。由于反射活动的完成通常需要多个神经元的参与，所以本节涉及"兴奋在神经纤维上的传导"和"兴奋在神经元之间的传递"两部分的内容。本节内容是学生理解神经系统能够精细、准确调节的关键，有助于学生构建模块核心概念。

核心问题：突触传递如何使得神经调节非常精细、复杂？

教学重点是突触传递的过程及特点，教学难点是化学突触对实现精细、复杂的神经调节的意义。

二、学情分析

在前面的学习中，学生了解到神经调节的基本方式是反射，反射的结构基础是反射弧，由多个神经元组成。兴奋在神经纤维上以电信号的形式传导。兴奋在神经元之间如何传递则是对之前学习内容的深入。本节课的教学中，需组织多个教学素材让学生沿着科学家发现的足迹去猜测兴奋在神经元之间的传递方式。引导学生设计实验，学会辨析自变量、因变量和无关变量。通过比较"兴奋在神经纤维上的传导"和"兴奋在神经元之间的传递"的区别，加深对概念的理解。

三、教学目标

1. 通过观察突触的图片，认识突触结构，深化结构与功能观。
2. 通过分析及设计实验，认识突触传递的特点及分子机制，提高学生科学探究的能力。
3. 通过分析毒品成瘾的原因及记忆的形成机理，指导学生健康生活，树立社会责任感。

四、教学实施

（一）问题情境导入

分析运动员从听到发令枪响到作出起跑反应所经过的反射弧，教师提问："兴奋在神经纤维上的传导方式是什么？兴奋在神经元之间又是如何传递的呢？"进入本节课的学习。

（二）分析并设计实验

通过分析"运动员从听到发令枪响到作出起跑反应为什么会有很短的时间间隔"，引导学生指出兴奋在神经元上传递的特点：兴奋在神经元上传递的速度比在神经纤维上慢，单向传递。

教师提问：反射弧传导在哪里发生了延迟？为什么只能单向传递？提出"突触"这一生物学术语。

实验1：研究发现交感神经和迷走神经可以支配心脏活动。刺激交感神经，心跳加快；刺激迷走神经，心跳减慢。英国科学家埃利奥特发现：注射肾上腺素可以加快心跳，这与刺激交感神经系统产生的效应相似。

教师提问：这能给你怎样的启示？并布置任务：如何用蛙心灌流实验证明突触是通过化学物质传递的？

评价学生的实验设计并展示实验2：生理学家勒维（Loewi）首先分离两个蛙心，一个带神经，一个不带神经。两个蛙心都装上插管，插管内充有少量成分相同的营养液。他刺激第一个蛙心的迷走神经，发现心跳渐渐减速。他随后把该蛙心的营养液吸出，转移到第二个不带神经的蛙心中，惊讶地发现，第二个蛙心的心跳也减速。同样的，刺激第一个蛙心的交感神经，心跳渐渐加速，随即把其中的营养液转移到第二个蛙心中，第二个蛙心的心跳也加速。

教师引导学生证实结论：突触通过释放化学物质来传递信息。

（三）认识突触的结构

教师展示电镜下的突触结构，讲解突触小体、突触前膜、突触间隙和突触后膜等概念。引导学生进一步思考：神经元之间兴奋传递的具体机制是什么？与突触有什么关系？

（四）分析突触传递的分子机制

教师讲解第一个神经递质的发现——乙酰胆碱。提问：科学家猜测神经递质的释放与突触前膜 Ca^{2+} 的浓度有关，我们该如何设计实验验证该假设呢？引发学生思考。

评价学生的实验设计，然后展示实验3：以无脊椎动物枪乌贼的星状神经节为实验材料，第一组对突触前神经纤维施加适宜电刺激，结果先检测到突触前发生动作电位，随后检测到突触后发生电位变化。第二组先向突触小体注射足量 BAPTA（Ca^{2+}螯合剂），接着在突触前神经纤维施加适宜电刺激，结果能检测到突触前动作电位的发生，但不能检测到突触后电位的变化。第三组向突触小体注射适量"笼锁钙"，然后用强紫外线照射标本，结果检测不到突触前动作电位的发生，但能检测到突触后电位的变化。引导学生得出结论：突触后膜的兴奋与突触前膜兴奋后 Ca^{2+}浓度的升高有关。教师讲解突触前膜 Ca^{2+}内流导致神经递质释放的具体过程，并引导学生分析突触传递单向性的原因。

展示图片（见附录图1和2），引导学生分析：①神经递质与突触后膜上的受体结合后，只能引起后一个神经元兴奋吗？分析神经递质的类型以及不同类型的神经递质所引起的离子流动的差别。②神经递质发挥作用后该何去何从？在问题②的基础上，补充毒药可以与神经递质转运分子结合，使突触间隙中神经递质（如多巴胺）积累，持续作用于突触后膜，使人产生强烈的愉悦感。为了适应这种增加，突触后膜上神经递质的受体减少，使得神经通路的敏感性下降。在此基础上请学生分析毒品成瘾的原因。

生理学家在研究环境刺激与唾液分泌之间关系的实验中，意外发现狗能将开门声与狗粮出现这两个看似不相关的事件联系起来。学生分析巴甫洛夫条件反射的原因，引入突触的可塑性，提示学生学习与新化学突触的建立有关，启示学生后天努力的重要性，深化终生学习的观念。

（五）回顾核心问题，评价教学效果

教师提出本节课的核心问题：突触传递如何使得神经调节非常精细、复杂？回扣核心问题，检验学生的学习效果和教师的教学效果。学生比较"兴奋在神经纤维上的传导"和"兴奋在神经元之间的传递"的区别，深刻理解突触传递"慢"的价值。

五、教学反思

核心素养的培养要落实在课堂教学中。本节课围绕核心问题提供了丰富的素材，引导学生沿着科学史的脉络，运用已有的知识推理、分析、探究突触传递的过程、特点。在课堂教学中突出了学科思想中的结构与功能观、稳态与平衡观。在探究过程中又提出了一系列实验设计的问题，启发学生思考。学生能够从问题出发，主动地作出假设、设计实验、验证假设、得出结论，提升了科学思维能力。

揭秘毒品成瘾机制，加深学生对吸食毒品、滥用兴奋剂危害的认识，倡导健康的生活方式，培养学生的社会责任感。突触的可塑性是学习和记忆的基础，将课内知识与学生生活实际紧密相连，激发学生的学习兴趣。

在教学最后回扣核心问题，落实教学目标，评价教学效果，落实教学评一体化。

参考文献

[1] 纪大军. 指向学科本质的高中生物学循证课型：以"兴奋在神经元之间的传递"为例[J]. 中学生物学，2022（12）：24-27.

[2] 王蓓. 高三生物复习课"兴奋在神经元之间的传递"：吸毒为什么会成瘾[J]. 新课程教学：电子版，2020（9）：46.

附录图片：

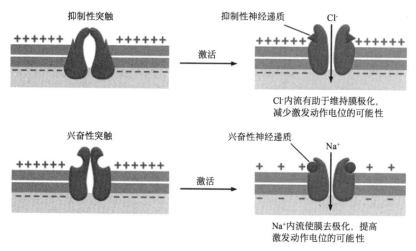

图1

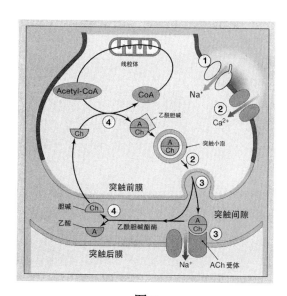

图2

教师简介：

任丽琦，硕士研究生。承担海淀区空中课堂录制课 1 节，获区级奖项 5 项。中学生理化实践活动优秀指导教师，辅导 1 名学生参加全国中学生生物联赛荣获一等奖，所带的 2021 届毕业班高考生物成绩优秀。参与区级重点课题 2 项。

赤藓糖醇对果蝇繁殖发育和运动能力影响的探究实验在初中实验教学的应用

许炜婷

摘　要： 科学实验是生物学这一学科的核心内容。以初中生物学四大核心素养为基础，教师可以创新生物学实验教学作为关键，在生物学课堂教学重点环节融入形式多样、类型多元的生物学实验，建构指向学生深度学习的高效生物学课堂。本节实验设计以人教版《生物学八年级下册》"第七单元 生物圈中生命的延续和发展""第一章 生物的生殖和发育"和"第二节 昆虫的生殖和发育"为基础，学生通过科学实践探讨赤藓糖醇对果蝇繁殖发育和运动能力的影响。本实验以黑腹果蝇为研究对象，在培养基中分别添加浓度为 2 mg/mL、4 mg/mL、8 mg/mL 和 16 mg/mL 的赤藓糖醇饲喂 8 h 内羽化未交配的雌、雄果蝇，通过研究赤藓糖醇对果蝇蛹化数目、羽化数目、F_1 体重和攀爬能力的影响，评价赤藓糖醇对果蝇的繁殖发育和运动能力的影响。

关键词： 科学实验　实验教学　赤藓糖醇　黑腹果蝇　蛹化数目

一、实验材料与方法

（一）实验材料与主要仪器

实验材料：野生型黑腹果蝇，赤藓糖醇，琼脂，蔗糖，红糖，玉米粉，高活性干酵母，正丙酸，乙醚。

主要仪器：分析天平，电磁炉，果蝇管，橡胶塞，恒温培养箱。

（二）实验方法

1. 果蝇的选择

选择野生型黑腹果蝇进行扩大繁殖，出蛹后转移亲本果蝇，收集未交配的果蝇。因为孵化出的幼蝇在 8 h 内不会交配，所以每天每隔 8 h 收集一次果蝇并在区分雌雄后分别培养。雄性果蝇腹部背面有三条黑色的条纹，末端延伸至腹面，较为明显。雌性果蝇无性梳，腹部末端较尖，腹部背面有 5 条黑色条纹。

2. 果蝇的培养

果蝇基础培养基配方为水 1 000 mL，琼脂 24 g，蔗糖 7.6 g，红糖 60 g，玉米粉 52 g，酵母 25 g，正丙酸 6.6 mL。赤藓糖醇培养基是在基础培养基中分别加入体积分数为 16%

的赤藓糖醇母液 1.25 mL、2.5 mL、5 mL、10 mL，使其最后浓度分别为 2 mg/mL、4 mg/mL、8 mg/mL、16 mg/mL。然后将配制好的培养基放入恒温培养箱中，每天光照培养 12 h，温度为 25 ℃，湿度为 40%～60%。

3. 果蝇繁殖力的测定

收集 8 h 内新羽化的果蝇成虫，在乙醚麻醉下区分雌雄，随机分为 5 组，分别在含 2 mg/mL、4 mg/mL、8 mg/mL、16 mg/mL 赤藓糖醇的培养瓶中饲养和繁殖。每组 3 个培养瓶，每瓶雌、雄果蝇各 3 只。培养条件为温度（25±1）℃，湿度 40%～60%。在培养瓶中继续培养，使虫卵发育成蛹。记录每瓶 F_1 开始出蛹后 5 d 内的出蛹数目。

4. 果蝇 F_1 发育速度分析

将培养瓶放在培养箱中（每日光照与黑暗各 12 h，温度为 25 ℃，湿度为 40%～60%）培养，记录果蝇 F_1 成虫出现的时间。成虫出现后，统计 5 d 内羽化出成虫的数目，利用乙醚麻醉后统计成虫性别，并对成虫性别比例进行分析。

5. 果蝇体重与体长的测定

分别收集赤藓糖醇浓度为 2 mg/mL、4 mg/mL、8 mg/mL、16 mg/mL 的培养瓶中新羽化的果蝇成虫，利用乙醚麻醉后分出雌雄，利用 0.000 1 g 的电子天平分别测出雌、雄果蝇的体重，计算出平均每只雄蝇、雌蝇的体重。使用 Image J 测量工具分别统计雌、雄果蝇的体长，计算出平均每只雄蝇、雌蝇的体长。

6. 果蝇逆重力爬行实验

以基础培养基喂养的果蝇为对照组，研究赤藓糖醇浓度为 2 mg/mL、4 mg/mL、8 mg/mL、16 mg/mL 剂量组对果蝇逆重力爬行能力的影响，即测定果蝇实际的运动能力。取已在赤藓糖醇剂量组培养 20 d 的果蝇进行实验，轻拍培养瓶，使所有果蝇落至培养瓶底部。统计 10 s 内爬过标记（距瓶底 6 cm）的果蝇数目。

（三）统计数据分析

使用 SPSS 26 软件进行数据的统计与分析，以均数 ± 标准差（mean±SD）表示。以 t 检验或卡方检验对数据进行差异显著性检验。

二、实验结果与分析

（一）赤藓糖醇对果蝇蛹化数目影响

对用不同浓度赤藓糖醇干预的果蝇前 5 d 蛹化数目进行统计与分析，深入研究探讨赤藓糖醇对果蝇幼虫蛹化的影响。

由图 1 可知，与对照组相比，果蝇前 5 d 平均蛹化数目随赤藓糖醇浓度的增高呈减少趋势。与对照组相比，2 mg/mL 剂量组下前 5 d 蛹化数目无较大变化。4 mg/mL 赤藓糖醇作用下，果蝇前 5 d 平均蛹化数目减少，相较于 2 mg/mL 剂量组减少约 12.24%；8 mg/mL 赤藓糖醇作用下，相较于 4 mg/mL 组前 5 d 蛹化数目减少约 47.67%；在 16 mg/mL 赤藓糖醇干预下，相较于 8 mg/mL 组前 5 d 蛹化数目减少约 51.11%。

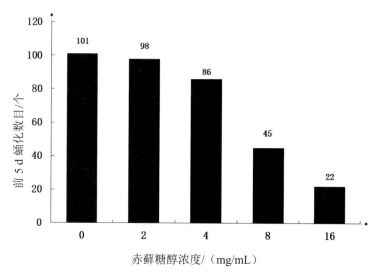

图 1　赤藓糖醇浓度对前 5 d 蛹化数目的影响

由表 1 数据进行 t 检验：2 mg/mL 和 4 mg/mL 赤藓糖醇对果蝇蛹化数目没有显著差异，8 mg/mL 赤藓糖醇对果蝇蛹化数目具有显著性影响（t=4.359，$P<0.05$），16 mg/mL 赤藓糖醇对果蝇蛹化数目同时具有显著性影响（t=13.091，$P<0.05$），说明 8 mg/mL 和 16 mg/mL 赤藓糖醇显著降低了果蝇的蛹化数目。

表 1　赤藓糖醇浓度对果蝇蛹化数目的影响

组别	对照	2 mg/mL	4 mg/mL	8 mg/mL	16 mg/mL
1	97	102	81	44	15
2	115	89	91	36	28
3	90	104	85	55	23
总数	302	295	257	135	66
平均数	101±10.53	98±6.65	86±4.11	45±7.79	22±5.35

结果表明：在蛹化数目的探究中，学生可以比较轻松地做好相关对照实验，数目方便统计，结果差异较大。故而蛹化数目可以作为探究实验的变量。

（二）赤藓糖醇对果蝇子代体重影响

由表 2 可知，与对照组相比，赤藓糖醇浓度大于或等于 4 mg/mL 时，雌性果蝇体重会随赤藓糖醇浓度的增加而逐渐降低，但经过 t 检验检测，没有显著性差异。

与对照组相比，2 mg/mL 的赤藓糖醇会显著降低雄性果蝇体重（t=10.525，P＜0.05）；4 mg/mL 的赤藓糖醇会显著降低雄性果蝇体重（t=23.954，P＜0.05）；8 mg/mL 的赤藓糖醇会显著降低雄性果蝇体重（t=43.876，P＜0.05）；16 mg/mL 赤藓糖醇会极显著降低雄性果蝇体重（t=42.514，P＜0.05）。

与 2 mg/mL 的赤藓糖醇组相比，4 mg/mL 的赤藓糖醇会极显著降低雌性果蝇体重（t=23.954，P＜0.05），但不会显著降低雄性果蝇体重；8 mg/mL 的赤藓糖醇会显著降低雌性果蝇体重（t=13.359，P＜0.05），但不会显著降低雄性果蝇体重；16 mg/mL 的赤藓糖醇会同时显著降低雌性果蝇体重（t=7.887，P＜0.05）、雄性果蝇体重（t=4.878，P＜0.05）。

与 4 mg/mL 的赤藓糖醇组相比，8 mg/mL 和 16 mg/mL 的赤藓糖醇均不会显著降低雌性果蝇体重，但都会显著降低雄性果蝇体重（t=28.475，P＜0.05），其中 16 mg/mL 的赤藓糖醇会极显著降低雄性果蝇体重（t=28.475，P＜0.05）。

与 8 mg/mL 的赤藓糖醇组相比，16 mg/mL 的赤藓糖醇不会显著降低雌性、雄性果蝇体重，并未存在显著性差异。

表 2　赤藓糖醇浓度对果蝇子代体重影响

组别	对照		2 mg/mL		4 mg/mL		8 mg/mL		16 mg/mL	
	♀	♂	♀	♂	♀	♂	♀	♂	♀	♂
1	1.200	0.909	1.153	0.813	1.087	0.838	1.071	0.736	1.065	0.734
2	1.030	0.913	1.142	0.796	1.079	0.831	1.078	0.741	1.052	0.728
3	1.170	0.882	1.12	0.748	1.056	0.804	1.051	0.721	1.061	0.711
总数	3.400	2.704	3.415	2.357	3.222	2.473	3.2	2.198	3.178	2.173
平均数	1.130± 0.074	0.901± 0.014	1.138± 0.014	0.786± 0.028	1.074± 0.013	0.824± 0.015	1.067± 0.011	0.733± 0.008	1.059± 0.005	0.724± 0.010

由图 2 可知，赤藓糖醇会抑制雄性和雌性果蝇体重增长，在 2～4 mg/mL 浓度下雌性果蝇体重会随浓度增长而进一步降低，但在 4～16 mg/mL 浓度下雌性果蝇体重不会再进一步降低。

学生在探究赤藓糖醇对果蝇体重的影响时，结果可能会出现差异性。如果实验可以完全顺利进行，则可以验证高浓度下赤藓糖醇对果蝇体重的影响。所以，该探究难度虽然较高，但可参考性同样也高。因此，在完成果蝇的培养和称重时，教师更应注重学生实验操作和细节的完成度，以提高本次探究的成功率。

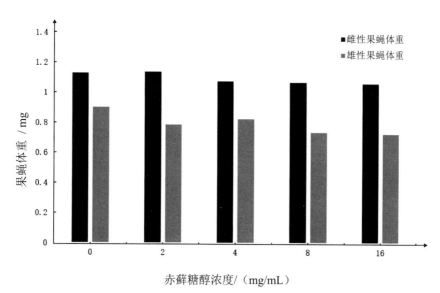

图2 不同浓度赤藓糖醇对雌、雄果蝇体重的影响

（三）赤藓糖醇对果蝇攀爬能力影响

由表3可知，相较于对照组，在2 mg/mL赤藓糖醇作用下，F_1果蝇的逆重力爬行指标上升了约2.20%，不存在显著性差异（t=1.387，$P>0.05$）；在4 mg/mL赤藓糖醇作用下，F_1果蝇的逆重力爬行指标降低约3.07%，不存在显著性差异（t=0.416，$P>0.05$）；在8 mg/mL赤藓糖醇作用下，F_1果蝇的逆重力爬行指标降低约1.32%，不存在显著性差异（t=1.732，$P>0.05$）；在16 mg/mL赤藓糖醇作用下，F_1果蝇的逆重力爬行指标降低约14.47%，存在显著性差异（t=5.284，$P<0.05$）。

结果表明：16 mg/mL赤藓糖醇对果蝇的运动能力具有较大影响，显著降低了F_1果蝇的运动能力。学生在探讨赤藓糖醇对果蝇运动能力的影响的途径就是"逆重力爬行"实验，所以在学生开始实验之前，教师应该采用正常果蝇来进行示范性实验，同时要注意敲打培养瓶时的力度、次数等应尽可能保证一致，强调设置重复组并控制变量。

表3 赤藓糖醇浓度对果蝇攀爬能力的影响

组别	F_1果蝇	
	逆重力爬行指标/%	比对照增加或减少的百分比/%
对照组	76.00±3.56	—
2 mg/mL 剂量组	77.67±3.30	+2.20
4 mg/mL 剂量组	73.67±4.50	-3.07
8 mg/mL 剂量组	75.00±2.94	-1.32
16 mg/mL 剂量组	65.00±3.74	-14.47

三、讨论

初中生物学的四大核心素养（生命观念、科学思维、科学探究和社会责任）应主要以实践活动的形式培养，学生在教师指导下能开展探究实验，把已经系统学习过的理论知识应用到实践方面。而赤藓糖醇作为近些年来常用的甜味剂，青少年会经常食用，对此，安全性的实验研究是必不可少的，而通过进行研究果蝇繁殖发育和运动能力的实验是检测赤藓糖醇使用范围与其安全性高低较为可靠且有效的途径之一。更为关键的是，本次实验教学以学生个人操作为主来验证赤藓糖醇的安全性，可以培养学生生物学的科学思维，提高他们的科学素养。

虽然在食品工业生产中，按照国家食品安全法规及标准添加赤藓糖醇是安全可行的，但除保证减肥人士控糖外，还要为患有糖尿病、过度肥胖等有特殊需求的人提供安全可靠的代糖，保证其日常饮食质量，同时不加剧病情进一步的发展，故测试赤藓糖醇安全性和使用性是非常重要的。虽然在较高浓度的赤藓糖醇干预下，果蝇繁殖发育和运动能力受到影响，但结果表明中低浓度的赤藓糖醇是相对比较安全的。这也表明，低浓度（2 mg/mL）赤藓糖醇是可以广泛应用于食品中的。对此，学生可以在教师的指导下自主完成为期约 30 d 的实验来验证生活中代糖的安全性。这样不仅通过实践检验了课本上的理论知识，更是把知识融入了日常生活，而且还培养了学生的科学思维和科学探索能力。故而该实验可以作为初中生课外拓展的探究实验。

参考文献

[1] 穆平. 遗传学实验教程[M]. 北京：高等教育出版社，2010.

[2] 刘红英. NaCl 对果蝇生长发育的影响[J]. 安徽农业科学，2009，37（22）：10545-10546.

[3] BAUDIER K M, MARENDA S D K, PATEL N, et al. Erythritol, a non-nutritive sugar alcohol sweetener and the main component of truvia®, is a palatable ingested insecticide[J]. PLOS ONE, 2014, 9（6）: e98949.

[4] 余春山. 优化初中生物实验教学，提升学生学科素养[J]. 教育界，2023（29）：17-19.

[5] WANG Q P, BROWMAN D, HERZOG H, et al. Non-nutritive sweeteners possess a bacteriostatic effect and alter gut microbiota in mice[J]. PLOS ONE, 2018, 13（7）: e0199080.

[6] 魏凯娜，李丽，梁仲玉，等. 代糖剂在糖尿病饮食中的应用探究[J]. 食品安全导刊，2021（18）：21-23，25.

教师简介：

许炜婷，北京一〇一中学怀柔校区初中生物学教师，毕业于首都师范大学。

"观察霉菌"实验的优化与改进

严俭俭

摘　要：初中生物学人教版教材中"真菌"这一节关于"真菌的结构"部分，安排了"观察霉菌"实验。该实验在教学中大多选择青霉或曲霉作为实验材料，但实际操作中，由于培养的青霉、曲霉菌体较小，而且学生制作临时装片、使用显微镜观察的操作经验有限，导致实验课上难以制作理想的霉菌临时装片，很难观察到霉菌各部分的结构。本文中通过培养毛豆腐获取毛霉，替代青霉。毛霉培养过程简单、培养时间较短；此外，由于毛霉的菌丝更长，容易挑取，培养后期能观察到明显的孢子，所以显微镜下观察的结构更全面，效果更明显。

关键词：观察霉菌　毛霉　实验优化

"观察霉菌"是选自人教版《生物学　八年级上册》第五单元第四章第三节"真菌"的探究实验，实验目的是学生利用放大镜、显微镜观察青霉或曲霉，认识霉菌的形态结构，但在实际教学过程中由于利用橘皮培养青霉的时间较长，且青霉的直立菌丝形态并不明显，学生在制作青霉临时装片过程中存在以下困难：解剖针挑取的青霉的量难以控制，导致载玻片上涂抹不均匀，造成显微镜下菌丝大量重叠，即使经碘液染色后也难以观察到青霉的具体结构；而选用馒头、面包等材料上生长的霉菌种类繁多，有的霉菌学生接触可能会对身体健康不利。考虑到实验材料培养的难易、学生的观察效果以及实验材料的安全性，笔者尝试利用老豆腐让学生自己培养毛霉。培养过程不仅能让学生实时观察、记录毛霉的生长过程，而且最终在实验课上学生制作临时装片观察，观察效果也更明显。

一、材料与培养方法

（一）材料

新鲜的老豆腐、腐乳曲粉、细筛、带盖发酵盘等。

（二）培养方法

将所有用到的容器进行高温灭菌；豆腐切成约 8 cm³ 的方块，水开后放蒸笼上蒸 5 min，晾至手触摸不烫即可，去除豆腐表面的杂菌；取适量腐乳曲粉过细筛后加适量温水均匀化开；将豆腐块在菌种水里滚一圈后，均匀摆放在专用的发酵盘中，盖盖子置于温度为 15～25 ℃ 的环境中等待发酵（图 1）；约 2～3 d 可见豆腐表面长出浓密的白色绒毛（图2），即毛霉。

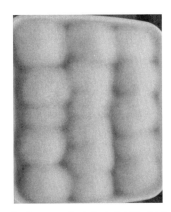

图 1　毛豆腐发酵的装置图　　图 2　发酵 3 d 后豆腐表面的毛霉菌丝

（三）实验步骤

①用放大镜观察毛豆腐的表面，可见很多直立生长的白色绒毛，这就是毛霉的直立菌丝，发酵 4～5 d 的毛豆腐注意观察直立菌丝的顶端有没有小黑点；②用解剖针挑取少许毛霉菌丝，置于载玻片中央的水滴上，制成临时装片，经碘液染色后，置于显微镜下观察，重点观察直立菌丝的顶端有没有球状的结构（即孢子囊）；③用解剖针轻按一下孢子囊的位置，观察散开的孢子。

二、结果与分析

图 3 可清晰观察到毛霉的直立菌丝和孢子囊，还可以观察到孢子囊被轻压后散开的孢子。

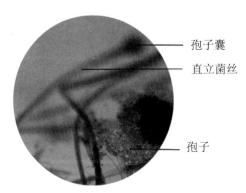

图 3　毛霉的直立菌丝和孢子囊（400×）

三、讨论

通过培养毛豆腐获得观察材料——毛霉，与教材中提供的青霉或曲霉相比较，具有以下优点：

（1）培养时间短，一般2～3 d即可观察到明显的菌丝；培养条件容易控制，可以通过放置在实验室的恒温培养箱控制培养温度；豆腐块本身含有的水分可以被毛霉充分利用，为毛霉提供天然的潮湿环境，避免人为提供水分不易控制"量"的困难。

（2）实验材料容易获得。利用腐乳曲粉中的毛霉，以豆腐块为基质培养毛霉，相比于使用橘皮培养青霉，制作毛豆腐获取毛霉的方法更不容易沾染空气中的杂菌。

（3）毛霉的直立菌丝比青霉的更长，无论是肉眼观察还是放大镜下观察，毛霉的观察效果较青霉更明显，且毛霉用解剖针挑取菌丝时不会像青霉那样不容易把控"量"；制成临时装片后，材料不易重叠，显微镜下观察毛霉的各部分结构更清晰；另外，毛豆腐生长后期，毛霉菌丝中可见许多孢子，学生在显微镜下观察到的霉菌结构更全面。

（4）与青霉、根霉这些材料相比，毛霉是经人工纯化的毛霉菌粉以老豆腐为原材料发酵而成的，学生直接接触、长时间操作也更安全。

（5）通过毛豆腐培养毛霉，在制作过程中学生可以实时记录毛霉的生长过程，不仅可以完成本节课观察霉菌的形态结构的教学任务，还可以在生物学教学中渗透中华传统非遗美食文化，一定程度上加强了对学生的情感教育。

教师简介：

严俭俭，中学生物学二级教师，毕业于首都师范大学动物学专业。

北京市某区2022年小学国测情况研究报告

房丽帅

摘　要：近些年来，国家越来越重视学生的身体健康状况，因为学生是国家的未来，承担着建设国家的重任，特别是义务教育阶段的青少年学生，正所谓"少年强，则国强"。但是在应试教育制度下，我国青少年学生身体健康状况堪忧，尤其是肥胖问题严重。在这种背景之下，我结合近些年来北京市体育与健康学科监测结果反馈内容，重点是北京市体育与健康学科监测的原则、理念等，深入分析我市某区2022年小学国测情况，针对其中存在的体育健康工作进展问题，给出相应的建议措施，希望能够改善我市某区小学生身体健康状况，从而促进学生身心健康发展，为国家培养出德智体美劳全面发展的优秀青少年人才。

关键词：学生身体健康状况　小学　国测　建议措施

一、引言

"发展体育运动，增强人民体质"，这是毛泽东同志的题词，从中可以看出，第一代党和国家领导人就已经非常关心人民群众的身体健康，并且毛主席在教育事业上，是希望培养具有"德智体美劳"全面发展的优秀社会主义建设者，所以党和国家领导人特别重视义务教育阶段青少年的身体健康状况。

2007年，中共中央和国务院就联合下发了《中共中央　国务院关于加强青少年体育增强青少年体质的意见》，要求全国各地区政府要重视青少年体育工作，通过加强领导、齐抓共管，形成全社会支持青少年体育工作的合力，从而落实党中央要求的各项青少年体育工作要求，切实改善青少年健康体质状况。

作为我国的首都，北京市积极响应党和国家关于加强青少年健康体质的工作要求，深入落实《国家义务教育质量监测方案（2021年修订版）》，认真部署小学国家体育测试工作，从而利用国测全面了解全市小学生身体健康状况，并及时改进青少年健康工作方案，努力提升北京市小学生身体健康水平。

虽然，在北京市政府的大力领导和支持下，北京市某区小学生身体健康状况总体不错，但是受应试教育的影响，辖区内各小学对学生身体健康工作的重视程度越来越低，导致小学生身体素质呈现逐年下降的趋势，特别是小学生肥胖率越来越高，严重影响着小学生的身心健康发育，而这也是全国各小学学生工作普遍面临的一个难题。

在这种背景需求之下，通过文献检索等研究办法，从国家最新义务教育监测的体系和流程出发，再结合 2022 年北京市义务教育阶段体育监测理念、结果等，深入分析北京市某区 2022 年国测水平以及所面临的问题，这对于北京市某区小学体育工作的改善、国测水平的提升、学生身体素质的提升等，都具有非常重要的意义。

二、研究方法

（一）文献检索法

一是利用互联网查找 2022 年北京国测有关政策文件，以及 2022 年北京某区小学国测成绩数据文件；二是通过查询某区教委档案文件资料，从而分析该区 2022 年小学健康体育工作中存在的问题。

（二）实地走访法

实地走访北京市某区教委，对该区教委相关领导进行专访，从而了解 2022 年北京市国测有关政策，以及该区 2022 年国测水平，从而分析出该区 2022 年小学体育健康工作中存在的问题。

三、研究结果与分析

某区 2022 年小学国测状况

1. 监测原则和理念

（1）监测原则

国测是小学升学考试的重要内容，主要监测小学生的身体健康状况，包括肺活量、坐位体前屈等项目。首先，作为升学考试的重要内容，该监测的第一原则就是公平。其次，监测项目的代表性，其应能够真实反映小学生的身体健康状况，而北京市某区国测项目，比如肺活量、跳绳等项目，都能够真实反映北京市该区小学生身体健康状况。

当然，对于小学生升学考试来说，国测只是手段，重点是了解清楚小学生的身体健康状况，针对其中普遍反映出来的学生面临的身体健康问题及时进行体育工作改善，从而更好地促进学生身体健康发展。

（2）监测理念

国家素质教育的必然要求，就是要想尽办法促进小学义务教育阶段学生"德智体美劳"全面发展，监测也是为了激发小学生的运动兴趣，让他们从小就明白身体是革命的本钱的道理，了解健康的重要性。

2. 监测的内容与方式

从 2022 年《北京市体育与健康学科监测结果反馈》中可以看出，监测内容包括学生的身体体质情况，比如身体形态、身体机能、体能状况等。而影响学生身体体质的因素，除了学生个人因素，如生活方式，也包括学校因素，如学校对学生身体健康工作的重视程度。

监测的方式，包括现场测试以及笔测，现场测试有立定跳远、肺活量等，笔测即问卷调查，通过问卷调查了解学校的体育设施、师资力量、学生生活方式等。

3. 某区 2022 年小学国测总体评价

通过 2022 年《北京市体育与健康学科监测结果反馈》，以及 2022 年《北京市某区体育与健康监测结果报告》，可以看出某区小学生国测水平总体比较理想，特别是学生的身体机能方面。以小学四年级学生为例，他们的平均肺活量为 2391 毫升，比北京市高 138 毫升，比全国高 380 毫升。

不过，某区小学生身体形态状况并不是很理想。以小学四年级为例，根据监测结果显示，该区小学四年级学生身体形态正常的比例仅为 56.9%，比北京市低 6.1 个百分点，比全国低 13.9 个百分点。

在学生体能监测结果方面，我们可以看出某区小学生体能比较理想，总得分为 81.2 分，比北京市高 5.5 分，比全国高 8.4 分。

综上所述，我们可以看出 2022 年某区小学生身体健康状况总体良好，这说明某区教育部门在小学学生体育健康工作方面进展比较良好，但依然存在着一些问题，制约了该区小学义务教育阶段青少年体育健康工作的开展。

四、结论与建议

（一）某区 2022 年小学体育健康工作中存在的问题

根据《2022 年国家义务教育质量监测——某区体育与健康学科监测结果问题整改方案》，我们可以看出某区 2022 年小学体育健康工作中存在的问题主要有以下几个方面。

1. 学生个人方面存在的问题

首先，运动时安全意识比较淡薄。比如运动的时候遭遇雷电的处理方法，某区小学生的回答正确率只有 97.7%，比全国低 0.3 个百分点；另外，在运动时出现突发状况的处理方法，比如环境改变、受伤情况的处理措施等，某区小学生的回答都不令人满意，低于全国平均水平。

其次，相较于其他地区小学生，某区小学生不爱吃晚餐，饮食习惯不好，这也会对学生的身体健康状况造成一定的不良影响。

之所以会出现这类问题，究其原因还是我市很多小学不太重视体育健康宣传工作，没有告知学生正确的运动知识，以及正确的养生方法。

2. 学校方面存在的问题

从该方案中可以看出某区各小学在学生体育健康教育方面的师资力量比较薄弱，同时能够看出某区各小学中受过系统性专业训练的教师并不是很多。虽然安排大课间活动的学校数量相较于全国比较多，但是与北京市内其他区相比还是比较少。

另外，某区各小学体育设施并不是很完善，特别是体育场地比较少，并且很多学校并不重视篮球体育课程，使用篮球的比率不仅低于全国，而且低于北京市。同时，某区各小学在体育教师教研方面也存在一些问题，主要是培训力度偏小、培训次数过少、学校对体育教师外出培训的支持力度不够等。

究其原因，是某区政府在体育工作方面的资金投入力度比较小，导致学校并没有将多余的资金用于改善学校的体育设施、引进更优秀的体育教师、加强体育教师的培训力度等。

（二）建议措施

1. 加强对学生的宣传引导

小学生年龄都比较小，自主意识普遍比较差，大都没有自主运动锻炼的意识。为了改善小学生身体健康状况，区教育部门要严格要求辖区内各个小学加大对学生体育运动的宣传引导。

学校可以采用多种活动方式，比如运动比赛、运动知识竞赛等，来激发学生参与运动的兴趣，同时也能够让学生明白运动的重要性，学习正确的运动知识，这对于培养学生良好的运动习惯、饮食习惯等，都具有非常重要的作用。

2. 加大对辖区内各小学体育健康工作的支持力度

建议某区教育部门加大对辖区内各小学体育健康工作的支持力度，一是定期派遣专业的工作人员，去辖区内各小学进行体育健康工作实地指导，帮助辖区内各小学改进体育健康工作方案；二是加大小学体育工作财政投入力度，这样辖区内各小学就有了更多的资金来招聘更优秀的体育老师，安排更优质的培训课程，改善学校的体育设施，等等。

五、总结

小学义务教育阶段的学生正处在身体发育的关键时期，所以我们某区教育部门一定要积极响应国家青少年体育健康工作要求，及时改进本区青少年体育工作方案，从而促进小学生身体健康发育。

对于目前某区青少年体育健康工作中存在的问题，比如学生缺乏正确的运动知识、饮食习惯比较差、学校体育工作缺乏资金等，还需要某区教育部门加大财政投入力度，并要求辖区内各小学加强运动知识的宣传引导。相信在未来，某区小学国测水平会越来越好，小学生身体素质也会越来越佳。

教师简介：

房丽帅，中学一级教师，2023年被评为区级骨干教师。2012年毕业于首都体育学院运动训练系篮球专业，国家二级运动员。毕业至今，多次代表区教委参加怀柔区篮球联赛，并取得第一名的好成绩。课例和论文多次获得市区级证书，并多次获得区中小学生篮球联赛"优秀教练员"称号。

足球运动员下肢力量训练方法研究

黄 振

摘 要：现代足球朝着全攻全守的方向发展，对运动员的力量素质，特别是下肢力量提出了更高要求。本文通过收集整理大量体育项目的下肢力量训练方法，分析其与足球运动员下肢力量训练方法的相似之处，总结归纳更多足球下肢力量训练方法，为足球运动员下肢力量训练提供方便。研究表明：（1）蹲跳、负重半蹲、负重深蹲、纵向杠铃提拉蹲、垫脚跟前蹲、单腿蹲跳、靠墙单腿下蹲、靠墙单腿侧蹲以及负重交换腿跳等训练动作，对于提升足球运动员下肢快速力量具有很大的帮助。（2）障碍栏组合、折回跑、爬梯子组合练习、减重以及负重攀爬等训练动作，对于提升足球运动员下肢力量耐力具有积极作用。（3）足球下肢力量训练需要从下肢最大力量、力量耐力、快速力量三个方面结合起来训练。

关键词：足球 下肢力量 训练

一、前言

足球是目前全球体育界最具影响力的单项体育运动，故有"世界第一大运动"的美称。一场精彩的足球比赛，能够吸引到数以亿计的观众。足球比赛已成为电视节目中的重要内容，有关足球方面的报道，占据着世界各种报刊的篇幅。当今，足球运动已成为人们生活中不可缺少的组成部分。随着竞技体育的快速发展，体能训练和力量素质训练在现代体育运动中所占据的地位正在逐渐突显。现代足球朝着全攻全守的方向发展，对运动员的力量素质，特别是下肢力量提出了更高要求。因此，在足球运动中力量训练越来越引起人们的重视，足球运动员下肢力量的训练在提高其足球技能方面必不可少。

二、研究方法

1. 文献资料法

通过查找中国知网，以"下肢力量训练方法"为关键词检索中国知网研究文献，获得文献321篇，以"足球力量"为关键词检索出文献54篇；查询国家图书馆与足球、下肢力量训练相关的书籍，合计13本。

2. 专家访谈法

通过访谈体能专家和足球专家，获取并总结足球运动员下肢力量训练方法。

3. 逻辑分析法

对搜集到的文献资料以及访谈结果进行逻辑分析与归纳,得出结论并给予充分论证,最后提出建议。

三、结果与分析

1. 足球运动中下肢力量训练计划的制订原则

（1）适宜负荷原则

在力量训练当中,运动员承受了相应的负荷以后,一定会表现出适当的训练效果,但是,并不是说施加了运动负荷,运动员就会展现出良好的训练效果。在运动项目的力量训练当中,将运动负荷控制好,并维持在一个适度的范围内,运动员的机体才会发生相应的变化。负荷强度越大,机体所承受的压力就越大,对神经肌肉系统的刺激也就越强烈,机体的训练效果就越明显,运动员竞技水平的提升也就越快,但是一味追求高强度、大负荷会对运动员的身体带来长久的伤害。当负荷超过运动员身体的承受能力时,机体就会出现不良反应,训练效果将大打折扣。在运动项目中,对运动员施加的负荷通常都是逐步递增的,负荷与间歇之间有明确的要求。运动后在运动员的超量恢复阶段继续施加相应的负荷,会让机体的承受能力不断增强,竞技水平也会快速提高,而负荷运动后运动员的身体还没恢复好就直接施加更大的负荷,会导致运动员机体的活力下降,训练效果反而不理想。

（2）循序渐进原则

力量素质作为人体身体素质的主要组成部分,在日常生活和活动中显得尤为重要。一定要注意,想要增强运动员的力量素质,一定要逐步进行,坚持循序渐进的原则。在开始训练阶段,避免盲目追求大负荷、大强度,应注意所选择的负荷不要过大,训练时间也不宜过长,动作宜简便易操作,以便让运动员的机体有一个适应的过程,缓慢地打破原有的机体能力,待训练效果稳定后再增加负荷量和负荷强度。

（3）全面发展原则

现代竞技体育的发展越来越精细化,这就要求运动员在方方面面都要做到更好,才能有望在比赛中获得理想成绩。运动员的竞技能力主要包括战术能力、心理智能、体能、技术能力,而体能是四项能力的基础,没有良好的体能储备,即使有再好的技术能力以及再合理的战术安排,也不可能获得比赛的最终胜利。我们将体能比作木桶,由"木桶效应"可以清楚地知道,一桶水到底能装多少水,不是由最长的木板决定,而是受最短木板的影响。因此,运动员的体能强弱直接影响到比赛的成绩。在制订训练计划时,要考虑到运动员的体能储备情况,科学地、系统地、有侧重地增加运动员的体能训练,将会全面提升运动员的竞技能力。另外,教练员也应考虑到运动员的身体承受能力,让运动员及时休息及补充营养。在训练过程中,要合理调动所有肌群的参与,尤其是深层肌群的做功,避免某一大肌群连续重复做功,防止过度疲劳,甚至受伤。在训练的实际操作中,教练员可以根据运动员自身的情况,做出合理的调整,比如核心区力量薄弱的运动员可以先进行基础的核心训练，待适应后再逐渐增加强度。最后强调，全面发展原则是对运动员的体能储备进行综合考虑后，采用适宜的负荷强度，及时进行营养补充和休息，最大限度地调动薄弱区肌群的参与及深层肌群的做功，由此，达到运动员的竞技能力协同发展。

（4）区别对待原则

运动员的身体机能千差万别，这种差异有些是由先天条件决定的，如身体形态，有些是受后天因素影响的，如后天的生活环境、学习环境和训练。这些先天的条件和后天的因素交织在一起，随着运动员训练时间的增加不断变化着。有的运动员稍加训练，效果就会特别明显，有的运动员需要训练很长的时间才能看到效果，还有的运动员在训练初期阶段，训练效果不明显，但是，到了某一个时期就可能会突然发生显著的变化，也有的运动员前期训练效果特别显著，但是，经过一段时间训练后进度可能突然就慢下来了。有些运动员协调性不好、柔韧性差，有些运动员肌肉力量薄弱、肌肉过度收缩。在实践当中，这些情况都要根据具体的问题具体分析，区别对待，找出适合的训练方法，才能取得更好的训练效果。

2. 足球运动中下肢力量的训练方法

（1）足球运动中下肢快速力量的训练方法

下肢的基本动作可归纳为静力性的支撑动作、动力性的跳跃和摆动动作。腿部肌群和臀部肌群在各个技术环节中，主要负责蹬伸、屈膝提腿产生身体重心向上移动以及支撑保持身体平衡、蹬点起动、快速移动等。击球发力过程中，一半以上的力量来源于下肢腿部。髋关节作为身体的中间传输部位，具有承上启下的作用。因此，髋关节在跑动、对抗、击球过程中扮演着非常重要的角色，如在加速跑的过程中，身体起动时的伸髋与展髋、髋关节的摆动幅度及其灵活性和柔韧性等都决定了奔跑的速度。

表1　足球运动中下肢快速力量的训练方法表

训练内容	组数*次数	动作速度方式	间隔时间	训练要求
拖10～20kg壶铃30米加速冲击跑	8～10*6～8	爆发式快速连贯	2～3min	训练强度逐步递增
拖10～20kg壶铃60米加速冲击跑	8～10*6～8	爆发式快速连贯	2～3min	训练强度逐步递增
蹲跳	5～8*6～8	爆发式快速连贯	1～3min	训练强度逐步递增
负重半蹲	5～8*6～8	爆发式快速连贯	1～3min	训练强度逐步递增
负重深蹲	5～8*6～8	爆发式快速连贯	1～3min	训练强度逐步递增
纵向杠铃提拉蹲	5～8*6～8	爆发式快速连贯	1～3min	训练强度逐步递增
垫脚跟前蹲	5～8*6～8	爆发式快速连贯	1～3min	训练强度逐步递增
单腿蹲跳	5～8*6～8	爆发式快速连贯	1～3min	训练强度逐步递增
靠墙单腿下蹲	5～8*6～8	爆发式快速连贯	1～3min	训练强度逐步递增
靠墙单腿侧蹲	5～8*6～8	爆发式快速连贯	1～3min	训练强度逐步递增

训练内容	组数*次数	动作速度方式	间隔时间	训练要求
负重交换腿跳	5~8*6~8	爆发式快速连贯	1~3min	训练强度逐步递增
负重交换腿上下跳台阶	5~8*6~8	爆发式快速连贯	1~3min	训练强度逐步递增
负重或弹力带后蹬腿	5~8*6~8	爆发式快速连贯	1~3min	训练强度逐步递增
负杠铃弓箭步	5~8*6~8	爆发式快速连贯	1~3min	训练强度逐步递增
高抬腿跑	5~8*6~8	爆发式快速连贯	1~3min	训练强度逐步递增
后蹬跑	5~8*6~8	爆发式快速连贯	1~3min	训练强度逐步递增
跳绳	5~8*6~8	爆发式快速连贯	1~3min	训练强度逐步递增
斜坡跳（脚趾力量）	5~8*6~8	爆发式快速连贯	1~3min	训练强度逐步递增
脚踝提顶	5~8*6~8	爆发式快速连贯	1~3min	训练强度逐步递增
平地脚尖走	5~8*6~8	爆发式快速连贯	1~3min	训练强度逐步递增
脚跟回勾力	5~8*6~8	爆发式快速连贯	1~3min	训练强度逐步递增

注：下肢快速力量的训练方法依据前人研究整理。

根据对文献资料的整理发现，在足球运动中下肢快速力量的训练方法中，蹲跳、负重半蹲、负重深蹲、纵向杠铃提拉蹲、垫脚跟前蹲、单腿蹲跳、靠墙单腿下蹲、靠墙单腿侧蹲、负重交换腿跳运用的次数较多，说明这些练习对于提升足球运动员下肢快速力量具有很大的帮助。

（2）足球运动中下肢最大力量的训练方法

表2　足球运动中下肢最大力量的训练方法表

训练内容	组数*次数	动作速度方式	间隔时间	训练目的
跳深练习	6~10*1~3	爆发式	1min	发展下肢的爆发力
负杠铃深蹲起	6~10*1~3	爆发式	1min	增强腿部肌群的绝对力量
仰卧腿部屈伸练习	6~10*1~3	爆发式	1min	增强股二头肌、股四头肌以及腹部肌群的力量
俯卧腿部屈伸练习	6~10*1~3	爆发式	1min	发展腿部肌肉的力量
腿部伸展	6~10*1~3	爆发式	1min	发展股四头肌的力量
健身机腿内收	6~10*1~3	爆发式	1min	发展大腿内收肌群的力量

注：下肢最大力量的训练方法依据前人研究整理。

足球运动中下肢最大力量的训练内容，每周 3～4 次，每次 1～1.5 小时，计划 2 个周期。运动员进行力量、平衡、稳定性等调整与恢复时，训练时间可稍减少，逐渐增加负荷强度，增加爆发力、最大力量的练习强度。根据文献资料，足球运动中下肢最大力量的训练方法中跳深练习、负杠铃深蹲起、仰卧腿部屈伸练习较为普遍。

（3）足球运动中下肢力量耐力的训练方法

足球项目技术按类型可分为：踢球技术、运球技术、接球技术以及抢截球技术。随着足球竞技能力的不断提高，脚法在比赛过程中的战术运用越来越占据重要的位置，精确而灵巧的脚法是射门成功的有力保证。充沛的腿部耐力有助于踢球技术、运球技术、接球技术以及抢截球技术动作的流畅，便于有效地利用跑动速度惯性，从而摆脱对手，赢得射门机会。因此，下肢力量耐力训练的重点应该放在运动员起动速度、加速度、躯干力量以及灵活性方面。

表 3 足球运动中下肢力量耐力的训练方法表

训练内容	组数*次数	动作速度方式	间隔时间	训练要求
Z 型快速高抬腿或小步跑	5～8*8～10	快速、流畅	2～3 min	训练强度逐步递增
障碍栏组合	5～8*8～10	快速、流畅	2～3 min	训练强度逐步递增
侧向、横向滑步变向往返练习	5～8*6～8	快速、流畅	1～3 min	训练强度逐步递增
折回跑	5～8*6～8	快速、流畅	1～3 min	训练强度逐步递增
爬梯子组合练习	5～8*6～8	快速、流畅	1～3 min	训练强度逐步递增
减少阻力攀爬（牵引式攀爬）	5～8*6～8	快速、流畅	1～3 min	训练强度逐步递增
减重、负重攀爬	5～8*6～8	快速、流畅	1～3 min	训练强度逐步递增
利用后效作用练习	5～8*6～8	快速、流畅	1～3 min	训练强度逐步递增
3～4 个不同动作组合攀爬	5～8*6～8	快速、流畅	1～3 min	训练强度逐步递增
分段动作技术攀爬	5～8*6～8	快速、流畅	1～3 min	训练强度逐步递增

注：下肢力量耐力的训练方法依据前人研究整理。

根据文献资料，足球运动中下肢力量耐力的训练方法中障碍栏组合，折回跑，爬梯子组合练习，减重、负重攀爬等动作运用较多，说明这些练习对于提升足球运动员下肢力量耐力具有很大的帮助。

四、结论与建议

1. 结论

（1）蹲跳、负重半蹲、负重深蹲、纵向杠铃提拉蹲、垫脚跟前蹲、单腿蹲跳、靠墙单腿下蹲、靠墙单腿侧蹲以及负重交换腿跳等训练动作对于提升足球运动员下肢快速力量具有很大的帮助。

（2）跳深练习、负杠铃深蹲起、仰卧腿部屈伸练习等训练动作对于提升足球运动员下肢最大力量效果显著。

（3）障碍栏组合，折回跑，爬梯子组合练习，减重、负重攀爬等训练动作对于提升足球运动员下肢力量耐力具有积极作用。

（4）足球下肢力量训练需要将下肢快速力量、最大力量、力量耐力三个方面结合起来训练。

2. 建议

（1）足球运动员的力量训练必须遵从适当负荷、避免过度的原则，同时注重合理休息和健康饮食，以保证训练的正常实施。

（2）除了关注下肢力量训练的训练环节，建议关注上肢、躯干支柱准备、恢复和再生以及训练后的拉伸练习，这样也可以提升运动能力。

参考文献

[1] 万德光，万猛. 现代力量训练[M]. 北京：人民体育出版社，2003：24.

[2] 王卫星，蔡有志. 体能：力量训练指南[M]. 北京：北京体育大学出版社，2006：78.

[3] 田麦久，刘大庆. 运动训练学[M]. 北京：人民体育出版社，2012：78.

[4] 延峰，栗春光. 当前运动训练和比赛中体能问题突出的析因[J]. 北京体育师范学院学报，2000，12（3）：27-30.

[5] 张铁军. 快速力量发展方法原理探析[J]. 四川体育科学，2006（3）：95-98，101.

[6] 南仲喜，李山，雷岐锁，等. 田径运动速度力量训练理论及方法探析[J]. 体育科学，2002，22（2）：70-72.

[7] 李辉，曾玮. 力量训练的方法及其注意事项[J]. 体育科技文献通报，2009（17）：27-45.

[8] 王乐，王浩. 速度攀岩运动员快速力量训练理论与方法初探[J]. 内江科技，2011，32（12）：148，158.

教师简介：

黄振，大学本科学历，2016 年毕业于首都体育学院体育教育系，体育一级教师，曾多次获得篮球和田径"优秀教练员"称号。

稳定性训练对篮球特长生功能性动作质量测试的影响

吴　楠

一、前言

稳定性训练是一种新兴的现代体能训练方法，最早应用于医学康复领域，20世纪90年代初开始应用于运动健身，包括运动体能训练以及运动损伤的预防与康复。稳定性训练能够提高人体在非稳态下的控制能力，增强平衡能力，更好地训练人体深层的小肌肉群，协调大小肌群的力量输出，增强运动机能，预防运动损伤。

功能性动作测试（Functional Movement Screen，FMS）是国际职业竞技体育中广泛应用于理疗康复和体能训练领域的一种测试方法，具有易操作、好评价、测试安全等优点，其发明人 Gray Cook 和 Lee Burton 利用 7 个基本的功能性动作测试（深蹲、跨栏、分蹲、肩部柔韧、主动举腿、俯卧撑和体旋）来评定和筛查人体动作的功能。FMS 测试是一个等级排名评价检测标准，它可以证明动作模式是人体基本功能的关键，也可以评测人体的非对称和局限性，尽可能地减少不必要的测试和数据分析。

目前，国内外还没有把稳定性训练与 FMS 结合起来研究的先例。国外学者对稳定性训练的研究范围涉及运动领域、康复领域，研究人群包括康复患者、学生以及普通运动员，研究内容有关于稳定性训练在运动训练中的应用、在康复医疗中的效果以及与其他训练方法的对比分析等，研究趋势过于偏向稳定性训练所带来的良好效果，而没有对稳定性训练进行"质量筛查"层面上的探索，缺乏关于稳定性训练与功能性测试之间关系的研究。而国内大都是对稳定性训练与传统力量训练、运动损伤、平衡之间的关系的研究，其研究结论大都是围绕稳定性训练对传统力量训练的补偿效果、对运动损伤的康复效果以及在平衡训练中的应用，而对稳定性训练效果方面的研究很少，还没有关于稳定性训练对篮球特长生动作质量影响方面的研究，这会使今后的研究产生局限性。因此，本文以此为出发点进行深入研究，通过核心功能性干预训练对功能性动作测试 FMS 得分的影响进行分析，找出二者的相关性，以便广大体育教育实践者对核心功能性与 FMS 得分之间的关系有一个更为客观的了解，进而在实践中更加科学地应用稳定性训练来提升篮球特长生的动作质量，降低篮球特长生受损伤的风险。

二、研究对象与方法

（一）研究对象

稳定性训练对功能性动作测试 FMS 的影响。

受试者为一〇一中学怀柔校区校男子篮球队队员。随机选取 20 人，实验之前都无系统的稳定性训练经验，将他们分为实验组与对照组，基本情况见表 1。

表 1　受试者基本信息

	年龄（Yr）	身高（cm）	体重（kg）
实验组（n=10）	18.1±1.6	177.9±4.7	69.8±7.2
对照组（n=10）	18.2±1.5	178.1±4.3	67.9±7.4

注：两组之间没有显著性差异（p>0.05）。

所有受试者在实验之前都已经被告知实验的目的、方法及实验期间的注意事项。

（二）研究方法

1. 文献资料法

通过阅读大量有关稳定性训练与 FMS 测试的文章，找出稳定性训练与 FMS 测试的共同点及稳定性训练影响 FMS 测试结果的理论依据。

2. 实验法

对实验组进行 8 周的核心功能性干预训练（桥式练习：俯、背、两侧共 4 个动作，每个动作 32 秒，4 个动作为一组，每次 3 组，每周 6 次，训练无间歇）。核心功能性测试和 FMS 测试分别在训练前、训练 4 周后和训练 8 周后对实验组和对照组进行测试。考虑到测试项目的结果受热身活动的影响，所有受试者均不进行热身活动直接测试，并在实验前都被告知在实验前的 24 小时不能进行剧烈的体力活动与柔韧性练习。

为了保证实验结果不受测试时间的影响，每次测试的时间都在 15：00 至 17：00，实验拍摄与实验评分自始至终各为同一个人。为了避免出现系统误差，2018 年 3 月在首都体育学院田径馆进行了预实验，对于评分的可信度也进行了检测。由于实验的持续时间比较长，为了避免温度对实验造成的影响，全部实验都在室温恒定的一〇一中学怀柔校区体质健康测试馆内进行。

（1）FMS 功能性动作测试方法介绍以及评分方法

采用两台摄像机从矢状面和额状面两个角度进行动作采集，然后根据评分标准由同一名测试者对视频文件进行评分，基本情况见表 2。

表 2　FMS 测试内容

测试项目	评分标准
深蹲	3分：上身与胫骨平行或接近垂直；股骨低于水平线；膝与脚成一条直线；圆棍在脚的正上方。 2分：不能完全满足以上条件，但仍能完成动作，或在足跟下加踮木板的前提下能完成动作。 1分：躯干与胫骨不平行；股骨没有低于身体水平线；膝与脚不成一条直线；腰部明显弯曲。 0分：测试过程中身体任何部位出现疼痛。
跨栏架	3分：髋、膝、踝在矢状面上呈一条直线；腰部没有明显的移动；木杆与栏架保持平行。 2分：髋、膝、踝在矢状面上不呈一条直线；腰部有移动；木杆与栏架不平行。 1分：脚碰到栏板；身体失去平衡。 0分：测试过程中身体任何部位出现疼痛。
直线弓步	3分：木杆仍保持与头、腰椎或骶骨接触；躯干没有明显移动；木杆和双脚仍处于同一矢状面；膝盖接触木板。 2分：木杆不能保持与头、腰椎或骶骨接触；躯干有移动；两脚没有处于同一矢状面；膝盖不能接触木板。 1分：身体失去平衡。 0分：测试过程中身体任何部位出现疼痛。
肩关节灵活性	3分：距离在一个手掌长以内。 2分：距离在一到一个半手掌长。 1分：距离超出一个半手掌长。 0分：测试过程中身体任何部位出现疼痛。
主动直腿抬腿	3分：标记点位于大腿中点与髂前上棘间。 2分：标记点位于大腿中点与膝关节中点间。 1分：标记点在膝关节以下。 0分：测试过程中身体任何部位出现疼痛。
躯干稳定俯卧撑	3分：在规定姿势下能很好完成动作1次；男运动员的拇指与前额在一条线上，女运动员的拇指与下颌成一条线。 2分：在降低难度的姿势下能完成动作1次；男运动员的拇指与下颌在一条线上，女运动员的拇指与锁骨成一条线。 1分：在降低难度的姿势下也无法完成动作或者出现动作代偿。 0分：测试过程中身体任何部位出现疼痛。
旋转稳定测试	3分：运动员进行重复动作时躯干与木板保持平行；肘和膝接触时同木板在同一线上。 2分：运动员能够以异侧对角的形式正确完成动作。 1分：失去平衡或者不能正确完成动作。 0分：测试过程中身体任何部位出现疼痛。

（2）核心功能性测试方法介绍以及评分方法

核心功能性测试采用分级桥式的方法，其基本情况如下。

八级腹桥测试动作的标准与动作顺序：俯卧于垫子上，以两手肘和前臂于胸部正下方支撑，两腿分开与肩同宽，两脚脚尖为另一支撑点，将整个身体撑起并成与地面平行的一条直线，保持稳定，持续至规定时间 32 秒；抬起右臂，保持 16 秒，收回右臂；抬起左臂，保持 16 秒，收回左臂；抬起右腿，保持 16 秒，收回右腿；抬起左腿，保持 16 秒，收回左腿；抬起左腿和右臂，保持 16 秒，收回左腿和右臂；抬起右腿和左臂，保持 16 秒，收回右腿和左臂；回到初始状态，保持 32 秒。

七级背桥测试动作的标准与动作顺序：仰卧于体操垫上，两手自然垂放于身体两侧，以肩部和两脚为支撑点，臀部收紧，髋部上顶，大腿屈曲 90 度，将整个身体撑起并与地面成一条直斜线，保持稳定，持续至规定时间 32 秒；双臂抱于胸前，保持 16 秒；抬起右腿，保持 16 秒，收回右腿；抬起左腿，保持 16 秒，收回左腿；抬起右腿，外展，保持 16 秒，收回右腿；抬起左腿，外展，保持 16 秒，收回左腿；回到姿势 2，保持 32 秒。

根据评分标准由同一名测试者对受试者进行等级评定。

3. 数理统计法

数据以"平均数±标准差"表示。用 SPSS20.0 软件对数据进行处理，采用单因素方差分析（one way ANOVA）进行分析，Post Hoc 采用 Tukey 法，显著性水平取 0.05。

三、研究结果与分析

（一）研究结果

表3　FMS 测试结果

	深蹲	跨栏架（左、右）	直线弓步（左、右）	肩关节灵活性（左、右）	主动直腿抬腿（左、右）	躯干稳定俯卧撑	旋转稳定测试（左、右）
实验组（实验前）	2.6±0.4	2.7±0.3	2.8±0.2	2.3±0.7	2.5±0.5	2.3±0.5	1.7±0.5
		2.8±0.2	2.9±0.1	2.9±0.1	2.2±0.4		1.6±0.5
对照组（实验前）	2.5±0.5	2.6±0.4	2.5±0.5	2.7±0.3	2.4±0.5	2.6±0.4	1.8±0.4
		2.7±0.3	2.6±0.4	2.9±0.1	2.5±0.5		1.8±0.4
实验组（第4周）	2.5±0.5	2.6±0.4	2.9±0.1	2.5±0.5	2.5±0.5	2.2±0.4	2±0.4
		2.9±0.1	2.9±0.1	2.9±0.1	2.3±0.5		1.7±0.5
对照组（第4周）	2.4±0.5	2.7±0.3	2.5±0.5	2.7±0.3	2.4±0.5	2.5±0.5	1.8±0.4
		2.7±0.3	2.6±0.4	2.9±0.1	2.5±0.5		1.8±0.4
实验组（第8周）	2.9±0.1$^\triangle$	2.9±0.1$^{\triangle\triangle}$	2.9±0.1$^\triangle$	2.4±0.6	2.5±0.5	2.8±0.2$^{\triangle\square\square}$	2.2±0.4$^{\triangle\square}$
		2.9±0.1$^\triangle$	2.9±0.1$^\triangle$	2.9±0.1	2.3±0.5		2±0.4$^{\triangle\square}$
对照组（第8周）	2.4±0.5	2.5±0.5	2.6±0.4	2.7±0.3	2.4±0.5	2.5±0.5	1.8±0.4
		2.6±0.4	2.7±0.3	2.9±0.1	2.6±0.4		1.8±0.4

$\triangle$表示对照组和实验组比较：$\triangle p<0.05$，$\triangle\triangle p<0.01$。$\square$表示组内比较：$\square p<0.05$，$\square\square p<0.01$

表 4　稳定性训练测试结果

	八级腹桥			七级背桥		
	实验前	第 4 周	第 8 周	实验前	第 4 周	第 8 周
实验组	2.4±0.5	3.7±0.8$^{\triangle\triangle\square\square}$	6.8±1.1$^{\triangle\triangle\square\square}$	2.3±0.5	3.5±0.7$^{\triangle\triangle\square\square}$	6.3±0.7$^{\triangle\triangle\square\square}$
对照组	2.4±0.5	2.5±0.5	2.4±0.5	2.4±0.5	2.4±0.5	2.6±0.5

$\triangle$表示对照组和实验组比较：$\triangle p<0.05$，$\triangle\triangle p<0.01$。$\square$表示组内比较：$\square p<0.05$，$\square\square p<0.01$

（二）分析

1. FMS 功能性动作测试结果中因稳定性训练干预而存在显著性影响的动作

通过研究发现，在第 4 周训练后实验组和对照组之间在 FMS 测试的七个动作中均无显著性差异（$p>0.05$），实验组组内在 4 周训练后 FMS 七个动作的测试与实验前也无显著性差异（$p>0.05$），但在第 8 周训练后的测试中，却出现了显著性影响（$p<0.05$）。

第 4 周的测试结果还没有产生显著性差异，但是到了第 8 周却产生了显著性差异，这可能是由于运动员从未接触过稳定性训练，其机能状况需要一段时间对稳定性训练所带来的刺激做出积极的应答。

在 8 周训练后两组间在深蹲、跨栏架左、跨栏架右、直线弓步左、旋转稳定性测试左这五个动作出现显著性影响（$p<0.05$）。实验组组内的显著性影响（$p<0.05$）分别为躯干稳定俯卧撑、旋转稳定测试左、旋转稳定测试右这三个动作。本研究在研究假设中，假设了稳定性训练会对深蹲、跨栏架、直线弓步、躯干稳定俯卧撑和旋转稳定测试这五个动作产生显著性影响（$p<0.05$）。实验组由于核心功能性的增强使得 FMS（深蹲、跨栏架、直线弓步、躯干稳定俯卧撑、旋转稳定测试这五个动作）测试的得分提高。

2. FMS 功能性动作测试结果中不受稳定性训练干预影响的动作

通过研究发现，第 4 周训练后和第 8 周训练后均未对 FMS 测试中肩关节灵活性和主动直腿抬腿这两个动作的结果产生影响，实验组和对照组均无显著性变化。其原因可能是这两项测试均属于对称性测试，肩关节灵活性测试主要要求运动员肩关节具有内收、内旋、外展和外旋的综合能力，同时肩胛骨和胸椎具备一定的灵活性，而主动直腿抬腿测试主要对运动员腘绳肌的柔韧性、髂腰肌的伸展能力要求较高，这两项测试均对核心功能要求极少。

3. 实验组和对照组的核心功能性测试结果

通过研究发现，第 4 周训练后两组之间核心功能性测试的两个动作均存在非常显著性差异（$p<0.01$），实验组组内在第 4 周训练后核心功能性测试的两个动作中也均存在非常显著性差异（$p<0.01$），而对照组则不存在显著性差异（$p>0.05$）。第 8 周训练后两组之间核心功能性测试的两个动作均存在非常显著性差异（$p<0.01$），实验组组内在第 8 周训练后核心功能性测试的两个动作中也均存在非常显著性差异（$p<0.01$），而对照组则不存在显著性差异（$p>0.05$）。

四 结论与建议

（一）结论

1. 核心功能性测试等级高的受试者，其 FMS 功能性动作测试中深蹲、跨栏架、直线弓步、躯干稳定俯卧撑、旋转稳定测试这五个动作测试得分也会较高，核心功能性测试等级的高低对 FMS 功能性动作测试中主动直腿抬腿、肩关节灵活性这两个动作测试得分无影响。

2. 以上结论为完善科学化测试提供了一定的合理化建议，更为科学的稳定性训练方案提供了设计思路，广大体育教育实践研究者以后便可以用 FMS 测试（深蹲、跨栏架、直线弓步、躯干稳定俯卧撑、旋转稳定测试这五个动作）在一定程度上对篮球特长生进行较为简便科学的评估，同时间接评价篮球特长生的核心功能性，因而具备一定的推广价值。

（二）建议

本实验的不足之处：只进行了 8 周稳定性训练，在训练量和训练强度都不大的前提下便产生了这样的结论，可能失之偏颇。希望今后有学者可以增大训练量与训练强度，以继续研究。

由于受试者之前未受过稳定性训练，所以稍微给予刺激他们便会产生极大的反应。希望今后在受试者筛选环节，尽可能挑选接受过长时间稳定性训练的受试者。

参考文献

[1] 王卫星，廖小军. 核心力量训练的作用及方法[J]. 中国体育教练员，2008（2）：12-15.

[2] 王曼，王一丁. 秦皇岛市中学生田径运动员 FMS（功能性运动测试）测试及分析[J]. 科技信息，2012，18：333-334.

[3] 谭稼旭. 核心稳定性训练对青少年单板 U 型场地技巧运动员综合运动能力影响的研究[D]. 沈阳：沈阳体育学院，2011.

[4] 封旭华，杨涛，孙莉莉，等. 功能性动态拉伸训练对男子足球运动员功能动作测试（FMS）和运动损伤患病率的影响[J]. 体育科研，2011，32（5）：33-36.

[5] 徐鹰. 核心力量训练对篮球运动员作用的影响和分析[D]. 吉林：吉林大学，2012.

[6] 郭小林. 核心稳定性训练对跑步经济性（RE）的影响[J]. 运动，2009（4）：27-28，34.

[7] 董德龙，王卫星，梁建平. 振动、核心及功能性力量训练的认识[J]. 北京体育大学学报，2010，33（5）：105-109.

[8] 冯建军，袁建国. 核心稳定性与核心力量研究述评[J]. 体育学刊，2009（11）：58-62.

[9] 胡鑫，李春雷，李丹阳. 功能性测试（FMS）及对短跑技术的理论应用研究[J]. 运动，2011（9）：22-24.

[10] 杨洋. 8 周核心稳定性训练对足球专项大学生动态平衡的影响[J]. 内江科技，2011，32（9）：82-83.

[11] 陈勇，陈晶. 核心稳定性训练的研究综述[J]. 宜春学院学报，2008（4）：108-109，124.

[12] 陈小平，黎涌明. 核心稳定力量的训练[J]. 体育科学，2007（9）：97.

[13] 孙莉莉. 美国功能动作测试（FMS）概述[J]. 体育科研，2011，32（5）：29-32.

[14] 李文娟，卢健. 核心稳定性及其在运动中的作用[J]. 浙江体育科学，2008（3）：119-122.

[15] 郭树涛，王卫星，姚旭霞，等. 核心稳定性：释义及形成机制[J]. 北京体育大学学报，2010（8）：120-124.

[16] Cook G，Burton L，Kiesel K. Torine JC Movement: Functional Movement Systems Screening, Assessment, and Corective Strategies[J]. Human The Journal of the Canadian Chiropractic, 2012：158.

[17] Michael Boyle. Functional training. Human Kinetics. 2003.

[18] AE Hibbs, KG Thompson, D French, etal. Optimizing Performance by Improving Core Stability and Core Strength. Sports Medicine. 2008, Vol. 38 Issue 12, p995 14p.

[19] KJ Kim. Effects of Core Muscle Strengthening Training on Flexibility, Muscular Strength and Driver Shot Performance in Female Professional Golfers. International Journal of Applied Sports Sciences. 2010, Vol. 22 Issue 1, p111 17p.

[20] Han Chunyan, Wang Weixing, Cheng Bojin. Basic Issues of the Core Strength Training: The Core Area and Core Stability. Journal of Tianjin Institute of Sport / Tianjin Tiyu Xueyuan Xuebao. 2012, Vol. 27 Issue 2, p117 4p.

教师简介：

吴楠，本科学士，2013 年毕业于北京体育大学。任教 11 年，曾多次获评市级、区级优秀课例、优秀教案。教学理念：忠诚于教育事业，始终严格要求自己，尊重每个学生的个体差异，善于发现学生身上的闪光点，能够将终身体育传达给学生。

初中体育引体向上教学策略和训练方法的探究

武春杰 温 淼

摘 要：随着体育中考改革的推进，引体向上成为初中体育中考的必考内容。对于大多数初中学生来说，引体向上是最难得分且成绩最难提高的项目。根据以往的体质健康测试情况来看，目前大部分学生都难以实现"零突破"，因此，帮助学生改变这一现状，实现"从零到一"，无疑成为初中体育教师必须考虑的事情。基于此状，本文主要从初中体育引体向上教学策略和学生引体向上训练方法着手，深入探索科学有效的方法策略，以此来帮助学生有效地提高引体向上的能力。

关键词：初中体育 引体向上 教学策略 训练方法

随着体育中考过程性考核的加入，引体向上也成为初中生的必考项目，虽然分值占比不高，但仍需每名体育教师和学生加以重视。学生引体向上成绩差，一方面，学生的上肢力量太差，从小缺乏锻炼上肢力量的意识，同时对引体向上的专项训练又不够系统；另一方面，体育教师对学生引体向上的重视程度不够高，在平时的教学上方法比较单一乏味，学生缺乏练习的兴趣和动力，因此学生引体向上成绩很难有实质性的提高。要想改变这一现状，就必须从教师的教学策略和学生自身训练着手，双管齐下，才能帮助学生有效地提高引体向上的能力。

一、明确教学策略

1. 提高学生认知，加强组织管理

初中阶段的学生还处于义务教育阶段，特别是初一年级的学生，刚从小学阶段进入中学，大多数对体育锻炼的认知还很浅薄，对引体向上这一困难项目缺乏兴趣，再加之学校和老师对引体向上的重视程度不够，久而久之，学生当中就形成了一种"摆烂"现象。想要改变这一现象，学校必须从学生自身出发，提高学生对引体向上的认知水平，要让学生明确训练的目的和教学重点；教师要加强对学生的管理，做好学生思想建设，培养学生个人和集体荣誉感；学校努力为学生营造一个好的锻炼氛围，有针对性地开展引体向上的教学活动。

2. 制订系统计划，认真做好备课

刚步入初中阶段的学生，引体向上的能力基本为零，除了技巧上的原因，大部分要归咎于学生的力量素质差。为了帮助学生实现"零突破"，那么就必须发展学生的专项

力量，而这一过程是漫长且持续的。从运动训练学的角度来讲，由于人体生物适应的长期性和阶段性要求，教师在制订训练计划时必须考虑训练的系统性。系统的训练计划需要全面规划，精细到每一节课。教师要做好自己的本职工作，从认真备课开始，充分利用好每节课的体能训练时间，有针对性地安排好训练内容，并将内容量化，以提高练习的时效性。

3. 丰富学练手段，激发学生兴趣

刚从小学过渡到初中的学生，心智大多还不成熟，虽然学习和接受新事物的能力较强，但注意力容易涣散，不能长时间专注于同一训练，并且力量素质的培养需要学生付出长期的精力和努力。在这一过程中，单一乏味的训练手段会使学生高涨的训练情绪逐渐降低，因此有必要采用多种不同的训练方法和手段，来增加练习的趣味性，以此来吸引更多的学生参与其中。同时，从运动训练学的动机激励原则来讲，也可以通过多种方法和途径，激发学生主动训练的动机和行为，从学生自身出发来调动其更高的积极性和主动性。

二、坚持系统训练

1. 掌握引体向上的核心要领

引体向上这一动作之所以难，除了要有强大的力量，还要学会准确地动用相关肌群的发力。标准的引体向上一般都是以背部肌肉发力为主、以手臂肌肉发力为辅完成的，而在这个过程中，其实很多学生的力量素质已经满足了完成引体的需求，但还是感觉特别吃力费劲，主要原因是学生没能掌握引体向上的核心要领：肩胛骨下压和全身绷紧。

（1）肩胛骨下压

虽然引体向上是背阔肌主导的动作，但真正的薄弱环节通常在斜方肌的下部，其会使引体向上的动作没有办法顺利启动。斜方肌是一块非常大的肌肉，分为上、中、下三个部分，其中上部肌肉负责上拉肩胛骨，下部肌肉负责下拉肩胛骨，两者相互牵制。但如果斜方肌下部过于薄弱，缺乏力量将肩胛骨下拉，做动作时就会出现习惯性耸肩，虽然把身体硬拉上去了，但是背阔肌几乎没有发力的感觉，这样手臂会很累，脖子也会很酸。

正确的动作要领：在把身体上拉之前，首先将肩胛骨下压，这个过程中手臂虽然没有动，但身体会开始"升起来"，然后手臂再开始发力牵拉，同时背阔肌发力，将整个身体牵拉上去，此时会感觉牵拉效率大幅提升。

所以在做引体向上时，一定要从肩胛骨下压这一步骤开始。在平时的训练中，可以借用几根弹力带辅助单独练习这个动作，加强引体向上的启动能力。

（2）全身绷紧

很多人在做完引体向上后，会有腹肌酸痛的感觉，这是因为在做引体向上时力量不足，只能通过扭曲自己的身体，把自己给"拧上去"。在这个过程中，包括腹肌在内的很多无关肌群都被借力了，这一现象在运动训练学上被称为"代偿"，这就是腹肌酸痛的主要原因。代偿越多，越练不到背，所以在做引体向上时，应将全身绷紧，包括大腿用力绷紧，臀部夹紧，腹肌体前收紧，将整个核心稳定住。

2. 抓好训练的关键技巧：进阶训练

根据运动生理学中的力量训练原则的超负荷原则（超负荷就是指训练负荷应不断超过已适应的负荷量），当肌肉对某个负荷适应后，在此基础上适当增加负荷，以引起肌肉对这个新增负荷的反应与适应，由此负荷不断升高，不断对肌肉产生更大的刺激，从而引起肌肉产生新的反应和适应，最终使肌肉力量不断增大。

例如，当我们在做卧推时，如果我们想推起100 kg的杠铃，就必须从20 kg的开始。经过长时间的训练，慢慢加到30 kg、50 kg，最终加到100 kg。只要坚持训练，力量就会越来越大，其中30 kg就是20 kg的"进阶"，同理，50 kg就是30 kg的"进阶"。而对于徒手引体向上来说，本身其就是高难度动作，相当于新手上来就卧推50 kg的难度，因为要拉起自身体重的重量。那么引体向上要怎么进阶呢？

以下为引体向上训练的进阶步骤。

（1）阶段一：TRX划船

适用人群：力量太小，引体向上就算怎么借力却一个都拉不上去的学生。

操作方法：找一根TRX绳子，绑在固定的位置上，双手握着把手，把TRX拉直，然后双脚往前走，让身体倾斜出一定角度，就可以用划船的动作向前牵拉。在练习过程中，一定要做到两个核心要领：第一，避免耸肩，肩胛骨要下意识下沉；第二，全身要绷紧，如果身体歪歪扭扭，训练效果则不明显。在练习过程中，双脚越往前走，身体越倾斜，难度越高。

TRX划船动作其实非常简单，难度相当于推墙俯卧撑。该阶段训练的主要目的有两个：一是帮助力量太小的同学积累背阔肌和手臂的基础力量，另一个是TRX划船非常不稳定，可以很好地让学生学会全身绷紧。如果学生可以在身体倾斜45°的状态下轻松完成10组、每组10次，或者在借力的情况下"甩"上去一两个引体向上，那么就可以成功进入下一个阶段的训练。

（2）阶段二：反向划船

适用人群：做引体时借力能够勉强"甩"上去几个，但是按标准动作来做就一个也做不上去的学生。

操作方法：找一个史密斯机，坐在杠铃杆的下方，双手握着杠铃杆，把身体挺直。如果双脚打滑，可以垫一片杠铃片。然后背阔肌和双臂发力，把身体向杠铃杆方向牵拉。如果正手做困难的话可以先用反手做，待力量提高后再换回正手去做。在练习过程中还是要注意避免耸肩，身体全程绷紧。

反向划船动作难度相当于跪姿俯卧撑，杠铃杆的高度越高，动作就越简单。这一动作的目的主要是进一步积累背部和手臂的力量，特别是对前臂的握力，会有非常明显的提升。如果杠铃在大腿的高度时，可以用正手轻松完成5组、每组10次的标准反向划船，或者可以完成一两个标准的引体向上，那就可以顺利进入下一个阶段的训练。

（3）阶段三：弹力带引体

适用人群：已经可以拉起标准引体向上，但一次性不超过5个的学生。

操作方法：把弹力带一端套在单杆上，另一端挂在膝盖上，按引体向上的标准姿势去牵拉。同样要注意肩胛骨下压，全身全程都要保持绷紧。通过不断减少弹力带的数量和粗细来调节动作难度。

如果可以用最细的弹力带完成4组、每组8个标准的引体向上，或者不用弹力带辅助也可以一次性完成5个标准的引体向上的话，那就可以进入下一阶段的练习。

（4）阶段四：离心引体

适用人群：可以一次性完成5个标准的引体向上，但没有办法完成计划中的组次，例如4组、每组8次的徒手引体，或者总数30个的徒手引体。如果中途没有足够的力量完成计划中的组次，那么没有办法完成的部分可以用离心引体向上的方式来代替。

操作方法：在做不动标准引体的时候，踩在凳子上跳起来，让引体的动作直接上到最高点，然后控制身体尽可能地缓慢下放，越慢越好，直到彻底控制不住放下来。然后再跳上去，继续做第二个离心引体。

那么为什么要这么做呢？从运动训练学的角度讲，肌肉在离心收缩时的力量是向心收缩时力量的1.5倍以上，所以就算没有足够的力量把身体牵拉上去，也可以利用缓慢下放的离心收缩的过程，锻炼到相关的肌肉。这样训练量有了保证，整体力量自然也会越练越大。

以上四个动作跟引体向上的模式非常相似，能力迁移性很高。按照以上四个阶段练习，会发现标准引体向上次数会越做越多，最终达到用标准引体做组训练的程度。但是这四个阶段不一定要完全分开练习，也可以混合搭配训练。例如，在用弹力带做引体阶段，做了两三组做不动时，完全可以用反向划船的方式继续做两组，这些都是可以灵活运用的。这就是引体向上"从零到一"的系统训练方法。

三、总结

综上所述，在现阶段的体育教学中，要想帮助学生有效地发展引体向上的能力，体育教师必须明确有效的教学策略，从提高学生认知开始，帮助学生形成正确的学习观念，制订系统的教学训练计划并在每一节课中严格执行，通过丰富有趣的训练手段保持好学生练习的积极性和主动性。此外，从学生训练角度来讲，教师还要引导学生建立系统专项训练的概念，帮助学生学会引体向上四个进阶练习手段。只有将"策略"和"训练"两者长期兼施，才能帮助学生真正有效地提高引休向上的能力。

参考文献

[1] 万发尧. 高中体育引体向上教学策略和训练方法的探究[J]. 田径，2023（7）：49-51.

[2] 邓许庚. 引体向上训练"十法"[J]. 田径，2023（6）：5-7.

[3] 邓树勋，王健，乔德才，等. 运动生理学[M]. 北京：高等教育出版社，2015.

[4] 田麦久. 运动训练学[M]. 北京：人民体育出版社，2000.

教师简介：

武春杰，硕士研究生，中国篮协 E 级教练员、北京健康体能训练师，2022 年毕业于首都体育学院研究生院体育教学专业。专项为篮球，研究方向为运动技术诊断与分析。

温淼，大学本科学历，一级教师、怀柔区骨干教师、优秀教练员，曾多次获得优秀辅导学生奖。

怀柔区小学短式网球开展现状与对策研究

杨启德

摘　要：本文使用文献资料法、德尔菲法、问卷调查法、数理统计法对北京市怀柔区部分小学开展短式网球运动现状进行了调查研究，找出影响小学开展校园短式网球运动的制约因素。研究表明，小学生参加短式网球运动的动机丰富多样，但很多学校网球运动开展晚，还没有建立起网球氛围，网球场地设施不足，师资力量薄弱，网球宣传较少，网球开展时间短、群体少，小学网球竞赛规模较小、水平较低，这些制约因素在很大程度上限制了怀柔区小学网球运动的发展。学校应进一步增加和改善网球场的数量和质量，根据实际需要改造场地；引进专业教师，提高教师专业水平，加强师资队伍建设；加大学校网球宣传力度，建立不同的学习方式，完善教学内容和方法，培养学生的学习兴趣，激发学生学习网球的动力，扩大学生学习群体，组织区小学网球竞赛，营造网球氛围，从而促进怀柔区小学网球运动的发展。

关键词：怀柔区小学　短式网球　开展现状

一、前言

网球是一项蕴含着深厚文化底蕴、人文价值的运动，网球运动可以培养参与者的文化素养，传达网球礼仪，是一项崇尚礼仪的运动，并且具有终身运动的价值，适合不同年龄人群。网球进入中小学是国家体育总局网球管理中心主任在 2005 年上海举办的首届"网球论坛"上提出的，并在随后的一年中实施起来。在国家政策的支持和网球进校园活动大力举办的影响下，校园网球的发展逐步升温，越来越多的中小学把网球作为学校的特色项目进行推广。本文以北京市怀柔区部分小学开展网球运动现状为主要研究对象，选择北京市怀柔区第一小学、怀柔区第二小学、怀柔区第四小学、怀柔区第六小学、北京第二实验小学怀柔分校和北京市怀柔区庙城学校 6 所学校作为调查对象，找出制约发展网球运动的因素，并提出合理建议，以促进北京市怀柔区小学短式网球运动的健康发展。

二、研究对象与方法

（一）研究对象

本文以北京市怀柔区部分小学开展短式网球运动为研究对象，选取北京市怀柔区第一小学、怀柔区第二小学、怀柔区第四小学、怀柔区第六小学、北京第二实验小学怀柔分校、北京市怀柔区庙城学校 6 所学校任教的 10 名网球教师和 340 名学生为调查对象。

（二）研究方法

1. 文献资料法

根据本文研究内容和研究目的的需要，通过百度学术、中国知网、万方等数据库检索查阅 120 余篇有关校园网球运动的开展、网球教学、短式网球教学的文献，在阅读文献并有一定了解的前提下运用相关知识对文献进行整理，找出本文可以借鉴的研究成果，为研究提供理论依据。

2. 德尔菲法

本次研究访谈了北京市怀柔区资深的体育一线教师和网球协会的领导与专家，认真听取指导意见，为本文撰写提供了大量一手资料。

3. 问卷调查法

本文根据研究内容和研究目的的需要，分别设计了学生调查问卷、体育教师调查问卷，并对问卷进行信度检验和效度检验。通过专家访谈对问卷进行多次修改后，随机咨询 5 位专家，均认为问卷合理有效。重测信度检验指标系数均大于 0.85，p 大于 0.05，具有较高可信度。学生问卷总计发放 340 份，回收 328 份，回收率为 96.5%；教师问卷总计发放 10 份，回收率和有效率均为 100%。

4. 数理统计法

通过 SPSS 等数据软件，运用统计学原理，对所得数据进行统计与分析，为研究提供数据支撑。

三、结果与分析

（一）师资情况

表 1　网球体育教师的学历结构（$n=10$）

学历	专科	本科	硕士研究生	博士研究生	其他
人数/人	0	10	0	0	0
百分比/%	0	100	0	0	0

学历结构反应的是教师受教育的层次，是教师文化综合素质的综合体现。目前怀柔区小学网球教师都是外聘教师，由表 1 可以看出，外聘网球教师 100% 为大学本科以上学历，但硕士研究生及以上学历教师暂无，可见怀柔区小学有待继续补充硕士研究生及以上学历的网球教师。

表2　网球教师从事网球运动的年限、网球教练等级和执教年限（*n*=10）

	运动年限				网球教练等级				执教年限			
	1年以下	1～2年	2～5年	5年以上	无	初级	中级	高级	1年以下	1～2年	2～5年	5年以上
人数/人	0	0	2	8	0	3	3	4	0	1	6	3
百分比/%	0	0	20	80	0	30	30	40	0	10	60	30

由表2可知，网球教师运动年限在2～5年的有2人，占总人数的20%；五年以上运动年限的有8人，占总人数的80%，由此可见大部分网球教师从事网球运动时间较长，对网球有比较深入的认识，有自己独特的见解。执教年限在2年以下的教师占10%，他们年龄偏小，朝气蓬勃有活力，是未来体育教育的接力者；执教年限在2～5年的教师占60%，他们是体育教学的主要力量，起着承上启下的作用；执教年限在5年以上的教师占30%，他们经验丰富，教学水平较高，起着引领教师团队的作用。从网球教练等级看，有30%的教师拿到了初级网球教练证，30%拿到了中级网球教练证，40%拿到了高级网球教练证，网球教师能够在学习、钻研网球理论的同时强化网球技能，但年轻网球教师较少，应加强年轻网球教师的培养，做好短式网球教育的接力棒。

（二）参加短式网球运动的学生信息分析

1. 参加短式网球运动的学生的基本信息

表3　参加短式网球运动的学生的基本信息情况（*n*=328）

	性别		年级						锻炼时间		
	男	女	一年级	二年级	三年级	四年级	五年级	六年级	半年以内	半年～1年	1年以上
人数/人	242	86	72	119	45	47	25	20	299	0	29
百分比/%	73.8	26.2	22.0	36.3	13.7	14.3	7.6	6.1	91.2	0	8.8

通过表3可以了解到，328名参加短式网球运动的学生中，男学生有242人，占总人数的73.8%，女学生有86人，占总人数的26.2%，可见参加短式网球运动的男女生比例将近7∶3，这表明短式网球运动在校园内受男生关注较多。我们还可以从表3中得知，学生的网球锻炼时间在半年以内的有299人，占总人数的91.2%；锻炼时间在1年以上的仅有29人，占总人数的8.8%。结合学生所在年级的数据，可见调查中的绝大多数学生是今年在学校接触并开始学习网球的，表明怀柔区小学短式网球开始较晚，需继续推广网球兴趣班、网球社团活动课等。

2. 学生参加短式网球运动的动机调查与分析

表 4　学生参加短式网球运动的动机（*n*=328，多选）

动机	男/人 (242)	比例（%）	女/人 (86)	比例（%）	总计/人 (328)	比例（%）
锻炼身体、增强体质	198	81.8	69	80.2	267	81.4
缓解压力、释放情绪	116	47.9	33	38.4	149	45.4
结交朋友	64	26.4	12	14.0	76	23.2
提高运动成绩、学习新技能	143	59.1	41	47.7	184	56.1
成为网球运动员	12	5.0	3	3.5	15	4.6
其他	9	3.7	6	7.0	15	4.6

表 4 的调查结果显示，怀柔区小学中，学生参加短式网球运动的动机不是单一的，而是多元化的。有81.4%的学生认为短式网球运动可以锻炼身体、增强体质，这与体育老师"健康第一、终身体育"的教育是分不开的；有56.1%的学生参加短式网球运动是为了提高运动成绩、学习新技能，这表明怀柔区小学生对网球运动充满好奇心，这是部分学生学习短式网球的内部动力；有45.4%的学生认为通过打网球可以缓解压力、释放情绪，表明学生能够从网球运动中体会到快乐，能利用网球运动调整自我，进而以更好的状态面对学习与生活；有23.2%的学生认为可以通过打网球结交新朋友；通过学习网球想成为网球运动员的学生有4.6%，其他动机学习网球的学生有4.6%。以上是学生对网球运动不同需求的选择，表明学生参与短式网球运动的动机是丰富的。

3. 学生了解短式网球运动的方式和对网球兴趣的调查分析

表 5　学生了解短式网球运动的方式和对网球兴趣的调查（*n*=328）

	了解短式网球运动的方式				对网球的喜爱程度			
	父母介绍	学校网球课	网络	网球趣味活动	非常喜欢	喜欢	一般	不喜欢
人数/人	46	229	35	18	243	70	12	3
比例（%）	14.0	69.8	10.7	5.5	74.1	21.3	3.7	0.9

表 5 的调查结果显示，有69.8%的学生是通过学校网球课了解短式网球运动的，表明在平常的生活中学生对网球活动几乎没有什么接触；有14.0%的学生是父母介绍认识短式网球运动的，通过网络与网球趣味活动了解短式网球运动的分别占 10.7%和 5.5%，表明怀柔区对网球运动的宣传和网球的相关活动做得较少。

在接受调查的 328 名学生中，74.1%的学生非常喜欢网球，21.3%的学生喜欢网球，对网球感觉一般的有3.7%，不喜欢网球的学生仅有0.9%。而不喜欢网球的这三人，其中两人觉得网球动作太难了，一人是家长想让他学，不是学生自己愿意学。

4. 学生短式网球的上课频率与对网球课的态度调查分析

表6　学习短式网球的时间、上课频率的调查（*n*=328）

	上课频率				对网球课的态度		
	1次/周	2次/周	3次/周	4次及以上/周	增加课程数量	保持不变	关闭或减少课程数量
人数/人	0	233	39	56	196	132	0
比例/%	0	71.0	11.9	17.1	59.8	40.2	0

　　根据表6的数据结果与访谈得出，328名学生中，6所小学中网球上课频率每周2次的有4所，共233人，占71.0%；每周上课3次与4次的学校各有1所，其上网球课的学生分别有39人与56人，占11.9%与17.1%。在对网球课的态度方面，有59.8%的学生认为应该增加网球课数量，这些学生大多数是每周参加2次网球课；有40.2%的学生认为学校网球课的频率正好，不需要增加或减少网球课数量；没有学生认为需要关闭或减少网球课。网球作为一项较难的球类运动，上课频率每周应安排2～4次，小学生学习网球较慢，各学校应根据自身条件满足学生的合理需求，安排合理的上课频率。根据访谈，虽然学生学习网球的时长与上课频率不尽相同，但他们大都学习的网球技术有正手击球、反手击球、截击、下手发球，对较难的上手发球和由发球起手的接发球技术还没有学习。

5. 6所小学网球场地调查分析

表7　网球场地与上课场地调查（*n*=6）

	网球场地数量				上课地点		
	0	1片	2片	3片及以上	学校操场	学校网球场	校外网球场
学校数/所	5	1	0	0	2	1	3
比例/%	83.3	16.7	0	0	33.3	16.7	50

　　体育场馆是体育教师开展体育教学的硬性条件，先进的场馆设施有利于教师的教学设计与教学方法的运用，有利于激发学生的学习欲望，进而影响着教学的结果。根据表7的调查结果显示，6所小学中有5所没有网球场。这5所学校中，3所学校使用的是校外的网球场，2所学校是用短式网球的球网在操场搭建的网球场地。有一片网球场的1所学校，在上网球课时将其改造为几个短式网球场地进行网球教学。

四、结论与建议

（一）结论

　　目前，怀柔区小学生参加短式网球运动的动机丰富多样，大多数是为了锻炼身体、增强体质，提高运动成绩、学习新技能，缓解压力、释放情绪，但是很多学校网球运动开展晚，还没有建立起网球氛围。小学短式网球运动发展中仍然存在很多制约因素，包括：网球场地设施不足，大部分小学无网球场地；师资力量薄弱，有专业性较强的教师但都是外聘教师，无在本校就职的专业性较强的网球教师；宣传较少，开展时间短、群体少，小学网球竞赛规模较小、水平较低。这些制约因素在很大程度上限制了怀柔区小学网球运动的发展。

（二）建议

1. 进一步增加网球场的数量，根据实际需要改造场地。

2. 引进专业教师，提高教师专业水平，加强师资队伍建设。

3. 加大学校网球宣传力度，建立不同的学习方式，完善教学内容和方法，培养学生的学习兴趣，激发学生学习网球的动力，扩大学生学习群体，组织区小学网球竞赛，培养网球氛围。

参考文献

[1] 谢俊，朱昆荣. 高校网球教育的发展问题及对策[J]. 中国教育学刊，2015（S2）：260 - 261.

[2] 孟芳. 贵阳市第一中学"网球进校园"活动实施状况调查与研究[D]. 贵阳：贵州师范大学，2018.

[3] 刘梦鑫. 安徽省部分高校开展网球运动现状调查研究[J]. 商丘师范学院学报，2023，39（3）：66-70.

[4] 李娟. 深圳市小学网球运动开展现状及对策研究[D]. 哈尔滨：哈尔滨体育学院，2022.

[5] 杨子栋. 南京体育学院网球专项课"分层—合作"教学方法效果研究[D]. 南京：南京体育学院，2019.

教师简介：

杨启德，研究生学历，毕业于北京体育大学。从事教育工作近两年，从事体育教学兼网球社团工作，撰写的论文曾获得北京市三等奖，并曾担任2023年怀柔区级课题主持人。

基于机器人制作探究班级劳动教育

——以"小型水域自动化救援设备"为例

张琴苑

摘　要：近些年来，我国在机器人制作研究方面取得了一定的成效，在有些领域，机器人甚至已经超过了劳动能力正常范围，表现出比人类更为出色的一面，这在促进社会科技生产力向前驰行的同时对劳动教育也产生了巨大影响。以机器人制作为切入点，渗入劳动教育是产教融合教学理念的新模式，也是培养学生手脑并用、科学探究精神以及劳动能力的新思路，不仅能从思想上与行动上落实知行合一的教育观，并且能促使学生在此过程中形成较为全面的价值观，对促进学生综合素质的发展有着重要的意义。本文就机器人探究劳动教育现状，并以学生动手制作机器人"小型水域自动化救援设备"渗入劳动教育为例，进行了相关简要分析。

关键词：劳动教育　机器人　探究　课程　案例分析

劳动教育课程开设的本质目的是落实"以德树人"的教育任务，在《中共中央 国务院关于全面加强新时代大中小学劳动教育的意见》（以下简称《意见》）中明确提到要科学合理构建新时代劳动教育体系，在加强劳动教育的同时，要正确把握劳动课程育人的总方向，要以学生身心特点为基准线，结合当地实际发展情况，开展劳动教育活动。因此，作为教师要正确解读劳动课程设置的真实要求，要注重学生劳动技能的培养，将学校在劳动教育中的主体引导作用落到实处。现今社会，以机器人为代表的人工智能领域正在高速崛起，我国的相关政策和教育资源也开始往这个方向倾斜，且在相关领域有了长足的进步，机器人发展进入新时代。基于此，机器人制作在劳动课程中的应用也被赋予了更为长远的实践意义。

一、借助机器人探究劳动教育的必要性

从发展角度来说，无论是现阶段还是未来阶段，科学技术都是生产力竞争的关键要素，对国家实现长远战略部署有着举足轻重的意义。可以预见，机器人制作也将成为未来科学技术发展的新方向。机器人作为一种新的智能劳动模式，凭借其强大的记忆能力、精准的判断能力、较强的感知能力以及长时间的工作能力等，在很多方面都发挥着巨大的作用。机器人在一定程度上替代了人们在劳动过程中的脑力劳动与体力劳动，而且这种替代正在影响着人类的生活方式，给予了人类生活上方方面面的便利。机器人在产生

替代行为的同时也产生了新的劳动需求，从开始研究到最终制作机器人，从前期推广到后期培训，从投入使用再到调整创新，机器人都与人类的操作息息相关，因此其又给社会发展创造了新的劳动价值。机器人使得社会劳动需求发生了翻天覆地的变化，也使得传统劳动教育模式不再适应社会发展需求。劳动教育想要顺应时代发展，教师授课形式与授课内容就必须与时俱进，和当下社会发展环境环环相扣。当下有不少有关"机器人将是未来的新时代"的声音，这也从侧面说明了机器人智能劳动的重要性已经开始在社会发展中体现出来。作为社会未来发展的主力军，学生应尽早接触机器人相关知识，并进行机器人制作，从现实中去感知机器人智能劳动对生活的重要影响。

二、机器人制作对劳动教育的影响

机器人制作与劳动教育相结合，这对教师的教学方式和教学内容提出了更高的要求。首先，劳动教育工具的智能化，使教学场景发生了变化，课堂不再是唯一的教学地点。学生通过劳动虚拟场景的设置，达到了将知识与实践有效结合、劳动教育与技能知识有机融合的目的，这改变了以往劳动实践教学中缺乏实践场景的陈旧模式，使得劳动教育的实践思路得到了拓展，学生的创新能力得到了良好锻炼。其次，机器人制作在劳动教育中的应用，能够促使学生从感官上直接获取劳动相关知识，提高学生的劳动认知能力。在以往的劳动教育模式中，学生的认知主要是从看和记两方面着手，对知识的理解与记忆缺乏实例研究和分析，大部分停留于经验知识认知层面；而机器人制作在劳动教育中的应用是以学生自身认知为逻辑出发点，在教师的引导下，一方面学生通过机器人劳动实践不断提升自己的劳动技能，另一方面，在虚拟劳动实践场景里，学生的劳动潜能得到激发，学生的认知方式更为高效、合理。此外，机器人作为新兴学科知识，对以往的劳动教育观念产生了重大冲击，机器人在多个领域的应用，对劳动需求市场产生了重大影响，劳动教育要重新审视"需要培养什么类型的人才"这一本质教育问题。这一思考迫使教师对教育内容作出科学调整，以求让学生适应日新月异的社会发展要求。

三、机器人制作渗透劳动教育案例分析

机器人制作在高中阶段不属于常见的实践课，机器人课程的理论性也不是很强，对于学生而言，树立起正确的劳动技术使用观念才是重点，且结合劳动教育理念，实例印证更具有实操性。教师出示一组中国卫生部门公布的事实数据：我国每年死于溺水的人数约为 57000 人。这个触目惊心的数字说明几乎每天有 150 人因为溺水而丧生，有的是在救人的过程中牺牲，而大部分人是由于救援不及时而失去生命。学生通过直观数据能够意识到及时救援以及依靠现代技术力量进行救援的重要性，并在树立起珍爱生命的意识的同时，希望依靠自己掌握的知识去做一些力所能及的事情，去改变社会的这一消极现象。

（一）从现象角度引导学生提高劳动能力

在机器人制作成为新的劳动形态的背景下，知识和技术在生活中所呈现的优势不断突显，劳动教育需要引导学生对以往的劳动观念进行改变，使学生潜在的劳动能力得到发展。在"机器人可以改变现状"的教学环境里，教师通过视频或是图片向学生展示一些人工智能技术在现实生活中的应用场景，让学生就目前已经服务于市场的机器人进行联想，同时可安排学生亲身操作和体验现代机器人设备。教师抛出第一个讨论话题，即：你认为哪一些脑力劳动和体力劳动将会被机器人替代？哪一些不会被替代？教师组织学生以小组为单位进行讨论，然后以小组代表模式就这个问题进行班级辩论赛。学生通过相关讨论和辩论，引出了许多机器人影响现实生活的例子，对机器人的实际效用有了清晰认识。接下来教师再抛出第二个讨论话题，即：为适应当下以及未来智能劳动形态的工作，我们需要具备哪些方面的劳动能力？由此教师引导学生对劳动的意义重新进行审定，并激起学生的劳动创新意识。

（二）从现实分析角度助学生树立正确的劳动品质

劳动教育的本质目的之一是引导学生通过知识探索和实践的方式，形成良好的劳动品质，如勇于创新精神、艰苦奋斗精神、专心致志精神以及乐于服务精神等，让学生在实践的过程中具备终身学习的能力。机器人制作在劳动教育上的渗入使教学资源发生了改变，让劳动教育的场景不再拘泥于教材和书本，教学素材变得多元化、真实化以及现代化，也让教师的授课方式不再局限于以往的课堂教育。因此在"小型水域自动化救援设备"的案例里，教师就溺水问题引导学生对小型水域环境进行分析，提出考虑问题一：在对落水人员进行营救时，由于自身能力有限，盲目下水容易造成更大伤亡，如何利用现代技术降低救援风险？问题二：如何在保证自己安全的情况下，提高他人生命的存活率？想要提高制作机器人的效率，学生需要以现实为基准，对数据资料进行反复采集和分析。因此，学生需要对小型水域从不同的角度进行拍摄和对比，通过大量真实水域照片采集，提升机器模型建立的准确率。从数据采集的过程来看，机器人的模型训练需要从不同角度对素材进行反复拍摄和对比，这非常考验学生的观察能力、毅力与耐心，因此在执行的过程中，学生专心致志、精益求精的劳动品质得到了良好的锻炼。

（三）从模拟实践中提高学生的劳动技能

机器人制作和劳动教育融合的过程，也是虚拟空间在现实环境中进行实证的过程。机器人制作在劳动教育中的最大优点在于有益于开发学生的个性，即学生独有的个人学习能力，学生可根据自身学习情况、知识诉求以及优势来进行学习，从而获得相关的劳动技能。在"小型水域自动化救援设备"的案例里，学生通过对数据进行系统、有效分析后，整理的技术思路为：设计一款具有防水功能的自动化救生圈，运用 Arduino IDE 编写相关程序，同时配合 UNO 开发板，通过蓝牙技术连接手柄，实现对救援设备的有效控制，且施救者通过遥控手柄、移动救生圈对被困者实行施救。通过 3D 建模与打印技术制作自动化救生圈模型，模型制作出来以后，进入设备训练阶段，学生通过水上测试，来验证这款自动化救生圈是否有效。通过测试学生得出结论，可以通过手柄遥控将救生圈放置在被施救者的位置，不足是当水域环境有不可抗力的因素时，救生圈会不易控制，稳定性不够。学生通过反复的调整与试验，最终使得救生圈有了较为理想的救援效果。在这个过程中，学生的创新能力、协调能力、解决问题的能力以及动手能力都得到了培养，劳动技能也得到了锻炼。

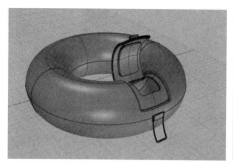

（四）从实施结果中帮助学生树立正确的价值观

劳动教育过程本质是"育人"过程，高中阶段学校劳动教育的重点是如何依托课程设计引导学生正确理解劳动精神，形成正确的劳动观，而机器人制作是以劳动成果为导向，使学生在意识形态上注重劳动价值。一方面，机器人在劳动课程当中实践，增强了学生的社会责任感，使学生意识到科学技术的重要性，激发学生的探索和创新潜能；另外一方面，教师通过合理引导，使学生的学习扩展至劳技层面。教师将机器人与劳动技术进行了无缝融合，通过机器人引导学生走在知识探索的前路上，意识紧跟创新步伐，使学生尽早感知社会对人才的实际需求，提前对自己的劳动技能进行规划。同时，教师要鼓励学生对机器人劳动成果进行验证，即积极参加相关机器人创新大赛，如以"童心向党赞祖国 科技筑梦迎未来"为主题的智能创意大赛，机器人实践课程"小型水域自动化救援设备"中学生设计的自动化防水圈即为参赛作品。学生在教师的指引下，劳动精神和劳动技能都得到了进一步的强化，与时俱进、创新探索的劳动理念也潜移默化地植根于心。

（五）从多元化评价中反思劳动教育

评价是机器人教学活动的重要组成内容，对学生发展的指导意义举足轻重。构建全面的评价系统，要多方面综合考虑，要有一定的客观性，从多元化角度将劳动素养作为要素在评价体系中体现出来，而且这部分评价结果需要作为学生综合能力的考查的依据。因此，可将机器人课程评价分成三方面，即产品性能评价、体验评价以及劳动素养评价。产品性能评价包括系统设计原理分析部分、应用结构设计部分、组装调试部分、水上试验部分以及数据质量部分，每个部分的比值为20%。体验评价的主体为学生、课程指导教师以及相关研发人员，评价方式和评价表格可由指导教师设置，评价主体依据评价标准对被评学生进行评价，评价的结果作为体验评价部分反馈给学生，促使学生对设计进行改进。劳动素养评价方面，评价的记录过程应包括展示部分、演讲部分、参加相关比赛部分，而评价的标准里应包含劳动探究态度、创新、劳动技能以及劳动意识。劳动探究态度即学生是否能理性运用科学知识；创新即学生是否能借助新技术创造新的劳动价值；劳动技能即学生在制作机器人的过程中是否精益求精、突破自我；劳动意识即学生在机器调试过程中劳动是否规范。和以往的评价体系相比，这三个方面的评价内容更为全面，三者之间各有侧重、互为交织，能帮助学生对自己形成全面的认识，提高学生的劳动素养。

四、结束语

总而言之，随着时代的进步，机器人制作运用于劳动教育的前景是广阔的。相关实践也证明，以机器人制作为探点，进行一系列的劳动教育教学方式改革，对学生的影响是积极的。在机器人制作的过程中，学生参与的积极性得到提高，劳动技能学习的主观性得到加强，劳动探索精神和创新精神都得到了良好的锻炼，这与国家倡导的"注重实践，知行合一"教育理念是高度一致的。作为教师，应当与时俱进，深化劳动教育改革，有效将机器人制作与劳动教育衔接起来，以此促进学生综合素养的提升。

参考文献

[1] 苏颖. 基于水下机器人实践的高中劳动教育模式探究[J]. 中国现代教育装备，2020（14）：18-20.

[2] 杨颖. 人工智能时代劳动教育的突破与创新探究[J]. 文学少年，2020（25）：0208.

[3] 王毅，王玉飞，吴嘉佳. 人工智能时代的劳动教育：内涵、价值与实现路径[J]. 当代教育论坛，2021（2）：97-106.

[4] 陈苏谦. 人工智能背景下高校劳动教育的创新研析[J]. 齐齐哈尔大学学报（哲学社会科学版），2020（11）：60-63.

[5] 周美云. 当劳动技术教育遇到人工智能：审视与超越[J]. 上海教育科研，2020（2）：9-13.

教师简介：

张琴苑，硕士研究生。其曾获怀柔区中学教师基本功大赛一等奖；制作课程曾被评为教育部 2023 全国中小学教师国培项目优秀网络培训课程，并连续两年获得北京市优秀教育信息化应用成果展一等奖；其撰写的教学案例曾被评为北京市中小学信息技术应用能力提升工程优秀教学案例；其辅导学生获得全国、市区级等各类比赛奖项近 60 项。

拓展课程资源提升学生科学素养的教学模式研究

苗　琼

摘　要： 本研究旨在探讨如何通过拓展课程资源和创新教学模式提升学生的科学素养。文章首先阐述了科学素养的概念与内涵，分析了拓展课程资源对学生科学素养的影响。接着从地理、生物、信息技术、通用技术等学科出发，设计了拓展课程资源提升学生科学素养的课程，在此基础上构建了提升学生科学素养的教学模式，包括学生科学知识的引入与扩展、科学探究过程的体验与实践、科学探究方法的培养与应用以及归纳总结能力的培养与评价。最后探讨了教学模式的创新与实施，包括教师角色转变、学习资源开发与利用、跨学科合作与跨校区交流以及教学评估与反馈机制的建立。

关键词： 拓展课程资源　科学素养　教学模式

随着国家科技创新战略的推进，提升公民科学素养已成为我国发展的重要目标。2021年，国务院印发了《全民科学素质行动规划纲要（2021—2035年）》，该纲要明确提出2035年远景目标是我国公民具备科学素质的比例达到25%。学校课程作为普及知识的载体，需要在对学生进行知识传授的同时注重对科学素养的培养，推进青少年综合素质提升。地理、生物、通用技术等科学学科和技术学科是培养学生科学素养的重要组成部分。因此，要积极拓展相关课程资源，包括人类创造的物质文明、精神文明以及自然存在物等，作为拓展课程资源的素材并加以利用。

一、科学素养的概念与内涵

（一）科学素养的定义

国际上，科学素养通常被概括为三个部分：了解科学知识、了解科学的研究过程和方法以及了解科学技术对社会和个人所产生的影响。目前，科学素养的研究尚未形成统一、广泛认可的表述。国际学生科学素养测试大纲（PISA）提出，科学素养的测试应包括三个方面：科学基本观念、科学实践过程和科学场景。在测试范围上，科学素养的测试涵盖科学知识、科学研究的过程和科学对社会的作用。本课题研究中所提到的科学素养主要指地理、生物、信息技术、通用技术以及实践活动中涉及的学科知识和实践过程中形成的科学能力与科学精神，也包括提出问题和解决问题的能力。这些科学素养对于培养学生的创新能力和实践能力具有重要意义。

（二）科学素养的组成要素

科学素养的组成要素包括科学知识、科学探究过程和方法以及对科学技术对社会和个人影响的了解。科学知识涉及自然现象、科学原理和科学技术等方面的知识；科学探究过程和方法则包括观察、实验、推理、交流等科学方法；对科学技术对社会和个人影响的了解则涉及科技发展对社会结构、经济、文化、环境等方面的影响。这些要素共同构成了科学素养的基本内涵，对于培养学生的创新能力和实践能力具有重要意义。

（三）拓展课程资源对学生科学素养的影响

拓展课程资源能够为学生提供更广泛的学习领域，有助于拓宽学生的知识视野，丰富科学素养的内涵。通过引入地理、生物、信息技术、通用技术等领域的课程资源，学生可以更好地了解自然现象、科学技术和社会发展的相互关系，从而提高科学素养。拓展课程资源有助于培养学生的科学探究能力。通过参与实践活动和项目研究，学生可以亲历科学探究的过程，学会运用观察、实验、推理等科学方法解决问题，提高科学素养。此外，拓展课程资源有助于激发学生的学习兴趣和好奇心。通过多样化的课程资源和活动形式，学生可以更加主动地参与学习过程，培养对科学的热爱和兴趣，提高科学素养。拓展课程资源还有助于培养学生的创新能力和团队协作能力。在实践活动中，学生需要充分发挥自己的创意和想象力，克服困难，解决问题，同时他们还需要与团队成员合作，共同完成任务，他们的团队协作能力也会得到提高。

二、拓展课程资源提升学生科学素养的课程设计

（一）地理学科的拓展资源设计

引入地理学相关领域的拓展课程资源，如地貌、气候、自然资源、环境保护等方面的知识，帮助学生更好地了解地球的自然环境和人类活动对地理环境的影响。此外，通过阅读地理书籍、观看地理纪录片、参与地理讲座等活动，学生能够从不同角度和层面了解地理知识，提高地理素养。设计地理实践项目，让学生参与实地考察、地理实验、地理模型制作等活动，提高学生的实践能力和地理素养。这些实践活动可以让学生亲身感受地理现象，培养他们的地理观察力和地理实践能力。此外，鼓励学生参与地理知识竞赛、地理绘画比赛、地理研究报告等活动，培养学生的地理兴趣和地理素养。这些活动可以激发学生的地理热情，提高他们的地理素养。

（二）生物学科的拓展资源设计

结合生活中常见的生物学现象，例如基因编辑、生态平衡和生物多样性等，引导学生关注身边的科学问题。通过这些实际案例，学生可以更好地理解生物学原理，并将其应用于解决实际问题。充分利用网络资源，如学术期刊、研究报告和科普文章等，让学生接触到最新的生物科学研究成果。这有助于激发学生的求知欲，拓宽学生的知识面，并培养他们的学术素养。同时，鼓励学生参与生物学竞赛和课题研究，提升他们的交流能力和团队协作精神。此外，还可以举办生物学领域专家讲座以及组织学生进行实地考察，让学生深入了解生物科学的发展趋势和实际应用。这样的活动有助于激发学生对生物学的兴趣，培养他们的创新精神和实践能力。

（三）信息技术学科的拓展资源设计

充分运用教材内的拓展资源，如编程语言、人工智能、大数据等，将这些前沿技术融入课堂教学，激发学生对信息技术学科的兴趣。同时，通过项目式教学、案例分析等方法，引导学生关注信息技术在现实生活中的应用，如网络安全、物联网、智能交通等，培养他们运用信息技术解决实际问题的能力。

关注信息技术学科与其他学科的交叉融合，如与数学、物理、生物等学科的联系，为学生提供跨学科的学习资源。例如，通过数据分析与挖掘，让学生了解大数据在医学、环境监测等领域的应用，进一步提升他们的信息技术素养。同时，开展与其他学科相关的研究，如利用信息技术手段优化教育教学，使学生在实践中提高科学素养。

为进一步拓宽学生的信息技术视野，结合网络资源，如知名编程社区、科技创新网站等，引导学生关注信息技术发展的最新动态。同时，鼓励学生参加信息技术竞赛、创新项目等活动，培养他们的实践能力和创新精神。

（四）通用技术及实践活动的拓展资源设计

结合我国现实需求和产业动态，引入先进的通用技术理念，如3D打印、物联网、人工智能等，激发学生的好奇心，培养他们的创新精神。

注重课程的实践性，设置丰富多样的实践项目，让学生在动手操作中掌握技术原理。例如，通过开设机器人制作、编程设计、电子制作等课程，让学生在实践中学会运用技术解决实际问题。

鼓励学生参加各类竞赛，以赛促学，提升他们的技术水平和团队协作能力。

三、拓展课程资源提升学生科学素养的教学模式

（一）科学知识的引入与扩展

教师可以根据学生的年龄特点，选择与生活息息相关的科学话题，激发学生的学习兴趣。例如，通过探究自然界中的奇妙现象、科学技术在生活中的应用等，引导学生关注科学知识；充分利用多媒体教学手段，如视频、动画、图片等，将抽象的科学概念形象化，增强学生的直观感受。同时，教师可以运用案例分析、实验验证等教学方法，帮助学生理解科学原理，培养他们的科学思维。此外，教师应关注学生的个体差异，提供丰富多样的学习资源，以满足不同学生的需求。例如，为优秀学生提供拓展阅读资料，以便他们更深入地研究相关课题；针对基础薄弱的学生，提供辅助教学材料，帮助他们巩固基础知识。

（二）科学探究过程的体验与实践

教师应引导学生树立科学探究的意识，让他们明白科学研究并非遥不可及，而是贯穿于日常生活和学习中。通过提出启发性问题、设计探究性实验，激发学生的求知欲，培养他们的探究能力。同时，教师要关注学生的实验操作技能和数据分析能力的培养。在实验过程中，教师应指导学生掌握基本的实验操作方法，注意实验安全和规范并引导

学生学会运用数据分析工具，如图表、统计软件等，对实验结果进行处理和分析，锻炼他们的逻辑思维能力。此外，教师还应带领学生参与课题研究，让他们在实际操作中体验科学研究的完整过程，从选题、设计、实施到成果展示，全面了解科学研究的步骤和方法，提高学生的实践能力。

（三）科学探究方法的培养与应用

教师需要向学生传授科学探究的基本方法，如观察、提问、实验、分析、总结等，让他们了解科学探究的基本规律。通过这些方法，学生可以更好地认识自然现象，培养他们的科学思维。教师也要引导学生学会运用科学探究方法解决实际问题。在教学过程中，教师可以设计一系列实际问题，鼓励学生运用所学方法进行探究，培养他们解决问题的能力。同时，教师要关注学生在探究过程中的反馈，及时给予指导和帮助。

（四）归纳总结能力的培养与评价

教师要引导学生学会从大量的信息中提炼关键点，形成自己的知识体系。通过课堂讨论、小组合作等形式，让学生互相交流学习心得，分享对科学知识的理解和体会。教师同样要关注学生的知识整合能力，让他们学会将所学知识与实际应用结合。通过设计综合性作业和项目，让学生运用所学知识解决实际问题，提高他们的知识整合能力。此外，教师要重视学生的思维过程和认知发展情况，鼓励他们勇于质疑、善于表达。在课堂教学中，教师可以设计启发性、探究性的问题，引导学生进行深入思考，培养他们的独立思考和表达能力。此外，教师应关注对学生归纳总结能力的评价，运用多种评价方式，如口头表达、书面报告、项目展示等，全面评估学生的归纳总结能力。同时，教师要及时给予反馈，指出学生的优点和不足，并针对学生的不足之处帮助他们改进和完善。

四、拓展课程资源提升学生科学素养的教学模式创新与实施

（一）教师角色转变与教学策略调整

教师需要从传统的知识传授者转变为学生的引导者和启发者，关注学生的兴趣和发展需求，引导他们主动学习，培养他们的独立思考和自主学习能力。教师要运用多元化的教学策略，如情境教学、项目式学习、探究式学习等，激发学生的学习兴趣，提高他们的学习效果。在教学过程中，教师要关注学生的个体差异，因材施教，提供个性化的学习支持。

（二）学习资源开发与利用

在拓展课程资源提升学生科学素养的教学模式创新与实施过程中，教师要善于开发与利用学习资源，为学生提供丰富的学习素材，培养他们的信息素养和自主学习能力。教师要善于挖掘和整合各种资源，如教材、网络资源、校内外实践基地等，为学生提供丰富的学习素材。同时，教师可以根据学生的兴趣和发展需求，开发具有启发性、探究性的学习项目，激发学生的学习兴趣。

（三）跨学科合作与跨校区交流

教师要注重跨学科整合，引导学生从不同学科的角度去认识科学问题，提高他们的综合分析能力。例如，在生物学科中，可以引入物理、化学等学科的知识，帮助学生更全面地理解生物学原理。同时，鼓励学生参与跨校区的交流活动，如学术讲座、科技竞赛、实践活动等，通过与不同校区的学生进行交流，学生可以拓宽视野，了解不同地区的科技发展动态，提高团队协作和沟通能力。

五、结束语

拓展课程资源提升学生科学素养的教学模式研究，旨在通过丰富多样的课程资源、创新的教学模式培养学生的科学素养。本研究提出了包括教师角色转变、学习资源开发与利用、跨学科合作与跨校区交流等策略，旨在探索拓展课程资源提升学生科学素养的教学模式，努力提高学生的科学素养，为培养创新型人才作出贡献。

参考文献

[1] 玛依努尔·吾加布拉. 开发与利用小学科学课程资源的策略分析[J]. 天天爱科学（教学研究），2023（04）：87-89.

[2] 刘本喜. 开发课程资源 把握教学策略 培育学生素养——"科学人文素养教育在初中课堂教学中的实践研究"成果（摘录）[J]. 教育研究，2022，5（6）：99-101.

[3] 斯琴通拉嘎. 初中生物学八年级上册教学中利用自然博物馆课程资源的探究[D]. 呼和浩特：内蒙古师范大学，2022.

[4] 迟艳波. 基于博物馆课程资源的小学科学校本课程开发与实施 [D]. 长春：东北师范大学，2015.

[5] 彭婷婷. 基于化学核心素养的初中化学课程资源开发策略研究[D]. 重庆：西南大学，2021.

教师简介：

苗琼，男，北京市第一〇一中学怀柔分校科技教研组长，高级教师，曾获北京市机器人大赛十佳科技辅导员；曾主持北京市教育学会课题 1 项、怀柔区规划办课题 1 项，参与市区级研究课题 4 项，在国家级期刊发表论文 4 篇。